Arthur Stadthagen – Ausgewählte Reden und Schriften 1890-1917

Holger Czitrich-Stahl (Hrsg.)

Arthur Stadthagen – Ausgewählte Reden und Schriften 1890-1917

PETER LANG
EDITION

Bibliografische Information der Deutschen Nationalbibliothek
Die Deutsche Nationalbibliothek verzeichnet diese Publikation in der Deutschen Nationalbibliografie; detaillierte bibliografische Daten sind im Internet über http://dnb.d-nb.de abrufbar.

Umschlagabbildung:
Entstanden 1912, vermutlich anlässlich der Reichstagswahl vom 12. Januar d. J.
Quelle: AdsD / Friedrich-Ebert-Stiftung, FA007377

ISBN 978-3-631-65416-3 (Print)
E-ISBN 978-3-653-05801-7 (E-Book)
DOI 10.3726/978-3-653-05801-7

Peter Lang Edition ist ein Imprint der Peter Lang GmbH.

Peter Lang – Frankfurt am Main · Bern · Bruxelles · New York · Oxford · Warszawa · Wien

Diese Publikation wurde begutachtet.

www.peterlang.com

Inhaltsverzeichnis

Vorwort

Selbst Kenner der Geschichte der Arbeiterbewegung und des Sozialismus in Deutschland wissen über Arthur Stadthagen oft nicht viel mehr als den Namen. Dabei war der ein Jahr vor Ende des Ersten Weltkriegs im Alter von 60 Jahren Verstorbene einer der bekanntesten deutschen Sozialdemokraten in der Wilhelminischen Epoche. Es ist das Verdienst von Holger Czitrich-Stahl, den von der Geschichtsforschung bislang ziemlich stiefmütterlich behandelten Stadthagen dem Vergessen entrissen und ihm den gebührenden Platz in der Ahnengalerie der sozialistischen Arbeiterbewegung zugewiesen zu haben: in einer auf breitem Studium der Originalquellen beruhenden biographischen Untersuchung, die in einer inhaltlich erweiterten Form als Dissertation angenommen wurde; ich durfte als Betreuer und Erstgutachter fungieren.

In Ergänzung dieser politischen Biographie legt Czitrich-Stahl hier dankenswerter Weise eine Edition von Stadthagens politischen Texten vor. Diese sind so ausgewählt, dass ein plastisches Bild der Motive, der Tätigkeit und des intellektuellen Stils des leidenschaftlichen Politikers entsteht, eines Funktionärs der Arbeiterbewegung im guten Sinn des Wortes, der ganz in seiner Arbeit aufging; der private Stadthagen schimmert in den jüngsten entdeckten Briefen auf, bleibt aber wie bisher schwer zugänglich. Das hat wohl nicht zuletzt auch damit zu tun, dass dieser Typus, den er verkörperte, seine persönlichen Angelegenheiten für vernachlässigenswert hielt, seine Person nicht übermäßig wichtig nahm. Czitrich-Stahls genannte Stadthagen-Biographie thematisiert, was dazu überhaupt in Erfahrung zu bringen ist.

Arthur Stadthagen entstammte einer jüdisch-deutschen Intellektuellen-Familie. Von einer im europäischen Vergleich auffälligen staatlichen Diskriminierung der Juden konnte im Deutschen Kaiserreich von 1871 keine Rede sein, eher von einem seit den späten 70er Jahren anwachsenden antisemitischen Ressentiments, in der Gesellschaft, gerade im Bildungsbürgertum, so wie in vielen anderen Ländern auch. Angesichts dessen – und zugleich befördert durch ein in der jüdischen Religion angelegtes utopisch-chiliastisches und sozialemanzipatorisches Denken – lag es für akademisch gebildete jüdische Deutsche nahe, sofern sie sich politisch engagierten, sich oppositionellen Gruppierungen anzuschließen. Die Sozialdemokratie war diejenige Partei, die den politischen und gesellschaftlichen Status quo am entschiedensten in Frage stellte. Die vorliegende Edition verdeutlicht, wie Czitrich-Stahl in der Biographie schon herausgearbeitet hat, zweierlei: erstens die spezifische Bedeutung Stadthagens als eines Experten für die Rechtspolitik der Sozialdemokratie. Als lange einziger sozialdemokratischer

Reichstagsabgeordneter mit juristischer Ausbildung gehörte er dem Parlamentsausschuss an, der die epochale Rechtskodifikation des Bürgerlichen Gesetzbuchs (1900) behandelte. Dabei verband er die Vertretung grundsätzlicher Positionen mit einem weitgehenden Pragmatismus bei der Beförderung selbst kleinster praktischer Verbesserungen. Daneben bewährte er sich als unermüdlicher Ratgeber in rechtlichen, vor allem arbeitsrechtlichen Fragen.

Zweitens tritt uns ein typischer Vertreter des marxistischen Zentrums, der Richtung Bebel / Kautsky, innerhalb der SPD des Kaiserreichs entgegen. Die berühmte Aussage Kautskys von der Sozialdemokratie als einer revolutionären, aber nicht Revolution machenden Partei verwies auf die Vorstellung der angestrebten Transformation als eines prozessualen, im Wesentlichen nicht durch voluntaristische Akte zu forcierenden Vorgangs. „Revolution" war inhaltlich nicht formal, etwa durch Gewaltsamkeit, definiert. An eine Barrikadenrevolution dachte man schon längst nicht mehr, eher an eine kollektive Verweigerung der Arbeiter und der Volksmassen überhaupt, eine so breite Bewegung, dass die repressiven Instrumente der Staatsmacht nicht mehr einsetzbar sein würden. Deshalb Stadthagens wie anderer Betonung der „Revolutionierung der Köpfe".

Entgegen einer verbreiteten Vorstellung war die Fixierung auf das sozialistische „Endziel" keineswegs mit einer Geringschätzung der Tagespolitik, des alltäglichen Bemühens um die Verbesserung der Lage der Arbeitenden, verbunden. Dieses war ein Selbstzweck und diente zugleich der sukzessiven Veränderung der Kräfteverhältnisse innerhalb der bürgerlich-kapitalistischen Gesellschaft und des konstitutionell-monarchischen Staates. Anders als die offenen sozialdemokratischen Revisionisten und die, vor allem süddeutschen, Reformisten wollten die marxistischen Zentristen wie Stadthagen, meist geprägt von den preußischen Verhältnissen, die prinzipielle Abgrenzung der Sozialdemokratie von allen anderen politisch-gesellschaftlichen Kräften, auch denen des Liberalismus, aufrechterhalten und immer wieder neu unterstrichen wissen. Diese Haltung war strategisch-taktisch nicht sehr phantasievoll, fand aber reichlich Begründungen in den Verhältnissen des Wilhelminismus und des „Absolutismus des Kapitals" (E. Bernstein) um 1900.

Es war Zeit, einen der bedeutenden Sozialdemokraten der klassischen Periode wiederzuentdecken. Mögen zahlreiche Leser die professionell gesammelten, eingeleiteten und kommentierten Reden und Schriften Arthur Stadthagens in ihrer zeitbezogenen wie in ihrer darüber hinausweisenden Botschaft aufnehmen. Sie gehört in den Erinnerungsschatz derjenigen Organisationen und Individuen, die sich auf die Tradition der sozialistischen Arbeiterbewegung beziehen.

Prof. Dr. Peter Brandt

0. Einleitung

Anlässlich der Edition der „Ausgewählten Reden und Schriften 1890–1917“ des sozialdemokratischen Juristen und Reichstagsabgeordneten Arthur Stadthagen möchte ich an dieser Stelle vorweg einige Ergebnisse meiner Forschungen über den sozialdemokratischen Juristen und Reichstagsabgeordneten Arthur Stadthagen zusammenfassen, die ich in einer politischen Biographie und als Dissertation eingereicht habe. Nach dieser komprimierten biographischen Darstellung werde ich auf die ausgewählten Quellen näher eingehen.

Arthur Stadthagen (23.5.1857–5.12.1917) wurde als dritter Sohn des promovierten Orientalisten, Sprachlehrers und zeitweiligen Rabbiners Dr. David Stadthagen und dessen erster Frau Berta, geb. Rieß, Kaufmannstochter aus Lenzen an der Elbe, in Berlin geboren. Er besaß insgesamt vier Geschwister, zwei weitere Kinder starben früh. Seine Mutter Berta verstarb, als Arthur und sein Zwillingsbruder Emil gerade fünf Jahre alt waren. Der Vater heiratete ein zweites Mal. Die sich durch die ständig vergrößernde Zahl der Familienmitglieder ergebenden häufigen Wohnungswechsel, der frühe Tod der Mutter und die enorme Bildungsbeflissenheit der Familie Stadthagen sind auffallend am Sozialisationsprozess Arthur Stadthagens.

Arthur Stadthagen besuchte das Friedrichs-Gymnasium in Berlin-Mitte – das Gebäude ist der heutige Sitz der Ullstein-Verlagsgruppe – von der Vorschule an bis zum Abitur 1876. Dort erwarb er sich eine beträchtliche Sprachkenntnis und ein hohes Maß an humanistischer und klassischer Bildung. Nach seinem Abitur nahm er das Stadium der Rechtswissenschaften an der Friedrich Wilhelm-Universität zu Berlin – der heutigen Humboldt-Universität – auf, unterbrochen durch das den Kindern von Begüterten vorbehaltene „Einjährige“ als militärische Grundausbildung. 1879 schloss er sein Studium ab, es folgte das Referendariat bis 1884, im gleichen Jahr wurde er Assessor. Seit Mai 1884 Rechtsanwalt am Berliner Landgericht II, führte Stadthagen schnell auch politische Prozesse an der Seite der Sozialdemokratie. Da wir über keine exakten Daten über seinen Beitritt zur Sozialistischen Arbeiterpartei Deutschlands (SAPD) verfügen, kann über seine Politisierung nur spekuliert werden. Eine große Nähe zur Sozialdemokratie allerdings ist seit 1885/86 unabweisbar.

Alle diese Erkenntnisse beruhen auf eigenen archivalischen und literarischen Forschungen, denn von Arthur Stadthagen existieren weder autobiografische Aufzeichnungen noch ein Nachlass. Verantwortlich für seine langjährige Überwachung zeichnete die Berliner Oberstaatsanwaltschaft, der Grund lag in Stadthagens vermuteter bzw. zu beweisender Nähe zur Arbeiterbewegung und ihren Organisationen. In Ermangelung anderer kompakter Primärquellen stellen die Überwachungsberichte mit ihren Anlagen sowie die polizeilich gesammelten und angelegten Akten über die Tätigkeit der Sozialdemokratie und Arthur Stadthagens eine unverzichtbare Quellenbasis dar, ohne die eine politische Biographie über ihn kaum realisierbar gewesen wäre.

Die Tätigkeit als Rechtsvertreter der Sozialdemokratie unter den Bedingungen des „Sozialistengesetzes" trug ihm seit dem April 1887 die regelmäßige Überwachung durch die Berliner Polizei und zahlreiche ehrengerichtliche Verfahren ein, die am 17. November 1892 mit seinem Ausschluss aus der Rechtsanwaltschaft endeten. Dadurch festigte sich sein beruflicher Status als der eines typischen „Arbeiterbeamten", der als Parlamentarier und Parteiangestellter für die Sozialdemokratie vollberuflich arbeitete und von ihr dafür entlohnt wurde. In der Redaktion des „Vorwärts" arbeitete Stadthagen von 1893–1916, außerdem für weitere regionale Parteiblätter und als Rechtsberater. Seinen Reichstagswahlkreis Niederbarnim bereiste er ständig und hielt politische Volksversammlungen ab, außerdem wirkte er in dessen Parteigremien an führender Stelle mit. Publikumskontakt besaß er überdies durch die „Juristischen Sprechstunden" beim „Vorwärts" und durch ständige Vorträge und Reden in Berlin und Umgebung, häufig auch im gesamten Reich. Er galt als scharfzüngiger und angriffslustiger Redner, als wortgewaltig, aber auch als provozierend und polarisierend. Dies verschaffte ihm großes Ansehen in der Wählerschaft, machte ihn jedoch zur Zielscheibe antisozialistischer und antisemitischer Kritik, in der Zeit der Spaltung der Sozialdemokratie nach 1916 zunehmend auch bei seinen ehemaligen Genossen, die in der MSPD verblieben waren.

In der sozialdemokratischen Fraktion wirkte er als einziger ausgebildeter Jurist bis 1897 und nahm vor allem die Aufgaben eines Rechts- und Sozialexperten wahr. Bis 1907 zählte er zu den sozialdemokratischen Hauptrednern im Reichstag neben August Bebel, Paul Singer und Hermann Molkenbuhr. Gleichzeitig gehörte er seit der Wahl im November 1889 der Berliner Stadtverordneten-Versammlung, ebenfalls bis zu seinem Ableben, an. Dort widmete er sich vor allem der Schulpolitik, der Armenpflege und der Sozialpolitik. Er verband, vor allem in der zweiten Hälfte seiner Abgeordnetentätigkeit, die Reichstagsarbeit in der Weise mit seiner SVV-Mitarbeit, indem er in der Regel die gleichen politischen Themen bearbeitete, zugeschnitten auf die jeweilige Vertretungskörperschaft. Kennzeichnend für seine langjährige Mitgliedschaft in beiden Vertretungskörperschaften, in die er mit immer größerem Vorsprung vor seinen Konkurrenten gewählt wurde, ist die auf materielle, rechtliche und politische Besserstellung der Arbeiterbevölkerung bzw. der Landbevölkerung abzielende praktische Reformpolitik, bei deren

Begründung er stets an deren Lebensbedingungen ansetzte und diese so in die parlamentarische Diskussion einbrachte. Wie bei vielen traditionell-marxistisch orientierten Sozialdemokraten der „Generation Bebel" bzw. der von dieser beeinflussten Sozialisten findet sich auch bei Arthur Stadthagen eine sehr deutlich auf praktische Reformpolitik orientierte Aktivität. Materielle, politische oder juristische Verbesserungen für die Unterprivilegierten wurden oft unterstützt, wenn sie als tatsächlicher Fortschritt bewertet wurden, selbst dann, wenn sie als unzulänglich kritisiert werden konnten. Umgekehrt gehörte Arthur Stadthagen zu jenen Sozialdemokraten, die rigoros darauf beharrten, das „Endziel" einer sozialistischen Gesellschaft in die alltägliche politische Praxis und Aufklärungsarbeit einzubeziehen. Häufig formulierte er: „Wir müssen die Köpfe revolutionieren, die uns noch nicht angehören".

Nach seinem Ausschluss aus der Rechtsanwaltschaft widmete sich Stadthagen juristisch und publizistisch der Rechtsaufklärung der Arbeiterschaft und der Landbevölkerung. So verfasste er 1895 den Rechtsratgeber „Das Arbeiterrecht", der bis 1904 in vier Auflagen publiziert wurde, 1900 seine zweite bedeutende Handreichung „Führer durch das bürgerliche Gesetzbuch", ebenfalls in vier Auflagen, sowie mehrere die Entwicklung des Rechts kommentierende Schriften. In jeder dieser Schriften gab er allgemeinverständliche und praktisch orientierte Beispiele und Handreichungen, die es den Lesern erleichtern sollten, ihre Rechte zu kennen, um sie zur Geltung bringen zu können. In Fallbeispielen konkretisierte er diese Hilfestellungen so, dass in Musteranträge oder -schreiben lediglich die persönlichen Daten eingesetzt zu werden brauchten. Dies galt auch z. B. für Beisitzer bei den Gewerbegerichten, die aus der Arbeiterschaft kamen. Auch kommentierte er manche Rechtsangelegenheit oder den ihr zu Grunde liegenden gesellschaftlichen Tatbestand marxistisch, so dass sich hieran exemplarisch sein Verständnis der Beziehung zwischen sozialistischer Reformpolitik und dem damals so verstandenen sozialistischen „Endziel" nachweisen lässt.

In seiner Tätigkeit als juristischer Publizist fasste er die damals geltenden verstreuten arbeits- und sozialrechtlichen Gesetze und Bestimmungen kompakt zusammen und trug somit zur späteren Herausbildung des Arbeits- und Sozialrechts als einer eigenständigen juristischen Disziplin bei. Dies gilt für die Entwicklungen der Gewerbeordnung, der Sozialversicherungen und des Arbeitsschutzes. Des weiteren wirkte Stadthagen gemeinsam mit Karl Frohme 1896 als Sozialdemokrat in der Zweiten Kommission an der Erarbeitung des am 1.1.1900 in Kraft tretenden Bürgerlichen Gesetzbuches (BGB) mit und versuchte dort, ein Maximum an fortschrittlichen und sozial orientierten Rechtspositionen durchzusetzen. In insgesamt 94 Änderungsanträgen der SPD-Vertreter, die bis auf einen stets der Ablehnung anheim fielen, wird dieses Bestreben deutlich. Gleichzeitig unterstützten Stadthagen und Frohme häufig Positionen der konkurrierenden Parteien, die den Positionen der Sozialdemokratie entgegen kamen und als „ein kleiner Schritt in die richtige Richtung" verstanden wurden. Dabei kam es immer wieder zur Zusammenarbeit besonders mit den Vertretern der liberalen Parteien oder des Zentrums, was einen Beitrag zum langsamen Heraustreten der Sozialdemokratie aus der politischen Isolation leistete. Der eigentliche politische und arbeitsrechtsgeschichtliche Beitrag Frohmes und Stadthagens besteht vor allem in dem Versuch, mithilfe der Durchsetzung einer arbeitsvertragsrechtlichen Definition im BGB die Rechtsgleichheit für alle Arbeitergruppen herzustellen und somit die Herrschaftsverhältnisse insgesamt zu domestizieren. Dies gilt nicht minder für die vergeblichen Bestrebungen, über das BGB ein weniger restriktives Vereinsrecht zu verwirklichen und eine rechtliche Gleichstellung der Frauen möglich zu machen. In einer Fokussierung auf Stadthagens juristisches und rechtspolitisches Wirken und der Herausarbeitung seiner expliziten theoretischen Positionen könnte meines Erachtens noch Erkenntnispotenzial liegen.

Arthur Stadthagens Position im ideologischen Gefüge der Sozialdemokratie ist grundsätzlich im traditionellen Marxismus zu verorten. Seine politische Tätigkeit – praktisch wie theoretisch – fußte auf dem „Erfurter Programm" von 1891, in dessen praktischen Teil er einige rechtliche Forderungen einbrachte und dessen ideologische Orientierung er prinzipiell teilte und verteidigte. Er erblickte – wie schon erwähnt – keinen Widerspruch zwischen dem sozialistischen „Endziel" und einer reformorientierten politischen Praxis im Parlament und im außerparlamentarischen Bereich. So kritisierte er den theoretischen Revisionismus Bernsteins heftig, arbeitete aber durchaus harmonisch bis 1914 mit Vertretern des Revisionismus oder mit den „Praktizisten" in der Reichstagsfraktion oder der Berliner SVV zusammen. Erst die Entwicklungen nach dem 4. August 1914 führten zu einer tatsächlichen Abgrenzung zu den Strömungen des gemäßigten Parteiflügels.

Ich möchte Arthur Stadthagen als einen durchaus typischen Vertreter des traditionellen SPD-Marxismus charakterisieren. In dem von ihm gehaltenen Bericht der Reichstagsfraktion an den Dresdner Parteitag 1903 wird dies sehr deutlich. Im Bericht ging Stadthagen detailliert vor allem auf den Kampf gegen die Zolltarife ein und blickte auf den leidenschaftlichen und mühevollen, aber parlamentarisch vergeblichen Kampf dagegen zurück. Minutiös erstattete er Bericht über den weiteren Beratungs- und Gesetzgebungsverlauf und die Arbeit der sozialdemokratischen Fraktion. Er hob außerdem hervor, dass das Ziel auch der Fraktion nur die Befreiung von jeder Ausbeutung sein müsse, und dass jedes Zugeständnis seitens der bürgerlichen Kräfte die Partei anzuspornen habe, die Umwandlung des Privateigentums an Produktionsmitteln in gesellschaftliches Eigentum und der kapitalistischen Warenproduktion in sozialistische für und durch die Gesellschaft betriebene Produktion zu beschleunigen. Die Erreichung dieser Umwandlung sei nur durch den Klassenkampf ihres Ziels und der Nothwendigkeit ihres Kampfes bewusster Arbeiter gegen den Kapitalismus möglich. Sozialistische Reformpolitik, so möchte ich deuten, besaß für Stadthagen und andere Vertreter des traditionellen Marxismus eine Doppelfunktion: Verbesserung der Lebensbedingungen vor allem für die Arbeiterschaft, aber gleichzeitig Verschiebung der Kräfteverhältnisse zugunsten der Arbeiterbewegung. Die Lesart, das Erfurter Programm von 1891 sei vor allem ein Kompromissprogramm zwischen Marxisten und Revisionisten, verkörpert durch seine Hauptautoren Karl Kautsky und Eduard Bernstein, greift meines Erachtens in Bezug auf Stadthagen zu kurz. Stadthagen selbst brachte einige, zum Teil übernommene Änderungsanträge zum jeweils praxisorientierten zweiten und dritten Abschnitt ein, die nichts mit ideologischen Grundsatzfragen zu tun hatten.

Diese Grundauffassung lässt sich nicht zuletzt in Stadthagens parlamentarischem Agieren nachweisen. Die Reichstagsfraktion der SPD bewegte sich bekanntlich überwiegend im Spannungsfeld von Opposition und Kooperation, Tradition und Selbsttransformation. Ihre Anhängerschaft erwartete eine klare Positionierung gegen den junkerlich-bürgerlichen Staat und dessen Herrschaftsträger, aber auch spürbare materielle Erfolge. So wurde der Reichstag nicht nur zur „Tribüne des Klassenkampfes", sondern auch zur Probebühne politischer Kooperationsversuche. Stadthagen machte hier keine Ausnahme. In seinen Reden folgte er häufig einer generell vorzufindenden rhetorischen Struktur: Zunächst formulierte er grundsätzliche politische oder programmatische Bemerkungen der Kritik und der Opposition gegen vorliegende Gesetzesentwürfe und abgegebene Stellungnahmen der Konkurrenzparteien. Anschließend argumentierte er konkret in der Sache, wie er auch in den Ausschüssen sachlich mitarbeitete und Änderungsanträge einbrachte oder unterstützte. Abschließend folgte eine rhetorische Auseinandersetzung mit den politischen und sozialen Interessen „hinter dem Beratungsgegenstand", der mühelos in der Parteipresse und der öffentlichen Agitation eingesetzt werden konnte. Wie gesagt, dies ist beileibe kein Alleinstellungsmerkmal Stadthagens, sondern deutlich eher die Regel als die Ausnahme. Doch findet man dieses Grundverhalten bereits während der BGB-Beratungen vor, und schon damals gehörte Stadthagen zu jenen Fraktionsmitgliedern, die zunächst für eine Annahme des BGB im Reichstag plädierten, weil ihnen politisch wie rechtlich die Ergebnisse dieser Form der begrenzten Kooperation ausreichend schienen. Bekanntlich setzten Bebel und Singer auch mit Blick auf die womöglich fatale Außenwirkung einer parlamentarischen Zustimmung die Ablehnung durch.

Bis zu seinem Tode hielt Stadthagen an dieser Grundlinie fest: Reformerische Fortschritte durchzusetzen, wo immer dies möglich war, gleichzeitig festhaltend am „sozialistischen Endziel“, das er wie Kautsky als einen revolutionären Prozess verstand und für das er stets plädierte, „die Köpfe zu revolutionieren, die uns noch nicht angehören“

In dieser Edition sind 43 Reden, Schriften und Briefe versammelt, die repräsentativ für das Wirken Arthur Stadthagens als Reichstagsabgeordneter, juristischer Schriftsteller, Parteirepräsentant, Antimilitarist, Rechtsberater und Redakteur sind. Ich habe sie in fünf Kapitel gegliedert und jeweils unter ein Motto gestellt, das ihm und seinen Vorstellungen gerecht zu werden versucht.

Arthur Stadthagen verfolgte als Rechtspolitiker der Sozialdemokratie, als deren erster bedeutender überdies und als der erste ausgebildete Jurist in der Fraktion der SPD, stets das Ziel, das von ihm und der Sozialdemokratie als ein Klassenrecht zugunsten der Besitzenden analysierte Recht und die Rechtsprechung und Rechtspflege zu demokratisieren und die politische Entwicklung und ihren juristischen Niederschlag als Überbau der allgemeinen ökonomischen Entwicklung in die Richtung eines „gleichen Rechts für Alle“ voran zu treiben. Dabei wird deutlich, dass es ihm prinzipiell um Verbesserungen für die Rechtslage der „kleinen Leute“ angelegen und ihm jeder noch so kleine Schritt einer Reform willkommen war. Insofern repräsentiert sein Wirken in Wort und Schrift die Praxis einer sozialistischen Reformpolitik im Sinne des Marxismus der II. Internationale, also sowohl Kampf um Reformen als auch Propagierung des sozialistischen Endziels eines „Zukunftsstaates“ im Geiste des Erfurter Programms der SPD von 1891. Im Vordergrund steht dabei natürlich seine Mitarbeit in der II. Kommission zur Erarbeitung des Bürgerlichen Gesetzbuches im Jahre 1896, die in zwei Redebeiträgen dokumentiert ist. Doch auch sein Ausschluss aus der Rechtsanwaltschaft im Jahre 1892 nimmt einen breiten Raum ein. Dieses Berufsverbot prägte sein Leben und lag wie ein Schatten über ihm, seine unermüdliche Arbeit als Rechtsberater und juristischer Schriftsteller für die „kleinen Leute“ ist ohne diese Zäsur schwerlich denkbar. Insofern ist dieses Kapitel überschrieben mit dem Leitmotto „Für eine demokratische Justiz und ein zeitgemäßes BGB“. Sieben Reden und Schriftbeiträge sind hierunter versammelt, darunter auch seine letzte Reichstagsrede kurz vor seinem Tod, gehalten am 11. Oktober 1917.

Das zweite Kapitel ist überschrieben mit „Für soziale Gerechtigkeit und ein fortschrittliches Arbeitsrecht“. Mit Fug und Recht kann man darauf hinweisen, dass sich in diesem Kapitel jene sozialpolitischen Aufgaben wiederfinden, die Arthur Stadthagen als einer der profiliertesten Sozialpolitiker der Fraktion während der gesamten Zeit seiner Abgeordnetentätigkeit am beständigsten zu lösen bzw. ins öffentliche Bewusstsein zu bringen versuchte: Das Koalitionsrecht der Arbeiter, Arbeiterschutz, Arbeitszeitverkürzung, Sozialversicherung, Arbeitsvertragsrecht, der Kampf um ein einheitliches Arbeitsrecht für alle Arbeitergruppen und die

Aufklärung der Arbeiterklasse über ihre politischen und sozialen Rechte. Letztere betrieb er bekanntlich in seinen zwei bedeutenden Rechtsratgebern „Das Arbeiterrecht“ und „Führer durch das bürgerliche Gesetzbuch“. Oft führte Stadthagen in seinen Reichstagsreden, ob zum Justizetat oder zur Sozialpolitik, praktische Fallbeispiele ins Feld, um seine politischen Widersacher auf die soziale Realität und die damit in Beziehung stehende Unzulänglichkeit des geltenden Rechts zu stoßen. Seinen Reden sind ein schlagfertiger Wortwitz und eine beißende Polemik eigen, die seine parlamentarischen Kontrahenten mitunter zur Weißglut getrieben haben dürften. In einigen der hier dokumentierten dreizehn Rede- und Textbeispiele kommt das trefflich zum Ausdruck. Als Schlussdokument dieses Kapitels kann sein letzter namentlich gekennzeichneter Beitrag für das „Mitteilungsblatt des Verbandes der sozialdemokratischen Wahlvereine Berlins und Umgegend“ vom Oktober 1917 nachgelesen werden, wobei sich das „Mitteilungsblatt“ längst in den Händen der USPD befand, nachdem der „Vorwärts“, in dessen Redaktion Stadthagen seit 1893 mitgewirkt hatte, von der Parteivorstandsmehrheit um Friedrich Ebert, Philipp Scheidemann und Otto Wels unter Entlassung seiner linken Redakteure, darunter neben Stadthagen auch Karl Leid, Wilhelm Düwell, Heinrich Ströbel und Ernst Meyer, übernommen worden war.

„Gegen Militarismus und Krieg!“ ist das dritte Kapitel, acht Texte beinhaltend, überschrieben. Sechs Beiträge stammen allein aus den Jahren von 1914 bis Ende 1916, wurden also als Reden oder Schriften im Vorfeld oder während des Ersten Weltkrieges verfasst. Allein Stadthagens „Helgoland-Rede“ von 1892 entstand in einer anderen Epoche, dennoch prangerte er bereits zu diesem Zeitpunkt die Arroganz des militärischen Verhaltens, den mit Wilhelm II. wieder erstarkten Militarismus schlechthin und die Gängelung der Helgoländer Zivilisten durch die preußischen Soldaten an. Als sich im Sommer 1914 nach dem Attentat von Sarajewo am 28. Juni jenes Jahres die Ereignisse überstürzten, weil gerade Österreich-Ungarn und das Deutsche Reich das Kriegsrisiko auf die Spitze trieben, sah sich auch die Sozialdemokratie zum Agieren gezwungen. Aber stellvertretend für die Politik der SPD in den Tagen unmittelbar vor dem Kriegsausbruch macht auch die Rede Stadthagens am Tag der Massendemonstrationen im Reich, am 28. Juli 1914 deutlich, dass die Sozialdemokratie ratlos vor dem Krieg stand, unschlüssig, die Massen machtvoll für kriegsverhindernde Massenaktionen zu mobilisieren, stattdessen hoffend, durch ein Entgegenkommen die nationale Integration der ehemals „vaterlandslosen Gesellen“ gewährt zu bekommen. In diesem Kontext sah sich auch Arthur Stadthagen gefangen, als er an den Schicksalstagen der Sozialdemokratie am 3. und 4. August 1914, zunächst zwischen Zustimmung zur Bewilligung der Kriegskredite und Enthaltung schwankte, sich aber der Fraktionsdisziplin fügte und seine Zustimmung gab. Erst danach machte er innerfraktionell und ab 1915 öffentlich seine Ablehnung weiteren Kriegskrediten gegenüber deutlich. Diese Entwicklung lässt sich in seinen Beiträgen nachvollziehen. Doch auch im Krieg wirkte er als Rechtsberater der vom Krieg betroffenen „kleinen Leute" und legte ihnen die Details des „Vaterländischen Hilfsdienstgesetzes" dar. Nach dem offenen „Nein" der Fraktionsopposition trat Arthur Stadthagen wieder stärker als Redner der USPD im Reichstag auf, im Rahmen dieser Edition wurden aber keine weiteren Beiträge berücksichtigt. Seine Friedensaktivitäten jedoch sind bis zu seinem Tod bezeugt, noch im September 1917 nahm er, bereits schwer erkrankt, an der Friedenskonferenz der „Zimmerwalder" in Stockholm teil.

Als Parteitagsredner trat Arthur Stadthagen unregelmäßig, aber stets während zugespitzter Debatten auf. Einen typischen Vertreter des „marxistischen Zentrums" verkörpernd vertrat er im „Revisionismusstreit" uneingeschränkt die Positionen August Bebels und Karl Kautskys, unterstützte zudem Rosa Luxemburg in ihrer Kritik an der Preisgabe des Sozialismus als des politischen zukünftigen Endziels der Sozialdemokratie. Häufig zitierte er seinen Leitspruch, der auch dieses Kapitel eint: „Wir müssen die Köpfe revolutionieren, die uns noch nicht angehören!" Dieses Motto kennzeichnet Stadthagen als einen Aufklärer im Geiste der Französischen Revolution, in der Tradition Rousseaus und Robespierres stehend, welcher den Sozialismus als der Idee von der Befreiung der Arbeit und der Arbeiterklasse dem Proletariat und den „kleinen Leuten" sowohl durch politische Aufklärung als auch durch praktische Reformen nahe bringen will. In diesem Denken verortet sich auch sein ideologisches Verhältnis der Beziehung von Reform und Revolution: Jede praktische Verbesserung der Lage der Arbeiterklasse im politischen, ökonomischen, sozialen wie rechtlichen Sinne war ein unbedingt zu verfolgendes Ziel, aber er sah sich weit davon entfernt, den Gedanken des Sozialismus als der Sozialisierung aller politischen, ökonomischen, sozialen und rechtlichen Verhältnisse, also des „Endzieles", als nachrangig zu betrachten. In den sechs dokumentierten Texten machen sich all diese Grundpositionen deutlich, unabhängig davon, ob sie einem revisionismuskritischen Kontext entstammen oder, wie im Falle seines Rückblicks auf die „Rote Woche" von 1914, die Mitgliederkampagne der SPD ideologisch zu deuten versuchen. Dass er die Sozialdemokratie überdies nicht als eine Funktionärs-, sondern als eine Kampfpartei betrachtete, auch und gerade noch 1917 auf dem Gründungsparteitag der USPD in Gotha, weist auf die Kontinuität seiner Vorstellung von einer demokratisch-sozialistischen Partei hin, die im aufklärerischen Sinne eine revolutionäre, aber nicht im Leninschen Sinne eine „Revolution machende" Partei sein sollte. Der Sozialismus kann nur dem revolutionär-demokratischen Willen der Mehrheit entsprechen, weder aber das Ergebnis der Taktik einer Minderheit noch der Arbeit einer rein parlamentarischen Mehrheit sein.

Den Abschluss der Edition bilden neun Briefe Stadthagens. Es sind die neun überhaupt verfügbaren Briefe, die sich in verschiedenen Nachlässen finden ließen. Dass die beiden Briefe an die sozialdemokratische Wanderrednerin Agnes Wabnitz dokumentiert werden können verdankt sich der Arbeit von Klaus Kühnel, der über sie eine Biographie verfasste und in ihrer Krankenakte fündig wurde. Es sind teils nur kurze Briefe, aber wie im Falle seiner Schreiben an Rosa Luxemburg 1914 und Karl Liebknecht 1915 politische Statements von Bedeutung.

Die Rechtschreibung hat seit dem Ende des 19. Jahrhunderts mehrere Reformen durchlaufen, die sich auf die Edition auswirken. Die Texte vor 1901 entsprechen der Rechtschreibreform von 1876, danach den Veränderungen der Reform von 1901. Die letzte große Rechtschreibreform datiert von 1996 bzw. mit Anpassungen von 2004/06. Ich habe mich dafür entschieden, die Schreibweise von 1876 derjenigen von 1901 anzupassen, was hauptsächlich bedeutet, dass das obligatorische „th" bei Wörtern mit langem Vokal wie etwa „nothwendig" oder „thatsächlich" entfällt zu Gunsten der heute noch gebräuchlichen Schreibweise. So betrachtet folgt die Rechtschreibung der ausgewählten Texte der Orthographie, die Stadthagen seit 1901 verwendete, allerdings mit Ausnahmen: Diejenigen Wörter, deren Doppel-S kurz ausgesprochen wird, werden auch so geschrieben, so etwa „müssen" oder „Flüsse", statt das traditionelle „ß" zu enthalten. Die Konjunktion „daß" aber habe ich beibehalten im Sinne der Reform von 1901 und Stadthagens Verwendung. Ich hoffe, dass dadurch eine größtmögliche Einheitlichkeit der Schriftsprache Stadthagens gewährleistet werden kann.

Seit dem Erscheinen meiner Biographie „Arthur Stadthagen – Anwalt der Armen und Rechtslehrer der Arbeiterbewegung" im Sommer 2011 ist nun einige Zeit ins Land gegangen. Aus der Biographie entstand eine erweiterte und veränderte Version, die als Dissertation an der Fernuniversität Hagen eingereicht und angenommen wurde. Am 14. Juli 2014, dem Jahrestag der Französischen Revolution von 1789, bestand ich meine Promotion, die Dissertation ist nun für die Allgemeinheit zugänglich gemacht.[1] Wer zu den dokumentierten Reden, Schriften und Briefen Stadthagens die nötigen Hintergrundinformationen sucht, wird dort fündig werden.

Unmittelbar nach meiner Promotion lüftete sich wie von selbst das letzte große Rätsel der Familiengeschichte, nämlich der Verbleib von Arthurs Zwillingsbruder Emil, der um 1880 nach Nicaragua auswanderte, und die weitere, in Biographie

1 Holger Czitrich-Stahl, Arthur Stadthagen – Anwalt der Armen und Rechtslehrer der Arbeiterbewegung: Politische Biographie eines beinahe vergessenen sozialdemokratischen Juristen und Reichstagsabgeordneten. Dissertation, Fernuniversität in Hagen, 2014, http://deposit.fernuni-hagen.de/2983/, Zugriff am 21. Januar 2015.

und Dissertation nur sehr lückenhaft nachvollziehbare Familiengeschichte dieses Zweiges. Eigene Recherchen auf den Spuren ihrer Berliner Vorfahren und ihres bekanntesten Familienmitglieds Arthur führten Sra. Elsa Olga Aguirre und Sr. Hector Zamora über mein Buch zur Kontaktaufnahme mit mir. Seitdem konnten beinahe alle auf beiden Seiten des Atlantiks noch bestehenden Lücken in der Familiengeschichte durch Informationsaustausch weitestgehend geschlossen werden. Ich sehe diese großartige Entwicklung auch als einen kleinen Sieg über die NS-Vernichtungspolitik, die die jüdischen Mitbürgerinnen und Mitbürger in Europa und die Erinnerung an sie auslöschen wollte, an und bin darüber mehr als glücklich. In diesem Kontext konnte ich noch einige aktuell erhaltene Dokumente nach Nicaragua senden.

Mein Dank gilt natürlich vor allem meiner Familie, deren Rückhalt mir stets unersetzlich gewesen ist. Außerdem danke ich meinem Doktorvater Prof. Dr. Peter Brandt und meinem Zweitgutachter Prof. Dr. Wolfgang Kruse von der Fernuniversität Hagen, die mir im Disputationsprozess noch einige Gedanken zu schärfen halfen. Bei der Schlussredaktion des Briefes an Rosa Luxemburg war Frau Anne Rothschenk vom Landesarchiv Berlin behilflich; den Kolleginnen, die sich an den letzten Transkriptionslücken versuchten bzw. mir dabei zur Seite standen, danke ich in den Quellenanmerkungen zum Brief. Soweit zum aktuellen Stand der Rezeption des Lebenswerks des sozialdemokratischen Juristen, demokratischen Marxisten, jüdischen Berliner und langjährigen Rechts- und Sozialexperten der SPD im kaiserlichen Reichstag, Arthur Stadthagen.

Als er am 5. Dezember 1917 starb, hinterließ er keine geschlossene Konzeption für ein demokratisch-sozialistisches Arbeits- und Sozialrecht oder gar für ein der sozialen Demokratie verpflichtetes Rechtswesen. Durch sein publizistisches Wirken als Rechtslehrer komprimierte er die wichtigen, die Masse der Bevölkerung betreffenden Rechtsbestimmungen und erläuterte sie verständlich und praktisch im Sinne eines Aufklärers und Lehrers. Dies ermöglichte den Vertretern der nachfolgenden Generation von sozialdemokratischen Juristen wie Hugo Sinzheimer (1875–1945), aber auch liberalen Sozial- und Arbeitsrechtlern wie Heinz Potthoff, die Verankerung dieser neuen Rechtsdisziplin in den Institutionen der ersten deutschen Demokratie. Stadthagen gehört zu den Wegbereitern dieser Entwicklung, ohne aber an ihr teilhaben zu können. Dass er so schnell vergessen wurde, liegt nicht nur an dem Umstand seines Ablebens während des Krieges, sondern wohl auch an den Folgen der Verletzungen, die er, verbittert durch seine Entlassung beim „Vorwärts" 1916 und die folgenden Existenzsorgen, ehemaligen Genossen verbal zufügte. Rund einhundert Jahre später ist es Zeit, sich wieder seiner gebührend zu erinnern. Dazu will diese Edition ihren Beitrag leisten und richtet sich dabei nicht allein an die Geschichtswissenschaft, sondern kaum weniger an die Rechtswissenschaft.

Schließen möchte ich mit einem Ausblick. Ich sehe in der Auseinandersetzung vor allem mit dem rechtspolitischen, rechtstheoretischen und rechtspraktischen Wirken Stadthagens Potenziale zur Vertiefung einer sozialdemokratischen Rechtsgeschichte in der Periode ihres schier unaufhaltsamen Aufstiegs und vor dem „Leuchtturm" des fortschrittlichen Arbeitsrechts, Hugo Sinzheimer. Sollte diese Textedition einen entsprechenden Anstoß dazu geben, wäre mir das mehr als recht.

Glienicke/Nordbahn im Februar 2015,

Holger Czitrich-Stahl

I. Für ein demokratisches und soziales Recht und ein zeitgemäßes BGB!

1. Reichstagsrede in der dritten Beratung des Gesetzesentwurfs zu den Gewerbegerichten (§ 16) am 27. Juni 1890[2]

„Ich möchte Sie bitten, den Absatz 2 des Paragraphen gänzlich zu streichen, eventuell dem Vorschlage des Herrn Abgeordneten Kauffmann entsprechend wenigstens diese kleine Abänderung vorzunehmen. Ich stehe nicht an, zu erklären, daß ich volles Misstrauen habe, nicht nur volles Misstrauen gegen den Menschen, wie Herr Abgeordneter Porsch sich ausdrückte, sondern gegen die Menschen, die hier zur Aburteilung berufen sein sollen. Die Verwaltungsbehörde, der Staatsanwalt, die Strafkammern der Landgerichte sollen herangezogen, das hochnotpeinlichste Verfahren soll aufgewendet werden, um einen Beisitzer zu entfernen, der, wie die Vorlage allerdings sagt, einer „groben Verletzung seiner Amtspflicht" sich schuldig gemacht hat. Da aber keine Erläuterungen darüber gegeben sind, was „Amtspflicht" sei, so können wir annehmen, daß dasjenige, was auf anderem Disziplinarrecht als Verletzung einer Amtspflicht erachtet ist, auch hier Geltung haben wird, d. h. es sollen diejenigen, die unabhängig denken, die anderer politischer Ansicht sind, als dem Staatsanwalt oder der Verwaltungsbehörde gefällt, diejenigen, die gegen Missbräuche auftreten, die bei ihrem Gericht stattfinden, dies hochnotpeinliche Verfahren erdulden. So z. B. die Beisitzer, die dem Vorsitzenden mit Recht den Vorwurf machen würden: du fälschst das Protokoll, du nimmst die Anträge falsch auf, – da würde es heißen: der Mann hat sich einer Verletzung seiner Amtspflicht schuldig gemacht, denn zum Inbegriff der Amtspflicht gehört nach den ähnlichen Entscheidungen im Gebiete des Disziplinarrechts die Ehrerbietung gegen den Vorsitzenden.

Stets wird folgender Kautschukbegriff überall da hineingebracht, wo man seitens der reaktionären Seite nachher politische Gründe und dergleichen spielen lassen will. Das Misstrauen, das ich habe, nicht nur gegen diese Bestimmung, sondern vor allen Dingen auch gegen das Verfahren, das hier vorgeschlagen ist, beruht nicht auf allgemeinen Erwägungen, beruht nicht auf dem Misstrauen gegen den Menschen als solchen, sondern auf der Erfahrung, die wir in allen diesen Dingen gemacht haben.

---

2 http://www.reichstagsprotokolle.de/Blatt3_k8_bsb00018664_00723.html, 28. Sitzung vom 27. Juni 1890, S. 633 ff.

Sie werden mir gestatten müssen, zunächst darauf hinzuweisen, daß es wunderbar erscheint: während bis jetzt in den Ortsstatuten mit einer einzigen Ausnahme, wo das Gewerbegericht nachher zu entscheiden hat, – und dagegen hätte ich gar nichts, – eine derartige Vorschrift und derartige elastische, dehnbare Begriffe überhaupt nicht eingeführt sind, kommt hier die Regierung, die ja tatsächlich durch die Vorlage, wie sie jetzt gestaltet ist, dem Arbeiter ungeheure Rechte nimmt, die den Gemeinden das Recht nimmt, solche Statuten, wie sie ihnen richtig zu sein scheinen, zu formulieren, und sie zwingt, das Üble, das in diesem Gesetzentwurf steckt, mit aufzunehmen, – da kommt die Regierung und mit ihr die Kommissionsbeschlüsse und leider auch die zweite Lesung und nimmt auch diesen Paragraphen auf, der direkt die Selbstständigkeit des Charakters der Arbeiters zu untergraben geeignet ist.

Wir haben ja ähnliche Bestimmungen in der Rechtsanwaltsordnung. Nebenbei will ich erwähnen, daß ich auf den Fall, der in der zweiten Lesung angeführt ist – ich war leider damals verhindert, im Hause zu sein – natürlich nicht eingehen will. Der Abgeordnete Dr. Meyer (Berlin) hat allerdings in der zweiten Lesung gemeint, die Rechtsanwaltsordnung enthalte eine andere Bestimmung; da werde nicht nur das Verfahren auch im Amt, sondern auch das außerhalb des Amtes einer Prüfung unterworfen. Ja gewiss, der § 28 der Rechtsanwaltsordnung hat eine ein klein wenig andere Fassung, sie geht dahin:

Ein Rechtsanwalt ist verpflichtet, seine Berufstätigkeit gewissenhaft auszuüben und durch sein Verhalten in Ausübung seines Berufs sowie außerhalb desselben sich der Achtung würdig zu zeigen, die sein Beruf erfordert.

Also es ist doch überall Beziehung genommen auf den Beruf; und ich glaube nicht, daß ein erheblicher Unterschied liegt zwischen dem Ausdruck „grobe Verletzung der Amtspflicht" und dem, was hier in der Rechtsanwaltsordnung gesagt ist.

Nun haben wir eine Fülle ganz interessanter Entscheidungen – es sind jetzt 4 Bände von Entscheidungen heraus –, die seitens des Ehrengerichtshofs, der höchsten Behörde, die nach dieser Richtung hin gefällt sind. Vier Mitglieder des Ehrengerichts sind Mitglieder des Reichsgerichts. An das Reichsgericht soll nach Ihrem Vorschlag zweiter Lesung sich in der Revisionsinstanz der Arbeiter, der gemaßregelt ist, wenden. Dieselben Grundsätze, welche von dem Ehrengerichtshof in seinen Entscheidungen entwickelt sind, werden also im wesentlichsten auch als die richtigen gegen den Arbeiter maßgebend sein. Diese Ehrengerichtshofsentscheidungen habe ich vorhin in Kürze durchgelesen. Es fällt mir selbstverständlich nicht ein, die vier Bände Ehrengerichtsentscheidungen auch nur auszugsweise Ihnen hier darzulegen; ich will nur kurz darauf eingehen, welche Fälle für möglich erachtet sind, jemanden eines Disziplinarvergehens schuldig oder wenigstens anklagewürdig zu erachten und hieraus die Nutzanwendung für dieses Gesetz zu ziehen.

Ein Anwalt – die Entscheidung ist im ersten Buche abgedruckt – besaß die Eigentümlichkeit, daß er den Präsidenten des Gerichts nicht stets grüßte, wenn er ihm begegnete. Der Staatsanwalt erhob Anklage, – ich glaube, sogar mit dem Antrage auf Ausschließung; denn es ist doch eine furchtbar grobe Verletzung der Amtspflicht, einen Präsidenten nicht zu grüßen! Nebenbei will ich erwähnen, daß das Ehrengericht den Anwalt schließlich freigesprochen hat. Der Erfolg ist aber ganz gleichgültig; ich wünsche nicht den einzelnen Arbeiter in die Verlegenheit zu bringen, vielleicht deswegen, weil er irgend ein Gemeindemitglied, oder vielleicht deswegen, weil er den Vorsitzenden zu grüßen nicht willens ist, sich anklagen lassen zu müssen.

Eine weitere Fülle von Fällen betrifft solche Fälle, in denen die Anwälte einige gegenseitige Beleidigungen sich haben zu schulden kommen lassen. Ich zweifle keinen Augenblick, daß sehr häufig bei der geringeren Bildung, die der Arbeiter leider besitzt, und bei der kernigeren Aussprache, deren er sich zu bedienen pflegt, solche Ausdrücke vorkommen können, die seitens des an Solonausdrücke[3] gewöhnten Staatsanwalts als Beleidigungen erachtet werden. Wollen Sie denn hier eine Anklage zulassen? Soll das eine grobe Verletzung der Amtspflicht sein? Sie finden in den 4 Bänden Ehrengerichtsentscheidungen viele solcher Beleidigungssachen. Meine Herren, deswegen soll der Arbeiter in das öffentliche Verfahren hinein gezerrt werden. Deswegen soll er in dem gewöhnlichen Verfahren vor dem Landgericht in derselben Art behandelt werden, wie irgend jemand, der etwa einen Diebstahl begangen hat?

Meine Herren, eine fernere Anzahl der dortigen Angaben – ich rede jetzt nur von den abgedruckten Entscheidungen – bezieht sich auf solche Fälle, wo der Anwalt den Behörden etwas zu krass, etwas zu scharf aufgetreten ist. Ich will nebenbei einschalten: ich habe mich gefreut, dabei zu sehen, daß der Ehrengerichtshof – im allgemeinen bloß gesagt – an dem Grundsatz festhält: die Selbstständigkeit des Anwalts soll gewahrt bleiben, und in den meisten Fällen freigesprochen hat. Indessen es genügt, daß das Verfahren eröffnet worden ist, um uns zu bestimmen, eine gleiche Bestimmung hier abzulehnen. In zwei Fällen hat der Anwalt in Ausübung seiner Pflicht – wie es hier der Arbeiter tun kann gegenüber dem Vorsitzenden – gesagt: es ist ein falsches Protokoll, das Sie da gemacht haben. In

---

3 Solon (ca. 640-ca. 560 v. Chr.) war ein athenischer Staatsmann, der 594 v. Chr. durch seine Reformen die politische Rolle der Bürger gegenüber dem Adel stärkte, die Schuldknechtschaft abschaffte und so Athen nach einer Phase des Bürgerkriegs befriedete. Er wurde zu den „sieben Weisen“ des antiken Griechenland gezählt.

dem einen Falle ist eine Verurteilung, in dem anderen eine Freisprechung. Es geht noch weiter. In dem einen Falle sagten die Anklagebehörden: wenn du in Ausübung der Berufspflicht, also direkt der Amtspflicht, eine Behauptung aufstellst einem Richter gegenüber, also hier gegenüber dem Gewerbegericht, er fälsche, er bringe ein falsches Protokoll, dann ist das eine frivole Erfindung, eine grässliche Verleumdung u.s.w.

Aus den Akten habe ich gelesen, daß die Anklage stattgefunden hat und daß es in denselben dem Anwalt eine leichte Mühe war, nachzuweisen, daß das, was er sagte, buchstäblich richtig war, und daß der Vorsitzende in der Tat das Protokoll, sogar wohl absichtlich, gefälscht habe. Der betreffende Vorsitzende ist nicht mehr im Amt, wie ich nebenbei bemerke. Trotzdem, daß dies aus den Akten ersichtlich war, wurde da von der Anklagebehörde schriftlich behauptet, das sei eine frivole Verleumdung. Der Anwalt hatte etwas Ehrgefühl; er fand: in ähnlichen Fällen hat das Ehrengericht entschieden, der Anwalt (also dementsprechend hier der Arbeiter) sei verpflichtet und wenigstens berechtigt, sich gegen etwaige Beleidigungen zu schützen; er sagte: hier liegt eine Beleidigung seitens des Oberstaatsanwalts vor; der Staatsanwalt gibt die einem ehrliebenden Manne leichte Genugtuung durch Rücknahme dessen, was er beleidigend gesagt hat, nicht. Deshalb denunzierte er den Staatsanwalt wegen Beleidigung und bat den Staatsanwalt, ihn zu betrafen. Das Eigentümliche in unserer Strafprozeßordnung ist, daß, während jeder angeklagt werden kann, dieser wunderbare Beamte, gegen den das vollste Misstrauen zu haben vollkommen gerechtfertigt ist – nicht nur, weil er Mensch ist, sondern weil er Staatsanwalt ist –, nicht angeklagt werden kann – es sei denn, er hätte die Güte, sich selbst anzuklagen –, wohl aber seinen Vorgesetzten anzuklagen berechtigt ist. Die Strafprozeßordnung hat ein außerordentliches Zutrauen zu dem Staatsanwalt gehabt. Der Oberstaatsanwalt wurde von dem betreffenden Rechtsanwalt, als der Staatsanwalt das Einschreiten abgelehnt hatte, im Wege der Beschwerde gebeten, den Staatsanwalt anzuweisen, ihn, den Oberstaatsanwalt, anzuklagen. Der Oberstaatsanwalt wendet sich an den Vorstand der Anwaltskammer mit der Bitte um Vermittlung. Von einem Vorstandsmitgliede wird dann der Anwalt im Wege der Güte gebeten, die Anzeige zurückzunehmen, die er gemacht hatte. Er erklärt, er wolle das nicht. Nach wiederholter Verhandlung unterschreibt der Anwalt schließlich mit Rücksicht auf die ausdrückliche schriftliche Zusicherung, daß nun alles erledigt sein werde, daß der Oberstaatsanwalt den Anwalt in Ruhe lassen werde, und daß die Gesamtheit der Anwälte des betreffenden Bezirks somit ein Dienst erwiesen werde, eine Erklärung, in der die Rücknahme seines Strafantrages und die eben erwähnte Zusicherung aufgenommen war. Nach einigen Monaten schreibt ihm darauf der Oberstaatsanwalt: das ist wunderschön, daß du zurückgenommen hast, damit ist die Denunziation gegen mich erledigt; nunmehr klage ich dich an, denn nie und nimmer darfst du von mir behaupten, daß ich eine strafbare Handlung begehe, – das dazu notwendige Maß von Bewusstsein besitze ich nicht. Dem Arbeiter kann es bezüglich des Vorsitzenden durchaus ähnlich so gehen. Gerade wenn er die Rechte der Arbeiter streng wahrnimmt, wird ein derartiges Verfahren leicht eintreten. Wenn er trotzdem den Vorsitzenden wie ich schon mehrfach anführte, aufmerksam macht, das Protokoll sei falsch geführt, die Anträge seien irrig aufgenommen u.s.w., dann wartet seiner der § 16 mit der Verfolgung durch den Staatsanwalt, dessen Vertrauenswürdigkeit Sie schon allein aus dem eben angeführten Fall deutlich beurteilen können. Natürlich nur dann wird der Arbeiter verfolgt werden, wenn er eine politisch missliebige Person ist; und daß das ziemlich alle arbeitsamen Arbeiter sein werden, ist mir bei der eigentümlichen Auffassung der Staatsanwälte so klar, wie irgendetwas sein kann.

Meine Herren, die paar Beispiele, die ich herausgenommen habe aus den Entscheidungen, bei denen der Sachverhalt ganz ebenso liegt, wie er hier vorkommen kann, werden uns davor zurückschrecken müssen, hier – ich möchte sagen – den Arbeiter in die Möglichkeit versetzen, in ein hochnotpeinliches Verfahren gebracht zu werden nach Ansicht oder vielmehr nach Ausspruch eines Staatsanwalts vorliegender „grober Verletzung seiner Amtspflicht“.

Nun ist in der Beratung hervorgehoben: ja, wollen Sie denn, daß jemand, der seine Amtspflicht verletzt, ruhig weiter arbeitet? Nein, meine Herren, das wollen wir nicht. Aber was ist denn eine Verletzung der Amtspflicht? In solchen Fällen, wo wirklich eine Verletzung der Amtspflicht vorliegt, tritt ja ohne weiteres das Strafgesetzbuch ein, und überall da, wo eine grobe Verletzung der Amtspflicht vorliegt, tritt auch der Absatz 1 ein, der das hochnotpeinliche Verfahren nicht enthält; denn überall da, wo wirklich eine Verletzung der Amtspflicht vorliegt, würde der Betreffende mit dem Verlust der bürgerlichen Rechte eventuell zu bestrafen sein. Also wenn er – diese Fälle führte, glaube ich, in zweiter Lesung der Herr Kollege Meyer (Berlin) an – entweder Parteien ablehnt oder zu urteilen ablehnt, treten die Bestimmungen des Strafgesetzbuchs, die das ahnden, ein. In solchen Fällen brauchen wir also keine Spezialbestimmungen. Hier sollen aber in Absatz 2 diejenigen Sachen getroffen werden, die unter einen bestimmten richtigen, vom Standpunkt der Gerechtigkeit fassbaren Namen sich nicht begreifen lassen; es sollen diejenigen Sachen hier getroffen werden, die vollständig willkürlich sind und von politischen Gesichtspunkten aus betrachtet werden sollen. Es soll der Richter in die allerschlimmste Lage gebracht werden, überhaupt nicht mehr willkürlich sein zu können, – ich meine den ordentlichen Richter, das Landgericht, das § 16 fungieren lassen will – deswegen nicht, weil das Gesetz schon einen so breiten Raum der Willkür lässt, daß dem Richter kein Raum mehr übrig bleibt, auf dem er, dem Gesetz entgegen, willkürlich sein könnte.

Also, meine Herren, schaffen Sie diesen Satz von der „groben Verletzung der Amtspflicht", diesen Kautschukbegriff, diesen Begriff, der lediglich diktiert sein kann von dem allerschärfsten, ungerechtfertigsten Misstrauen gegen den Gerechtigkeitssinn und gegen die Vernunft der Arbeiter, aus dem Gesetz! Meine Herren, ich habe zu den Arbeitern das gute Zutrauen, auf Grund der Erfahrungen, die ich mit den Ortsstatuten, und die ich sonst im Verkehr mit den Arbeitern gemacht habe, daß sie gerechter sein werden als die übrigen, ja, im Verhältnis zu den Arbeitern selbst vielleicht etwas zu streng, um nur nicht das Recht der anderen Partei aus Zuneigung zum Arbeiter zu kränken. Also, meine Herren, wozu wollen Sie denn einem derartigen Misstrauen hier Ausdruck verleihen? Ich will ja nicht ausdrücken, daß der eine oder der andere subjektiv dieses Misstrauen ausdrücken will; aber Sie werden uns nicht abdisputieren können, daß diese Vorlage Paragraph für Paragraph, objektiv betrachtet, die ganze Fülle des Misstrauens ausdrückt, die überhaupt der Gesetzgeber der Arbeiterklasse gegenüber auszudrücken vermag.

Meine Herren, wenn Sie in der Tat die grobe Verletzung der Amtspflichten bestehen lassen wollten, muss ich doch dringend bitten, ein anderes Verfahren einschlagen zu wollen, den Arbeiter, der als Beisitzer gefehlt haben soll, nicht wie einen gemeinen Verbrecher behandeln lassen zu wollen, ihn nicht vor die Instanzen – Staatsanwaltschaft, Landgericht, Reichsgericht – zu bringen, sondern ein weniger hochnotpeinliches Verfahren eintreten zu lassen. Mag das Plenum des Gewerbegerichts darüber entscheiden, ob ihr Kollege seine Amtspflicht verletzt hat! Das Richtigste wäre ja, daß die Wähler darüber zu entscheiden hätten, diejenigen, die vertrauensvoll den Betreffenden hinein gewählt haben. Sie haben indessen, meine Herren, die Wahlzeit auf 6 Jahre ausgedehnt, und da wird es schwer möglich sein, die Wähler selbst abstimmen zu lassen. Ich halte es auch für aussichtslos, Sie zu bitten, die Wähler entscheiden zu lassen, weil die Annahme eines solchen Antrages ein Vertrauen des Gesetzgebers zum Arbeiter bezeigen würde, dessen Ausdruck ich von der Mehrheit, die augenblicklich hier anwesend ist, nach den bisherigen Beschlüssen nicht erwarten kann.

Wenn Sie aber einmal diesen Kautschukbegriff einsetzen wollen, so setzen Sie doch wenigstens ein anderes Verfahren ein. Meine Herren, der Staatsanwalt ist ja nur naturgemäß durch die Strafprozessordnung eingesetzt als das Organ der absoluten Willkür. Gestatten Sie mir ganz kurz darauf einzugehen und fürchten Sie nicht, ich würde hier lange rechtliche Auseinandersetzungen machen.

Meine Herren, die Staatsanwaltschaft, an der bekanntlich von den Konservativen so sehr festgehalten wird, ist eine französische Institution. Festgehalten wird von den Machthabern an ihr vielleicht, weil es eine französische Einrichtung ist. Wir wurden damit beglückt im Jahre 1848. Zunächst war der Staatsanwalt nur der

Ankläger im Schwurgericht. Was ist er heute? Heute beherrscht er das gesamte Strafverfahren und ist doch keineswegs der Mann, von dem das gilt, was wir verlangen von einer gerechten Rechtsprechung. (Glocke des Präsidenten.)… Meine Herren, der letzte Absatz heißt: „die Klage wird von der Staatsanwaltschaft auf Antrag der höheren Verwaltungsbehörde erhoben"; und ich will mich bemühen, darzulegen, daß alle anderen Behörden, nur nicht die Staatsanwaltschaft, dazu berufen sein können, als eine Behörde zu gelten, die das Vertrauen der Arbeiter genießen kann. Ich will Sie deswegen bitten, diesen Paragraphen abzulehnen, und ich gehe dazu über, daß ich die einzelnen Sätze nach einander zergliedere. Ich bemühe mich dabei, dies in einem möglichst kurzen Rahmen zu tun. Ja, meine Herren, wenn Sie einfach hier versuchen, durch Ihre Zurufe mich zu veranlassen, zu unterbrechen oder Abkürzungen vorzunehmen, dann, meine Herren…Ich danke sehr! – Ich wollte nur hervorheben: dann würden Sie mich gegen meinen Willen zwingen, ausführlicher zu sprechen, als dies meine Absicht jetzt ist.

Es ist vorhin hervorgehoben worden von einer Seite, es sei diese Gewerbegerichtsvorlage „ein Stück in dem sozialen Kampfe". Die Staatsanwaltschaft, meine Herren, ist ein reines Produkt im sozialen Kampfe der Parteien in Besitz gegen die Partei ohne Besitz; der Staatsanwalt ist eine Institution, geschaffen von den Klassen und für die Klassen, die im Besitze sind, sich der sogenannten Übergriffe gegen die ohne Besitz zu erwehren. Während wir sonst in der ganzen Rechtsprechung und auch hier im Gesetze sagen: die Unabhängigkeit ist notwendig, nur das Gesetz und allein das Gesetz darf maßgebend sein für eine Entscheidung in einem Rechtsverfahren, die Rechte einzelner verletzen könnte, – so ist die Staatsanwaltschaft von diesem Grundsatz frei. Sie tritt als Verwaltungsbehörde auf; ihre Inhaber müssen nach Opportunitätsrücksichten, nicht nach Gerechtigkeitsgrundsätzen, sogar gegen besseres Wissen, eine Anklage erheben, so wie es der Vorgesetzte befiehlt. Sie ist die einzige Behörde, die gewissermaßen das gewiss nicht beneidenswerte Privilegium besitzt, etwas tun zu dürfen, was sonst als Verleumdung zu erachten sein müsste. Meine Herren, die Einrichtung der Staatsanwaltschaft, wie sie jetzt ist, ist entstanden in dem Kampfe zwischen denjenigen, die den Absolutismus anstreben, allerdings mit einem bisschen konstitutionellen oder kartellfreundlichen Flitterkram verbrämt – das will ich gerne zugeben – und denjenigen, die sagen: wir wollen das reine, wahre Recht haben. Denn diejenigen, die zu der Partei gehören, die im Kampfe steht für die, die ohne Besitz sind, kämpfen für das Recht, das jedem Menschen als solchem zukommt, und nicht nur für ein einzelnes Recht. Die Staatsanwaltschaft wird daher naturgemäß, da sie sich vollständig stützt auf die besitzenden Klassen, zunächst, rein theoretisch betrachtet, viel leichter einschreiten gegen den Arbeiter als gegen den Arbeitgeber, sie wird viel leichter einschreiten gegen den Nichtbesitzenden als gegen den Besitzenden, und so erklärt sich denn auch die mit dieser theoretischen Betrachtung übereinstimmende Praxis.

Es fällt mir gar nicht ein, etwa dem einzelnen Staatsanwalt einem Vorwurf aus seinem Vorgehen zu machen. Es ist die Behauptung, die so oft gehört wird im Lande, der Staatsanwalt als Person, als Einzelner, gehe zu Unrecht vor, unrichtig vor. Nein, er muss eben nach dem Gesetz in einer Weise handeln, die im allgemeine n Volksbewusstsein mit Recht als eine willkürliche und ungerechte empfunden wird. Sie ist willkürlich und ungerecht, von dem Standpunkt des reinen wahren Rechts aus betrachtet; aber leider stimmt sie mit dem Gesetz überein.

Nun, meine Herren, gestatten Sie, daß ich Ihnen nah dieser Richtung einige Beispiele vorführe, um Ihnen zu zeigen, daß, was meines Erachtens theoretisch aus unserer Gesetzgebung hervorgehen muss, auch praktisch daraus folgt. Ich werde möglichst wenig Beispiele anführen, möglichst nur solche, die von Arbeitern und Arbeitgebern handeln, und bei denen der Staatsanwalt eine Rolle spielt.

Ich habe vorhin schon erwähnt, es könnte jemand wegen Verletzung der Amtspflicht angeklagt werden, wenn er beleidigt. Wenn der Arbeiter zum Arbeitgeber „Du“ sagt, so ist das etwas, was die Staatsanwaltschaft für eine Beleidigung erachtet hat; in verschiedenen Gerichten, z. B. in Frankfurt a. O., wohl auch in Potsdam, hat man diese vertrauliche Bezeichnung seitens des Arbeiters für eine so grobe Beleidigung des Arbeitgebers erachtet, daß man diese Anrede mit 14 Tagen Gefängnis bestraft hat. Wenn der Arbeitgeber umgekehrt gegen den ausgesprochenen Willen des Arbeiters zu ihm „Du“ sagt, erhebt der Staatsanwalt nicht Anklage, und dieselben Gerichte verneinen, daß ein Arbeiter beleidigt werde, der gegen seinen klar ausgesprochenen Willen vom Arbeitgeber mit „Du“ angeredet wird. Die Staatsanwaltschaft und die Gerichte behandeln also dieselben Taten verschieden, je nachdem, ob ein Arbeiter oder ein Arbeitgeber der Täter ist.

Schon dieses eine Beispiel zeigt, wie die Staatsanwaltschaft vollkommen verschieden vorgeht, je nachdem es Arbeiter oder Arbeitgeber sind, und mir liegt nur der Schutz des Arbeiters ob; denn die Arbeitgeber werden wahrscheinlich von der Staatsanwaltschaft selbst durch Nichterheben von Anklagen schon hinreichend geschützt werden.

Meine Herren, es ist bei jedem Streik natürlich, daß diejenigen Arbeiter, die streiken, und diejenigen, die nicht streiken, in einer gewissen Erbitterung sich gegenseitig befinden, aus dieser Erbitterung erklärlich ist es, daß diejenigen, die nicht streiken, wiederholt, und zwar in Gemeinschaft, losstürzen auf solche, welche streiken, und sie verhauen. Von den Denunziationen, die nach dieser Richtung hin wegen Körperverletzung u.s.w. Von Arbeitern angebracht sind, ist jede, die mir bekannt geworden ist, von der Staatsanwaltschaft abgewiesen. In einem Fall ist in dem ablehnenden Bescheid der Staatsanwaltschaft gar als Grund des

Nichteinschreitens hinzugefügt: sie haben dadurch, daß sie streiken, die Täter selbst in Wut hineinversetzt. Umgekehrt werden in dem Augenblick, wo die Streikenden versuchen, ebenso vorzugehen, die §§ 153 der Gewerbeordnung oder 240 des Strafgesetzbuches u.s.w. In herbster Strenge von der Staatsanwaltschaft sofort in Anwendung gebracht. Sie haben hier wieder: derjenige, der für seine Interessen kämpft, der für die Allgemeinheit kämpft, wird von der Staatsanwaltschaft mit sorgsamem Auge in der Art bewacht, daß sie ihn schleunigst verfolgt, während andere, die dasselbe aus egoistischen oder unehrenhaften Beweggründen tun, laufen gelassen werden, nicht angeklagt werden, oder, wie ja wiederholt vorgekommen ist... *(Intervention des Reichstagspräsidenten)*...Verzeihen der Herr Präsident, – ich habe mir vorher gestattet, vorzutragen, daß ich nicht der Ansicht bin, daß die Staatsanwaltschaft gegen ihr Amt verstößt, sondern daß sie gezwungen ist, so vorzugehen...Verzeihen Sie, Herr Präsident, ich habe mir vorher gestattet, auszuführen, daß der Staatsanwalt gezwungen ist dazu...

Meine Herren, Sie wissen – um bei der Behandlung zwischen Arbeitern und Arbeitgebern zu bleiben – Sie wissen, daß die Verrufserklärungen zu denjenigen gehören, die unter den § 153 der Gewerbeordnung fallen würden. Wenn nun der Arbeiter hört, alle Denunziationen, die er anbringt gegen die schwarzen Listen, gegen die Verrufserklärungen, die unter Konventionalstrafe beschlossen werden von den Arbeitgebern, werden, wenigstens soweit es den Umfang von Preußen betrifft, nicht angenommen, sondern zurückgewiesen von der Staatsanwaltschaft, und wenn er auf der anderen Seite sieht, daß jeder Arbeiter, der in Verruf erklärt, sofort nach dem § 153 der Gewerbeordnung oder des Strafgesetzbuches angeklagt wird, – und so wird von der Anklagebehörde leider vorgegangen, – so sind das doch wiederum Tatsachen. Das, was ich angeführt habe, und was ja zu einem gewissen Unwillen auf irgend einer Seite Anlass geben kann, sind durchgehends Tatsachen wirklicher Vorgänge, bezüglich deren ich Namen und Aktenzeichen auf Verlangen anzugeben bereit bin, die den Arbeiter nicht veranlassen können, mit irgend welchem Vertrauen zu diesen Behörden emporzublicken. Ich meine, wenn man einfach den Vorsitzenden des Gewerbegerichts beauftragt, er möge das Plenum des Gerichtes zusammenberufen, um zu entscheiden, ob der Betreffende seiner Amtspflicht zuwider gehandelt, sie verletzt hat oder nicht, so würde das vollkommen den weitesten Ansprüchen genügen. Meine Herren, daß ein Arbeiter aus politischen Motiven von der Staatsanwaltschaft angeklagt werden würde, ist so selbstverständlich, wie es nur sein kann: die Staatsanwaltschaft ist ja leider politische Behörde, sie ist ja zur Anklage aus politischen Motiven verpflichtet, sobald die Verwaltungsbehörde sie auf Grund dieses § 16 der Gewerbeordnung darum ersucht. Wenn nun der Arbeiter in ein solches Verfahren verwickelt wird, dann sollen die Bestimmungen der Strafprozessordnung gegen ihn gelten; das heißt nach Lage unserer Strafprozessordnung: er befindet sich ganz in der Hand des Staatsanwalts. Der Staatsanwalt soll bestimmen, ob ein Vermittlungsverfahren oder ob ein Voruntersuchungsverfahren oder ob beides zusammen stattfinden soll; er kann Haussuchungen, Beschlagnahmen u.s.w. Vornehmen: kurz und gut, der Arbeiter, der als Beisitzer fungiert und deshalb angeklagt wird, befindet sich wie jeder Angeklagte beinahe schutzlos Willkür der Staatsanwaltschaft im ersten Stadium des Verfahrens ausgeliefert.

Ja, meine Herren, nach der Richtung möchte ich von der Regierung die Frage beantwortet wissen: glaubt sie denn, daß dieser § 16 die Möglichkeit gibt, daß der Arbeiter wegen angeblicher Verletzung der Amtspflicht verhaftet werden darf? Die Art und Weise der Interpretation, die seit Jahren den Arbeitern gegenüber angewendet wird, lässt darauf schließen, daß auch gar die Untersuchungshaft dem Arbeiter gegenüber zulässig sein soll, der den Staatsanwalt absichtlich nicht grüßt und sich dadurch einer „Verletzung seiner Amtspflicht" schuldig macht.

Meine Herren, wie weit die Rechte der Anklagebehörden leider gehen, mag ein Fall noch illustrieren. Die Arbeiter Hamburgs haben einmal eine Zeit lang zu bestimmten Bedingungen nicht arbeiten wollen *(Heiterkeit)*, da ist eine ganze Anzahl von Arbeitern von Polizeibeamten, als Hilfsbeamten der Staatsanwaltschaft, auf das Polizeibureau geholt worden, dort sind sie abphotographiert, wie gemeine Verbrecher und schließlich entlassen und nicht einmal unter Anklage gestellt. Dennoch, meine Herren, wird in dem Fall gesagt, die Anklageorgane, seien berechtigt, die Betreffenden festnehmen und photographieren zu lassen. Gibt man dies als richtig zu – ich bin anderer Ansicht – so sehe ich keinen Grund ein, warum denn hier nach der Strafprozessordnung der Staatsanwalt nicht auch sollte berechtigt sein *(große Unruhe)*, womöglich den Arbeiter zu verhaften und ihm die Qual der Untersuchungshaft angedeihen zu lassen. Und da möchte ich wieder darauf hinweisen, daß die Organe, die dann über den inhaftierten Arbeiter zu bestimmen haben, leider wieder solche sind, die ihm keine Vergünstigung gewähren werden. Nein, meine Herren, selbst entgegen den klaren Grenzen, die innerhalb der Strafprozessordnung selbst gegeben sind, wird ihnen von dem Gericht der freie Verkehr mit ihrem Verteidiger gehemmt, eigene Beköstigung ihnen als Untersuchungsgefangenen trotz des Gesetzes möglichst lange vorenthalten und dergl. Wir haben solche Fälle hier leider beinahe jeden Monat zu registrieren.

Meine Herren, diese Verschiedenheit der Behandlung von Arbeitern und Arbeitgebern seitens der Staatsanwaltschaft, hat allerdings etwas theoretisch Schmeichelhaftes für den Arbeiter, nämlich das, daß der Staatsanwalt die Ansicht von den Arbeitern hat, sie haben stets das Bewusstsein dessen, was sie tun, und daher, auch wenn sie etwas Unrechtes tun, während umgekehrt der Arbeitgeber, wenn er Ähnliches tut, außer Verfolgung zu setzen sei, weil ihm der Staatsanwalt dann attestiert, er habe das Bewusstsein von dem, was er tue, nicht gehabt. Diese Ansicht des Staatsanwalts, die in Konsequenz zu der Annahme führt, daß der Arbeiter ein besseres Verständnis habe als der Arbeitgeber, tritt nur leider lediglich dann in die Erscheinung, wenn aus diesem besseren Verständnis der Arbeiters eine Unannehmlichkeit für ihn und aus dem Defekt aus Verständnis eine Annehmlichkeit für den Arbeitgeber abgeleitet werden soll. Meine Herren, in Dutzenden von Fällen, in denen es zweifellos war, daß der Arbeitgeber oder ein anderer als der Arbeiter eine an sich objektiv strafbare Handlung begangen hat, nahm der Staatsanwalt an, der wohlgebildete Arbeitgeber kann unmöglich den Grad von Bewusstsein haben, den der Arbeiter haben muss, wenn es zu einer Anklage gegen ihn kommt, wenn ihm eine strafbare Handlung zur Last gelegt werden soll.

Meine Herren, da nun die Staatsanwaltschaft nach der Strafprozessordnung das ganze Verfahren beherrscht, so kann uns der Umstand, daß schließlich das Landgericht entscheidet, nicht im Geringsten nutzen; das Landgericht ist ja nicht im Stande, auch nur eine Disziplinarstrafe gegen den Staat in Antrag zu bringen, nicht im Stande, selbst gegen etwaiges gesetzwidriges Verhalten des Staatsanwaltes irgend welche Remedur zu schaffen. Die Strafprozessordnung ist ja von den Parteien leider so reaktionär gestaltet,, wie vielleicht kein anderes Gesetz, das auf dem Gebiete der Rechtspflege in Anwendung gebracht werden muss.

Meine Herren, ich bitte Sie, lehnen Sie den Absatz 2 ab, oder zeigen Sie durch die entgegengesetzte Abstimmung, daß Sie eine Fülle des Misstrauens, eine Fülle der Furcht haben vor dem Gerechtigkeitssinn, vor dem Wahrheitssinn und vor dem ehrlichen Sinn der Arbeiter, die ein Arbeiter – und wer sonst die tatsächlichen Verhältnisse kennt – nicht verstehen kann! *(Bravo! Bei den Sozialdemokraten)*

2. Meine Ausschließung aus der Rechtsanwaltschaft. Beitrag für die 2. Beilage zum „Vorwärts" Berliner Volksblatt vom 30. Dezember 1892.[4]

Über den formalen Gang des ehrengerichtlichen Verfahrens folgendes vorweg: Nach §§ 28 und 62 der Rechtsanwalts-Ordnung hat ein Rechtsanwalt die ehrengerichtliche Bestrafung verwirkt, welcher die ihm obliegende Pflicht verletzt, „seine Berufstätigkeit gewissenhaft auszuüben und durch sein Verhalten in Ausübung

4 Meine Ausschließung aus der Rechtsanwaltschaft. Abgedruckt in der 2. Beilage zum „Vorwärts" Berliner Volksblatt am 30. Dezember 1892. Stadthagen war durch Urteil des Ehrengerichtshofs in Leipzig am 17. November 1892 von der Ausübung des Rechtsanwaltsberufs ausgeschlossen worden. Der Text stellt seine Position zu den Ereignissen dar. Siehe auch Czitrich-Stahl 2011, Kapitel 5, S. 144–194.

des Berufes, sowie außerhalb desselben sich der Achtung würdig zu zeigen, die sein Beruf erfordert." Unter Pflichtverletzung sind nach der Judikatur des Ehrengerichtshofes nicht nur ehrenrührige Handlungen zu verstehen. Die Anklage wird von dem Ober-Staatsanwalt erhoben. Erachtet das aus fünf Anwälten bestehende Ehrengericht dieselbe für begründet, so eröffnet das Ehrengericht das Hauptverfahren durch Beschluss. Lehnt es die Erhebung der Anklage ab, so steht der Ober-Staatsanwaltschaft das Recht der Erhebung einer Beschwerde beim Kammergericht zu. Gegen das Urteil des Ehrengerichts – das von denselben Richtern gefällt werden kann, welche die Eröffnung des Verfahrens beschlossen haben – steht der Ober-Staatsanwaltschaft und dem angeklagten das Rechtsmittel der Berufung zu. Berufungsinstanz bildet der aus vier Mitgliedern des Reichsgerichts und drei Reichsgerichtsanwälten bestehende Ehrengerichtshof. Reichsgerichtsanwalt kann nur werden, wer vom Präsidium des Reichsgerichts zugelassen ist.

Wegen jeder, an sich nach den allgemeinen Gesetzen strafbaren Handlung, ist der Rechtsanwalt den ordentlichen Gerichten wie jeder Andere unterworfen. Haben wegen einer strafbaren Handlung die ordentlichen Gerichte freigesprochen, so darf das ehrengerichtliche Verfahren sich nur noch mit der Frage beschäftigen, ob, unabhängig von dem Tatbestand einer im Strafgesetz vorgesehenen Handlung, ehrengerichtliche Bestrafung notwendig erscheine. Auf der anderen Seite schließt die Erhebung einer ehrengerichtlichen Anklage keineswegs die Erhebung einer Anklage vor den öffentlichen Gerichten aus. Bei der Beurteilung im ehrengerichtlichen Verfahren dürfen nur diejenigen Tatsachen berücksichtigt werden, welche im Eröffnungsbeschluss enthalten sind. (Entscheidungen I,8; III, 29, 40, 201, 2249, 256, V, 21, 58, 92, 165, 188). Das ehrengerichtliche Verfahren ist ein geheimes, die Verhandlung findet in nicht öffentlicher Sitzung statt, zu der jedoch Anwälte Zutritt haben. Die im ehrengerichtlichen Verfahren zulässigen Strafen sind, der Reihenfolge der Schwere nach: 1. Mahnung, 2. Verweis, 3. Geldstrafe, 4. Geldstrafe und Verweis, 5. Ausschließung aus der Anwaltschaft.

Das erste Einschreiten der Ober-Staatsanwaltschaft gegen mich fällt in das Jahr 1886. In der Strafsache gegen die damaligen Vorstandsmitglieder des Vereins zur Vertretung der Arbeiterinnen, Frau Dr. Hofmann, Frau Stägemann, Frau Ihrer und Fräulein Jagert (wegen Übertretung des Vereinsgesetzes fungierte ich als Verteidiger.[5] Der Verein wurde geschlossen und die Angeklagten mit Geldstrafe

5 Siehe dazu Czitrich-Stahl 2011, S. 76 ff. In seiner Abhandlung schrieb Stadthagen von Marie Hoffmann. Den Schreibfehler habe ich hier korrigiert. Zu Marie Hofmann siehe Reuter, S. 611, zu Pauline Stägemann siehe Gisela Notz: Pauline Staegemann, geborene Schuck (1838 – 1909) – Wegbereiterin der sozialistischen Frauenbewegung, in: Jahrbuch für Forschungen zur Geschichte der Arbeiterbewegung, Heft III/2005, S. 124 ff,

belegt, weil der nur aus Frauen bestehende Verein nach Annahme des Gerichts bezweckte, politische Gegenstände in seinen Versammlungen zu erörtern, deshalb aber Frauen nicht habe aufnehmen dürfen. In einer in dieser Sache gefertigten Eingabe vom 16. November 1886 hatte ich darüber Beschwerde geführt, daß die Einsicht der Akten mir unmöglich gemacht wurde. In den Ausführungen dieser Schrift erblickte der Ober-Staatsanwalt eine Verletzung meiner Berufspflicht und übergab diesen Schriftsatz dem Vorstand der Anwaltskammer zwecks Einleitung des ehrengerichtlichen Verfahrens gegen mich. Bevor das ehrengerichtliche Verfahren gegen mich eröffnet werden konnte, forderte er jedoch den Schriftsatz zurück und stellte Strafantrag wegen Beleidigung der Staatsanwaltschaft und der Strafkammer I, sowie ferner – auf Grund eines an den damaligen, kurz darauf zum Landgerichtspräsidenten ernannten, Staatsanwalt Angern gerichteten Briefes – auch wegen Beleidigung des Herrn Angern bei dem ordentlichen Gericht. Dieser Vorgang hatte den Vorteil zu Gunsten des Ober-Staatsanwalts, daß selbst im Fall meiner Freisprechung ich dennoch ehrengerichtlich hätte verfolgt werden können. Ein ehrengerichtliches Verfahren hat wegen dieser Angelegenheit aber nicht stattgefunden. Die Strafkammer verurteilte mich am am 27. Mai 1887 wegen lediglich formeller Beleidigungen zu 1000 M. Geldstrafe. Das Gericht anerkannte in dem Urteil, daß ich in Wahrnehmung berechtigter Interessen gehandelt habe und dass die Verweigerung der Akten erfolgt sei. Diese Anklage ist deshalb bemerkenswert, weil in der Sitzung der Staatsanwalt Heppner nicht nur den Antrag auf eine längere Freiheitsstrafe stellte, sondern ferner beantragte, meinen Geisteszustand untersuchen zu lassen, da es insbesondere „eine unerhörte, verletzende Unterstellung“ sei, von der Anklagebehörde, wie meinerseits geschehen, zu behaupten (und unter Beweis zu stellen), daß die Staatsanwaltschaft von anderen Rücksichten als denen einer Rechtsverfolgung, nämlich von politischen Rücksichten bei ihrem Einschreiten gegen die bezeichneten Frauen und deren Verein sich haben leiten und nur politische Zwecke im Auge gehabt habe. Der Gerichtshof, dessen Beschlussfassung ich den Antrag mit der Bemerkung anheim stellte, daß ich eventuell nichts dagegen einzuwenden habe, auch den Geisteszustand des Staatsanwalts untersuchen zu lassen, lehnte den Antrag des Staatsanwalts mit der Motivierung ab, daß für die Annahme einer Geisteskrankheit auf meiner Seite auch nicht der geringste Grund vorliege. In dem Urteil führte er aus, daß gerade die als „unerhörte, verletzende Unterstellung“ bezeichnete Behauptung, daß

---

zu Emma Ihrer siehe Claudia von Gélieu, Sie kannte nicht den Ehrgeiz, der an erster Stelle stehen will. Emma Ihrer (1857–1911) zum 150. Geburtstag, in. Jahrbuch ebd., 2007/III, S. 92 ff, zu Johanna Jagert existieren wenig systematische Fundstellen. Am ehesten siehe Reuter, S. 147 ff.

die Strafverfolgung politische Zwecke im Auge gehabt habe, keine Beleidigung darstelle, „weil eine Kundgebung der Wahrheit niemals eine Rechtswidrigkeit darstellen kann, es wäre denn, daß schon aus der Form der Kundgebung oder aus den Umständen, von welchen dieselbe begleitet war, der Beleidigungswille hervorging. Dass jedoch häufig die Beweggründe zu einem strafbaren Einschreiten auf den gebieten der Staats- oder Sozialpolitik gelegen haben mögen, kann nicht in Zweifel gezogen werden."

Während dieser Schriftsatz vom 16. November 1886 zur Erhebung einer Anklage im ehrengerichtlichen Verfahren nicht führte, wurde mir ebenfalls aus Anlass meiner Verteidigung in der beregten Strafsache am 21. Juni 1887 die erste wider mich erhobene, ehrengerichtliche Anklage nebst Eröffnungsbeschluss und Ladung zum Termin vom 4. Juli 1887 mit dem Bemerken zugestellt, daß auch ohne meine Anwesenheit die Hauptverhandlung stattfinden könne. Der Eröffnungsbeschluss ging dahin, daß ich „die näher bezeichneten Akten und meine eigenen Erklärungen hinreichend belastet erscheine, durch die Revisionsschrift in der Sache wider Frau Dr. Hofmann vom 3. Januar 1887, durch eine Revisionsschrift vom 23. Januar 1886 (die eine unpolitische Sache wider Frau B. Betraf) und durch eine, in der Strafsache wider Frau Dr. Hofmann gerichtete Eingabe an die Staatsanwaltschaft vom 16. März meine Berufspflicht durch Angriff gegen Richter und Staatsanwalt verletzt habe." Die Anklageschrift behauptete, in den Revisions-Rechtfertigungsschriften hätte ich „die frivolsten Verleumdungen", „die schwersten, völlig unbegründeten Behauptungen" aufgestellt. Inhaltlich der Anschuldigung sollte ich im Einzelnen durch folgende 13 Behauptungen meine Pflicht verletzt haben.

In der Sache wider Frau Dr. Hofmann sollte ich die Behauptungen aufgestellt haben:

1. Daß das Gericht nicht vorschriftsmäßig besetzt gewesen sei, weil statt des ordentlichen Vorsitzenden der Rat Brausewetter vorgesessen hatte,
2. daß der Landgerichtsrat Brausewetter wegen seiner politischen Gesinnung befangen gewesen sei und wenn er nicht den Vorsitz geführt hätte, das Resultat ein anderes hätte sein können,
3. daß die Vorschriften über die Öffentlichkeit verletzt, daß insbesondere Polizeibeamte in Zivilkleidung alle Personen, welche nicht Beamte gewesen, von dem Eintritt in den Saal zurückgewiesen oder durch unwahre Behauptungen veranlasst hätten, sich zu entfernen,
4. daß die Zeugen durchweg das Gegenteil dessen ausgesagt hätten, was in den Urteilsgründen als ihre Aussage hingestellt sei,

5. daß ich zu Unrecht angeführt hätte, ein Protokoll sei nicht Gegenstand der Beweisverhandlung gewesen, wiewohl es nach dem Audienzprotokoll verlesen worden sein soll,
6. daß ich zu Unrecht behauptet habe, eine Geldstrafe sei als Gesamtstrafe vom ersten Richter erkannt.
   Bezüglich der unpolitischen wider Frau B. wurde mir zum Vorwurf gemacht, daß ich in der sie betreffenden Revisionsschrift behauptet hatte:
7. daß eine allgemeine Verfügung des Landgerichtspräsidenten beim Landgericht Berlin I nur den geladenen Verteidigern den Zutritt zu dem Sitzungssaal vor Aufruf der Sache gestatte,
8. daß der Vorsitzende der des Lesens unkundigen Angeklagten gegenüber erklärt hatte, mündliche Anträge erachte er für nicht gestellt,
9. daß demgemäß auch mündliche Anträge in dem Sitzungsprotokoll nicht aufgenommen seien,
10. daß unrichtiger Weise aber am Schluss des Protokolls aufgenommen ist: auf weitere Beweisaufnahme wurde allseitig verzichtet,
11. diese Protokollierung beruhe auf der vom Vorsitzenden dem Gerichtsschreiber erteilten Weisung,
12. ein anderes als das jetzt bei den Akten befindliche Protokoll sei während der Sitzung geführt: auf Grund sowohl der Vorgänge zu 8 bis 10 wie zu 11 und 12 hatte ich behauptet, das unter Leitung des Landgerichtsdirektors Lüty ausgefertigte Protokoll sei gefälscht.

Der an die Staatsanwaltschaft endlich gerichtete Schriftsatz enthält (13) mit Rücksicht darauf, daß in der damaligen Zeit in Berlin trotz Zahlung der erkannten Geldstrafen Personen zwecks Strafverbüßung in Strafhaft genommen waren, die zu Geldstrafe und nur im Unvermögensfall zu Freiheitsstrafe verurteilt waren, und mit fernerer Rücksicht darauf, daß mir für die Angeklagten Geld zur Zahlung der Strafe eingehändigt war, daß aber die Ober-Staatsanwaltschaft die Zahlung von Geldstrafen für Angeklagte seitens Dritter für unzulässig erachtete, den Hinweis, daß die Vollstreckung der Strafe ohne vorherigen Versuch der Beitreibung der Geldstrafe qualifizierte Freiheitsberaubung sein würde.

Wegen aller dieser in der Anklage und im Eröffnungsbeschluss enthaltenen Punkte war ich niemals vernommen. Die Begründetheit aller von mir aufgestellten Behauptungen erhellte aus den Akten. Diesem Anklagematerial gegenüber wurden mir zwölf Tage Frist zur Vorbereitung der Verteidigung in dem auf den 4. Juli 1887 anberaumten Termin gegeben. Der damalige Vorsitzende des Ehrengerichts, Justizrat Laué, gab mir auf meine Anfrage zu, daß irrtümlich in dem Eröffnungsbeschluss gesagt sei, ich hätte eine Erklärung über die Beschuldigungen abgegeben, vielmehr habe das Ehrengericht allein auf die Behauptungen der Anklageschrift hin das Verfahren eröffnet. Das Ehrengericht bestand aus den Herren Laué, v. Wilmowski, Leonhard, Wilke und Geppert. Zwei – nicht sozialdemokratische – ältere Anwälte, an die ich mich in dieser Angelegenheit wendete, meinten, es sei die Anklage nur dann begreiflich, wenn gegen mich in politischer Hinsicht etwas vorliege. Zum Termin beantragte ich, die Akten, auf die sich meine Verteidiger-Tätigkeit bezog, vorzulegen, und lud lediglich in diesen Akten angegebene Personen, darunter einige der Richter, die in den Sachen fungiert hatten, als Zeugen. Auf Grund der Beweisaufnahme, insbesondere auf Grund der auf meinen wiederholten Antrag zur Verlesung gebrachten Aktenstücke gab der, den Ober-Staatsanwalt vertretende Staatsanwalt im Termin vom 4. Juli 1887 sehr erregt zu, daß von einer Verleumdung keine Rede sein könne, führte über aus, daß, wenn ein Anwalt derartige, in Ausübung seiner Pflicht erhobene Angriffe erhebe, er das gute Einvernehmen zwischen der Rechtsanwaltschaft und den übrigen Organe der Rechtspflege störe, und daß er deshalb die Ausschließung aus dem Rechtsanwaltsstande beantrage. Das Ehrengericht erkannte auf einen Verweis, weil ich durch den Punkte zu 4 und die Eingabe an die Staatsanwaltschaft das Gericht und die Staatsanwaltschaft beleidigt und hierdurch die Pflichten eines Anwalts verletzt hätte. In den übrigen 11 Punkten wurde auf Freisprechung mit der Motivierung erkannt, daß ich zu den Angriffen, insbesondere zu den Anführung der Tatsachen, welche das Reichsgericht selbst für als zum Beweise der Protokollsfälschung hinreichend bezeichnet hatte, sowie zu der Rüge über die Verletzung der Öffentlichkeit des Verfahrens, begründeten Anlass gehabt hatte.

Landgerichtsdirektor Lütty fungierte seitdem nicht mehr als Richter, ließ sich zunächst wegen Krankheit beurlauben und nahm dann seinen Abschied. Wegen Protokollfälschung ist gegen ihn ein Verfahren anhängig gemacht.

Gegen die Entscheidung des Ehrengerichts legten die Ober-Staatsanwaltschaft und ich Berufung ein. Der Oberstaatsanwalt beantragte Ausschließung aus der Rechtsanwaltschaft, ich Freisprechung. In der Sitzung des Ehrengerichtshofes vom 27. April 1888 stellte der Reichsgerichtspräsident in Übereinstimmung mit der Reichsanwaltschaft fest, daß allseitig angenommen werde, daß ich zu all den Angriffen, deretwegen Freisprechung erfolgt war, begründeten Anlass gehabt habe, und beschränkte die Behandlung auf die beiden anderen Punkte. Den Schriftsatz, der zu meiner Verurteilung wegen angeblicher Beleidigung des Gerichts geführt hatte, verlas ich zum Beweis der Hinfälligkeit der Anklage. Der Ehrengerichtshof wies am 27. April 1888 die Berufung des Oberstaatsanwalts zurück und sprach mich auch wegen der Schrift, die angeblich eine Beleidigung des Gerichts enthalten solle, frei, weil aus dem Inhalt des Schriftsatzes erhellte, daß die Anklagebehörde und das erste Urteil meine Ausführungen nicht richtig zitiert hatten, und weil von einer Beleidigung keine Rede sein konnte. Bezüglich des an die Staatsanwaltschaft gerichteten Antrages lehnte der Ehrengerichtshof ab, Beweis darüber zu erheben, daß in der Tat an jener Zeit in Berlin mehrere ungerechtfertigte Verhaftungen vorgekommen seien und daß sogar bei Frau Staegemann, trotzdem die Strafe bezahlt war, nochmals Exekution vorzunehmen versucht war.

Die Gründe des ehrengerichtlichen Urteils lassen sich dahin aus, daß ich mich durch meine an die Staatsanwaltschaft gerichtete Eingabe vom 16. März 1887, und zwar vermöge des schließlichen Hinweises derselben darauf, daß die Erzwingung der substituierten Freiheitsstrafe ohne ausdrückliche Zustimmung der Angeklagten eine qualifizierte Freiheitsberaubung enthalten würde, disziplinarisch vergangen habe. Die Wahl des Ausdruckes beweise, daß ich nicht lediglich ein objektiv unrichtiges Verfahren der Behörde bei der Strafvollstreckung, sondern ein bewusst unrichtiges, strafbares Verfahren habe bezeichnen wollen. „Wenn somit aber auch", führen die Gründe wörtlich aus, „nur eine Verfehlung des Angeschuldigten bestehen bleibt, so rechtfertigt sich doch die Aufrechterhaltung der vom Vorderrichter erkannten Strafe des Verweises. Denn das Verhalten des Angeklagten bekundet ein so unzureichendes Verständnis für seine Stellung zu anderen Organen der Rechtspflege, daß eine ausdrückliche Korrektur desselben geboten erscheint. Andererseits kann die Annahme der Oberstaatsanwaltschaft, daß eine der Rechtsordnung entsprechende Berufstätigkeit von dem Angeklagten überhaupt nicht mehr zu erwarten sei, für jetzt, insbesondere im Hinblick auf dessen Jugend und kurze Anwaltstellung, nicht geteilt werden. Deshalb ist dem Berufungsantrage der Oberstaatsanwaltschaft, sofort auf die höchste ehrengerichtliche Strafe zu erkennen, nicht stattzugeben."

Da der Oberstaatsanwalt von Luck in der von ihm unterzeichneten Anklage ohne irgend einen Beweisantritt mir vorgeworfen hatte, ich hätte „frivol verleumdet" u.s.w., weil ich wahre Tatsachen in Ausübung meiner Pflicht als Verteidiger behauptet hatte, hatte ich am 19. September 1887 bei der Staatsanwaltschaft des Landgerichts Berlin I beantragt, „den Oberstaatsanwalt von Luck wegen Vergehens gegen §§ 185–187 Str.G.B. Zu bestrafen." Diesen Antrag sendete der damalige erste Staatsanwalt (inzwischen zum Oberstaatsanwalt befördert) Herr Wachler an den Beschuldigten mit dem „gehorsamsten Bemerken", daß er „zur Zeit sich nicht veranlasst fühle" mich auf den Strafantrag zu bescheiden. Die Oberstaatsanwaltschaft ließ dann meinen Strafantrag an den Ehrengerichtshof gelangen. Nachdem mit dem 27. April 1888 das ehrengerichtliche Verfahren seinen Abschluss erreicht hatte, erhielt ich am 9. Juni von dem ersten Staatsanwalt den Bescheid, daß er den Strafantrag zurückweise, weil die Anklageschrift „Beleidigungen nicht in sich schließe, vielmehr nur Tatsachen enthalte." Hiergegen legte ich Beschwerde mit der Auseinandersetzung ein, daß nach Feststellung des

Ehrengerichts, des Ehrengerichtshofs und des Reichsanwalts, soweit überhaupt Tatsachen in der Anklage erwähnt waren, lediglich unwahre Tatsachen seitens des Ober-Staatsanwalts in einer Form aufgestellt seien, welche die Absicht des Ober-Staatsanwalts zu beleidigen klar erkennen ließen. Diese Absicht sei sowohl aus dem Inhalt seiner objektiv unwahren Ausführungen deutlich erkennbar, wie aus der Form der letzteren und den sie begleitenden Umständen. Ausdrücke wie „frivole Verleumdung", auf die pflichtmäßige Anführung aktenmäßig wahrer Tatsachen angewendet, und andere Unterstellungen der Anklage seien lediglich beschimpfender Natur, müssten und sollten auch offenbar beleidigend wirken. Die Anklage bewege sich zum übergroßen Teil in einer Ausdrucksweise, die zur Geltendmachung des Anklagerechts keineswegs erforderlich wäre. Die Häufung von lediglich beschimpfenden und gehässigen Redewendungen und der Umstand, daß fast durchweg direkt unwahre Behauptungen ohne den Versuch einer Begründung oder eines Beweisantritts in der Anklageschrift aufgestellt sind, ließen die Beleidigungsabsicht und den Beleidigungswillen des Ober-Staatsanwalts unschwer erkennen. Es sei aber eine den Ober-Staatsanwalt beleidigende Unterstellung anzunehmen, daß er etwa das Bewusstsein über den Inhalt seiner Ausdrücke und ihrer Tragweite nicht gehabt habe. Überdies träten noch Umstände hinzu, die darauf schließen lassen, daß selbst wider besseres Wissen die beleidigenden Behauptungen seitens des Herrn v. Luck aufgestellt seien. Dazu gehören: ein Teil der von mir als Verteidiger angefertigten Schriftstücke, aber nur die leichte, formelle Beleidigungen enthaltenden, sei von der Ober-Staatsanwaltschaft zum Gegenstand einer öffentlichen Anklage gemacht, der angeblich schwere Beleidigungen enthaltende Teil nicht. Ferner müsse angenommen werden, solange der Oberstaatsanwalt nicht das Gegenteil behaupte, er habe seiner Pflicht „nicht blos die zur Belastung, sondern auch die zur Entlastung dienenden Umstände zu ermitteln" genügt. Denn das Gegenteil dieser Annahme wäre ja die beleidigende Unterstellung einer Pflichtverletzung durch Herrn v. Luck. Auch sei der Umstand auffallend, daß der Oberstaatsanwalt gegen den Staatsanwalt Heppner, der den völlig unmotivierten Antrag, meinen Geisteszustand untersuchen zu lassen, gestellt hatte, nichts veranlasst habe. Wenigstens sei mir bekannt, daß Staatsanwalt Heppner alsbald nach diesem Antrag zum ersten Staatsanwalt befördert sei. Über die Motive meiner Strafanzeige ließ ich mich eingehend aus und schloss damit, daß eine Erklärung „des Herrn Oberstaatsanwalts dahin, daß er bona fide gehandelt habe, meines Dafürhaltens selbstverständlich jede andere Deutung der Worte des Herrn Oberstaatsanwalts unerheblich macht."

Als diese Beschwerde gerechtfertigt war, erhielt ich eine Vorladung zur Vernehmung vor das Mitglied des Ehrengerichts, Herrn Justizrat Lesse. Derselbe teilte mir mit, er vernehme mich im Auftrage des Oberstaatsanwalts. Justizrat Laué,

Vorsitzender des Ehrengerichts, habe mit diesem gesprochen, es solle hernach die gesamte, mich betreffende Angelegenheit als erledigt erachtet werden, wenn ich den Strafantrag zurücknehme. Ich erwiderte, daß ich nicht den geringsten Grund dazu erkennen könne, den Strafantrag zurückzunehmen, bevor Herr v. Luck ausdrücklich die Beleidigungen zurückgenommen habe, im Gegenteil müsse ich befürchten, dann – und vielleicht nicht ohne Berechtigung – ehrengerichtlich angeklagt zu werden. Herr Lesse erwiderte, es sei doch nicht anzunehmen, daß der Oberstaatsanwalt zur Bestrafung gezogen würde, ich möge doch auf meinen leidenden Zustand und auf das Interesse der Anwaltschaft dahin, daß das gute Verhältnis zum Oberstaatsanwalt nicht getrübt werde und daß diese Angelegenheiten wider mich endlich begraben würden, Rücksicht nehmen. Ich lehnte die Abgabe der Erklärung ab, übergab Herrn Lesse auf Wunsch Abschrift meiner Beschwerdebegründung und versprach auf sein Verlangen, am 28. Juni 1888 ihn wiederum zu besuchen. An diesem Tage erklärte mir Herr Lesse, er habe mit Justizrat Laué, dieser wiederum mit dem Oberstaatsanwalt Rücksprache genommen, es werde alles als erledigt erachtet werden, wenn ich die von ihm selbst zu Protokoll aufgestellte Erklärung abgäbe. Ich willigte schließlich ein, nachdem Herr Lesse mich eindringlich gebeten hatte, wenn ich nicht auf mich Rücksicht nehmen wolle, so möge ich doch auf den Wunsch des Vorstandes und das Interesse der Berliner Anwaltschaft Rücksicht nehmen. Hierauf kam folgendes Protokoll zustande, dessen Wortlaut von Herrn Lesse vor meinem Erscheinen ohne irgendeine Mitwirkung meinerseits entworfen war:

„Verhandelt Berlin, den 28. Juni 1888.

Vor dem Unterzeichneten erscheint heute zur Erledigung der Requisition[6] des kgl. Herrn Oberstaatsanwalts vom 15. Juni der Herr Rechtsanwalt Arthur Stadthagen und erklärt, mit dem Gegenstande seiner Vernehmung bekannt gemacht:

Ich habe gegen die zurückweisende Verfügung des Herrn Staatsanwalts vom 9.d. M. Beschwerde eingelegt, um die Frist nicht zu versäumen. Ich ging bei meinem Antrage vom 19. September pr. Von der auch bei der Verhandlung vor dem Ehrengerichtshof in Leipzig entwickelten Annahme aus, daß ich die Pflicht als Anwalt habe, einer vom Herrn Oberstaatsanwalt meiner Ansicht nach ausgesprochenen Verleumdung bzw. Beleidigung gegenüber nicht nur Verwahrung einzulegen, sondern mir auch auf anderem Wege Genugtuung zu verschaffen und daß die Nichtausübung dieser Pflicht mich in die Gefahr einer ehrengerichtlichen Untersuchung bringen könne.

6 Bei Wikipedia heißt es dazu: Requisition ist im Rechtswesen ein veralteter Begriff für eine Nachforschung, eine Untersuchung sowie ein Rechtshilfeersuchen.

Nachdem der die vorliegende Vernehmung bewirkende Anwalt mir seine Überzeugung dahin ausgesprochen hat, daß diese Annahme nicht begründet sei, und daß die begründete Hoffnung vorliege, daß mit Zurücknahme meines Antrages vom 19. September 1887 die ganze Angelegenheit erledigt sein werde, nehme ich hierdurch den Antrag vom 19. September und die eingelegte Beschwerde ausdrücklich zurück. Ich bemerke, daß ich zur Zeit der Stellung des Antrages vom 19. September 1887 leidend und sehr erregt war."

Die Mausefalle war nun geschlossen.

Unter dem 13. Oktober 1888 übersendete mir der Oberstaatsanwalt folgende „Eröffnung": „daß ich auf Grund Ihrer zu Protokoll vom 28. Juni d. J. Abgegebenen Erklärung, die Beschwerde vom 25. Juni" (gegen ihn) „für erledigt erachte, daß aber die Art und Weise der Zurücknahme der Beschwerde mich nicht veranlassen kann, von weiteren Maßnahmen wegen Ihres Verhaltens abzusehen". Mein Versuch, die dolos[7] erwirkte Rücknahme des Antrages für unwirksam zu erachten, mußte daran scheitern, daß Angeklagter und Richter in der Person des Oberstaatsanwalt vereinigt waren. Schon hier hebe ich hervor, daß die Oberstaatsanwaltschaft nah den Darlegungen des gleich zu erwähnenden Urteils selbst als richtig zugegeben hat, „daß Justizrat Lesse mir mitgeteilt, daß der Geheime Justizrat Laué mit dem Oberstaatsanwalt v. Luck verhandelt habe, und daß auch letzterer die Sache als erledigt betrachten werde, wenn die Erklärung", – die ohne mein Zutun abgefasst war – „vollzogen sein werde", sowie „daß zwischen dem Oberstaatsanwalt v. Luck und dem geheimen Justizrat Laué solche Besprechungen stattgefunden haben", „es sei jedoch seitens des Oberstaatsanwalts vorausgesetzt worden, daß er Angeklagte (ich) erklären werde, er habe sich bei Stellung des Strafantrages übereilt und nehme deshalb denselben zurück." Daß eine solche Zumutung überhaupt je ausgesprochen sei, hat der Oberstaatsanwalt selbst nicht behauptet.

Die Jagd war von Neuem eröffnet. Am 13.12. 1888 erhielt ich Anklage Nr. 2 im ehrengerichtlichen Verfahren, Eröffnungsbeschluss und Ladung zum 5. Januar 1889. Den Gegenstand der Anklage bildete diesmal nur die eine Beschuldigung, durch einen Strafantrag gegen Herrn v. Luck „meiner Berufspflicht zuwider gehandelt zu haben."

Unterzeichnet war der Eröffnungsbeschluss von: Lauè, von Wilmowski, Leonhard, Wilke und Wolff. Der Antrag der Oberstaatsanwaltschaft, der betonte, daß nicht die Form, sondern lediglich die Tatsache, Strafantrag aus §§ 185–187

7 Im Duden bedeutet „dolos" sowohl arglistig als auch vorsätzlich, also strafrechtlich relevante Handlungen. Siehe http://www.duden.de/rechtschreibung/dolos.

St.G.B. Gegen Herrn von Sachs gestellt zu haben, zum Gegenstand der Anklage von ihm gemacht sei. Lautete abermals auf Ausschließung aus der Anwaltschaft. Das Ehrengericht belegte mich von neuem mit einem Verweise. Es führt in den Gründen aus, daß ich „nimmermehr annehmen konnte, daß die Umstände in der Anklage von dem Oberstaatsanwalt wider besseres Wissen vorgetragen seien."

Der Schluss des Urteils lautet wörtlich: „Der Angeklagte hat von neuem ein so unzureichendes Verständnis für seine Stellung zu anderen Organen der Rechtspflege bekundet, daß eine nachdrückliche Korrektur desselben geboten erschien. Andererseits ist berücksichtigt, daß der größte Teil der Vorwürfe, welche dem Angeklagten in der früheren Anklage unter besonders starken Ausdrücken gemacht waren, sich als unbegründet herausgestellt hat und daß er sich dadurch wohl verletzt fühlen konnte. Das Ehrengericht hat deshalb die Strafe des Verweises wiederum für notwendig, aber auch für genügend erachtet." Zum Termin hatte ich Herrn von Luck als Zeugen geladen. Derselbe beeidete als solcher: „Ich habe, soviel ich mich erinnere, keine Schritte getan, um die Richtigkeit der Angaben in den Revisionsschriftsätzen des Angeklagten zu prüfen." Auf die Gründe, weshalb die Anklage erhoben sei, wollte er sich nicht mehr entsinnen können. Gegen das Urteil legten wieder beide Seiten Berufung ein, der Oberstaatsanwalt mit dem Antrage auf Ausschließung aus der Anwaltschaft. Er begründete diesen Antrag dahin: „Der vorliegende Fall drängt zu der Annahme, daß ein ersprießliches Zusammenwirken des Angeklagtem mit anderen Organen der Rechtspflege nicht möglich erscheint."

Zwei Wochen vor dem auf den 29. November 1889 vor dem Ehrengericht zu Leipzig anberaumten Termin wurden die Justizräte Laué und Wilke, um deren Wiederwahl in den Vorstand der aus allen Anwälten des Kammergerichts-Bezirks bestehenden Anwaltskammer es sich damals handelte, von der Majorität nicht wiedergewählt, wiewohl sie seit Dezennien dem Vorstand angehört hatten. Die Mehrheit der Anwälte begann einzusehen, daß durch Herabdrückung der Rechte des Verteidigers die Stellung unschuldiger Angeklagter und des Anwalts selbst zu Ungunsten einer gerechten Rechtspflege erschwert und erniedrigt würde. Justizrat Wilke wurde später auf Veranlassung des jetzigen Reichsgerichts-Präsidenten in die Kommission zur Ausarbeitung des bürgerlichen Gesetzbuches berufen.

Vor dem Ehrengerichtshof erklärte der Reichsanwalt, er habe ursprünglich die Zurückweisung beider Berufungen beantragen wollen. Da ich aber ausdrücklich auf meinem Standpunkt, wie jeder andere Staatsbürger eine der Form nach nicht beleidigende Strafanzeigen auch gegen einen Oberstaatsanwalt richten und durch die zuständigen Behörden prüfen lassen zu dürfen, verharrte und nicht nur keine Erklärung dahin abgeben, die Strafanzeige sei übereilt gewesen, sondern dabei verbleibe, daß ich ohne beleidigende Unterstellung dem Oberstaatsanwalt gegenüber nicht habe annehmen dürfen, daß er eine Anklage ohne Prüfung des Sachverhalts erhoben hätte, also mit Recht verlangt habe, daß auch geprüft werde, ob Herr v. Luck wider besseres Wissen verleumderische Behauptungen aufgestellt habe, so beantrage auch er: Ausschließung aus der Anwaltschaft. Meine Replik ging im Wesentlichen dahin, daß Herr v. Luck aus verschiedenen juristischen Gründen einem Verleumder gleich zu achten, daß auch ein Staatsanwalt wegen Beleidigung, deren er sich in Anklagen schuldig mache, nach der Judikatur des Kompetenz-Konfliktshofes strafbar, und daß ich nimmermehr eine mit der Wahrheit in Widerspruch stehende Erklärung dahin, daß ich übereilt den Strafantrag gestellt habe, abgeben werde. Unrecht sei lediglich meinerseits, daß ich dem durch die Herren Laué und Lesse mir übermittelten Wunsch des Oberstaatsanwalts gefolgt und seinem Versprechen Glauben geschenkt habe. Ein Anwalt sei noch nicht ein Staatsbürger zweiter Klasse. Sei er das, so läge auch mir an der Zugehörigkeit zur Anwaltschaft nichts. Nach sehr langer Beratung erkannte der Ehrengerichtshof dahin, daß ich mit einem Verweise und 1000 M. Geldstrafe zu bestrafen. In den Urteilsgründen heißt es: „Die Rücksicht auf die wechselseitige Achtung der zur Rechtspflege mitsammen verrufenen Organe mußte ihn zu der Voraussetzung, daß auch zur Erhebung der früheren Anklage gegen ihn der Oberstaatsanwalt von Luck, nur auf Grund gewissenhafter Erwägung geschritten sei, führen." Die entgegenstehende oben mitgeteilte eidliche Aussage des Herrn von Luck wird als für diese Frage irrelevant geachtet. Zum Schluss heißt es wörtlich: „ Der Ehrengerichtshof hat noch nicht Hoffnung aufgeben mögen, daß der Angeschuldigte doch noch zu besserem Verständnis seiner Berufspflichten noch gelangen werde, und hat deshalb auf die beantragte Ausschließung von der Anwaltschaft nicht erkannt; dagegen scheint es angemessen, den Angeschuldigten auf die äußerste Eventualität, der er sich bei fernerer Verkennung seiner Berufspflichten aussetzt, recht eindringlich hingewiesen; in diesem Sinne ist dem vom Ehrengericht ausgesprochenen Verweise noch eine Geldstrafe verschärfend hinzugefügt.

Eine ausführliche Darlegung der ein Dutzend bei weitem überschreitenden Verfahren, die insbesondere seit Mitte 1889 wider mich wegen angeblicher Beleidigungen von Beamten, Aufforderung zum Ungehorsam gegen die Gesetze, Verächtlichmachung von Staatseinrichtungen, Majestätsbeleidigung versucht wurden, sowie der vor dem Ehrengericht stattgefundenen Vernehmungen über den Inhalt von mir gehaltener politischer Reden und darüber, daß ich mich mit und ohne Erfolg gegen Beschränkung von Rechten von mir verteidigter Angeklagter gewendet habe, mag hier ausscheiden. Zu erwähnen ist, daß in keinem dieser Fälle ehrengerichtliche Anklage erhoben wurde und daß die ordentlichen Gerichte nur in den 9 noch schwebenden Beschuldigungen wegen formeller Beleidigungen von Beamten, in einem Falle wegen Hausfriedensbruchs Anklage erhoben (weil ich in einer Wahlversammlung der Aufforderung des konservativen Miteinberufers und Amtsvorstehers mich zu entfernen, Folge nicht geleistet haben sollte). Wegen Hausfriedensbruchs bin ich von der Strafkammer freigesprochen.

Die nächste ehrengerichtliche Anklage nebst den im „Vorwärts" vom 19. November 1892 wörtlich veröffentlichten Anklagebeschlüssen des Ehrengerichts vom 8. April und des Kammergerichts vom 21. April 1890 wurden mir Mitte Mai 1890 zugestellt. Zur Last war mir vom Kammergericht unter Vorsitz des früheren Reichsgerichts-Senatspräsidenten Drenkmann und Beisitz des jetzigen Reichsgerichtsrats Olshausen gelegt, durch verschiedene Handlungen „begründeten Anlass zu der Annahme gegeben zu haben, daß ich mich den Bestrebungen der Sozialdemokratie anschließe, ein solches Verhalten aber mit der Würde des Anwaltsstandes unvereinbar erscheine." Das Ehrengericht sprach wegen dieses Punktes frei, der Oberstaatsanwalt Wachler legte auch wegen dieses Punktes Berufung ein, der Ehrengerichtshof schloss sich seiner Auffassung in seinem schriftlichen Erkenntnis nicht an. Ferner hatte das Ehrengericht das Hauptverfahren wider mich aus Anlass eines am 17. April 1889 über „Volksrecht und Juristenunrecht" von mir im sozialdemokratischen Wahlverein für den ersten Berliner Reichstagswahlkreis gehaltenen Vortrages eröffnet. In demselben war ich für Rechtsprechung durch Laien statt der Rechtsprechung durch gelehrte Juristen eingetreten, hatte – in dem hier interessierenden Teil – etwa ausgeführt: Es sei dem Gesetz entsprechend, daß die der Regierung direkt unterstellten Verwaltungsbeamten den Weisungen der Regierung gehorchen. Aber auch die Richter müssten streben, sich der Regierung genehm zu machen. Denn da kein Altersaufrückungssystem bestehe, so werden naturgemäß die der Regierung Genehmen zu höheren Richterstellen befördert. Laienrichter seien völlig unabhängig, die gelehrten Richter nicht. „Der Richter werde", heißt es wörtlich in dem Protokoll des überwachenden Polizeileutenants, „stets danach trachten, sich der jeweiligen Regierung genehm zu machen. Wir sehen daher auch, daß in den höchsten Richterstellen nur solche Männer sich befinden, welche gegen die Regierung nicht opponieren." Das Ehrengericht sprach in seiner Sitzung am 27. April 1892 auch wegen dieses Punktes frei, weil ich „lediglich einen theoretischen Vortrag über den Vorzug der Laienrichter von den gelehrten Richtern und die größere Unabhängigkeit der ersteren gehalten habe." Der Oberstaatsanwalt betonte in seiner Berufung, daß ich die Unparteilichkeit der Richter angegriffen und die gelehrten Richter schwer beleidigt habe. Meine Entgegnung ging im Wesentlichen dahin: eingetreten bin ich für Unparteilichkeit der Richter. Nur erblicke ich den Weg, um zu einer unparteilichen Rechtsprechung zu gelangen, nicht in dem bestehenden Rechtssystem, in dem gelehrte Richter vorzugsweise den Richterberuf ausüben, bin vielmehr der Ansicht, daß vorzugsweise Laiengerichte aus allen Gesellschaftsklassen zusammengesetzt, unparteilich, gerecht und mit der gehörigen Sachkenntnis zu urteilen vermögen, und – worauf ich den Hauptwert lege – das Gefühl unparteiischen Rechtsprechung bei den Recht Suchenden zu erwecken vermögen. Die Gesetzgebung befindet sich auf fortschreitender Zuneigung zu dieser Ansicht. Die Einrichtung von wenn auch mangelhaften Schöffengerichten und Schwurgerichten, das Drängen nach einer Berufungsinstanz gegen Urteile gelehrter Richter, die Begünstigung allerdings unvollkommener Gewerbegerichte sprechen für meine Ansicht. Indes nicht das Gericht ist der Ort zur Entwicklung politischer Ansichten. Nicht allein gegen die Institution gelehrter Richter, gelehrter Juristen überhaupt habe ich mich – und bei dem Gewerbegerichtsgesetz mit Erfolg – gewendet. Mich selbst sollte ich beleidigt haben? Allerdings war die Juristische Wochenschrift (unleserlich)….jener Gesetzesbestimmung liege eine Beleidigung der Anwälte. Ist des Staatsanwalts Behauptung zutreffend, daß ich die gelehrten Richter verunglimpft habe, dann würde § 22 Nr. 1 der Str. Pr. O. In Anwendung zu bringen, die gelehrten Richter von einer Aburteilung wider mich durch Gesetz ausgeschlossen sein. Der Ehrengerichtshof erkannte in Leipzig am 17. November 1892 auf schuldig mit folgender, wörtlich wiedergegebener Begründung:

„Wenn der Angeschuldigte die Berufsrichter und insbesondere die höheren Richter durchschnittlich des Strebertums und der Abhängigkeit gegenüber der Staatsregierung bezichtigte, wie dies seine Zugeständnisse ergeben, und wenn er diese Bezichtigungen in einem für eine größere Volksmenge Vortrage vorbrachte, so verletzte er damit die besonderen Pflichten seines Berufes. Er musste berücksichtigen, daß er den Stand herabwürdigte, mit welchem er als Organ der Rechtspflege zusammen zu wirken berufen war, und musste sich sagen, daß er durch solche Herabwürdigung ein ferneres erfolgreiches Zusammenwirken vereitelte. Der Angeschuldigte gibt selbst an, daß verschiedene seiner damaligen Zuhörer schon früher in einem ähnlichen Sinne und noch schärfer über die Richter gesprochen. Um so mehr musste er sich hüten, vor diesen Zuhörern einen sie noch mehr anregenden Vortrag zu halten, dessen Wirkung dann auch die gewesen ist, daß die folgenden Reden mit noch heftigeren Worten gehalten wurden, die zur Auflösung der Versammlung führten."

Hat der Ehrengerichtshof in seiner Mehrheit durch diese Begründung auch klar zu erkennen gegeben, daß er entgegen der klaren Bestimmung des § 22 Nr. 1 der Str. Pr. O. („ein Richter ist von der Ausübung des Richteramtes kraft Gesetzes ausgeschlossen, wenn er selbst durch die strafbare Handlung verletzt ist") als Richter geurteilt hat und daß er mich wegen der Betätigung meiner politischen Anschauung aus dem Anwaltsstande selbst dann ausgeschlossen haben würde, wenn er nichts weiter als gegen mich vorliegend erachtet hätte, so bitte ich demnach gerade den nachfolgenden Anklagepunkten behufs Prüfung der Frage, ob gegen mich etwas Ehrenrühriges vorliegt, besondere Aufmerksamkeit zu schenken.

Als zweiten Punkt hatte der Eröffnungsbeschluss vom 8.4.1890 drei von mir in Ausübung meiner Verteidigerpflicht im Auftrage wegen meiner angeblicher Geheimverbindung, Verstoß gegen das Sozialistengesetz u. Dergl. Angeklagten Klienten gegen Landgerichtsdirektor B.[8] zu Berlin gestellte Ablehnungsgesuche mir als pflichtwidrig zur Last gelegt. Die im Wesentlichen gleichlautenden Ablehnungsgesuche waren zunächst mündlich gestellt. Auf Wunsch des Gerichts, dessen Protokollführer in dreistündiger Verhandlung nicht völlig hatte protokollieren können, reichte ich das Ablehnungsgesuch schriftlich ein. Es enthält in 72 Seiten unter 19 Nummern die erforderlichen tatsächlichen Anführungen und rechtlichen Ausführungen. Vorweg ist folgende Ausführung gestellt. „Vorweg gestatte ich mir die Bemerkung, daß, soweit nachstehend behauptet wird, Handlungen oder Unterlassungen seien von Beamten gesetzwidrig vorgenommen, damit nicht ausgedrückt werden soll, daß den Betreffenden das Bewusstsein von der Rechtswidrigkeit ihrer Handlungen oder Unterlassungen, soweit diese Handlunge oder Unterlassungen ein strafbares Delikt darzustellen geeignet sein sollten beigewohnt habe. Es dürfte zur Begründung des subjektiven Misstrauens gegen die Unparteilichkeit von Richtern genügen, daß objektiv rechtswidrige Handlungen begangen sind. Die frage, ob auch das Bewusstsein der Rechtswidrigkeit aus den darzulegenden Umständen folge, soll der Beurteilung des hohen Gerichtshofes indes dadurch nicht entzogen werden.

Das Misstrauen gegen die Unparteilichkeit des Herrn B. wird dadurch gerechtfertigt, daß derselbe die von einem Richter zu erwartende „absolute, unantastbare makellose Unparteilichkeit“ nicht besitze. Es fehle ihm die Selbständigkeit nach oben oben hin, insbesondere habe er schriftliche Mitteilungen der Staatsanwaltschaft, daß die Angeklagten „voraussichtlich“, bezüglich, „jedenfalls“, zu Strafe und Kosten verurteilt werden würden, unbeanstandet zu den Akten gelangen lassen; auch anderen Übergriffen der Staatsbehörden gegenüber habe er in verschiedentlich aufgeführten Fällen entgegenkommend sich bewiesen. Die Rechte der in Untersuchungshaft genommenen Angeklagten habe er schwer gekränkt. Tabakrauchen und Lektüre sei ihnen verwehrt, Selbstbeköstigung verwehrt, in Untersuchungshaft genommenen Sozialdemokraten erklärt, „wenn die Angeklagten ein Geständnis ablegen würden, so könnten sie mit der Haft verschont bleiben“, zwei Protokolle durch absichtliche Fortlassung von Anträgen und gegenteilige Bekundung im Protokoll gefälscht (in derselben Weise wie in dem oben mitgeteilten Lüty’schen Fall), Beschränkungen der Öffentlichkeit geschehen lassen, der Konstatierung zu Protokoll und Abhilfe dagegen abgelehnt u.s.w. Alle diese

8 Gemeint ist der „Sozialistenfresser“ Brausewetter, der zu den gefürchtetsten Juristen im Zusammenhang mit Verstößen gegen das Sozialistengesetz zählte.

Behauptungen waren detailliert unter Beweis gestellt. In der Verhandlung wies sich noch darauf hin, daß es doch auffallen müsse, daß nicht Beleidigungsklage gegen mich erhoben sei, wenn die Anklagebehörde ihre Ansicht für die richtige halte, und daß ich in den tausend übersteigenden Fällen, in denen ich in Berlin verteidigt habe, nur Herrn B. und 8im obigen Fall) Herrn Lüty abgelehnt habe. Die in dem Ablehnungsgesuch enthaltenen Beweisanträge wiederholte ich mündlich. Sämtliche Anträge wurden vom Ehrengericht und vom Ehrengerichtshof als „unerheblich" abgelehnt. Zeugen hatte ich nicht geladen, weil ich aus dem in der Anklageschrift enthaltenen Vorwurf, ich hätte minder aus meiner Mandanten als aus eigener Kenntnis heraus die betreffenden Tatsachen behauptet, den Schluss gezogen hatte, daß die Wahrheit der von mir behaupteten Tatsachen unterstellt werde. Das Ehrengericht vernahm den von ihm geladenen Herrn B., lehnte aber selbst meine dahin zielenden Anträge, daß Herr B. in dieser Sache als Zeuge Unwahres beeidet habe, als „unerheblich" ab. Der Ablehnung aller Beweisanträge schloss sich der Ehrengerichtshof zu Leipzig später an. Das Ehrengericht und der Ehrengerichtshof erachteten mich für schuldig im Sinne der Anklage.

Bezüglich der Strafhöhe führt das Urteil erster Instanz aus: „Was die Höhe der Strafe betrifft, welche gegen den Angeschuldigten auszusprechen war, so erschien es nach den mehrfachen Vorbestrafungen desselben und bei den vorliegenden schweren Verfehlungen, insbesondere anderen Organen der Justiz gegenüber, wohl sehr zweifelhaft, ob seitens des Angeschuldigten eine der Rechtsordnung entsprechende Berufstätigkeit überhaupt noch zu erwarten ist." Der Ehrengerichtshof bestätigte durch Urteil vom 17. November 1892 den Schuldspruch.

Unmittelbar bevor ich die Anklageschrift erhielt, die mir die eben behandelten beiden Pflichtverletzungen zu Last legte, erschien in dem von dem offiziösen Berichterstatter M., früherem Redakteur des von Herrn v. Schweinburg geleitetem Pressreptils, bedienten Zeitungen die Nachricht, es sei gegen mich wegen Gebührenüberhebung Anklage im ehrengerichtlichen Verfahren von der Oberstaatsanwaltschaft erhoben. Einigen der Zeitungen sendete ich unter Mitteilung des Inhalts der mir zugestellten Anklagen eine Berichtigung zu. Am 22. Mai wendete ich mich mit Rücksicht auf mein damaliges schweres Lungenleiden mit dem Antrag auf Verlegung des in der vorerwähnten Sache auf den Juni anberaumten Termins an das Ehrengericht. Gleichzeitig wies ich auf die eigentümliche Erscheinung hin, daß von offiziösen Berichterstattern bediente Zeitungen unwahre Mitteilungen über ein gesetzlich geheimes Verfahren veröffentlicht sind. Hierauf erhielt ich am 27. Mai 1890 eine den Zeitungsnotizen entsprechende Anklageschrift und den dazu gehörigen Eröffnungsbeschluss, denen folgender Sachverhalt zu Grunde lag:

Im November 1887 beauftragte mich der Fabrikant X., in einer verwickelten Erbschaftsangelegenheit seine Interessen zu vertreten und nach etwa ihm günstiger

Regulierung der Erbschaft ein Arrangement mit seinen Gläubigern zu versuchen. Er wolle die Erbschaft und den Erlös aus der Beitreibung seiner Geschäftsforderungen, um die er mich gleichfalls bat, verwenden, um seine Gläubiger zu bezahlen. Er sei etwas leichtsinnig gewesen und sei, nachdem sein blühendes Fabrikationsgeschäft zusammengebrochen, Ende 1884 heimlich nach Amerika gereist. Seit kurzer Zeit halte er sich in der Nähe von Berlin vor seinen Gläubigern verborgen auf. Den Auftrag übernahm ich unter Betonung, daß kein Gläubiger bevorzugt werden dürfe. Im Laufe der Zeit überbrachte mir X. sodann eine große Anzahl (über 300) Dokumente, beauftragte mich, diese Dokumente, die Gläubiger- und Schuldnerkonten nach ihrer rechtlichen Seite hin zu prüfen, festzustellen, ob und welche Rechte oder Pflichten aus den einzelnen Posten ihm erwüchsen u.s.w. Ein Verzeichnis seiner Gläubiger und Schuldner könne er noch nicht aufstellen, das sei „bei der Größe seines Geschäftes nur möglich, da er mit den meisten seiner Gläubiger und Schuldner seit vielen Jahren arbeite." Die Höhe seiner Schulden schätzte er auf etwa 80000 M. Nach Prüfung der Erbschaftsangelegenheit erteilte ich dem X. Den von ihm dann befolgten Rat, auf das Erbteil seiner Mutter zu verzichten und die Erbschaft hinter dem Nachlass seines ersten Stiefvaters auf Grund eines dem X. günstigen Testaments anzutreten. Mit dem zweiten Stiefvater kam ein Vergleich über den Nachlass des ersten Stiefvaters zu Stande, inhaltlich dessen der zweite Stiefvater sich verpflichtete, ungefähr 27000 M. abzüglich 3000 M., die erst nach seinem Tode zahlbar sein sollten, zu zahlen. Mehrere Verwandte des X. hoben beim Vergleichsabschluss hervor, X. sei wegen Führung falscher Bücher nach Amerika seiner Zeit geflohen. X. bestritt dies sehr lebhaft, übergab mir ein sogenanntes Hauptbuch, wiederholte seine früheren Mitteilungen und betonte, er habe noch sehr viele Außenstände, die in dem Geschäftsbuch mit „Gewinn- und Verlust-Konto" abschließenden Posten ständen noch offen. Er bäte mich, alle Posten genau in tatsächlicher und rechtlicher Hinsicht zu prüfen. Da ich erwiderte, daß ein solcher Auftrag ohne Besitz sämtlicher Geschäftsbücher, Skripturen etc. unausführbar sei, übermittelte mir X. am 13. Dezember drei Listen mit Geschäftsbüchern und Skripturen.

Beim Vergleichsabschluss war ich ferner gebeten, Geld an X. nur gegen gemeinsame Quittung der X'schen Eheleute zu zahlen, da die Gefahr, daß X. wieder leichtsinnig werde, immerhin vorliege. Der Wunsch wurde schriftlich wiederholt, nachdem ich auseinander gelegt hatte, daß die X'schen Eheleute ihren ersten Wohnsitz in Köln genommen, und demnach nach französischem Recht die Erbschaft und die Schulden zum gemeinsamen Eigentum beider Eheleute gehörten. Auf Grund einer Vollmacht erhob ich am 28. November 1887 die Vergleichssumme, teilte dies dann X. sowie ferner mit, daß nach oberflächlicher Prüfung des Hauptbuchs wohl anzunehmen sein dürfte, daß noch ein kleiner Teil der Vergleichssumme nach Regulierung der Angelegenheit zu ihrer Verfügung gestellt werden könnte. Am 30. November zahlte ich gegen Quittung der X'schen Eheleute 1000 Mark aus der Vergleichssumme und wurde abermals schriftlich angewiesen, nur gegen gemeinsame Quittung beider Eheleute Zahlungen zu leisten, die Quittung ist zum ehrengerichtlichen Protokoll vom 27. April 1892 genommen. Am Abend des 1. Dezember 1887 erschien X. sehr aufgeregt in meinem Bureau, teilte mir mit, ein Gläubiger B. Habe bei ihm wegen 900 M. gepfändet und überbrachte mir einen von ihm geschriebenen Brief, der folgendermaßen lautete:

„Herrn Rechtsanwalt Stadthagen, hier.

Sie wollen mein bei Ihnen stehendes Depot lediglich für meine Frau fortan verwalten, da ich das Depot meiner Frau zum Eigentum überwiesen habe. Auch auf den Nießbrauch verzichte ich zu Gunsten meiner Frau. Berlin, 1. Dezember 1887. X."

Über die in diesem Schreiben liegende Zumutung wurde ich sehr erregt, lehnte eine fernere Vertretung des B. ab und bat ihn, das Depot abzuheben. Denn der Schein habe nicht die geringste juristische Bedeutung, seine Ehefrau hafte auch für die Schulden mit, der Schein verdanke wohl dem Rat irgend eines Winkelkonsulenten seine Entstehung. X. bat wiederholt, doch das Mandat zu behalten, beteuerte, er wünsche ohne irgend jemandes Schädigung lebhaft, daß die sache so geordnet werde, daß er ohne Gläubiger und ohne Furcht vor Strafverfolgungen leben könne. Er habe die Befriedigung des Gläubigers B. aus den ihm am 30. Nov. übergebenen 1000 M. deshalb nicht vorgenommen, weil er nicht wisse, ob die Forderung bereits bezahlt sei. Ich möge doch in jedem einzelnen Falle nach meinem besten Ermessen prüfen, direkt mit Gläubiger und Schuldner in Verbindung treten und so vorgehen, wie ich es für gut halte. Schließlich ließ ich mich bewegen, die Sache weiter zu führen, setzte dem X. auseinander, daß ich darnach als sein Bevollmächtigter berechtigt sei, die Wertpapiere umzusetzen und an die Gläubiger zu zahlen. Die gestrige Vollmacht beziehe sich nur auf das Verhältnis zu ihm, nicht auf Zahlungen Anderer gegenüber. Ob ihm klar sei, daß ich darnach auch ohne seiner und seine Ehefrau Genehmigung im Einzelfall Zahlungen leisten könne und er demnach nicht die Wertpapierstücke, sondern nur deren Wert von mir zu verlangen habe. Das bejahte X. und unterschrieb hierauf folgenden, von mir entworfenen Revers: „Hierdurch ermächtige ich Herrn Rechtsanwalt Arthur Stadthagen über mein und meiner Ehefrau Depot in der Art weiter zu verfügen, daß er über die Wertpapiere und das Geld so verfügen kann, daß er lediglich den Wert der deponierten Wertpapiere und Gelder mir, bezüglich meiner Ehefrau, zurückzugeben verpflichtet ist, das Depot also als Darlehen behält.

Berlin, den 1. Dezember 1887. X."

Am 7. Dezember erteilten mir beide Eheleute Generalvollmacht. Das Ehrengericht lässt sich über die juristische Natur des von mir entworfenen Reverses vom 1. Dezember zutreffend dahin aus, daß der Revers „lediglich die Umwandlung eines depositum regulare in ein irregulare enthält." Von mir war der Ausdruck Darlehen gewählt, weil ich wohl mit Sicherheit annehmen konnte, daß ein Laie den Ausdruck depositum irregulare nicht versteht. An demselben Abend schrieb ich an den Vertreter des Gläubigers B., wie viel Forderungen dieser gegen X. zu haben meine. Am 2. Dezember erhielt ich seitens des Vertreters des B. eine Pfändungsbenachrichtigung wegen der dem B. aus dem Nachlass seiner Mutter zustehenden Forderung. B. erklärte sich nicht bereit, detailliert anzugeben, was ihm zustände, versuchte vielmehr weiterhin, seine Forderung in Höhe von 6000 M. geltend zu machen. Als ich schließlich eruiert hatte, daß ihm nur 3600 M. zuständen, wurde ihm im Februar 1888 diese Summe gezahlt und erklärte er sich als befriedigt. Die Prüfung der einzelnen X'schen Geschäftskonten war eine außerordentlich schwierige, weil häufig die Kladde, das Kopierbuch und das Hauptbuch durchaus nicht im Einklang standen, weil ferner sehr viele Posten fingiert, Gläubigerposten ihrem Betrage nach herabgemindert zu sein schienen und Gläubiger- und Schuldnerposten durcheinander geworfen waren. Meine mühsame Tätigkeit bestand in der Feststellung, welche Gläubiger und welche Schuldner vorhanden seien, wie hoch der ihnen zukommende Betrag sich belaufe, ob Regressansprüche existieren, ob von X. abgeschlossene Verträge Gültigkeit haben, ob die Verpfändung seiner gesamten Fabrikutensilien zu Recht bestehe, wo denn eigentlich die Fabrikutensilien geblieben seien u.s.w. Viele Schuldner waren im Dezember 1884 von X. schriftlich gebeten, 20 Prozent ihrer Forderungen begleichen zu wollen, den Rest woll er ihnen dann erlassen. Auf Grund all dieses erst im Laufe etwa des Januar ermittelten Sachverhalts sprach ich dem X. meine Ansicht dahin aus, daß er doch offenbar gefälschte Bücher mir übergeben. X. gab schließlich diese Möglichkeit, sowie daß das sogenannte Hauptbuch tatsächlich niemals geführt sei, als richtig zu, behauptete aber, er habe mehr aus Unkenntnis gehandelt, jedenfalls habe ihm eine betrügerische Absicht fern gelegen. Eine Anzahl Gläubiger versuchte unter dem Namen eines Vergleichs höhere Forderungen, als ihnen je zustanden, zur Auszahlung zu bringen, so B. 6000 M. statt 3600, Sch. 4500 statt 2800. Andererseits stellten sich Ansprüche des X., die nach den Büchern des X. 5000 Mark betrugen nach Durchsicht der Skripturen auf 2500 und weniger heraus. Trotz dieser Schwierigkeiten gelang es mir, eine Befriedigung sämtlicher Gläubiger durchzusetzen und den X'schen Eheleuten, abgesehen von den 3000 Mark, die im vorläufigen Besitz des zweiten Stiefvaters verblieben, über 7900 Mark aus der

Vergleichssumme über den Nachlass übergeben zu können. Die Beitreibung der Schuldenposten wurde mit minderer Eile betrieben.

In Zusammenhang mit der Regulierung dieser Angelegenheit wurden von einer großen Anzahl Gläubiger Arrestschläge und Prozesse gegen X. angestrengt. In diesen Prozessen vertrat ich den X. Gegen eine Anzahl Schuldner (167 bis 200) richtete ich im Namen des X. Zahlungsaufforderungen, Zahlungsbefehle etc. Anfang März 1888 war die Angelegenheit, trotz der verschiedenen Schwierigkeiten, soweit erledigt, daß es sich nur noch um einige laufende Prozesse und im Wesentlichen um die Beitreibung der Schuldbeträge handelte, deren Richtigkeit und Höhe bereits von mir geprüft waren. Desgleichen waren sämtliche, mir übergebene Dokumente juristisch geprüft und dem X. über den Wert oder die Wertlosigkeit der einzelnen genaue Mitteilung gemacht. Anfang März teilte ich dem X. mit, daß ich infolge meiner zunehmenden Krankheit verreisen müsse, und bat ihn um Besprechung in Gegenwart meines Generalsubstituten, eines Assessors. Seine Frau erschien am 8. März bei mir. Ich setzte ihr auseinander, daß mein Generalsubstitut unmöglich diese verwickelte Angelegenheit weiter führen, daß er lediglich die laufenden Sachen führen könne; ich sei aber bereit, die Mandate ihr und ihrem Mann zurückzugeben und ihr sofort eine Aufstellung über meine gesamte bisherige Tätigkeit auf Grund der Akten und Bücher zu machen und abzurechnen; zu diesem Behuf wolle ich gern noch einige Tage in Berlin verbleiben. Frau X. lehnte dies Anerbieten sehr lebhaft ab, erklärte, sie und ihr Mann wollten gern mit der Erledigung der nicht laufenden Prozesse bis nach meiner Rückkehr warten, die Aufstellung der Liquidationen habe ja bis zur vollen Beendigung meiner Tätigkeit Zeit. Mit diesem Arrangement war auch X. einverstanden. Am 10. März reiste ich ab. Im April verlangten plötzlich die X'schen Eheleute von meinem Generalsubstituten Abrechnung. Dieser wies sie auf die vor meiner Abreise in seiner Gegenwart mit mir gehabte Unterredung und auf die Unmöglichkeit hin, seinerseits bei der verwickelten Angelegenheit eine Liquidation aufzustellen. Sie drohten ihm darauf mit einer Denunziation bei seiner vorgesetzten Behörde, weil er eine Sache übernommen habe, die er nicht verstehe u. dgl. In Kenntnis von dem Vorgehen der X'schen Eheleute gesetzt, gab ich die telegraphische Anweisung, sämtliche Mandate zu kündigen, denselben genauer bezeichnete Beträge auszuhändigen, im Übrigen aber die Sache bis zu meiner Rückkehr liegen zu lassen. Mein Generalsubstitut ging infolge der ihm gemachten Drohungen über meine Anweisungen hinaus. Die X'schen Eheleute erklärten sich ihm gegenüber schließlich schriftlich damit einverstanden, daß die Liquidation bis nach meiner Rückkehr unerledigt bleiben solle und verpflichteten sich ausdrücklich schriftlich, an mich noch Gebühren bis zur Höhe von 500 M. zu zahlen, falls meine Gebühren nicht aus dem bei mir gebliebenen Teil gedeckt würden. Nach meiner Rückkehr nach Berlin machte ich mich an die Aufstellung der Liquidation. Zu meinem Erstaunen fehlten die über vier Geschäftslisten füllenden Geschäftsbücher und Dokumente. Auf mein Nachfragen teilte dann mein damaliger Bureauvorsteher mit, die X'schen Eheleute hätten diese Sachen mitgenommen, er habe angenommen, mein Generalsubstitut hätte ihnen die Erlaubnis hierzu gegeben. Den X'schen Eheleuten teilte ich nun mit, daß ich zu einer genauen Aufstellung der Liquidation, soweit sie auf meine auf die Bücher und Dokumenten bezügliche Tätigkeit sich beziehe, nur dann im Stande sei, wenn ich wenigstens auf kurze Zeit die Bücher und Dokumente zurückerhalte; die X'schen Eheleute weigerten die Rückgabe der Bücher. Unter dem 10. Mai übersendete ich nunmehr den X'schen Eheleuten meine Liquidation. Dieselbe zerfällt in drei Teile. Das Liquidat A bezieht sich auf die Erbschaftsangelegenheit und die Prozesse, die von Gläubigern angestrengt, sowie auf Vergleiche, die mit diesen geschlossen waren und schließt einschließlich der von mir für X. verlegten Gerichtskosten mit 1358 M. 57 Pf. ab. Die Liquidation B bezieht sich auf im Einzelnen auf geführte Prozesshandlungen (Zahlungsaufforderungen, Zahlungsbefehle, Vollstreckungen, Vergleiche) gegen 167 Schuldner und schließt mit 898 M. 60 Pf. Einschließlich der 256 M. 95 Pf. Betragenden Auslagen ab. Die Liquidation C wurde wörtlich in folgernder Weise aufgestellt: „Daß meine Arbeit bei dieser Prüfung außerordentlich groß und verantwortungsvoll, wissen Sie sehr wohl und haben dies auch durch Ihr freiwilliges, von mir nicht angenommenes Anerbieten anerkannt, mir ein Extrahonorar zu gewähren. Welche Bestimmung der Gebührenordnung, die ich beifüge, für meine Tätigkeit Platz greift, ist zweifelhaft. M. E. Ist für die Prüfung jeder der vielen Urkunden und jedes Aktivums bezüglich Passivums nach § 89 und 13 Nr. 1 der Gebührenordnung 10/10 des Satzes aus § 9 der Gebührenordnung zu liquidieren. Verteidigen lässt sich indes auch die Ansicht, daß § 89 in Verbindung mit § 14 und 46 der Gebührenordnung in Anwendung zu kommen und deshalb nur 5/10 zu liquidieren sei. Endlich lässt sich auch die Ansicht verfechten, daß nach §§ 89, 47 ibid. Nur 3/10 des in § 9 bezeichneten Satzes zu liquidieren sei. Da die Frage zweifelhaft sein kann, so liquidiere ich lediglich 3/10. Die Anzahl der Urkunden, Schuldner- und Gläubigerposten, die ich in der vorbezeichneten Art zu prüfen hatte, mag über 1500 sein. Genau vermag ich die Anzahl und desgleichen die Höhe der einzelnen Posten, ohne im Besitz der von Ihnen zurückgenommenen Bücher zu sein, nicht festzustellen. Sobald sie mir dieselben übermitteln, bin ich bereit, spezialisierte Liquidation nach dieser Richtung hin nachträglich aufzustellen. Vorliegend liquidiere ich in der Art, daß ich nur rund 800 Urkunden und Debitoren- und Kreditorenposten mit einem Objekt von durchschnittlich 400 M., als (neben der in meinen unten folgenden beiden Liquidationen A und B aufgeführten Sachen) vorliegend annehme. Demnach beträgt nach §§ 47, 89 der Gebührenordnung mein Liquidat bezüglich dieser Prüfungstätigkeit 800 x 4,20 M. = 3360 M.

Ich bemerke, daß hier auch die Prüfungen, ob und inwieweit Sie nach Zahlung der Gläubiger Regress gegen Dritte zu nehmen berechtigt sind, mit eingeschlossen sind."

Den meine Gebührenliquidation überschießenden Teil des Depots sendete ich dem X. zu.

Bezüglich des Extrahonorars erwähne ich, daß mir ein solches im Januar angeboten war, daß ich die Annahme desselben aber abgelehnt habe, weil ich lediglich dem Gesetze entsprechende Gebühren zu erhalten wünschte. Einige Zeit nach Absendung dieser Liquidation erschien X. bei mir, fragte nach einzelnen Angelegenheiten, lehnte wiederholt ab, die Bücher behufs Aufstellung einer ordnungsgemäßen Liquidation mir zu übergeben, erklärte, er sei mit der Abrechnung nicht einverstanden, das Extrahonorar habe er lediglich zahlen wollen, wenn sämtliche Sachen von mir erledigt würden. Es seien doch aber noch einige schwebend. Ich wies ihn darauf hin, daß ich ja auf das Extrahonorar ausdrücklich verzichtet hatte. Er möge mir doch angeben, nach welcher Richtung hin er die Liquidation geändert zu haben wünsche. X. erwiderte, das brauche er nicht. Ich entgegnete ihm, ich würde ihm anheim stellen, zu tun, was er wolle, und machte ihn darauf aufmerksam, daß von drei von ihm zu wählenden Anwälten des Vorstandes über die Höhe der Gebühren ausgesprochen werde. Diesen Vorschlag mache ich ihm mit Rücksicht darauf, daß er vielleicht bei der gesamten Sachlage es für sich nicht für angebracht erachte, den ordentlichen Richter anzurufen. X. erwiderte, wie er später eidlich zugegeben hat, es falle ihm gar nicht ein, auf einen solchen Vorschlag einzugehen, er wisse, daß ich bei der Ober-Staatsanwaltschaft nicht gut angeschrieben sei, ich sei ja bereits bestraft, er werde ein Verfahren wählen, in welchem er als Zeuge vernommen würde. Was er als Zeuge aussage, müsse man ihm ja glauben. Diesen Erpressungsversuch beantwortete ich mit der Einladung, mein Bureau zu verlassen. Überdies schrieb ich nochmals an X., daß ich nach wie vor bereit sei, einem Urteilsspruch, der von drei von ihm zu wählenden Mitgliedern des Anwaltsvorstandes über die Gebührenhöhe gefasst werde, mich unbedingt zu unterwerfen; diesen Herren liege nach § 300 Str.G.B. Verschwiegenheitspflicht ob. Einem Herrn F., der später im Auftrage des X. bei mir erschien, wiederholte ich auch späterhin noch das Anerbieten, fügte hinzu, daß mir lediglich daran liege, mit einem Menschen wie X. möglichst bald auseinander zu kommen. Das ist von F. Dem X. in einem dem Ehrengericht vorliegenden Brief vom 10. August 1888 mitgeteilt. Am 10. Dezember 1888 machte mir der Vorsitzende des Ehrengerichts, Herr Laué, die Mitteilung, eine Denunziation seitens des Herrn X. sei gegen mich eingelaufen, ich werde aufgefordert, Mitteilung über ihm unverständliche Angaben in der Denunziation des X. zu machen. Die Denunziation war nicht beigefügt. Ich erwiderte, auf Einzelheiten einzugehen, daß mir nicht wohl zugemutet werden könne, auf eine mir nicht einmal bekannt gemachte Denunziation mich zu äußern. Im Übrigen sei ich bereit, jede Auskunft zu erteilen, sobald die X'schen Eheleute von der, mir durch § 300 Str.G.B. Obliegende Verschwiegenheitspflicht mich entbunden hätten. Herr Laué erwiderte, das sei nicht notwendig: wenn X. sich an das Ehrengericht wende, so sei selbstverständlich ich von meiner Verschwiegenheitspflicht entbunden. Ich erwiderte, daß Herr Laué mir nicht übel nehmen möge, wenn ich nach den mit ihm und anderen Vorstandsmitgliedern im v. Luck'schen Fall gemachten Erfahrungen meine Verantwortung durch Mitteilungen von Vorstandsmitgliedern nicht ändern lassen könne. Darauf beschloss das Ehrengericht, Voruntersuchung zu eröffnen, und einen ordentlichen Richter mit meiner Vernehmung zu beauftragen. Der Richter war, da eine Aussage, ohne daß ich von der Verschwiegenheitspflicht entbunden wäre, mich der Gefahr einer strafrechtlichen Untersuchung aus Str. G. B. aussetzte, selbstverständlich bereit, X. aufzufordern, mich von der Verschwiegenheitspflicht zu entbinden. Anfangs wollte X. dieser Aufforderung nicht entsprechen, erklärte dann, daß er sich keineswegs über meine Tätigkeit habe beschweren wollen, sondern nur wünsche, daß meine Liquidation überprüft würde und entband mich schließlich von der Verschwiegenheitspflicht. Ich wies in meiner ausführlichen Auslassung nun darauf hin, daß es für mich, nachdem die Voruntersuchung eröffnet, gleichgültig sei, ob X. sich über mich beschweren wollte oder nicht und gab, wie oben in Kürze geschildert, das Rechtsverhältnis, das zwischen uns bestand, an. Damit hielt ich die Sache für erledigt.

Am 27. Mai 1890 wurden mir nun seitens der Ober-Staatsanwaltschaft die von ihr gefertigte Anklage, sowie der dazu gehörige Eröffnungsbeschluss des Ehrengerichts vom 17. Mai 1890 und der fernere Beschluss, daß dieses Verfahren mit dem bereits früher anhängig gemachten auf meine politische Tätigkeit und auf die Ablehnung des Herrn Brausewetter bezüglichen verbunden sei, zugestellt. Diese Schriftstücke warfen mir folgendes vor: Am 1. Dezember habe nach Angabe des X. ich den ersten, der oben mitgeteilten Reverse in die Feder diktiert, dann den anderen Revers selbst geschrieben und von X. unterschreiben lassen. Danach erscheine ich „in hohem Grade verdächtig, dem X. meinen Beistand zu dem Zwecke geliehen zu haben, um dem Kaufmann B. die Beschlagnahme des Depots zu entziehen und demselben die volle Befriedigung wegen der ihm an X. zustehenden Forderung zu vereiteln." Ferner war ausgeführt, daß das Liquidat A nicht bemängelt werden solle, daß aber bezüglich des Liquidats B und C der Vorwurf erhoben werde, daß ich diese Liquidierung „willkürlich und in ungerechtfertigter Höhe" aufgestellt habe. In keinem der Schriftstücke ist der Vorwurf, der nachher im Urteil des Ehrengerichtshofes Ausdruck gefunden hat, erhoben, daß ich: aus eigennützigen Interessen gehandelt, daß ich ein Rechtsverhältnis zu verschleiern gesucht oder daß ich bewusst Gebühren überhoben hätte. Wegen des Verhaltens am 1. Dez. sprach das Ehrengericht frei, weil die Schilderung des X. über ein angebliches Diktat des von mir zurückgewiesenen Reverses aus verschiedensten Gründen unglaubhaft war. Ein Beisitzer des Ehrengerichtes wies darauf hin, daß der, nach meiner Angabe von X. mitgebrachte und nicht etwa von mir und nicht etwa von mir in meinem Bureau ihm diktierte, Revers auf anderem Papier geschrieben war, wie der von mir geschriebene, sowie daß er von mir durchstrichen wäre. X. selbst geriet in verschiedene Widersprüche auch nach anderer Richtung hin. Es war mir ein leichtes, auf Grund einiger ihm vorgehaltener Briefe in den verschiedensten Punkten die Unwahrheit der meisten seiner Behauptungen zu beweisen. Schließlich erklärte X., er könne sich überhaupt nicht mehr genau der ganzen Angelegenheit entsinnen. Ähnlich war es mit Frau X. Das Ehrengericht sprach von der Anklage, dem X. meinen Beistand zu dem Zwecke geliehen zu haben, um dem Kaufmann B. die Beschlagnahme des Depots zu entziehen und demselben die volle Befriedigung wegen der ihm an X. zustehenden Forderungen zu vereiteln, frei. Unter anderem hob es im Urteil hervor, „daß es an jedem Anhalt dafür fehlt, daß ich einen eigennützigen Zweck im Auge gehabt habe“, sowie daß die Absicht, die die Anklage bezüglich des Reverses behauptet, aus nahe liegenden Gründen unmöglich durch den zweiten Revers ausgeführt werden könnte. Da ja ferner der Gläubiger B. nicht nur, sondern sämtliche Gläubiger voll befriedigt und – abgesehen von dem zur Deckung zurück behaltenem Rest – überdies den X'schen Eheleuten noch mehr als 7900 M. aus dem mir übergebenen zurückgegeben waren, so lag die Unbegründetheit der Anklage auf der Hand. Ihre Entstehung hat sie wahrscheinlich dem Umstand zu danken, daß X. nach seiner Bekundung sich nachträglich mit einem seiner früheren Gläubiger in Verbindung setzte und dieser ihm bei der Anfertigung seiner Denunziation Hilfe leistete. Dieser Gläubiger, der mehrere 1000 M. mehr gefordert hatte, als er zu erhalten hatte, war darüber sehr erregt, daß er mit seinem unbegründeten Pfändungsanspruch in die Erbschaft hinter der Mutter des X. nicht durchgedrungen war. Um seinen Beistand sich zu sichern, verschwieg X. ihm den wahren Sachverhalt. Die Konsequenz war, daß, um die Anklage auch nur wahrscheinlich zu machen, X. wiederholt eidlich bekräftigte, er habe eine Erbschaft hinter seiner Mutter angetreten. Erst vor dem Ehrengerichtshof nahm X., als ich auf den Inhalt des vorliegenden Erbschaftsvergleichs hinwies und weiter darauf hinwies, daß X. ja persönlich bei dem Amtsgericht Berlin I hinter der Erbschaft seiner Mutter entsagt hatte und Beweis hierüber antrat, seine Behauptung zurück. Das Ehrengericht sowohl wie der Ehrengerichtshof schenkten den Angaben des X. keinen Glauben. Der Ehrengerichtshof in Leipzig sprach dies in der Begründung eines Beschlusses aus und stellte im Urteil vom 17. Nov. 1892 wörtlich fest: „es nimmt der Ehrengerichtshof nicht für erwiesen an, daß der Angeschuldigte den jetzt blau durchstrichenen Revers dem X. in die Feder diktiert habe, ebenso nimmt der Ehrengerichtshof nicht für erwiesen an, daß der zweite von dem Angeschuldigten entworfene und von den Eheleuten X. unterschriebene in der Absicht, den Zugriff des Gläubigers B. zu vereiteln, entworfen und unterschrieben ist." Unter diesem zweiten Revers ist der von mir oben abschriftlich mitgeteilte (nur von dem Ehemann unterschriebene) verstanden. Wiewohl ich seitens des Ehrengerichtshofs durch diesen Teil des Erkenntnisses von der wider mich erhobenen Anklage freigesprochen war, so gelangte der Ehrengerichtshof dennoch dadurch zur Verurteilung, daß er im Urteil mir etwas vorwarf, was nie Gegenstand der Anklage gewesen, gegen das ich auch aus eben diesem Grunde mich nie hätte verteidigen können. Das Urteil fährt nämlich fort: „Der Ehrengerichtshof nimmt es aber wohl für erwiesen an, daß Angeschuldigter die in diesem Schein betätigte Umwandlung des Depositums in ein Darlehen und das Hineinziehen der Ehefrau X. vorgenommen hat, um das eigentliche Rechtsverhältnis des Ehemannes X. bezüglich der dem Angeschuldigten für X. übergebenen Wertpapiere und Gelder zu verschleiern und dadurch den unmittelbaren Zugriff der Gläubiger zu erschweren und gleichzeitig sich selbst eine möglichst hohe Vergütung für seine künftige Tätigkeit zu sichern, die anderen Gläubiger aber zu verhindern, seine Befriedigung zu durchkreuzen."

Aus welchem Grunde erachtete der Ehrengerichtshof sich für befugt, eine solche aktenausweislich hinfällige Behauptung plötzlich im Erkenntnis erscheinen zu lassen? Auch die gegen meine Freisprechung gerichtete Berufung des Oberstaatsanwalts hatte mir lediglich vorgeworfen, „dem X. die Hand geboten zu haben, die volle Befriedigung des B. zu verhindern". Vergeblich sucht man im ehrengerichtshoflichen Erkenntnis nach einem Satz, nach einem Wort auch nur eines Scheingrundes für die Annahme des Ehrengerichtshofes. Und doch sollen eigentlich auch die Erkenntnisgründe eines Ehrengerichtshofes die Gründe enthalten, die zu der irrigen oder nicht irrigen Ansicht den Ehrengerichtshof geführt haben. Der Ehrengerichtshof hat eben trotz eifrigsten Suchens auch nicht den geringsten Umstand gefunden, aus dem er auch nur scheinbar heraus hätte entwickeln können, daß die mir imputierte Handlung vorgelegen habe. Er setzt statt der alten Anklage eine neue, die sich allerdings von sonstigen auch dadurch unterscheidet, daß sie mir nie mitgeteilt und ohne den Versuch einer Begründung aufgestellt ist. Aber der Ehrengerichtshof geht noch weiter. Er stellt sich im Erkenntnis auf den Standpunkt, aß nicht dem Angeschuldigten zu beweisen ist, daß er eine strafbare Handlung getan hat, er geht vielmehr von der Zumutung aus, der Angeklagte sei verpflichtet, sich auch gegen die Anklage zu wehren, die ihm nie vorgeworfen ist. Von diesem Standpunkt aus führt er nun eine Reihe von Umständen im Erkenntnis an, die wahrscheinlich selbst ihm nahe legten, daß seine in dem Urteil aufgestellte Anklage hinfällig sei. Auf dies der Art und dem Inhalt unberechtigte Vorgehen im Einzelnen einzugehen, mag für später vorbehalten bleiben.

Der Ehrengerichtshof wirft mir zuletzt noch, wiederum ohne ein Atom einer Begründung, eigennützige Interessen vor. Welche Gründe mögen den Ehrengerichtshof zu dieser haltlos und beweislos aufgestellten, in keinem Stadium des Verfahrens gemachten Behauptung veranlasst haben? Hervor habe ich, daß, wenn das, was der Ehrengerichtshof in diesem Teil seines Erkenntnisses ohne frühere Anklage und ohne irgend welche Unterlage mir imputiert, wahr wäre, ich mich am 1. Dezember 1887 der strafrechtlich verfolgbaren Untreue schuldig gemacht hätte. Dies Vergehen verjährte, wie dem Ehrengerichtshof nicht minder wie mir bekannt sein muß, am 1. Dez. 1892. Der Ehrengerichtshof hat bei weitem nach dem 1. Dez. 1892 mich durch sein schriftliches Urteil in Kenntnis davon gesetzt, welche Feststellungen er getroffen habe. Dadurch bin ich leider außer Stande gesetzt, durch eine Strafanzeige wider mich bei der Staatsanwaltschaft auch in diesem Falle ein öffentliches Verfahren zu erzwingen und durch dieses klar zu stellen, ob die beweislos und haltlos vom Ehrengerichtshof aufgestellte Unterstellung auf Wahrheit beruhe oder nicht.

Dieses Verteidigungsmittels hat mich der Ehrengerichtshof bezüglich des nun folgenden Punktes der Anklage nicht berauben können. Bezüglich dieses habe ich deshalb nach Zustellung des Urteils an mich Strafanzeige bei der Staatsanwaltschaft gegen mich selbst gestellt.

Dieser letzte Punkt betrifft den Vorwurf bewusster Gebührenüberhebung. Der Eröffnungsbeschluss warf mir vor, „willkürlich" liquidiert und in dem Falle zu B. und C. Der Liquidation zu hohe Gebühren aufgestellt zu haben. Welche Gebühren dem Gesetz entsprechen, gab weder er, noch die Anklageschrift an. Die Liquidation B. ist eine der einfachsten Abrechnungen. Es wird vollständig dem Gesetz gemäß bei 167 Aufträgen für Aufforderung, Zahlungsbefehl etc. liquidiert. Liquidation C. Ist oben wörtlich mitgeteilt. Nun führt das Ehrengericht in seinem Urteil – Berichterstatter war Herr Lesse – folgendes aus: Es habe Herr Laué vor meiner Vernehmung einen Gerichtsschreiber gebeten, zu prüfen, ob mein Liquidat ein richtiges sei. Der Gerichtsschreiber begutachtete darauf, wenn er lediglich das, was ihm durch Herrn Laué mitgeteilt sei, zu Grunde lege, so gebe er, unter Hervorhebung, daß er nur sehr oberflächlich die Sache sich habe ansehen können, sein Gutachten dahin ab, daß für Aufforderungsschreiben nicht 5/10, sondern 3/10 der Gebühr zu entrichten sei und daß ferner (zu C) eine Prüfung von etwa 800 Konten „nicht erforderlich" gewesen sei. Das Ehrengericht pflichtete mir darin bei, daß ich mich dem Gutachten irgend eines Gerichtsschreibers nicht zu unterwerfen habe. Es nimmt bezüglich der Liquidation zu B. an, nicht für jeden einzelnen Akt in 167 Sachen, sondern unter Zugrundelegung eines Objekts, das die 167 Summen umfassen, hätte ich liquidieren sollen, nachdem es ausdrücklich abgelehnt hatte, die Akten, in denen meine Tätigkeit sich befand, vorzulegen, um sich davon zu überzeugen, welche Tätigkeit ich denn eigentlich entwickelt habe. Es fügt seiner eigenen Auffassung dann hinzu: „Diese Auffassung kann allerdings in einzelnen Fällen dahin führen, daß die Tätigkeit des Anwalts in einer der dadurch ihm und seinem Bureau zuteil werdenden Mühe und Belästigung nicht entsprechenden Weise honoriert wird, Dieser Gesichtspunkt kann indessen für die Entscheidung dieser Frage um so weniger maßgebend sein, als für solche Ausnahmefälle dem Anwalt nach der Gebührenordnung die Möglichkeit gegeben ist, für seine Tätigkeit sich vorher eine höhere Entschädigung auszubedingen."

In der schriftlichen Begründung meiner Berufung führte ich detailliert aus, daß jede einzelne zu den 167 Sachen spezialisiert aufgestellte Liquidation zutreffend sei und beantragte, die Akten doch vorzulegen, da mir scheine, daß nicht mein Urteil, sondern das Urteil, das ohne daß die Richter die Akten, auf welche sich meine Tätigkeit beziehe, angesehen, gefällt werde, ein willkürliches sei. Der Ehrengerichtshof lehnte die Vorlegung der Akten ab, lässt sich aber auch in seinem Urteil nicht darüber aus, daß das Liquidat B Veranlassung zu dem Vorwurf willkürlicher oder zu hoher Gebührenforderung gebe. Dazu sollte Liquidation C. herhalten. Wie aus dem oben vorgetragenen aktenkundigen Sachverhalt hervorgeht, habe ich bezüglich dieses Liquidats überhaupt keine Liquidation, sondern lediglich einen ungefähren Anschlag darüber, wie viel mir zukommen möchte, gemacht. Hierbei habe ich hervorgehoben, daß die Rechtsfrage zweifelhaft sein könnte und habe endlich unter Hervorhebung der §§ 89 und anderer Paragraphen der Gebührenordnung betont, wie viel für jede einzelne Prüfung mir zustehen möchte, und dem Mandanten die Gebührenordnung zugesendet und endlich mich bereit erklärt, nach Zusendung der Bücher u.s.w. genau zu liquidieren. Das Ehrengericht lehnte zunächst sämtliche Anträge auf Einsicht der dem Ehrengericht vorliegenden Akten und Bücher, auf welche meine Tätigkeit sich bezog, ab und führte im Erkenntnis aus, daß es aus von dem Gerichtsschreiber angegebenen Umständen schließe, daß alle Aktiva und Passiva „zusammen vielleicht auf etwa 60000 M." anzunehmen gewesen seien. Meine Tätigkeit sei eine kalkulatorische und eine juristische Arbeit gewesen. Ein Kalkulator hätte ungefähr „unter Berücksichtigung des geschilderten Wertes des Objektes" 500 M., also ich als Anwalt 1500–2000 M. (einschließlich juristischer Prüfung der Konten) statt der liquidierten 3360 Mark zu beanspruchen gehabt. In der Berufungsbegründung gestattete ich mir, nachdem mir inzwischen die Einsicht der Bücher auf dem Bureau des Ehrengerichts freigestellt war, darauf hinzuweisen, daß vor allem die Kladde und die Kopierbücher, auf die sich vorzugsweise meine Tätigkeit erstreckt hatte, fehlten. Da x. eidlich angegeben hatte, daß er alle Bücher aus dem Jahre 1883 und 1884 mir übergeben habe und da ferner das Ehrengericht mir mitgeteilt hatte, alle von X. mir gegebenen Bücher seien ihm überbracht worden, so beantragte ich die Herbeischaffung dieser Bücher. Der Antrag wurde mit dem Bemerken abgelehnt, daß dem Ehrengericht diese Bücher nicht übergeben seien. X. behauptete später nochmals vor dem Ehrengerichtshof als Zeuge, er habe alle Bücher eingereicht. Aber auf diese Bücher lege ich so sehr viel Wert nicht, weil andere im Besitz des Ehrengerichts befindliche Bücher folgendes Resultat lieferten. Selbst nach den dem Ehrengericht noch verbliebenen Büchern, insbesondere dem sogenannten Geheimbuch, in dem sich eine Aufstellung eines gerichtlichen Bücherrevisors über die Bilanz Mitte 1884 befand, betrug die Summe der Debitoren und Kreditoren – ohne Zurechnung des übrigen Aktivvermögens 142866 Mark 46 Pf.

War also des ersten Richters Art und Weise zu der Gebührenberechnung unter Berücksichtigung des Gesamtwertes der Aktiva und Passiva zu gelangen, richtig und rechnete man als Aktiva und Passiva diese aus Jol. 8 und 9 des Geheimbuches sich ergebende Gesamtsumme, so hätte ich nach eigener Schätzung des Ehrengerichts, da die Masse 2 1/3 höher war, als das Ehrengericht als „wahrscheinlich" taxiert, 2 1/3 x 1500–2000 M., d. .i. 3500–4666 2/3 M. für die Tätigkeit zu beanspruchen, die ich angeblich mit 3360 M. aufgesetzt hatte. Daß die Masse noch bei weitem höher war, ergeben gleichfalls die Bücher. Ferner hatte der erste Richter erwogen, daß unmöglich 800 Konten hätten geprüft sein können, so viele können unmöglich in dem X'schen Geschäfte bestehen. Nun legte ich aus den schließlich in 5 Kisten verpackten Akten und Büchern, die von X. dem Ehrengericht übersendet, klar, daß unter diesen über hundert von mir geprüften Dokumente sich befanden, und daß schon allein aus dem sog. Hauptbuch, deren Konten zu prüfen waren, durch einfache Zählung sich ergab, daß genau 1000 Konten in diesem Hauptbuch verzeichnet waren. Ich beantragte nunmehr, diese Bücher vorzulegen und sie wenigstens nach der Richtung hin zu prüfen, wieviel Konten und in welcher Höhe denn eigentlich vorhanden seien. Für jeden einzelnen Fall erklärte ich mich ausdrücklich bereit, jede Aufklärung zu geben, und fügte hinzu, daß bei einer ganzen Anzahl von Konten sich von meiner Hand stenographische Schriftnotizen befänden.

Der Ehrengerichtshof in Leipzig lehnte die Vorlegung der Akten, die ich bereits in meiner Berufungsbegründung vorzulegen erbeten hatte (in der ich gleichzeitig betonte, mir soviel Raum zu meiner Verteidigung geben zu wollen, als ich als Beklagter haben würde, falls X. mich im Zivilprozess verklagt hätte), ab und motivierte dies damit, daß aus den Akten meine Tätigkeit nicht voll ersehen werden könnte. Nunmehr beantragte ich, die Akten zu dem Behufe vorzulegen, um wenigstens die Tätigkeit dem Gesetz entsprechend zu schätzen, die ich Inhalts der Akten und der Bücher aufgewendet habe. Auch diesen Antrag lehnte der Ehrengerichtshof mit der Motivierung ab, daß er lediglich zur Verschleppung der Angelegenheit gestellt sei. Als ich über diese Motivierung meine Verwunderung aussprach, wurde mir dann mitgeteilt, daß die sämtlichen Geschäftsbücher und Akten, auf die sich meine Tätigkeit bezieht, in Berlin sich befänden. Ob die Akten in Berlin zurückgelassen oder nach Berlin zurückgesendet sind, weiß ich nicht. Hatte ich aus dem ersten wider mich eingeleiteten ehrengerichtlichen Prozess die Lehre ziehen können und müssen, daß das Gericht darauf aufmerksam gemacht werden müsse, daß Akten vorliegen, die das Gegenteil der Anklage beweisen, so zeigte mir hier der Ehrengerichtshof den Weg, den ein Gerichtshof beschreiten kann, um dem Angeklagten es unmöglich zu machen, darzulegen, daß die Anklage durch die Akten selbst widerlegt wird – die Akten waren einfach nicht beigefügt. Daß auch der dem Ehrengerichtshof vorliegende Teil der Akten, insbesondere das Sitzungsprotokoll vom 27. April 1892, unbekannt war, ergibt sich aus einigen Äußerungen des Vorsitzenden, wie z. B. der: In erster Instanz sei ich nicht im Termin erschienen – wiewohl ich dort nicht nur erschienen war, sondern mehrere Beweisanträge gestellt und über die Ablehnung derselben mich ausführlich in meiner Berufungsbegründung ausgelassen hatte. Dem Ehrengerichtshof gegenüber beantragte ich nunmehr darüber Beweis zu erheben, daß die Aktiva und Passiva, um deren Prüfung es sich handelte, zusammengerechnet bei weitem 400000 M. überschritten haben und beantragte ferner, einen ehrengerichtlichen Bücherrevisor, oder einen Konkursverwalter, oder einen preußischen Amtsrichter darüber als Sachverständigen zu vernehmen, daß, wenn man auch mit dem ersten Richter annehmen wolle, daß abgesehen von meiner rein juristischen Tätigkeit ich eine Tätigkeit entwickelt habe, die ein Konkursverwalter oder Bücherrevisor entwickeln konnte, ich allein für diese Tätigkeit eines Konkursverwalters oder Bücherrevisors wenigstens 4000 M. selbst dann zu beanspruchen hätte, wenn ich lediglich die Tätigkeit entwickelt hätte, die aus den von X. dem Gericht übergebenen Akten hervorgehe. Die Anträge wurden abgelehnt. Daß eine Verurteilung gegen mich wegen dieser Angelegenheit erfolgen würde, war mir von dem Augenblick an klar, wo ich durch das Gericht erfuhr, daß der Hauptbestandteil der Akten nicht zugegen sei und daß es in den Verlangen, dieselben herbeizuschaffen, die Betätigung einer Verschleppungsabsicht erblickte. Immerhin war ich gespannt, wie der Ehrengerichtshof sein Urteil motivieren würde. Sein Urteil hat alle meine Erwartungen übertroffen. Zum Verständnis des § 89 der Gebührenordnung folgendes voraus:

§ 89 sagt wörtlich: Ist für das dem Rechtsanwalt übertragene Geschäft der Betrag der Gebühren in diesem Gesetz nicht bestimmt, so erhält er eine unter entsprechender Anwendung der Bestimmungen dieses Gesetzes zu bemessende entsprechende Gebühr.

Der Leser wird erkennen, ob ich diesen Paragraphen berücksichtigt habe oder nicht. Der Ehrengerichtshof behauptet in seinem Erkenntnis, daß ich „die durch diesen Paragraphen gesteckte Grenze bewusst überschritten“ hätte. Nun darf man billig von dem Ehrengerichts verlangen, daß er auf Grund der Gebührenordnung für Rechtsanwälte mindestens ungefähr berechnet, wie viel mir denn eigentlich zugestanden habe – denn daß ich tatsächlich inhaltlich meines Briefes vom 10. Mai nicht liquidiert, sondern lediglich eine ungefähre Aufstellung gemacht habe, darauf lege ich hier wenig Gewicht. Was tut der Ehrengerichtshof? Der Ehrengerichtshof lässt in seiner gesamten Auseinandersetzung über die Höhe der Gebühren die Gebührenordnung, insbesondere § 89 vollkommen beiseite. Er spricht mit keinem einzigen Worte davon, wie viel einem Anwalte als Anwalt zugestanden hätte. Er versucht mit keinem Worte weder darzulegen, daß meine Auffassung über die betreffenden Bestimmungen unrichtig gewesen sei, noch versucht er auch nur entfernt eine Berechnung aufzustellen, die dem § 89 entspricht. Er macht vielmehr den Sprung: er merzt den Anwalt aus. Der Anwalt existiert bereits vor seinem Ausschluss für ihn nicht mehr. Es war ja bereits über die anderen Punkte verhandelt, es stand für den Ehrengerichtshof zweifellos schon fest, daß er ausschließen würde, – warum soll er nicht sein Urteil schon vorher als vollstreckt erachten? Wenn nun der Ehrengerichtshof annahm, daß sein Urteil bereits vollstreckt sei, so war es allerdings nicht mehr notwendig, überhaupt sich darüber auszulassen, was ein Rechtsanwalt zu beanspruchen habe. In seiner gesamten Auseinandersetzung ist mit keinem Worte davon die Rede, was denn eigentlich ein Anwalt auf Grund des § 89 zu beanspruchen habe. Aber desto mehr ist von anderen Sachen die Rede. Er spricht von dem Konkursverwalter und untersucht, wie viel einem Konkursverwalter an Gebühren zugestanden haben würde. Er übersieht nur hierbei, daß es sich nicht um eine Tätigkeit eines Konkursverwalters handelte, sondern daß ich neben der Tätigkeit, die in meiner Liquidation C berücksichtigt ist, noch das zu beanspruchen berechtigt gewesen wäre, was ein Konkursverwalter unter ähnlichen Umständen zu beanspruchen hätte und daß eine von mir in etwa dahin aufgestellte Berechnung, in der ich andere als in der Gebührenordnung vorgeschriebenen Gebühren aufgesetzt, § 89 unzweifelhaft verletzt hätte. Nun hatte ich, da ich nach den geschilderten Vorgängen auf alles seitens des Ehrengerichtshofes gefasst sein musste, beantragt, einen Konkursverwalter darüber zu vernehmen, daß, wenn allein dessen Tätigkeit in Betracht käme, eine bei weitem höhere Gebühr als die in Liquidation C aufgestellte, ihm zufallen müsse. Der Ehrengerichtshof legt dar, wie er ohne einen Sachverständigen und ohne im Besitz der Akten zu sein taxieren könne, was einem Konkursverwalter gebührt. Notwendig schien es ihm hierzu, in das Erkenntnis nur den Paragraphen eines Gesetzes ohne Mitteilung seines Inhalts zu setzen. Das Erkenntnis sagt wörtlich: „Der Ehrengerichtshof geht, was die Höhe der von dem Angeschuldigten berechneten Gebühren anbetrifft, von der Auffassung aus, daß, auch wenn die dem Konkursverwalter zustehenden Gebühren als Maßstab für die Höhe der dem Angeschuldigten zustehenden Gebühren zur analogen Anwendung kämen, einem Konkursverwalter bei einer Tätigkeit von nur wenigen Monaten und bei der geringen Aktivmasse, wie sie die mündliche Verhandlung ergeben hat, kaum so viel an Vergütung zuzubilligen wäre, wie der Angeschuldigte in den Liquidationen A. Und B. in Ansatz gebracht hat. Der Gerichtshof gelangt zu dieser Annahme ohne Vernehmung eines Sachverständigen auf Grund des eigenen Ermessens in Anwendung des § 77 der Reichs-Konkursordnung."

§ 77 C.-O. bestimmt: „Der Verwalter hat Anspruch auf Erstattung angemessener barer Auslagen und auf Vergütung für seine Geschäftsführung. Die Festsetzung der Auslagen und der Vergütung erfolgt durch das Konkursgericht." Konkursgericht kann niemals das Reichsgericht sein. Konkursrichter ist niemals einer der Urteilsfinder des Ehrengerichtshofes seit dem Inkrafttreten der Konkursordnung gewesen; auch nur als Anwalt bei einem Konkursgericht aufzutreten, ist den als Anwalt beim Reichsgericht zugelassenen Herren durch § 100 der Rechtsanwalts-Ordnung verboten. Aber tut nichts, das „eigene Ermessen" ersetzt Sachkenntnis, ersetzt die Akten, ohne deren Prüfung kein Konkursgericht Gebühren festsetzt. Für den Laien könnte es demnach erscheinen, als ob etwa ein Konkursverwalter nach Zeit bezahlt würde und als ob irgend eine bestimmte Taxe für einen Konkursverwalter bestehe, sowie als ob irgendwo eine gesetzliche Bestimmung bestehe, nach der ein Anwalt für die Tätigkeit, die er als Anwalt aufgewendet hat, nur das liquidieren darf, was einem Konkursverwalter zusteht, der nicht diese, sondern eine von dem Anwalt zwar auch aufgewendete, aber nicht in Anrechnung gebrachte Tätigkeit hätte berechnen können. Der Schein trügt. Gewiss, das hätte mich nicht überraschen dürfen, nachdem der Ehrengerichtshof festgestellt hatte, „nimmermehr" könne angenommen werden, daß „pflichtgemäße Erwägungen" einen Oberstaatsanwalt bei der Erhebung der Anklage nicht leiteten, selbst wenn er nach seinen eidlichen Zugeständnissen nichts getan hat, um zu prüfen, ob das, was er behauptet, den Akten entspricht oder wahr ist. Der Ehrengerichtshof spricht auch von einer geringen Aktivmasse, ohne irgend wie auch nur annähernd anzugeben, wieviel er als Aktivmasse für vorhanden erachtet. Er schlägt sich ferner bei diesem Teil seiner Gründe selbst ins Gesicht. Nachdem er oben „auf Grund des eigenen Ermessens" festgestellt hat, was ein Konkursverwalter bekommen könnte, begründet er seine Ablehnung, die Schriftstücke und Bücher zu verlesen, auf die sich meine Tätigkeit bezogen hat, damit, daß sie einen Anhalt für die von mir aufgewendete Tätigkeit nicht gewähren würden.

Nachdem so der Ehrengerichtshof auf Grund „eigenen Ermessens“ unter sorgsamer Fernhaltung des Aktenmaterials die Gebührenhöhe geprüft, fällt dem Ehrengerichtshof das Wort „willkürlich“ ein. Der Ehrengerichtshof erachtet natürlich nicht seine Art, sondern meine Art der Liquidation für eine „willkürliche“. Weshalb willkürliche?: „Weil jeder aktenmäßige Ausweis über die von dem Angeschuldigten auf die Prüfung der Akten angeblich aufgewendete besondere Tätigkeit fehle“. Ja, wenn ausdrücklich abgelehnt wird, die zu den Akten gehörigen Beiakten und Bücher zu den Akten zu schaffen, dann fehlt allerdings alles – mit Ausnahme des „eigenen Ermessens“ des Ehrengerichtshofes.

Noch einem Anstoß des Ärgernisses findet der Ehrengerichtshof. Es sind 3000 Mark Extrahonorar vereinbart worden. Dieses Extrahonorar habe ich aber ausdrücklich abgelehnt. Tut nichts, – dem braven X. wird vom Ehrengerichtshof attestiert, daß „ihm auch jetzt die Bedeutung eines Extrahonorars noch nicht klar“ sei. Aber aus der Welt schaffen lässt sich nicht, daß ich dem X. anheimgestellt habe, die Liquidation von drei Mitgliedern des Vorstandes, die mir doch sicher nicht sehr günstig gesinnt waren, prüfen und endgültig festsetzen zu lassen. Da wird nun der Umstand, daß ich, wie oben erwähnt, mit Rücksicht auf die frühere Tätigkeit der Herren Laué und Lesse unter Hinweis auf § 300 St. G. B. abgelehnt hatte, ohne Ermächtigung der X'schen Eheleute mich zu äußern und in die so schön gestellte Falle zu treten, als etwas erachtet, was „nicht für den guten Glauben“ spricht. Dieser „nicht gute Glaube“ musste dazu herhalten, um den neuen Vorwurf einer bewussten Gebührenüberhebung einigermaßen rechtfertigen zu können. Der Ehrengerichtshof ist aber noch nicht am Ende seines Lateins. Liegt hiernach, wie er ausführt, übermäßige und willkürliche Liquidation seitens des Angeschuldigten vor, so fügt er hinzu, erscheint diese Pflichtverletzung um so strafbarer, weil dem Angeschuldigten eine Partei gegenüber stand, die wegen der angeblichen Buchfälschung und wegen des ihm zum Abzuge seiner Gebühren berechtigenden Reverses ganz in seine Hand gegeben war, – „ganz in seine Hand gegeben war“. Zum Abzug der Gebühren ist jeder Bevollmächtigte ohne Weiteres berechtigt, selbst X. hat dieses Recht niemals bestritten. Wenn nun ein Anwalt sich im Laufe seiner Tätigkeit ausdrücklich bestätigen lässt, daß er zum Abzuge seiner Gebühren berechtigt sei, – heißt das: den Mandanten ganz in seine Hand nehmen? Wenn ein Anwalt jemanden, der gefälschte Bücher gebraucht hat, trotz der Fälschung der Bücher und anderer Hindernisse soweit fördert, daß dessen sämtliche Gläubiger befriedigt werden, wenn er ihn – die diesbezüglichen Briefe sind dem Ehrengerichtshof überreicht, eine Beweiserhebung ist abgelehnt – dem Drängen von Gläubigern gegenüber schützte, die mit fingierten Forderungen darauf vertrauend, daß die Bücher gefälscht sind, an ihn herantraten, wenn der Anwalt von der Erbschaft, deren Höhe ihm als solche bezeichnet war, daß sie ungefähr reichen würde, um einen Vergleich mit den Gläubigern herbeizuführen, nach voller Befriedigung sämtlicher Gläubiger noch 11000 M. dem Mandanten rettet, wenn der Anwalt bei Streitigkeiten über Gebührenhöhe dem Mandanten anheimstellt, selbst drei Richter hierüber zu wählen, dann allerdings handelt der Anwalt anders, als Richter, die einem politischen Gegner gegenüber sich für berechtigt erachten, die ihnen vorliegenden Akten nicht einzusehen, die zu diesen gehörigen Beiakten in angemessener Entfernung vom Urteilssitz zu lassen, jede Beweiserhebung abzuschneiden und dann auf Grund „eigenen Ermessens" im Urteil Behauptungen über einen ihrer Gegner aufzustellen, die niemals zum Gegenstand einer Anklage gemacht waren, deren Unwahrheit aus den Akten selbst folgt, deren Inhalt aber ein ehrenrühriger wäre. Wer die Tatsache, daß er jemanden „in seiner Hand hatte", nicht ohne Eigennutz ausgebeutet - ich einem Klienten gegenüber oder „nach eigenem Ermessen" Behörden einem politischen Gegner gegenüber - mag der Leser entscheiden, dessen Beurteilung ich diese Veröffentlichung gleichzeitig als schätzbares Material zu den Fragen unterbreite: Volksrecht oder Juristenunrecht? Öffentlichkeit oder Nichtöffentlichkeit des Verfahrens? Verantwortlichkeit von Beamten oder nicht?

Berlin, den 28. Dezember 1892.

Arthur Stadthagen.

3. Reichstagsrede in der ersten Beratung des Entwurfs des Bürgerlichen Gesetzbuches am 4. Februar 1896[9]

„Meine Herren, trotz der ausführlichen Darlegungen, die der letzte Herr Regierungskommissar gab, und die im Übrigen gegenüber den Darlegungen vom gestrigen Tage sich vorteilhaft ausnahmen, darf ich Sie vor der Annahme warnen, zu der Sie mit Rücksicht auf den Appell, daß eine Schutzwehr gegen die Sozialdemokratie durch das bürgerliche Gesetzbuch errichtet werden soll, vielleicht geneigt sind. Wenn aus dem Appell geschlossen werden soll, daß ich vielleicht wegen dieses Appells gegen den Entwurf sein könnte, so möchte ich nur vorausschicken, daß ich diese Behauptung des Herrn Vorredners für eine total irrige halte. Wird das bürgerliche Gesetzbuch, so wie es vorliegt, Gesetz, so würde es mit die schärfste Waffe sein, die uns gegeben werden kann. Ich darf aber auch vor

9 http://www.reichstagsprotokolle.de/Blatt_k9_bsb00002756_00734.html, 31. Sitzung vom 4. Februar 1896. Die Rede ist ebenfalls abgedruckt bei Thomas Vormbaum, Die Sozialdemokratie und die Entstehung des Bürgerlichen Gesetzbuches, Baden-Baden 1997 (2.), S. 31 ff.

allen Dingen nicht verschweigen, daß diejenigen, die begeistert ein einheitliches Recht wünschen, nicht die Verfechter der bestehenden Gesellschaftsordnung, sondern fast ausschließlich die Sozialdemokraten sind. Ich kann natürlich nur von mir persönlich aus die Einzelheiten, die ich sagen werde, vertreten; denn über Einzelheiten haben meine politischen Freunde naturgemäß noch nicht beraten können. Ich glaube aber, behaupten zu dürfen, die Ansicht aller meiner Fraktionsgenossen geht dahin: es gibt in Deutschland nur eine Klasse, und zwar die Arbeiterklasse, die mal hier und mal da ihr Brot zu suchen hat, die ein *einheitliches* Recht zu haben wünscht und die es sich erkämpfen wird. Allerdings einheitliches Recht nenne ich nicht den Schein einer Einheit; einheitliches Recht nenne ich nicht das kodifizierte Unrecht der Ausbeutung. Sowenig ich verlangen kann als Sozialdemokrat, daß hier in diesem Reichstag die Möglichkeit vorhanden sei, die soziale Rechtsprechung im Sinne des sozialdemokratischen Endziels jetzt durch Gesetzesparagraphen festzusetzen, – so kindisch ein derartiges Vorgehen wäre – so bin ich bereit, die Arbeit fördern zu helfen, ein wirklich einheitliches Recht zu schaffen, zu diesem Zwecke die besonderen ausnahmerechtlichen Bestimmungen, mit denen sich der Gesetzentwurf gegen die Arbeiter wendet, zu bekämpfen, zu versuchen, aus dem Gesetzbuch das zu machen, was ein Gesetzbuch sein soll und heute bereits sein kann. Ein Gesetz ist und soll sein – zu meiner Verwunderung hörte ich aus der letzten Rede, daß im Großen und Ganzen dies auch die Ansicht des Herrn Vorredners sein zu sollen schien – der ideologische Niederschlag der ökonomischen Verhältnisse, der ideologische Niederschlag der erkämpften Rechtssätze der wirtschaftlichen Entwicklung. Es soll das Spiegelbild sein der wirtschaftlichen Entwicklung. Und wenn ich zugebe muss, daß die unterdrückte Klasse nicht sofort ihr Recht umsetzen kann in Gesetzesparagraphen, wenn es naturgemäß ist, daß ein Gesetz, das den wirtschaftlichen und politischen Kämpfen sein Siegel erst aufdrückt, stets reaktionär ist, so würde ich doch mit aller Entschiedenheit gegen ein Gesetz kämpfen müssen, das einmal nur eine Scheineinheit gibt und ferner lediglich ausschließlich von vornherein die Tendenz hat, die Sonderrechte der Unternehmer, die Sonderrechte der Großgrundbesitzer, die Sonderrechte der Kapitalisten gegenüber dem wirtschaftlich Schwachen zu verstärken und festzulegen. Ich werde darauf im Einzelnen eingehen, inwieweit dieser Vorwurf dem Entwurf gegenüber zutrifft, und freue mich, daß der Herr Vorredner[10] mir Gelegenheit gegeben hat, gerade an einigen der Punkte, die er zur Widerlegung der gegen den Entwurf gerichteten Ansicht, daß dieser nicht

10 Vor Stadthagen sprach der Königlich preußische Geheime Justizrat Prof. Dr. Planck, ebd., S. 736 ff.

sozial sei, ihm zu zeigen, daß er im Unrecht ist, wenn er annimmt, daß irgendwo im Gesetzbuch für die wirtschaftlich Schwachen gesorgt ist. Ich werde nicht zu viel verlangen von der Kommission, ich werde nicht zu viel verlangen im Plenum, weil bei dieser Gelegenheit nicht mehr verlangt werden kann, als nach Lage der wirtschaftlichen Verhältnisse notwendig und möglich ist durchzuführen. Ich werde verlangen müssen, und gehe da allerdings über den Rahmen der meisten Redner dieser Debatte hinaus, – daß eingeführt wird in das Gesetzbuch eine Regelung dessen, was als Recht der arbeitenden Klasse innerhalb der heutigen ökonomischen Entwicklung unbedingt verlangt werden muss.

Es war für mich angenehm überraschend, daß der Herr Vorredner erklärte, daß das Rechtsbewusstsein herauswachsen müsse aus dem Volksbewusstsein, daß der Gesetzgeber das Recht aus den wirtschaftlichen Bedürfnissen des Volks und aus seinem Rechtsbewusstsein heraus erkennen solle. Mehr oder minder klar hat der Herr Vorredner ja den Satz zugegeben, daß die wirtschaftlichen Bedürfnisse die Träger der Rechtssätze sein müssen, daß der Gesetzgeber die Aufgabe hat, den wirtschaftlichen Bedürfnissen, dem Zug und Ziel der Zeit nachzuforschen und das nach dem Ergebnis seiner Forschung Erforderliche in Gesetzesform zu bringen, also zu berücksichtigen den Kampf der Klassen und die Bedürfnisse insbesondere der kämpfenden, der arbeitenden Klassen. Gestern haben wir von dem Herrn Staatssekretär[11] das direkte Gegenteil gehört, gestern haben wir das volle Anerkenntnis gehört, daß hier durch den Entwurf ein Ausnahmerecht, ein Klassenrecht geschaffen wird.

Der Herr Staatssekretär behauptete gestern, es wären ja bei der Zweiten Lesung in der Kommission von allen politischen Parteien und aus allen Klassen der Bevölkerung, die maßgebend sind, Vertreter hinzugezogen worden. Nun, meine Herren, die 98 Prozent werktätiger Bevölkerung sind nicht hinzugezogen gewesen. Also sind deren Interessen als berechtigt nicht anerkannt. Wer ist denn zugezogen gewesen? Zwei von den Herren, die der konservativen Partei und dem Großgrundbesitz angehören, zwei von jener Partei, die nach unserer Ansicht – verzeihen Sie das Wort, ich will keinen persönlich treffen – die Interessen der Schlotbarone am allerbesten wahrnimmt, einer der Herren aus dem Zentrum, einer der Herren, die das Großkapital repräsentieren, ein Herr, der direkt mit der Börse zu tun hat und auch ein Herr, der früher auf der freisinnigen Seite in diesem Haus gesessen hat; dann natürlich ein Herr aus der nationalliberalen Partei, also

11 Am 3. Februar 1896 sprach der Staatssekretär des Reichsjustizamtes, Wirklicher Geheimer Rat Niederding im Plenum. http://www.reichstagsprotokolle.de/Blatt_k9_bsb00002756_00712.html, 30. Sitzung, S. 705 ff.

jemand, der jeweilig dasjenige wünscht, was die Regierung für angemessen hält. Wie kann man da behaupten, daß alle Interessen des Volks vertreten gewesen seien! Grußgrundbesitzer, Großkapitalisten und allerdings ja auch noch zwei im politischen Leben nicht hervortretende Volkswirtschaftler, Nationalökonomieprofessoren, die wohl versuchen sollten, den Juristen klar zu machen, was sie bis jetzt aus der Volkswirtschaft noch nicht erkannt haben. Aber nirgend in einem Stadium der Vorberatung ist von dem organisierten Proletariat, von der organisierten werktätigen Bevölkerung einschließlich der Mittelstände auch nur ein einziges Mitglied hinzugezogen, auch nur einer gehört worden!

Ja, nirgend ist ihnen klar gemacht, was man ihnen durch das Gesetz geben wolle, sondern im ersten Entwurf ist in einem so unverständlichen Deutsch, einem so kauderwelschen Juristendeutsch die Sache vorgetragen, daß selbst der Herr Staatssekretär zugeben musste: im ersten Entwurf war die Sprache nichts wert, jetzt ist sie auch nicht viel wert. Auf die Sprachschönheit lege ich aber nicht so viel Gewicht. Ich bin allerdings nicht der Ansicht des Herrn Staatssekretärs, daß der Code[12] vermöge der französischen Sprache eine viel angenehmere, gefälligere Sprache habe und deshalb Beliebtheit genossen habe. Ich meine, eine bessere Form als den Entwurf vermag auch die deutsche Sprache zu bieten. Meiner Ansicht nach zeichnet die deutsche Übersetzung des Code, das badische, württembergische Landrecht, das schweizerische Obligationenrecht, das alte österreichische Recht, ja selbst das preußische Landrecht sich an Güte der Sprache bei weitem aus vor der Sprache des jetzigen Entwurfs. Es ist jetzt aus Juristenkreisen und zwar von eiem sächsischen Juristen, vom Landgerichtsrat Loenholm, der durchaus verständige Versuch gemacht worden, die Sprache des Entwurfs in eine allgemein verständliche Sprache umzuwandeln. Sollte in der Kommission derselbe Versuch gemacht werden, so habe ich nichts dagegen; aber meine Zeit damit zu vergeuden, fällt mir gar nicht ein. Glauben die Herren, sie können es nicht anders machen, so lassen sie auch die schlechte Sprache. Ich würde mich wenig kümmern um die *Form*, mir liegt wesentlich am *Inhalt.*

Da mache ich zunächst den einen Vorwurf dem Gesetzbuch: es ist eine Unwahrheit, wenn behauptet wird, es würde eine Einheit durch den Entwurf geschaffen. Es sind aus der Einheit nicht bloß ausgeschlossen, sondern sollen auch

---

12 Gemeint ist der Code Civil, auch Code Napoleon, der seit 1807 in den von Napoleon annektierten deutschen Gebieten eingeführt wurde und dort teilweise nach der Niederlage des Imperators bei Waterloo 1815 fortgalt. In der Form als „Rheinisches Recht" bildete der Code Civil eine der Rechtsquellen des BGB neben dem Preußischen Landrecht und dem Sächsischen BGB eine der wichtigsten Säulen. http://de.wikipedia.org/wiki/Code_civil, zugriff am 1. September 2014.

ausgeschlossen bleiben alle jene Rechtsverhältnisse, die überkommene mittelalterliche Machtverhältnisse betreffen, und es sind Bestimmungen getroffen, deren Folge ein Ausnahmerecht der arbeitenden Klassen, ein Ausschluss derselben von der Einheit sein würde. Ich darf Ihnen nur einige derselben aufführen. Diejenigen Herren, die objektiv zu urteilen gewöhnt sind, werden dann sehen, daß ich mit meiner Behauptung recht habe. Ich muss erklären: ist es zur Zeit zu schwer, die meisten dieser der einfachen Tilgung durchaus werten veralteten Rechtsinstitute, die das Einführungsgesetz konserviert, bereits in der Kommission zu tilgen und demgemäß das Gesetz zu ändern, erfordert dies zu lange Zeit, so kann man doch nicht die Bestimmungen im Einführungsgesetz stehen lassen, nach denen ausdrücklich der Landesgesetzgebung die Fortsetzung dieser veralteten Rechtsinstitute anheimgegeben wird. Ich meine: man wird nicht anders können, als, wenn man glaubt, eine große Anzahl jener veralteten Rechtsinstitute nicht schleunigst regeln zu können, mindestens in dies Einführungsgesetz hineinzuschreiben, daß den Landesgesetzen untersagt wird, aufs Neue bezüglich dieser absterbenswerten Institute Vorschriften zu machen. Ich rechne dahin die Familienfideikommisse[13] – welche wirtschaftliche Grund liegt vor, die Familienfideikommisse noch weiter beizubehalten oder gar auszudehnen? – Die Lehen, allodifizierten Lehen, Stammgüter, Rentengüter, das Erbpachtrecht, das Büdnerrecht, das Häuslerrecht, das Anerbenrecht gehören überwiegend in dieselben Kategorien.[14] Andere Rechtsverhältnisse bedürfen dringend einheitlicher Regelung, so das Wasserrecht, das Flussrecht, das Flößereirecht – das ganze Wasserrecht ist eins von denjenigen, von denen ich wünschte, sie würden einheitlich geregelt. Aber je mehr sie den Landesgesetzgebungen überlassen, auf diesen Gebieten besondere Quacksalbereien selbständig zu machen, desto schwieriger wird es später sein, ein einheitliches Recht zu Stande zu bringen. Wer ist nun mehr für die Einheit, ich oder jene von den Herren, die sagen: „nur schnell fertig, damit es so scheint, als ob wir eine Einheitlichkeit haben!?" – Das obengenannte Wasserrecht, das Jagdrecht, das Fischereirecht ist in den meisten Partikularstaaten nichts weiter als ein besonderes Raubrecht, ein besonders scharf akzentuiertes Eigentumsrecht, das dem

13 Es handelt sich um eine feudale Einrichtung des Erb- und Sachenrechts, die den Grundbesitz bzw. das Vermögen unteilbar beließ. Siehe dazu im Einführungsgesetz zum BGB (EGBGB) den Artikel 59; nach Palandt, Bürgerliches Gesetzbuch, München 1980, S. 2168.

14 Genaueres siehe ebenda unter Zuhilfenahme des Registers. Sie beschreiben allesamt Rechtsverhältnisse, die sich aus der mittelalterlichen Grundherrschaft entwickelt hatten und für die Sozialdemokratie „Ausnahmerechte" darstellten, wie besonders Stadthagen immer wieder kritisierte.

Großgrundbesitzer, dem Jagd- und Fischereiberechtigten zusteht. Ich habe es lebhaft bedauert, daß die Geltendmachung von Wildschäden, daß Regalien, daß die Zwangs- und Bannrechte und die Realberechtigungen dem Partikularrecht vorbehalten bleiben. Es wird in den Motiven nicht zugegeben; aber offensichtlich verdankt diese Aufrechterhaltung veralteter Institute und ihre Überweisung an die Partikularstaaten, die Möglichkeit ihres weiteren Ausbaus in demselben dem Gedanken seine Entstehung: es soll den Partikularstaaten gestattet sein, diese überlebten Institute weiter auszubauen, um so noch unmöglicher eine wirkliche Einheit des Rechts durch Beseitigung dieser in eine moderne Entwicklung nicht hinein passenden Vorrechte.[15]

Daß das Versicherungsrecht und Verlagsrecht nicht in den einheitlichen Entwurf aufgenommen ist, beruht nicht auf dem Gedanken, wie ich annehme, daß die Regierungen hier nicht glauben, ein einheitliches Recht schaffen zu sollen, sondern daß sie glauben, daß es besser bei Gelegenheit des Handelsrechts erledigt werden kann. Diesbezüglich habe ich keine besonderen Gravamina, meine aber, es darf nicht gesagt werden, daß der landesgesetzlichen Regelung das Versicherungs- und das Verlagsrecht vorbehalten sei, also auch eine Neuregelung den Einzelstaaten zustehe.

Für ganz verfehlt halte ich die Bestimmung, wonach die Verpflichtung des Staates für den Schaden, den ein Beamter in Ausübung seines Amts anrichtet, so, wie sie augenblicklich partikularrechtlich geregelt ist, geregelt bleiben soll. Diese Frage lässt sich, meine ich, sehr leicht generell regeln, bei dem Teile, der über den Schadensersatz aus unerlaubten Handlungen sich ausspricht. Dort wird überhaupt die Haftpflicht der Beamten in gründlicherer Weise, als augenblicklich vorgeschlagen wird, eingeführt werden müssen: dann würden ohne Weiteres Art. 75 und 76 des Einführungsgesetzes fallen. Ein direktes Unrecht, das deutlich zeigt, daß die arbeitenden Klassen die Einheitlichkeit nicht bekommen sollen, haben Sie im Einführungsgesetz bezüglich zweier Zweige von Arbeitern: bei den Bergarbeitern und beim Gesinderecht. Bei beiden Kategorien ist es möglich, schon heute die Einheitlichkeit durchzuführen; bei beiden schließen Sie sie aber durch das Einführungsgesetz aus. Also der Bergarbeiter soll sein Blut vergossen haben, damit e nicht ein einheitliches Recht bekommt, während gestern so schön von Patriotismus im entgegengesetzten Sinne gesprochen wurde. Das Gesinderecht, das Recht der ländlichen Arbeiter, das Bergrecht kann einheitlich geregelt werden. Es kann nicht geleugnet werden, daß auf diesem Gebiete die wirtschaftlichen Ver-

15 Das Prinzip „Bundesrecht bricht Landesrecht“, wie im Grundgesetz in Artikel 31 als „Kollisionsnorm“ formuliert, galt im Deutschen Reich keineswegs als Prinzip.

hältnisse im Wesentlichen dieselben sind, eine rechtliche Einheit, eine Regelung in einheitlicher Weise also möglich ist.

Genau so steht es mit dem Gesinderecht. Doch von dem Gesinderecht, das heute noch durch weit über 60 verschiedene, im Grunde ebenso einheitlich gedachte Gesindeordnungen in Deutschland Reste der veralteten Verhältnisse der Feudalzeit, der Gewaltherrschaft konserviert – daß Rudimente dieser Gewaltverhältnisse, wie sie uns im heutigen Gesinderecht entgegentreten, daß also ein Stück Hörigkeit nah dem Entwurf noch konserviert bleiben soll, ist kennzeichnend für den Entwurf. Die Motive sagen, eine einheitliche Regelung sei nicht durchführbar. Ach Gott, meine Herren, als ob wir nicht andere Gesetze kennen, die es mit Glück für ausführbar gehalten haben. Es ist gestern sehr gescholten worden auf das französische Recht und gleichzeitig die Verwunderung ausgesprochen, daß der Code Civil seinerzeit diesen außerordentlichen Einfluss geübt habe. Er hat diesen Einfluss geübt, weil er den politischen und wirtschaftlichen Strömungen teilweise Recht zu geben sich verpflichtet fühlte. So beseitigte er mit einem Federstrich die alten Gesindeordnungen, die etwa im 16. Jahrhundert aufgekommen sind. Er hat die Gesindeordnungen einfach in den Arbeitsvertrag hineingezogen. Solche Gestaltung allein entspricht den politischen und wirtschaftlichen Verhältnissen. Sie wissen, daß von allen Seiten seitens des Gesindes, seitens der Arbeiter immer wieder und wieder mit Recht das Verlangen gestellt wird, die Ausnahmestellung, unter der heute das Gesinde seufzt, das besondere Recht, daß es gar geprügelt werden darf, zu beseitigen. Es besteht in weiten deutschen Landen, nicht überall, z. B. in Mecklenburg auf dem platten Land seit 1894, wohl aber in Altpreußen, insbesondere Ost- und Westpreußen und in der Mark ja dieses Prügelrecht. Wenn in der Kommission nur zwei Großgrundbesitzer sitzen, kann ich mir denken, daß sie sagen: nee, wir wollen uns das Prügelrecht nicht nehmen lassen. Haben wir doch zu Beginn des Jahrhunderts in Preußen dieselbe Erscheinung gehabt! Da ist eine allgemeine Gesindeordnung in Preußen für völlig überflüssig, für unvereinbar mit der Aufhebung der Hörigkeit seitens der Regierung erachtet. Die Gewalt der Junker brachte es jedoch zu Stande, daß für das freie Gesinde die Bestimmungen eingeführt wurden, die früher Wort für Wort für das Untertanengesinde galten. Es wurde nun als Gesinde fortan auch betrachtet, wer nicht nur häusliche, sondern auch wer wirtschaftliche Dienste verrichtete. Meine Herren, es schwand damals auch das ausdrückliche Prügelrecht, wie es das Landrecht den Untertanen gegenüber noch hatte. Suarez[16] erklärte den Großgrundbesitzern, die ein ausdrückliches

16 Carl Gottlieb Suarez (auch Svarez), preußischer Jurist (1746–1798), http://de.wikipedia.org/wiki/Carl_Gottlieb_Svarez, Zugriff am 2. September 2014.

Züchtigungsrecht eingeführt wissen wollten: ein ausdrückliches Züchtigungsrecht brauchen wir nicht hinein zu schreiben; es genügen die §§ 77 und 78 der heute bestehenden Gesindeordnung; denn das arbitrium iudicis – also die Ansicht des Richters – wird sich ohnehin immer mehr auf die Seite der Herrschaft stellen. Die Rechtsprechung hat Suarez leider Recht gegeben.

Ja, meine Herren, dasselbe arbitrium iudicis, mit dem Suarez damals die in der macht befindlichen Klassen, die die wirtschaftliche Entwicklung zurückschrauben wollten, vertröstete, genau dasselbe Prinzip haben Sie in dem jetzigen Gesetzbuch: Überall Verweisungen auf das Ermessen des Richters.

Nun, meine Herren, hat der Herr Vorredner ja nicht den Versuch gemacht, den Arbeitern gegenüber zu erklären, sie können vertrauen auf die Richter; sie gerade müssten Spielraum geben dem Ermessen des Richters. Er hat sich ausdrücklich nur an die anderen Parteien gewendet. Und wie wäre es auch anders möglich, nachdem wir neulich von dem Leiter des Justizministeriums des größten Partikularstaates, Preußens, gehört haben, daß er als Rechtssatz bereits in seiner frühen Zeit gelernt habe: si duo faciunt idem, non est idem, d. h., daß er als Rechtssatz das gelernt habe, was der Dichter Terenz zur Verspottung einer schlechten Rechtspflege gebraucht hat, was er in seiner spöttischen Art als einen Grundsatz hinstellte, dem sich nimmer eine verständige Rechtspflege hingeben darf.[17]

Wir haben bislang gemeint, und die Arbeiterklasse meint noch heute, sie hat das Recht auf Gleichberechtigung, sie hat ein Recht, ebenso behandelt zu werden in der Justiz wie jeder andere. Ich weiß es dank dem Herrn Minister von Preußen, daß er uns blendend klar gelegt hat: diese Ansicht ist falsch. Der Herr Minister ist nach seiner Behauptung ja in eine Schule gegangen, wo etwas anderes gelehrt wird als sonst wo; da ist gelehrt worden, si duo facient idem, non est idem. Dieser Grundsatz ist also für die preußische Rechtsprechung als solcher proklamiert. Nun zeigt sich hier selbst im Zivilrecht überall das Ermessen des Richters, der hier und da allenfalls die Interessen der Besitzenden kennen kann, nie und nimmer die Verhältnisse der Besitzlosen. Da soll das Ermessen des Richters von Erheblichkeit sein. Wie kann es anders wirken als gegen die Interessen des arbeitenden Volkes? Der Herr Regierungskommissar sagte gegenüber dem Vorwurf, daß ein zu großer Spielraum dem Ermessen des Richters eingeräumt sei, man möge ihm einzelne Fälle anführen, die schädlich wirken könnten. Ich will ihm

17 Übersetzt: Wenn zwei dasselbe tun, so ist es nicht dasselbe (bzw. das Gleiche). Gemünzt auf eine Äußerung des preuß. Justizministers von Schönstedt. Siehe auch bei Vormbaum, a. a. O., S. 41, Fußnote 27, der Terenz interpretiert, dass dies für den einen die Straflosigkeit, für den anderen die Bestrafung bedeutet. Dies habe Stadthagen auch so interpretiert.

sofort einen Fall anführen – ich kann schon deshalb nicht alle Fälle anführen, da das doch den Vortrag gar zu weit ausdehnen würde. Bei den Kündigungsfristen bezüglich des Dienstvertrags – Arbeitsvertrag gibt es ja nicht im Gesetzbuch; daß Arbeit überhaupt existiert, kann man aus dem Gesetzbuch nicht ersehen; daß Arbeitsprodukte zu existieren scheinen, sieht man aus dem Sachenrecht; aber daß Arbeit existiert, i, nein! Dienstverhältnis, Gewaltverhältnis, der altrömische Dienstvertrag, der auf dem Gewaltverhältnis zwischen Herrn und Sklaven jener Zeit bestand. Der besteht allerdings; den Arbeitsvertrag suchen Sie vergeblich in dem Gesetzbuch – nun bei diesem Dienstvertrag – ich nehme an, daß darunter der Arbeitsvertrag auch mit einbegriffen sein soll – ist neu eingeführt worden, daß man auch bei vereinbarter kurzer Kündigungsfrist von etwa 14 Tagen aus wichtigen Gründen aus der Arbeit austreten und umgekehrt auch aus einem wichtigen Grund entlassen werden könne. Hier haben Sie dem Ermessen des Richters weiten Spielraum eingeräumt. Welcher Richter wird bei irgendeinem Gesindeverhältnis, bei irgendeinem Arbeitsverhältnis, bei irgendwelcher Arbeit im Stande sein, eine andere Stellung einzunehmen als die des sogenannten Arbeitgebers, wenn er entscheiden soll, ob ein wichtiger, ein erheblicher Grund für eine Kündigung vorliege. Also dieses Ermessen des Richters – es ist nicht nur an dieser einen Stelle; ich könnt es vervielfältigen – löst sich auf in das arbitrium iudicis, daß Suarez den Junkern verhieß. Daß dieses arbitrium iudicis zu Ungunsten der arbeitenden Klassen vorhanden sein wird in Preußen, hat mit deutlicher Klarheit der preußische Herr Justizminister durch seine bekannte Rede zu erkennen gegeben hat.

Meine Herren, ich habe mir vorhin gestattet, darauf hinzuweisen, daß durchaus nicht alle Interessenkreise zu der Vorbereitung des Entwurfs hinzugezogen seien. Ich habe mir ferner erlaubt, darauf hinzuweisen, daß eine Einheit des Rechts durch den Entwurf nicht geschaffen wird, sondern daß in ganz wesentlichen Punkten, und zwar gerade da, wo die wirtschaftlichen Verhältnisse so liegen, daß notwendig eine einheitliche Regelung herbei geführt werden muss, und wo sie auch leicht herbei geführt werden kann, eine einheitliche Regelung nicht besteht und auch nicht eingeführt sein soll. Nun liegt es mir fern, so nahe die Versuchung ist, zu verlangen, daß in den innerhalb der politischen Parteien noch strittigen Teilen, wo man nicht behaupten kann, daß die wirtschaftliche Entwicklung den bestimmten Grad bereits erreicht habe, daß das allgemeine Rechtsbewusstsein weit genug fortgeschritten ist,– daß auch da eine einheitliche Regelung stattfinden solle. Ich verlange aber – und da komme ich auf die Frage, ob der vorliegende Entwurf sozial oder nicht sozial sei, – daß überall da, wo ein Recht des wirtschaftlich Schwachen von allen Kreisen, mindestens von weiten Volkskreisen bereits anerkannt wird, und wo also die wirtschaftliche Entwicklung ein gemeinsames Rechtsbewusstsein bereits gezeitigt hat, der wirtschaftlich Schwache geschützt werden solle, und nicht einer neuen Ausbeutungsordnung unter dem patriotischen Schein eines einheitlichen bürgerlichen Gesetzbuchs unterworfen wird.

Ich habe mich da über eine Bemerkung des Herrn Vorredners gefreut, eine nebensächliche Bemerkung, von der ich glaube, daß ich aus ihr nicht zu Unrecht herausdeduziere: es wird nicht ganz unmöglich sein, wenigstens bei den Herren, die die Auffassung des Herrn Vorredners haben, die meisten der Punkte, die ich mir gestatten werde vorzubringen, zu beseitigen. Die politische Knechtung des Volkes ist darin gefunden, daß der Einzelne nicht selbständig, auch nicht politisch selbständig sein kann. Es sind aber die Gewaltverhältnisse, die Sklavenverhältnisse, wenn ich auf die menschliche Entwicklung zurücksehe, von dem Augenblick an aufgehoben worden, wo diesen Institutionen der ökonomische Untergrund fehlte. Von dem Augenblick an, wo unsere jetzige Wirtschaftsordnung besteht, ist kein Zweifel darüber, kann kein Zweifel über den Satz mehr bestehen: der Arbeiter muss frei sein, muss über seine Persönlichkeit verfügen können, wenn er über die Arbeitskraft, die er beim Arbeitsvertrag anbietet, soll verfügen können. Beim Sklaventum ist das Prinzip der persönlichen Freiheit undenkbar, ebenso bei uns die Einführung des Sklaventums undenkbar gegenüber der wirtschaftlichen Entwicklung. Würde das von einigen Mächtigen zeitweise versucht werden, dann würde die wirtschaftliche Entwicklung dem betreffenden Gewalthaber genügend zu erkennen geben, daß sie sich nicht durch juristische Zwirnsfäden in ihrem Lauf unterbinden lässt.

Nun sind im Entwurf aber Bestimmungen enthalten, die die persönliche Freiheit des Arbeiters unter Umständen vollständig in einem Maße, wie es nirgend ein Kulturvolk hat, beeinträchtigen. Deren Beseitigung muss verlangt werden. Es ist im Abschnitt Selbsthilfe in den fünf davon handelnden Paragraphen eine wunderbare Neuerung gegenüber dem bestehenden Zustand getroffen. Der moderne Staat meint – Sachsen, Preußen, Württemberg, Österreich haben deshalb in ihren Gesetzen ausdrücklich Selbsthilfe verboten –, daß es der modernen Entwicklung und dem Kulturfortschritt nicht entspricht, daß es hochreaktionär und staatsfeindlich sei, wenn man in einem geordneten Staatswesen die Selbsthilfe zulasse. Die Selbsthilfe ist zulässig und muss zulässig sein, wo noch kein geordnetes Staatswesen vorhanden ist; in dem Augenblick aber, wo ein geordnetes Staatswesen beginnt, kann die Selbsthilfe nicht bestehen, sie ist unvereinbar mit dem Begriff eines geordneten Gesellschaftswesens. Sie haben daher das ausdrückliche Verbot der Selbsthilfe in den meisten bestehenden Gesetzgebungen. Der Entwurf schlägt das Gegenteil vor. Die Motive heben hier hervor, es habe einmal das preußische Obertribunal jemandem, der die Leistung, die der Gläubiger haben wollte, nicht entrichtete, einsperrte, wegen Freiheitsberaubung bestraft; dieser Zustand sei aber unerträglich; es sei juristisch konsequenter, die Selbsthilfe solchen Schuldnern gegenüber zuzulassen und die Möglichkeit einer Bestrafung des Gläubigers zu beseitigen. Im Entwurf ist nun die Selbsthilfe in einem Umfang zugelassen, daß die persönliche Freiheit des Arbeiters hierdurch geradezu ausgeschlossen wird. Es ist in § 223 wörtlich Folgendes gesagt:

„Wer zum Zwecke der Selbsthilfe eine Sache wegnimmt, zerstört oder beschädigt oder wer zum Zwecke der Selbsthilfe den Verpflichteten festnimmt oder den Widerstand des Verpflichteten gegen eine Handlung, die dieser zu dulden verpflichtet ist, beseitigt, handelt nicht widerrechtlich, wenn obrigkeitliche Hilfe nicht rechtzeitig zu erlangen ist und ohne sofortiges Eingreifen die Gefahr besteht, daß die Verwirklichung des Anspruches vereitelt oder wesentlich erschwert werde."

Meine Herren, danach würde der Arbeitgeber, der glaubt, er habe einen Anspruch auf die Arbeitsleistung, berechtigt sein, mit Gewalt die Freiheit des Arbeiters zu nehmen, ihn einzusperren, ihn bei sich einzusperren. Danach würde ein Arbeitgeber die Möglichkeit haben, insbesondere wenn es für die Arbeiter notwendig ist, einen Streik in Szene zu setzen, seine Fabrik zu schließen, keinen der Arbeiter herauszulassen, wenn seiner Ansicht nach ein Recht auf Leistung besteht. Meine Herren, Sie haben hier ein Gewaltverhältnis seitens des Arbeitgebers gegenüber den Arbeitern – zufälligerweise, nehme ich an – mit hinein fließen lassen das starrer gar nicht gedacht werden kann. Ich will meine persönliche Überzeugung nicht verschweigen. Die Konsequenz dieses Paragraphen ist, glaube ich, den juristischen Verfassern des Entwurfs kaum klar geworden. Ich bezweifle aber, daß den sogenannten Interessenvertretern, die darin waren, hat entgehen können, wie ein durch jahrhundertelangen Kampf errungenes und jetzt bereits bestehendes Recht hier ohne weiteres durch juristische Bestimmungen den Arbeiterklassen soll genommen werden können. Wie steht es denn mit der Selbsthilfe der Arbeiter? Die Selbsthilfe ist eingeführt worden scheinbar nach dem Grundsatz: gleiches Recht für Alle. Ach ja, theoretisch klingt das ja sehr nett: „gleiches Recht". Wie steht es denn aber in der Praxis? Wir haben eine Entscheidung des Reichsgerichts, die sich klar genug darüber auslässt. Ein Arbeiter hatte an Lohn von einem Arbeitgeber 20 Mark weniger 73 Pfennig zu erhalten; der Arbeitgeber zählt den Lohn auf und sagt: hier ist der Lohn, aber ich verlange erst Herbeiholung der Krankenkassen- und Invaliditätskarte u.s.w. Und hält seine Hand über dem Geld, das als Lohn abgezählt war. Der betreffende Arbeiter erklärt: nein, das fällt mir gar nicht ein, ich will meinen Lohn –, nimmt vom Tisch ein Zwanzigmarkstück weg, wechselt es und bringt 73 Pfennig zurück, den Rest behält er für sich als Lohn. Er nahm also eine Selbsthilfe vor, wie sie nach Annahme des Entwurfs durchaus berechtigt sein müsste und die überdies die persönliche Freiheit irgend jemandes oder überhaupt das Recht irgend jemandes nicht lädierte, er schädigte keinen, er behielt sich ja nur die 20 Mark weniger 73 Pfennig zurück, und so viel stand ihm an Lohn zu. Was geschah mit dem Arbeiter? Er wurde wegen Diebstahls zu 6 Monaten Gefängnis verurteilt!

Und was geschieht nach der Annahme des Entwurfs mit dem Arbeiter? – genau dasselbe; denn genau so, wie das Reichsgericht jetzt gesagt hat: er hat ja nicht auf die 20 Mark ein Recht gehabt, sondern nur auf 20 Mark weniger 73 Pfennig, also hat er kein Recht gehabt, die 20 Mark wegzunehmen und für sich umzuwechseln – und eine gewinnsüchtige Absicht ist nicht notwendig zum Diebstahl – genauso würde er nachher deduziert[18] werden müssen. Der Arbeiter, der glaubt, das Recht zu haben, sich wenigstens seinen Lohn zu nehmen, würde nach wie vor mit harter Gefängnisstrafe belegt werden, und der Arbeitgeber, der den Arbeiter einsperrt, wie man Sklaven, wie man Vieh einsperren kann, müsste straflos bleiben. Nein, meine Herren, wenn die Folge wirklich beabsichtigt worden ist – mir soll es recht sein; dann hoffe ich auch, daß seitens der Regierung auch erklärt wird, daß diese Konsequenz beabsichtigt war.

Wir haben aber in dem Entwurf weitere erhebliche Angriffe gegen die persönliche Freiheit des Arbeiters. Ich darf vorausschicken, daß die persönliche Freiheit des Arbeiters für diesen unumgänglich geworden ist. Ich glaube, niemandem, der sich mit der Wirtschaftsgeschichte, mit Nationalökonomie oder mit dem Rechtsleben in der Art beschäftigt, daß er die Punkte betrachtet, die wirtschaftlicher Natur sind, und über deren Voraussetzungen und Folgen nachdenkt, ist dies heute unbekannt. Die persönliche Freiheit des Arbeiters ist in unseren wirtschaftlichen Produktionsverhältnissen absolut notwendig – das kann heute nicht mehr streitig sein. Ich will aber darauf verweisen – gerade weil vorhin vom deutschen Recht so vielerlei die Rede war –, daß das deutsche Recht längst diesen Grundsatz als Folge der wirtschaftlichen Entwicklung anerkannt hat. Das deutsche Recht hat bereits im Sachsenspiegel ausdrücklich auf die Frage, ob es möglich sein könne, daß jemand sich lebenslänglich verdinge, eine klare Antwort im zweiten Buch Kap. 33 durch die Glosse gegeben: nein, denn wenn jemand sich lebenslänglich verdingen könne, so wäre er eben nicht frei; „wenn dies so wäre, so wäre einem seine Freiheit unnütz“, heißt es da. Meine Herren, es ist allgemeines Prinzip, daß zu lebenslänglichen Diensten sich niemand verpflichten dürfe, seitdem die Hörigkeit, die Leibeigenschaft aufgehoben ist, seitdem es notwendig ist, daß über die Ware „Arbeitskraft“ der Arbeiter verfügen und zu diesem Zweck frei sein müsse in der Verfügung über diese seine Ware. – das Charakteristische der heutigen Pro-

18 Deduzieren wird hier im Sinne von „schlussfolgern“ verwendet. http://www.duden.de/suchen/dudenonline/deduzieren, Zugriff am 8. September 2014.

duktionsweise ist ja, dass der Arbeiter seine Ware „Arbeitskraft“ für das Gewerbe eines anderen verkauft. Man nimmt in der jetzt bestehenden Rechtsprechung ja auch allgemein an: lebenslängliche Verträge sind ungültig, denn sie verstoßen gegen die öffentliche Ordnung.

Nun, meine Herren, ich bitte Sie als Sozialdemokrat, diese öffentliche Ordnung nicht umzustoßen, sondern sich energisch zu wehren gegen die Zumutung, die der jetzige Entwurf enthält, unter Umständen lebenslängliche Verträge zuzulassen und dadurch ein Knechtschafts- und Hörigkeitsverhältnis zu Gunsten der Großgrundbesitzer zu schaffen, das noch schlimmer ist als das Gesinderecht. Es ist nämlich vorher von dem Herrn Regierungskommissar schon erwähnt, es sei ja besonders sozial hoch anzuschlagen, daß bei dem Titel Dienstvertrag eine Bestimmung getroffen ist, die die Lebenslänglichkeit solcher Verträge nicht zulasse, er gebe aber zu, der Schlusssatz sei allerdings etwas anders lautend. Soweit ich habe verstehen können, will der Herr auch besonderen Wert auf diesen Schlusssatz nicht legen – darüber wäre ich erfreut. Nun, meine Herren, die Sache ist so, daß in dem uns jetzt vorliegenden Gesetzentwurf nicht ausgeschlossen ist die Lebenslänglichkeit für den Fall, daß nach dem Vertrag die Dienstleistungen durch einen anderen vorgenommen werden dürfen. Praktisch würde sich die Sache also z. B. so gestalten: jemand, ein Gutsbesitzer z. B., will die Arbeitskraft eines Arbeiters für sich arbeiten lassen, er will sich billige Arbeitskräfte z. B. durch Ansiedlung verschaffen; dann schließt er einen Ansiedlungsvertrag mit dem Arbeiter, in dem Vertrag übernimmt der Arbeiter die lebenslängliche Verpflichtung zu persönlichen Diensten, zu Arbeitsdiensten. Dieser Vertrag wäre gültig nach dem Entwurf, sobald die Bestimmung im Vertrag aufgenommen wird: es steht dem Arbeiter frei, seine Dienstleistungen durch einen anderen verrichten zu lassen. So würde nach diesem als sozialpolitisch geschilderten Zusatze der Ansiedler, der Arbeiter, Zeit seines Lebens an den Vertrag, an die Scholle gebunden sein und dem Gutsbesitzer billige Arbeitskraft gewährleistet sein. Denn es sagt uns ausdrücklich das Gesetz: das ist zugelassen, diese Art lebenslänglicher Verträge will ich gestatten. Es würde auch nichts daran geändert werden, wenn es mit Änderung der Klausel hieße, daß Verträge gültig sein sollen, die die Lebenslänglichkeit gestatten, wenn solche Dienste durch andere geleistet werden *können* – statt *„dürfen“*, wie es jetzt heißt. Im Gegenteil, das wäre noch eine Verschärfung. Und, meine Herren, wiederum: kein Gesetzbuch der bestehenden Kulturstaaten enthält eine ähnlich ungeheuerliche Bestimmung. Nein, meine Herren, weitergehend: der Kongostaat hat im Jahr 1888 im Interesse der Abschaffung der Sklaverei eine Klausel für nicht zulässig erklärt, sondern lebenslängliche Verträge unter allen Umständen für ungültig. Und Sie wundern sich, wenn ich Ihnen entgegen rufe: Sie schaffen ein besonderes Klassenrecht, ein Sklavenrecht gegen die Arbeiter. In dem einen Fall, wo plötzlich

Lebenslänglichkeit von Dienstverträgen zugelassen wird, liegt es doch aber auf der Hand. Will man das Sozialpolitik nennen? Wenn, wie vorhin geschehen, zur Entkräftung des Vorwurfs eines Mangels an Sozialpolitik auf diese Bestimmung hingewiesen werden darf, meine Herren, dann hieße Sozialpolitik treiben: den starken stärken, die Ausbeutung noch mehr befördern und dem Schwachen die Rechte nehmen, ihn politisch und rechtlich möglichst rechtlos machen. Nein, meine Herren, ich hoffe, daß solche Bestimmungen in der Kommission heraus fliegen werden, daß diese ganze Bestimmung in der Kommission heraus fliegen wird, die als ganz besonders gegen die guten Sitten verstoßend, gegen das persönliche Recht des Arbeiters, gegen die öffentliche Ordnung verstoßend zu erachten ist. Die erste Lesung hatte 10 Jahre als Maximalfrist eines Dienstvertrages angenommen. Sie hatte aber den bösen Zusatz der zweiten Lesung nicht, der lebenslängliche Verträge zulässt. Der Zusatz ist in der zweiten Lesung hinein gekommen; und der Herr Staatssekretär mag sich fragen, ob es möglich gewesen wäre, solch einen, die Arbeiterklasse geradezu verhöhnenden Zusatz in ein Gesetz hinein zu bringen, wenn auch nur einer der organisierten Arbeiterschaft zu der Beratung mindestens über den sogenannten Dienstvertrag zugezogen wäre.

Meine Herren, das Selbsthilferecht ist in besonders starker Weise gesichert der besitzenden Bevölkerung, soweit ihr Besitz sich auf Grundstücke oder auf Häuser bezieht. Auch bezüglich des Miet- und Pachtvertrags hat ja Herr Regierungsvertreter eben erwähnt, daß gerade in Miet- und Pachtverträgen die Spur sozialer Wirkungen außerordentlich sich zeige. Er hat da auch die Beschränkung des Pfandrechts[19] hervorgehoben. Ich gebe dem Herrn zu, daß, wenn er preußische Verhältnisse, abgesehen von Hannover, im Auge hat, ein Fortschritt bezüglich des Pfandrechts gegenüber der jetzigen Gestaltung des Pfand- und Retentionsrechts in Preußen im Entwurf enthalten ist. Ich will aber auch nicht auf die Einzelheiten des Pfand- und Retentionsrechts Bezug nehmen. Aber ich hebe hervor, daß Württemberg und Hannover heute kein Pfand- und Retentionsrecht, mindestens nach ihrer Hauptjudikatur, kennen. Und ich frage weiter: wie kommt der Vermieter, wie kommt der Verpächter dazu, daß sie überhaupt diese besondere Art der Selbsthilfe, die ohne jeden wissenschaftlichen Grund hier doch im Prinzip im Entwurf beibehalten ist, – wie kommt es, daß der Vermieter und Verpächter das Recht des Pfandes, der Retention, einen Vorzug vor anderen Gläubigern haben soll, daß ihm diese schwere Benachteiligung des wirtschaftlich

---

19 Siehe zum Pfandrecht bei Vormbaum auf S. 48 die Fußnote 38. Auch Stadthagen selbst hat in seinem „Führer durch das bürgerliche Gesetzbuch“, Berlin 1900, auf den Seiten 203–209 bzw. 166 ff und 172 ff ausführliche Darstellungen vorgenommen.

Schwächeren, des Mieters, bleiben soll? Meine Herren, es ist das ein Recht, das bereits in römischer Zeit entstanden ist, das aber nur gegeben ist zu Gunsten der Großgrundbesitzerklasse, das nachher auf Rom übertragen wurde, hier und da auch verschwand, das wir im Mittelalter nicht vorfinden – ich glaube ausschließlich in Paris und in einigen Städten findet es sich im 16. Jahrhundert –, das wunderbare Pfandrecht des Vermieters und Verpächters sehen wir wieder aufblühen etwa im 18. Jahrhundert. Man ist allerdings bestrebt, zu sagen: das Pfandrecht des Verpächters ist ja uralt, das kommt im alten Deutschland schon vor. Oh nein, meine Herren, das ist nicht wahr! Im alten Deutschland musste sich der Hintersasse, der Lehnsmann, allerdings gefallen lassen, daß alles das, was er eingebracht hatte, selbst seine Person, dem Lehnsherrn unterworfen war; aber sobald die Gewaltverhältnisse aufgehört hatten, sobald die Gerichtsbarkeit des Lehnsherrn, des Gewalthabers fiel, sobald wir eine andere politische Ordnung vorfanden, liegt nicht der geringste wirtschaftliche Grund vor, weshalb der Vermieter und der Verpächter das Pfandrecht weiter behalten sollen. Und in Deutschland hat das Pfandrecht auch bis zur Aufnahme des römischen Rechts, wie gesagt, nicht als Ausfluss des Eigentumsrechts, des Vertragsrechts, sondern lediglich als Folge des Untertänigkeitsverhältnisses bestanden. Ich würde in der Kommission darauf dringen, daß das Pfandrecht überhaupt beseitigt wird. Allein dies entspräche den berechtigten Forderungen.

Nun meint Herr Regierungsvertreter, es sei jetzt nach dem Reichsgesetzentwurf nur auszudehnen auf die nicht pfändbaren Gegenstände. Ich erkenne gern an, daß dies im Gesetzbuch bezüglich der Hausbesitzer steht, nicht aber bezüglich der Verpächter. Ich will nicht auf die juristische Kontroverse eingehen, ob heute nach bestehendem Reichsrecht in Folge der Bestimmungen des § 715 der Zivilprozessordnung das Pfand- und Retentionsrecht des Vermieters sich weiter erstreckt als auf die der Pfändung unterliegenden Sachen; aber hervorheben darf ich, daß ziemlich alle Staaten mit Ausnahme Preußens – Preußen ist erst zur Beschränkung des Retentionsrechts durch die Verhandlungen im Reichstag vor 2 Jahren allmählich gedrängt worden – die Beschränkung auch gegenüber dem Verpächter haben. Gerade von unserer Seite ist auch anerkannt worden, daß es eigentlich ein Wuchervorrecht schlimmster Art sei, das irgend einem Gläubiger gestattet, dem Schuldner unentbehrliche Gegenstände zu entziehen, während er sie selbst tatsächlich kaum gebrauchen kann. Dem Verpächter wahrt die preußische Rechtsprechung, auch der vorliegende Gesetzentwurf, das Wuchervorrecht, auch das Unentbehrlichste, das Letzte zu nehmen, wenn der kleine Mann, den das Gesetz angeblich schützen will, die Miete nicht vollständig zahlen kann. Ich bin für eine Erweiterung der Wuchergesetzgebung, die auch teilweise in das bürgerliche Gesetzbuch hinein gezogen ist; aber in allererster Linie bin ich dafür, daß dies Sondervorrecht auf dem Gebiet des Wuchers, das die Agrarier für sich in Anspruch nehmen, dem Armen seiner Mietschulden wegen das wenige Unentbehrliche, was § 715 der Zivilprozessordnung als solches bezeichnet, gestrichen werden soll. Es erscheint geradezu unglaublich, daß im Reichstag auf diese Bestimmung hingewiesen werden darf, um darzulegen, daß sozialpolitische Gesichtspunkte nicht fern gelegen haben!

Nein, meine Herren, Sozialpolitik ist es nicht, das Wucherrecht, das Ausbeutungsrecht des wirtschaftlich Stärkeren zu stärken! Nein, Sozialpolitik ist es im Gegenteil, dem wirtschaftlich Ärmeren entgegenzukommen und eine Anwendung von Rechten, die unmenschlich ist, die sozusagen gegen die gute Sitte geht, zu untersagen und nicht zuzulassen. Wenn Sie in sozialpolitischer Hinsicht im Gesetzentwurf auch nur auf der Hälfte der Bahn stehen würden, die in der Enzyklika des Papstes von 1891, die in den Februarerlassen des Kaisers von 1890, die in der Botschaft von 1881 des verstorbenen Kaisers vorgezeichnet ist, so wäre es gar nicht denkbar, daß in Gegenwart von zwei Großgrundbesitzern eine derartige Bestimmung Aufnahme gefunden hätte. Die Röte der Scham hätte Ihnen ins Gesicht steigen sollen, als Ihrer Klasse durch diese Bestimmung gesagt wurde: das Wuchervorrecht wollen wir Euch weiter geben. Das sind keine Verbesserungsvorschläge, sondern das sind die denkbar schlimmsten Bestimmungen, die getroffen werden können, wenn ein Zustand aufrecht erhalten wird, den alle, die nur ein klein bisschen sozialpolitisches Verständnis haben, für einen verderblichen, für einen ungerechtfertigten, für einen abscheulichen halten müssen.

Meine Herren, bezüglich des Mietrechts verlange ich ferner, daß mehr Bestimmungen zwingender Natur hinein kommen, daß die wirtschaftlich Schwachen durch zwingende Rechtsnormen, durch solche, die nicht durch Vertragsvereinbarungen geändert werden können, mehr geschützt werden, als es durch den Entwurf geschieht. Ich danke dem Herrn Regierungskommissar, daß er auf eine Verbesserung hingewiesen hat, die der jetzige Entwurf gegenüber dem ersten enthält, insoweit er sich mit der Frage der Beschaffenheit der Wohnungen beschäftigt und dort ausdrücklich sagt, daß unter Umständen – aber nur unter Umständen – das Recht des Mieters nicht ausgeschlossen werden darf, wegen ungesunder, wegen unbrauchbarer Wohnung fortzuziehen. Ich habe an sich solche Bestimmungen nicht für nötig erachtet gegenüber der ganz allgemeinen Rechtsanschauung, daß, wenn ich etwas zum Wohnen miete, es nach Treu und Glauben eben bewohnbar sein muss. Ich danke aber dafür, daß diese Bestimmung in das Gesetzbuch hinein gekommen ist, weil ich nie wissen kann, wie, wenn nicht ausdrücklich diese Bestimmung gegeben wäre, der Richter urteilt, der nach dem Terenz'schen Spottgedicht: „si duo facient idem, non est idem“ zu entscheiden hat.

Meine Herren, nun ist aber von dem Herrn Regierungskommissar vorhin verschwiegen worden – nicht verschwiegen, aber nicht angeführt worden – daß es heißt in dem Paragraph, der die zwingende Natur des Ausschlusses solcher Vereinbarungen aufstellt, im § 533, – und da bitte ich Sie, auf den Nachsatz zu achten –:

„Eine Vereinbarung, durch welche die Verpflichtung des Vermieters zur Vertretung von Mängeln der vermieteten Sache erlassen oder beschränkt wird, ist nichtig, wenn der Vermieter den Mangel arglistig verschweigt."

Ich meine, das geht nicht weit genug; ich will jeden Vermieter treffen. Ich meine, aus Treu und Glauben, aus der Vertragsregel, daß Treu und Glauben gemäß zu interpretieren ist, folgt ohne Weiteres, daß, wenn ich eine Wohnung genommen habe, sie auch bewohnbar sein muss. Ich glaube, daß ich hier bei der Kommission oder bei den Regierungen auf viel Widerstand stoßen werde, wenn ich versuchen werde, das etwas weiter auszudehnen und klar zu stellen, so klar zu stellen, daß man nicht auf diese Kontroverse kommen kann, die entstanden ist, und die ich mir eben gestattet habe, in einer sozialpolitisch ungünstigen Weise zu entscheiden. Ich gebe aber gern zu, es lässt sich schon aus dem bestehenden Gesetzbuch, wie ich mir schon vorhin bereits gestattete auszuführen, möglicherweise das Gegenteil heraus deduzieren, es ließe sich daraus deduzieren, daß alle Fälle getroffen sind; klarer aber sollte das Gesetz darin sein.

Ich verlange weiter, daß zwingende Bestimmungen vor allem beim Mietvertrag aufgenommen werden, auch eine Bestimmung, welche eine Kontrolle der Bewohnbarkeit sichert, ferner eine Bestimmung, welche ganz allgemein die kassatorische Klausel[20] ausschließt, die heute seitens der Vermieter in großen Städten, und auch schon in den kleineren Städten, getroffen wird. Während hier im Gesetzbuch mit Recht angenommen wird: der Mieter hat nachher den Zins zu zahlen –, ebenso: der Vermieter hat noch nicht das Recht der Exmission[21], wenn einmal ein Zins noch nicht gezahlt ist –, gibt es in Berlin kaum einen Hausbesitzer, der andere Verträge abschließt als die vereinbaren: es muss im Voraus bezahlt werden, und wenn nicht ganz pünktlich bezahlt ist, kann sofort exmittiert werden –, und ferner, daß für die ganze Zeit der Mietsdauer der Schuldner dem Gläubiger verhaftet bleibt. Meine Herren, das ist eine wucherliche Ausbeutung der Lage des Wohnungsmieters. Ich meine, es sollte nach dieser Richtung hin sich das Gesetzbuch nicht damit begnügen, daß es zeigt, es steht nicht auf diesem Standpunkt an

---

20 Verwirkungsklausel, siehe auch http://www.enzyklo.de/Begriff/Kassatorische%20Klausel, Zugriff am 9. September 2014.

21 Kündigung, Räumung, siehe auch http://www.enzyklo.de/suche.php?woord=Exmission, Zugriff ebendann.

sich, da es ja für die fälle, wo Vertragsabredungen nicht beschlossen sind, andere Bestimmungen haben will als diese Ungeheuerlichkeiten, die so weit gehen, daß jemand exmittiert werden kann schon allein deshalb, weil ein Kind einmal laut geschrien hat. Ich glaube, die Herren, die in großen Städten als Richter fungiert haben, die derartige Prozesse zu entscheiden gehabt haben, werden mir beistimmen, daß eine ganze Anzahl – nicht alle – Hausbesitzer geradezu brutal bezüglich der Einführung und Ausnutzung solcher Vertragsbestimmungen vorgeht. Ich meine, man muss hier schützen dadurch, daß man zwingend die Normen macht, die sich auf die Räumungs- und Zahlungsmodalitäten beziehen, Normen also, die nicht durch Verträge geändert werden können.

Nun lassen sich ja in einer Plenarrede nicht alle einzelnen Rechtsverhältnisse durchgehen. Ich habe Ihnen diese Punkte angeführt, um zu zeigen, wie notwendig eine Kommissionsberatung ist, und daß es möglich ist, diesen kleinen Wünschen Rechnung zu tragen.

Die größten Gravamina[22] habe ich natürlich bezüglich des Arbeitsvertrages. Den Ausdruck „Arbeitsvertrag" kennt der Entwurf nicht, er spricht von einem „Dienstvertrag" und einem „Werkvertrag". Mit einer Änderung des Namens würde mir ja wenig gedient sein. Denn es ist ein Dienstvertrag, wenn seine Bestimmungen so sind, daß der Inhalt ein unterwürfiges, ein Dienstverhältnis aufweist, und es wird dadurch noch kein Arbeitsvertrag, wenn man dem Kind einen anderen Namen gibt, dem Inhalt aber die Dienstnatur lässt. Aber es ist bezeichnend, daß man auch nicht den Versuch einer Definition im Entwurf gemacht hat. Gerade auf dem Gebiet, wo die wirtschaftliche Entwicklung vorwärts gegangen ist, wo römisch- oder deutschrechtliche Ansätze überhaupt nicht mehr zur Anwendung kommen können, hätte der Entwurf zeigen sollen, ob er etwas leisten kann. Es ist bezeichnend, daß hier im Entwurf der Mensch, der seine Arbeit hingibt, genau so behandelt wird wie ein Stück Ware, das man kauft und verkauft. Der Träger der Arbeitskraft wird enso behandelt als irgend ein anderes Stück Ware, und es wird absolut nicht hinreichende Rücksicht darauf genommen, daß derjenige, der seine Arbeitskraft verkauft, von allen anderen Warensorten sich doch dadurch unterscheidet, daß er seine Ware „Arbeitskraft" von seinem Körper nicht lösen kann. Das ist der schärfste Vorwurf, den ich dem Entwurf zu machen habe. Ich zweifle keinen Augenblick, daß die Herren von der Regierung zugeben werden: wenn die wirtschaftliche Entwicklung jetzt so weit gegangen ist, daß wie klar

22 Gravamina bedeutet Beschwerden. Der Begriff stammt aus der Rechtsgeschichte vorwiegend des 15./16. Jahrhunderts. http://www.enzyklo.de/Begriff/Gravamina, zugriff ebendann.

unterscheiden können den Arbeitsvertrag von den Merkmalen, die das frühere Sklaventum hatte, so ist es auch möglich, hier ins Gesetzbuch den Arbeitsvertrag der modernen Entwicklung entsprechend aufzunehmen. Das ist unterblieben; aber es ist auch hier dem Partikularismus wiederum sperrangelweit Tür und Tor geöffnet. Es ist in dem Einführungsgesetz darauf verwiesen, daß die Gewerbeordnung, daß das Handelsgesetzbuch bezüglich der Gehilfen und der Lehrlinge, daß die Seemannsordnung bezüglich der Seeleute, daß das neulich verabschiedete Binnenschifffahrtsgesetz bezüglich der Binnenschiffer die einzelnen reichsgesetzlichen Bestimmungen enthält und diese aufrecht erhalten werden sollen, und aus dem Ganzen eine Einheitlichkeit sich ergeben würde. Meine Herren, je mehr sie Gesetze machen an je verschiedeneren Stellen die Gesetze stehen, desto schwieriger ist die Übersicht. Die Gewerbeordnung nimmt z. B. in § 123 in dem letzten Absatz Bezug auf die Bestimmungen der Landesgesetze für den Fall, daß in Folge einer Arbeitsunfähigkeit die Kündigung des Arbeitsverhältnisses eintritt. Es heißt ausdrücklich: Ob Schadensersatzansprüche daraus folgen oder nicht, das bestimmt sich nach den allgemeinen Landesgesetzen. Es ist mir nicht klar, wie sich die Herren das eigentlich gedacht haben. Das jetzige Verhältnis wird im Einführungsgesetz ausdrücklich aufrecht erhalten. Die betreffende Bestimmung der Gewerbeordnung, die den Landesgesetzen die Regelung überweist, ist doch, wenn in dem bürgerlichen Gesetzbuch für solche Fälle eine Regelung getroffen wird, ein Lapsus, der nicht vorkommen kann, und der vermieden wird, wenn Sie ein einheitliches Arbeiterrecht hinein bringen.

Also, meine Herren, wenn Sie ein einheitliches Arbeitervertragsrecht in das bürgerliche Gesetzbuch hinein schaffen wollen, so halte ich es nicht für so schwierig, auf einem Gebiet, wo wirtschaftlich alles klar liegt, auch klar die Rechte der Arbeiter auszusprechen. Wenn Sie die Rechte und Pflichten, wie sie augenblicklich bestehen, voll hinein nehmen in das Gesetzbuch, dann könnte man von einer Einheit, durch die auch die Arbeiter getroffen sind, vielleicht reden. Ich meine also, daß alle Verträge, Lohn-, Dienst- oder Arbeitsverträge, durch welche jemand seine Arbeitskraft, mag sie geistige, mag sie körperliche sein, für eine bestimmte Zeit einem Anderen gegen eine bestimmte Zahlung oder Vergütung überlässt, – daß Sie diese ganze Reihe der Arbeitsverträge hier vollständig regeln müssen, wenn Sie den Anspruch erheben wollen, sozialpolitisches Öl in die Paragraphen dieses Gesetzes hinein gegossen zu haben.

Das ist nicht geschehen. Herr Abgeordneter Enneccerus, sondern es sind ausdrücklich hier die Bestimmungen der Gewerbeordnung aufrecht erhalten, und Sie werden mir weiter gestatten, darzulegen, da'es von Paragraph zu Paragraph für einen Arbeitsvertrag an einheitlichen Bestimmungen fehlt. Wenn der Arbeitsvertrag einheitlich geregelt wäre – und das könnte der Abgeordnete Dr. Enneccerus als Jurist sich selber sagen –, so wäre der Vorbehalt – das werden Sie auch im Einführungsgesetz gefunden haben –, daß das Gesinderecht aufrecht erhalten bleiben soll, abgesehen von einigen, ganz gleichgültigen Bestimmungen, nicht denkbar, nicht denkbar der Vorbehalt, der bezüglich der Bergwerksarbeiter gemacht ist. Sie haben den Dienstvertrag geregelt, ohne zu sagen, was als solcher behandelt werden soll. In dem Augenblick, wo Sie an die Regelung dieser Verhältnisse heran gehen, müssen sie dem Arbeiter diese Recht einheitlich geben.

Der allgemeine Teil des Gesetzbuchs, der auch von den Verstößen gegen die gute Sitte, die öffentliche Ordnung usw. spricht, müsste mit größerer Deutlichkeit und Klarheit hervor gehen, daß er auch auf alle anderen Arbeitsverhältnisse passt und nicht nur gemeint ist im beschränkten Umfang für das Gesinde, zumal man ja nicht weiß, was Gesinde ist – also die Definition dessen, was Gesinde – soll überlassen bleiben den Landesgesetzen. Nun, meine Herren, wenn ein Gesetzgeber sagt: was ich unter Dienstvertrag verstehe, schreib ich nicht in das Reichsgesetz hinein –, wenn in den Motiven aber steht: was unter Gesinde verstanden werden soll, kann jedes Partikularrecht bestimmen –, so würde der Partikularstaat das Recht haben, eine Reihe gewerblicher Arbeiter hinein zu ziehen in das Gesindeverhältnis; und das ist meines Erachtens der offenbare Zweck gewesen, den die Herren, die die erste Ausarbeitung gemacht haben, verfolgt haben.

Wie steht es heute? Sie haben beim Unfallversicherungsgesetz ganz ähnlichen Anschauungen Raum gegeben, als Sie in Ihrem Kommissionsbericht gesprochen haben von den gewerblichen Arbeitern und dem „sonstigen Gesinde". Es gibt Leute, die als Arbeitgeber fungieren, zum übergroßen Teile auf dem Lande als solche fungieren, die jeden Arbeiter als Gesinde erachten, die die sämtlichen ländlichen Arbeiter als Gesinde erachten wollen. Dieser Teil der Arbeiterschaft also ist der gesetzlichen Regelung durch Reichsgesetz nicht teilhaftig geworden. Wir bekommen durch die Unfallversicherungsgesetzgebung, durch die Krankenkassengesetzgebung täglich Fälle zu sehen, in denen die wirtschaftliche Entwicklung dahin gedrängt hat, daß gewisse Kreise aus dem Gesindeverhältnis ausscheiden und ihnen trotzdem die vollen Rechte der gewerblichen Arbeiter in Folge unserer Rechtsprechung nicht gegeben werden. Ich erinnere an den Fall: es wird in der Frankfurt a. M. Gesindeordnung, in verschiedenen mecklenburgischen und anderen norddeutschen Gesindeordnungen der Kellner bis in das 7. Jahrzehnt dieses Jahrhunderts hinein unter dem Gesinde aufgezählt; heute gehört er zweifellos zu den gewerblichen Arbeitern. Es gehört aber auch die Magd, die als Magd angenommen worden ist, aber hie und da den Gästen Speisen zuträgt, so weit sie die letztere Verrichtung besorgt, zu den gewerblichen Gehilfen und nicht zum Gesinde, ist versicherungspflichtig – und dennoch, meine Herren, untersteht sie der Gesindeordnung und nicht der Gewerbeordnung.

Ich will auf diese Materie nicht zu weit eingehen; wir werden uns in der Kommission darüber auszusprechen haben. Es ist zweifellos, daß das Gesinderecht veraltet ist, daß es das Rudiment ist einer veralteten Rechtsanschauung, die auf einem Gewaltverhältnis beruht; und es wird sich zeigen, ob Sie jenen, die versuchen, neue Gewaltherrlichkeiten sich zu erobern, die sich die Möglichkeit geben lassen wollen, in ihren reaktionären Partikularstaaten Gesetze über das Gesinde hieraus gegen den gewerblichen Arbeiter, gegen alle Klassen der Arbeiter zu schmieden, – ob Sie diesen zustimmen wollen oder nicht. Ich muss dabei allerdings zugeben, daß jener Satz aus den Motiven, nach dem Sie die Definition dessen, was Gesinde sein soll, den Partikularstaaten überlassen wollen, nicht in das Gesetz aufgenommen worden ist, aber nach der Kunst der Interpretation, die wir kennen, in das Gesetz hinein gebracht werden würde. Es sind eine Menge von Fragen auf dem Gebiet des Arbeitsvertragsrechts, die streitig geworden sind, wo die Gewerbegerichte mit den Gelehrtengerichten im Widerspruch stehen. Nach allen diesen Richtungen, die ich im Plenum nicht vortragen will, wird es notwendig sein, eine definitive Klärung zu schaffen und das Arbeiterrecht auszugestalten, das Recht des Arbeitsvertrages voll und ganz zu regeln, nicht so, wie man in Rom unter dem Sklaventum es tat, sondern wie das der wirtschaftlichen Produktion und den wirtschaftlichen Verhältnissen, die freie Arbeiter verlangen, entspricht.

Ich will nur darauf hinweisen, daß beim Schadensersatz mir nicht richtig geregelt scheint die Frage der Verantwortlichkeit der Beamten; z. B. ist nirgend ausgesprochen im Gesetz, daß die Rechtsansprüche, die aus dem bürgerlichen Gesetzbuch folgen, unter allen Umständen lediglich vor die ordentlichen Gerichte gehören. Das wäre gerade bei Beamten von großer Wichtigkeit, von wem sie abgeurteilt werden. Man wird den Grundsatz aussprechen müssen, daß der Beamte dasselbe Verantwortlichkeitsgefühl auch bezüglich seines Geldbeutels haben muss, wie ein Kutscher, der seine Berufspflicht auch nur fahrlässig vernachlässigt. Es wird nötig sein, daß dieser Rechtsgrundsatz von Schadensersatz allen Menschen gegenüber gelten soll, daß, wer auch nur fahrlässig einem anderen einen Schaden zufügt, wer z. B. einen anderen fahrlässig überfahren hat, daß dieser Rechtsgrundsatz auch endlich den Arbeitern wiedergegeben werde. In § 95 des Unfallversicherungsgesetzes ist dieser Rechtsgrundsatz dem Arbeiter genommen. Er hat heute kein Recht auf Schadensersatz, außer wenn er absichtlich in Gefahr gekommen ist. Ich meine, Sie müssen den alten Rechtsgrundsatz bei dieser Gelegenheit wieder einführen, daß der Arbeiter das Recht haben soll, auch da, wo ihm aus Fahrlässigkeit ein Schade zugefügt ist seitens des Arbeitgebers, denselben Schadensersatzanspruch zu erheben, wie jeder andere Bürger in allen anderen Verhältnissen.

Der § 95 des Unfallversicherungsgesetzes ist, soweit ich das Einführungsgesetz habe verstehen könne, aufrecht erhalten. Ist das richtig, so würde damit ein weiteres Ausnahmerecht gegeben sein, in dem steht, daß der deutsche gewerbliche Arbeiter gegenüber allen anderen Rechtssystemen irgend eines Kulturstaates als Ausnahme dasteht. Dieses Ausnahmerecht würde dann weiter sanktioniert werden, und es würde eine Unmöglichkeit sein, dem Entwurf zuzustimmen, wenn er derartige Ungleichheiten enthielte.

Bezüglich der sozialen Natur mache ich auf einen Punkt, der sich beim Darlehen findet, aufmerksam. Ich gehe nicht ein auf die Frage des Zinsmaximums – ich bin anderer Ansicht als Herr Rintelen[23], aber ich meine: es muss weite Kreise verstimmen, wenn Sie das Wuchergesetz sehen, das ja zu erweitern sein wird, und wenn Sie gleichzeitig aufrecht erhalten finden, daß bei Darlehen von kleineren Beträgen öffentliche Leihhäuser so viel fordern können, als sie wollen, sogar bis zu 24 Prozent. So nehmen die öffentlichen Leihhäuser in Hamburg, Breslau, München, Frankfurt a. M., Danzig, Straßburg, Chemnitz, Dortmund; Posen, Mainz, Görlitz, Würzburg 12 Prozent, Nürnberg und Augsburg 10, Altona 24, Halle 24, Köln 15 bis 24 Prozent, Preußen gestattet ja durch Sondergesetze Anstalten bis 24 Prozent Zinsen zu nehmen. Das ist die Ausbeutung der Armen, wie sie nicht aufrecht erhalten werden darf, wenn Sie nicht den Wucher direkt begünstigen wollen. Ich meine: es ist deswegen an der Zeit, diese Bestimmungen der Einzelstaaten, die erlauben, daß einem Armen gegenüber, der kein Darlehen von 30000 Mark, sondern nur von 30 Mark aufnehmen kann, bis 24 Prozent genommen werden darf, aufzuheben.

Auf das Familien- und Eherecht werde ich nicht weiter eingehen; ich denke, das wird mein Freund Frohme tun. Ich will nur kurz darauf hinweisen, daß die Stellung der Frau im bürgerlichen Gesetzbuch nach mehrfacher Rücksicht hin eine unterdrückte ist, einmal als wirtschaftlich Schwache, und dann, daß der Herr der Schöpfung ihr gegenüber sich erlaubt hat, sie besonders zu benachteiligen, rechtlich schlecht hinzustellen. Ich habe übrigens nicht gehört, welche Frau oder welches Fräulein der Kommission, in der ja alle Interessen vertreten sein sollten, angehört hat. Ich meine, man sollte nicht darüber lachen, daß wir gerade gegenüber der Menschenhälfte, die hier noch keine Vertretung hat, mindestens verlangen das gleiche Recht, welches der Mann hat.

Ich will mir noch gestatten, bezüglich der unehelichen Kinder auf einige Punkte aufmerksam zu machen, die meines Erachtens wiederum zeigen, welche

---

23 Viktor Rintelen (1826–1908), Jurist und Reichstagsabgeordneter der Zentrumspartei, siehe http://de.wikipedia.org/wiki/Viktor_Rintelen, Zugriff am 9. September 2014.

sozialpolitische Fürsicht die Herren', die den jetzigen reaktionären Entwurf uns vorgelegt haben, geleitet hat, die da glauben, man könnte hier das Ansinnen stellen, holter die polter einem solchen Entwurf zuzustimmen. Ich bedaure lebhaft, daß der Ungerechtigkeitsgedanke, der Machtgedanke den, der sich als Herr der Schöpfung weiß, bestimmt haben mag, die vollkommen unzulängliche Gesetzgebung bezüglich der unehelichen Kinder uns hier darzureichen. Ich gebe zu, die zweite Lesung hat ja etwas Besseres geschaffen als die erste. Bei der ersten haben die Motive ausdrücklich dargelegt, daß sie messen die Frage, was der Erzeuger eines unehelichen Kindes zu leisten habe, lediglich vom Standpunkt des Erzeugers aus. So weist jener Motivenverfasser zurück die Forderung, daß nach dem Stand des Mannes der Unterhalt des unehelichen Kindes bemessen werden soll, etwa mit der Erwägung: das könnt ja den Mann zu sehr belasten. Ich meine, wir haben auf die Belastung des Mannes, der Erzeuger geworden, keinerlei Rücksicht zu nehmen; wir haben lediglich dem Kinde das zu geben, was ihm gebührt aus der Tatsache heraus, daß der Erzeuger Erzeuger gewesen ist oder es hätte sein können. „Es hätte sein können", – in den Fällen gibt ja das sächsische Recht und einige andere die volle Unterhaltspflicht dem unehelichen Kinde mit dem Recht, unter denjenigen, die möglicherweise hätten Erzeuger sein können, zu springen. Dieses vernünftige Recht zu Gunsten der Schwachen verlässt der Entwurf. Er nimmt es nicht auf, weil er behauptet, er kann keinen juristischen Grund finden, warum der Betreffende haften soll. Wir werden in der Kommission über andere Gründe, warum er haftet, uns speziell unterhalten, und ich meine, wenn ein Rechtsgrundsatz moralisch war, so war es der: duc et dota[24], oder mindestens dota. Wenn Sie in Verlegenheit sind wegen der juristischen Konstruktion – nun, den Herren von der Regierung kann geholfen werden. Sie könnten hier ja den dolus eventualis[25] im Zivilrecht so schön sich zurecht konstruieren, viel besser, als Sie ihn beim Strafrecht konstruieren, wenn Sie zu dem Ergebnis kommen wollen: jeder mögliche Erzeuger haftet.

Ich erkenne an, daß auf diesem Gebiete im Entwurf neu das Recht der Mutter gegeben ist, vor ihrer Entbindung klagen zu können, ferner, daß die Alimentationspflicht von 14 Jahren – das Alter variiert ja jetzt zwischen 14 und 18 Jahren – wenigstens auf 16 Jahre hinauf gegangen ist. Wir werden diesen Punkt noch genauer beraten müssen. Ferner können wir mit Recht verlangen, daß nicht nach Notdurft, sondern nach den Erwerbsverhältnissen des Mannes die angemessene

24 Zur Grundlegung des Unehelichenrechts siehe https://peter-hug.ch/lexikon/dotation?Typ=PDF, Zugriff ebendann.

25 Eventualvorsatz, siehe http://www.iurastudent.de/content/iii-dolus-eventualis-eventualvorsatz, Zugriff ebendann.

Alimentation bemessen werde. Wir müssen ferner verlangen, daß die Verwandtschaft anerkannt wird zwischen dem unehelichen Kind und seinem Erzeuger. Wir müssen anerkennen aus demselben Grunde heraus das Erbrecht des unehelichen Kindes, – und ich meine, bei der Gelegenheit wird auch zu regeln sein die Frage, die ja von der rechten Seite wiederholt angeschnitten worden ist, namentlich von dem Grafen von Holstein, ob wegen der Alimente für uneheliche Kinder der Lohn gepfändet werden kann oder nicht. Im Anschluss hieran könnten wir auch über das Exekutionsrecht sprechen und erwägen, ob wir nicht nach Art des Heimstättengesetzes, soweit es in Amerika bezüglich beweglicher Sachen besteht, dafür sorgen, daß dem Schuldner unter keinen Umständen das Allernotwendigste genommen werden kann. Die jetzige Regelung durch § 715 Zivilprozessordnung entspricht dem vorhandenen Bedürfnis nicht: sie ist vor allem zu gering und zu unbestimmt.

Meine Herren, alles dies sind Punkte, die in der Kommission erörtert werden müssen, deren Regelung mir notwendig erscheint. Wenn nun die Regierung uns fortwährend ans Herz legt, wir sollten doch nicht so viel auf die kleinen Verschlechterungen, die möglicherweise in diesem Entwurf sich vorfänden, sehen, sondern selbst die Verschlechterungen zu Gunsten der Einheitlichkeit annehmen, so gestatte ich mir den Appell an die Regierungen, sie sollen im Interesse der Kultur, im Interesse der Arbeiterklasse, im Interesse des werktätigen Volkes nicht widerstreben der Einführung der Einheit des Rechts auf die Arbeiter. Sie sollen nicht widerstreben den Verbesserungen, die durchführbar, die möglich sind, wie ich es im Großen und Ganzen mir gestattet habe kurz zu skizzieren. Wenn Sie sich aber von vornherein auf den Standpunkt stellen: wer dieses Werk anrührt, stört die Einheit, macht das Gelingen unmöglich, – dann brauchen wir kein Parlament, dann brauchen wir überhaupt keine Politiker, dann können wir Juristen, das heißt diejenigen, die mit den wirklichen Bedürfnissen am wenigsten vertraut sind, uns zu Gesetzgebern machen, dann brauchen wir überhaupt keine parlamentarische Vertretung, dann sollten wir klipp und klar sagen: wir wollen den Absolutismus und nur so tun, als ob eine Volksvertretung da sei. Nun, es wird eine eingehende Erörterung nötig sein. Damit ist nicht gesagt, daß sie lang zu sein braucht.

Je weniger die Regierung solchen Anträgen widerstrebt, die ja längst schon hie und da erörtert sind, je mehr sie sich geneigt zeigt, sie zuzugeben, je mehr sie den Grundsatz beherzigt, den sie uns gegenüber predigen will: nun, wenn es wirklich etwas Schlechtes ist, ist es wenigstens etwas Einheitliches – desto schneller wird die Beratung sein; dann, glaube ich, wird es sogar möglich sein, den Gesetzentwurf schon in dieser Session zur Verabschiedung gelangen zu lassen. Mit aller Entschiedenheit aber würde ich mich in der zweiten Beratung – und ich glaube, auch meine politischen Freunde – dagegen verwahren, daß wir eine Scheineinheit schaffen und unter dem Deckmantel der Einheit neue Rechte gegen die arbeitenden Klassen einführen lassen.

Also, meine Herren, wir werden zusammen arbeiten wollen. Wie Sie gesehen haben, versuche ich gar nicht, irgend etwas besonders Sozialdemokratisches zu verlangen. Ich verlange nur das, was möglich ist innerhalb des Rahmens der heutigen Wirtschaftsordnung zu Gunsten der wirtschaftlich Schwachen, der Hilflosen. Aber davon werde ich mir auch nichts nehmen lassen, und ich bitte Sie, entsprechend uns in der Kommission und nachher im Plenum bei den Anträgen mehr Wohlwollen zu bezeugen, als aus den Ausführungen des Herrn Staatssekretärs klang, der gestern behauptete, alle Interessenkreise seien vertreten gewesen, also damit ausdrücklich ausgeschlossen hat, daß die 98 Prozent der werktätigen Bevölkerung, die nicht vertreten waren in der Kommission, einen Anspruch haben auf Vertretung, auf Berücksichtigung bei der Gestaltung der Gesetzgebung.

4. Reichstagsrede in der Generaldiskussion zu Beginn der 3. Lesung des BGB am 30. Juni 1896[26]

Meine Herren, ich kann nicht leugnen, daß die Behauptung, eine nationale Einheit müsse notwendig auch Einheit des Rechts nach sich ziehen, durchaus richtig ist, ich kann auch nicht verhehlen, daß dieser Drang nach Vereinheitlichung des Rechts als ein solcher zu bezeichnen ist, den man wohl patriotisch nennen dürfte. Eine Vereinheitlichung des Rechts liegt im Interesse der Arbeiterklasse. Meine Herren, sie werden uns gegenüber nah dem langen Lauf der Verhandlungen nicht bestreiten können, daß vom Anbeginn an wir mit Begeisterung eingetreten sind für die Schaffung eines einheitlichen Rechtszustands. Meine Herren, ich darf ohne Übertreibung behaupten, daß keine einzige Partei in so intensiver Arbeit an den Verhandlungen teilgenommen hat, und daß keine einzige Partei doch so viel Ursache gehabt hat, sich über den Gang der Verhandlungen zu beschweren wie die sozialdemokratische Partei. All die anderen Parteien, insbesondere recht stark diejenige Partei, die vorher durch den Herrn Abgeordneten Freiherrn von Manteuffel ihr Votum hat erklären lassen, waren ja schon jahrelang in der Vorkommission vertreten.[27] Unsere Partei und die gesamte Arbeiterklasse waren dort

26 Nachzulesen mit geringfügigen Kürzungen bei bei Vormbaum, S. 348 ff, bzw. vollständig unter: http://www.reichstagsprotokolle.de/Blatt_k9_bsb00002759_00698.html, 117. Sitzung vom 30. Juni 1896, S. 3045 ff.

27 Manteuffel-Krossen Freiherr von, Otto Karl Gottlob (1844–1913), Mitglied der Deutschkonservativen, siehe http://www.reichstag-abgeordnetendatenbank.de/select.html?suchbegriff=Manteuffel, Zugriff am 11. Oktober 2014.

nicht vertreten. Daher ist es ja ganz begreiflich, daß, wenn ein so beschleunigtes Tempo mit den Beratungen genommen wurde, wir insofern ins Hintertreffen, in Nachteil kamen, als die Herren, die in gewissem Sinne ihr Gesetzbuch schon fertig hatten, schon seit Jahren an demselben mit gearbeitet hatten, es doch im Großen und Ganzen für richtiger hielten, uns Monologe halten zu lassen oder sich unseren Anträgen gegenüber, soweit sie sie für richtige hielten, doch häufig mit dem Trost abzufinden: nun, es mag ja später eine Änderung stattfinden – und uns Wechsel auf die Zukunft präsentieren. Mich kann der Umstand nun aber, da wir so naturgemäß persönlich Unbill erlebt haben – Unbill in dem Sinne, daß wir doch eine etwas andere Art der Verhandlung wünschten, aber nicht erlangten – nicht bewegen, die materielle Prüfung der Vorlage selbst zu unterlassen. Im Gegenteil ist gerade unter diesen Umständen eine ruhige, kühle Prüfung des Gesetzbuchs vonnöten.

Ich muss anerkennen, daß es insbesondere für den Arbeiter von der allergrößten Notwendigkeit ist, diesen kunterbunten Zustand, den wir in Deutschland auf dem Rechtsgebiet haben, zu beseitigen. Für den Arbeiter, wie für keinen anderen so stark, ist es notwendig, ein einheitliches Recht zu haben. Wenn der Arbeiter in seinem Kampf ums Dasein[28] einmal hierin, einmal dorthin geworfen wird – hier trifft er dieses Mietrecht, dort jenes, für dieses Arbeitsgebiet wieder ein anderes Vertragsrecht als dort usw. –, meine Herren, so befördert dieser Mangel an Einheit die Rechtsunsicherheit, die Rechtsunkenntnis auf allen Gebieten für niemand Anders so stark als wie gerade für die Arbeiterklasse. In ihrem Interesse liegt es also, daß man für eine Einheitlichkeit des Rechts eintritt.

Wir haben uns ja nun von Beginn des Erscheinens der Vorlage an bemüht, nach allen Richtungen vorzugehen, um das bürgerliche Recht den vorhandenen wirtschaftlichen Verhältnissen entsprechend und einheitlich zu gestalten. Ich kann nicht behaupten, daß uns das gerade gelungen sei; im Gegenteil, wenn wir die Anzahl der Bestimmungen in Betracht ziehen, wenn wir die Reihe der Gründe, die man gegen unsere Anträge angeführt hat, beleuchten, so lässt sich nicht leugnen, daß, wenn wir dies alles in Münze und Maß umsetzen würden, auf jedes Kilo unserer Anträge kaum ein Quentchen angenommener Anträge[29] kommt – so wird es ungefähr stimmen. Und doch waren es mitunter recht wichtige, leicht annehmbare Anträge, die wir gestellt haben. Aber, meine Herren, ich

---

28 Zum Verhältnis des damaligen Marxismus zur Lehre Darwins macht Vormbaum interessante Anmerkungen, siehe ebd., S. 349, Fußnote 3.

29 Von 94 Änderungsanträgen der SPD-Kommissionsmitglieder Stadthagen und Frohme verfielen 93 der Ablehnung.

darf trotzdem nicht verkennen, daß die Einheit des Rechts etwas ist, was für die Arbeiter dringend wünschenswert und unbedingt notwendig ist.

Die Stellung, die ich persönlich dem Gesetzbuch gegenüber glaubte einnehmen zu müssen, habe ich ja bei der ersten Lesung in der Weise charakterisiert, daß ich ausführte: es darf durch das Gesetz auf keinen Fall eine neue Fessel gegenüber der Arbeiterklasse als solcher eingeführt werden, und es muss eine wirkliche Einheit des Rechts geschaffen werden. Wie weit ist das erreicht? Neue Fesseln, die ausdrücklich in das Gesetzbuch neu hinein gesetzt waren, – der lebenslängliche Hausknecht und die Möglichkeit, bei Streiks den Arbeiter an seiner persönlichen Freiheit zu hindern – sind ja allerdings entfernt, ja, sie wären ganz sicher gar nicht erst in den Entwurf hinein gekommen, wenn ein einziger Arbeiter in der Vorkommission gesessen hätte. Ja, ich will offen sagen: hätte auch nur ein einziger Arbeiter in der Vorkommission auch nur ein halbes Jahr gesessen, ich bin fest überzeugt, wir wären in der Hälfte der Zeit mit dem Gesetzbuch hier fertig geworden und hätten ein besseres Gesetzbuch, als es jetzt dasteht. Die Überzeugung ist mir zweifellos: ein Arbeiter wäre im Stande gewesen, Ihnen den inneren Zusammenhang zwischen Recht und Gesetz auseinander zu setzen, Ihnen auseinander zu setzen, daß Gesetz nichts Anderes sein kann als der Niederschlag der wirtschaftlichen Verhältnisse, nichts Anderes sein kann als der Niederschlag der Art und Weise der Produktion, nichts Anderes sein kann als der Niederschlag der wirtschaftlichen Machtverhältnisse, der Bedürfnisse des wirtschaftlichen Lebens, die Erfüllung heischen. Meine Herren, es wäre dann eher ein dem Zuge und Ziele der Zeit entsprechendes Gesetz zu Stande gekommen. Er war aber in der Vorkommission die Arbeiterklasse unvertreten.

Also, meine Herren, wenn die Art der Verhandlungen niemandem so wenig gefallen konnte als uns, wenn gerade unsere Partei alle Ursache gehabt hätte, mit Rücksicht auf das der Arbeiterklasse gegenüber früher Unterlassene nicht ganz einverstanden damit zu sein, daß die Arbeiterklasse erst zur Gesetzgebung hinzu gezogen wurde, nachdem alle anderen Parteien sich gewissermaßen schon geeinigt hatten, so kann uns das doch nicht hindern, immer wieder als politisch notwendig die Einheit des Rechts anzuerkennen. Ich habe schon erklärt: es ist ja dasjenige, was neu geschaffen war an Ketten im Gesetz, jetzt beseitigt. Es fragt sich weiter: ist denn nun auch das Übrige, was da ist, ohne den sozialen Gedanken, ohne das ganze Rechtssystem neu aufgebaut zu haben – ich weill gern den mal gegebenen Verhältnissen entsprechend daran festhalten, daß nur ein Querdurchschnitt des Rechts geschaffen werden soll – entspricht das jetzt Geschaffene dem Querdurchschnitt oder nicht und schafft es Rechtseinheit? Ich will nicht auf die einzelnen Rechtsgebiete überall eingehen. Ich kann allerdings nicht damit zurück halten, daß auf sehr vielen Gebieten, die das Gesetzbuch behandelt, doch für große Rechtsgebiete nicht das wiedergegeben ist, was sie an besserem Recht bis jetzt gehabt hatten. Aber das trifft nur auf einige Materien zu. Würde man mit der Elle messen, so gebe ich gern zu, so würde im Großen und Ganzen das jetzige Gesetzbuch vielleicht als ein besseres anzusprechen sein auf vielen Materien als der jetzt, als der bisher bestehende Rechtszustand. Ich meine damit diejenigen Teile, die in dem sogenannten eigentlichen Bürgerlichen Gesetzbuch geregelt sind. Ich kann zwar nicht anerkennen, daß alles so geregelt ist, wie es hätte geregelt werden müssen und können, denn wir haben ja eine Fülle von Anträgen gehabt, die wir noch heute für durchaus gerechtfertigt halten müssen, die wir für durchsetzbar anerkennen müssen, die sofort hätten umgesetzt werden können in Gesetzeskraft, wenn man nicht den sozialen Charakter beiseite gesetzt hätte. Aber die Materien, die im eigentlichen Bürgerlichen Gesetzbuch geregelt sind – ich sehe also vom Einführungsgesetz ab – sind durchschnittlich vielleicht immerhin besser als der Querdurchschnitt des bestehenden Rechts.

Nun aber: enthält es eine Einheit des Rechts? Die Einheit des Rechts ist für den Arbeiter etwas sehr Wesentliches. Ich werde zu prüfen haben, ob dieser wesentliche Faktor so weit im Gesetz gewahrt ist, daß ich als Vertreter der Arbeiter namens der Sozialdemokratie imstande sein werde, für dies Bürgerliche Gesetzbuch und das Einführungsgesetz zu stimmen.

Nun, meine Herren, ich sage: es enthält eine Einheit des Rechts, aber nur so weit, als die Interessen der Besitzenden in Betracht kommen – und wider Willen geben Sie die Einheit des Rechts in den Materien, wo Sie sie selbst gebrauchen, wo die bürgerliche Klasse sie selbst gebraucht und wo Sie nicht ohne Weiteres den Arbeiter ausschließen können, auch dem Arbeiter. Aber da, wo es für die Arbeiter gerade am meisten darauf ankommt, einheitliches Recht zu haben, wo die Arbeiterinteressen vorzugsweise in Betracht kommen, ist die Einheit ausgeschlossen. Es gilt heute noch das, was ich in der ersten Beratung leider sagen musste: die Arbeitsverträge, die Verträge, auf denen unsere ganze Kultur beruht, die Verträge, welche das Leben von 96 bis 98 Prozent der Bevölkerung beherrschen, sind nicht nur nicht einheitlich geregelt, nein, noch weit darüber hinausgehend, sind jetzt auch im Einführungsgesetz enthalten die Ausnahmegesetze, die gegen die Bergarbeiter, gegen die ländlichen Arbeiter, gegen das Gesinde und auch gegen die gewerblichen Arbeiter. In letzterer Beziehung führe ich an, daß Sie es ausdrücklich abgelehnt haben, bezüglich des Schadensersatzrechts den gewerblichen Arbeiter gleichzustellen den bürgerlichen Klassen. Ich führe ferner bezüglich der ländlichen Arbeiter und des Gesindes an: trotz des geradezu schmachvollen Zustandes und trotzdem Zweifelllos die Rechtsunsicherheit, der Schutt aus dem Trümmerhaufen alt überkommener Zustände auf dem Gebiet des Gesinderechts, auf dem Gebiet des Rechts der ländlichen Arbeiter, am allergrößten ist und leicht beseitigt werden konnte, haben Sie es nicht vermocht, dieselbe zu beseitigen, Warum, meine Herren, haben Sie in demselben Einführungsgesetz aufrecht erhalten alte, längst überlebte Institutionen, wie die Fideikommisse usw., kurz, jene sämtlichen Vorrechte des Großgrundbesitzes oder der Großindustrie? Ein Vorrecht der Großindustrie liegt beispielsweise in dem § 95 des Unfallversicherungsgesetzes, der das Schadensersatzrecht zu Ungunsten des Arbeiters aufrecht erhält – dies Sondervorrecht zu Ungunsten des Arbeiters ist ja aufrecht erhalten. Vorrechte der Großgrundbesitzer sind alle jene Fideikommisse, Realberechtigungen und desgleichen all jenes, das sich auf Konservierung mittelalterlicher Gewaltverhältnisse bezieht und dessen Streichung wir vergeblich beantragten. Selbst das Anerbenrecht, bezüglich dessen die Motive anerkennen müssen, daß die jüngeren Geschwister sehr bald in Armut verfallen dürften, wenn das ganz und gar zur Geltung gelangte, ist aufrecht erhalten, seine Ausgestaltung den Landesgesetzen vorbehalten. Zu Gunsten des Großgrundbesitzes ist außer den Fideikommissen, Lehen und dergleichen wesentlich aufrecht erhalten worden das Sonderrecht gegenüber den ländlichen Arbeitern und dem Gesinde, das Sonderrecht, nach dem Vertragsbruch auf Seiten der Herrschaft zulässig ist, und nach dem die ländlichen Arbeiter, das Gesinde, wegen zivilrechtlicher Vertragsverletzung mit harten Strafen bedroht werden. Sie haben sogar den allgemeinen Teil des Entwurfs auf die Gesindeordnung zu übertragen abgelehnt. Und doch gibt es nirgend in Deutschland ein Rechtsgebiet, so verworren, so unsicher, welches so Rudimente aus alten Stücken in sich birgt, wie die Gesindeordnungen. Wenn selbst nichts weiter wäre als dieser Punkt, so müsste das für jeden bestimmend sein, zu sagen, die durch das Gesetzbuch geschaffene Einheit ist lediglich Scheineinheit. Deutlich kommt der Interessen- und Klassenstandpunkt des Gesetzes hier zum Ausdruck: Einheit so weit, als es im Interesse der Bourgeoisie notwendig erscheint, aber nicht Einheit in dem Augenblick, wo die Arbeiterinteressen der Millionen und Abermillionen, der 96 bis 98 Prozent des werktätigen Volks in Betracht kommen. Da ist die Einheit ausdrücklich ausgeschlossen.

Da hat sich erst in den letzten Tagen gezeigt, daß die Herren von der Rechten glauben, die Richtigkeit ihrer Nationalitätsbehauptung, sie seien für nationale Einheit, damit beweisen zu können, daß sie erklären, sie würden gegen ein Bürgerliches Gesetzbuch sein, sowie dasselbe sich gegen die Knechtung der Arbeiter wenden sollte.

Also, es werden konserviert die altertümlichen Rechte, selbst die dem Hörigkeitsverhältnis entsprechenden, zu Gunsten der Großgrundbesitzer. In der Kommission konnte man nicht mehr machen, als in einigen Teilen erreicht ist. Aber gerade die freisinnigen Herren, die das früher von ihnen aufrecht erhaltene Panier bei der Gestaltung der Rechte des ländlichen Arbeiters, des Gesinderechts, weggeworfen haben, haben damit gezeigt, daß sie den nackten, krassen Klassenstandpunkt zu Gunsten der Besitzenden und zu Ungunsten der Besitzlosen wahrnehmen. Sie haben im Jahre 1893 durch den Abgeordneten Müller (Sagan) einen Antrag hier einbringen lassen, der allerdings nicht mehr zur Beratung kam, die ländlichen Arbeiter den gewerblichen gleich zu stellen. Ja, es ist leicht, Anträge zu stellen, wenn man weiß, sie werden nicht angenommen, oder sie werden vielleicht gar nicht zur Beratung kommen. In der Kommission haben die Vertreter des Freisinns[30] aber gegen die Aufhebung der Gesindeordnung gestimmt, gegen die Gleichstellung der ländlichen Arbeiter mit dem Gesinde. Eine ganze Reihe des Zentrums stimmte dafür. Es sind alle gewesen? Jawohl, alle Herren aus dem Zentrum waren in der Kommission für Beseitigung der Gesindeordnung. Es ist also zweifellos, daß wir in der Kommission die Mehrheit erlangt hätten, wenn die Herren vom Freisinn nicht fahnenflüchtig geworden wären. Und ich will einmal den sehen, der es fertig gebracht hätte, die Gesindeordnung, dieses alte Gerümpel, diese Gesetzgebung, die die Röte der Scham allen denen auf die Wange treiben sollte, die davon Gebrauch machen, hier wieder herein zu bringen. Nein, die beiden Herren vom Freisinn haben in der Kommission dagegen gestimmt und es so unmöglich gemacht, die Hauptbestimmung, das Notwendigste, was der Arbeiter verlangen muss, in das Gesetz hinein zu bringen. Ich danke den Herren vom Freisinn, daß sie bei dieser Gelegenheit deutlich gezeigt haben, daß auch ihre Phrase von der nationalen Einheit da Halt macht, wo es die wirklichen Arbeiterinteressen gilt.

Meine Herren, Sie haben ja hier auf der rechten Seite dieselbe nationale Scheineinheit. Vorhin teilte uns Herr von Kardorff[31] mit: wir erfreuen uns an der Tierwelt; er setzte näher auseinander, daß andere Nationen es in der Art nicht machen. Ich dachte dabei an die Ausführungen des Herrn Bethusy-Huc[32], der damals von seinen väterlichen Ochsen sprach. Allerdings scheint es fast, als ob die

---

30 Die Freisinnige Volkspartei verkörperte zusammen mit der Freisinnigen Vereinigung das Erbe der 1893 gespaltenen Deutschen Freisinnigen Partei und des Linksliberalismus im Kaiserreich. 1910 vereinigten sich alle linksliberalen Parteien mit der Deutschen Volkspartei zur Fortschrittlichen Volkspartei. Dazu Walter Tormin, Geschichte der deutschen Parteien seit 1848, Stuttgart u. a. 1966, S. 111 ff.

31 Wilhelm von Kardorff (1828–1907), Unternehmer und freikonservativer Reichstagsabgeordneter aus Neustrelitz, siehe http://de.wikipedia.org/wiki/Wilhelm_von_Kardorff, Zugriff am 14. Oktober 2014.

32 Eduard Georg von Bethusy-Huc (1829–1893), schlesischer Großgrundbesitzer und freikonservativer Politiker, siehe http://de.wikipedia.org/wiki/Eduard_Georg_von_Bethusy-Huc, Zugriff ebendann.

Herren rechts das Tier mehr lieben als den Menschen. Weil sie es so sehr lieben, oder vielmehr, weil sie ihre bevorzugte, ungerecht sie bevorzugende Stellung als Jagdberechtigte nicht aufgeben wollten, haben sie dies Reservatrecht des Hasen[33], seine Fressfreiheit, diesen Bruch mit den allgemeinen Schadensersatzprinzipien, hinein gebracht aus nationalen Hasenrücksichten. Ja, deutlicher hätten Sie Ihren Interessenstandpunkt, die Hohlheit der Einheitsphrase, der Nationalitätsphrase nicht zeigen können. Wie viel alter Schutt zu Gunsten der Großgrundbesitzer steckte im Gesetz selbst nach den Beschlüssen der Kommission! Hier mit der Hasenbewegung haben Sie ein neues Vorrecht der Großgrundbesitzer erreicht. Dadurch haben Sie klar gestellt: wenn Sie die Wahl haben, die Werktätigen zu schützen. Oder den, der selbst mühsam gearbeitet hat, um die Früchte seiner Arbeit durch Hasen zu bringen und dem Jäger eventuell sein Vergnügen zu lassen, Hasen, die auf fremdem Eigentum sich genährt haben, zu jagen, – da haben Sie Ihre Stimme zu Gunsten Ihres lieben Freundes, des Tieres, mit dem Sie gern zusammen sind, zu Gunsten der Fressfreiheit des Hasen, der Freiheit, fremdes Eigentum zu beschädigen, gegeben.

Ich will damit nicht behaupten, daß sich Gleich zu Gleich gern gesellt; aber wenn man das annehmen wollte, hätten Sie doch sich selbst außerhalb des Bürgerlichen Gesetzbuches stellen sollen.

Aber diese Konstellation ist einmal da. Die Herren vom Freisinn hätten in dem Augenblick, wo sie für Aufhebung der Gesindeordnung, die wir und das Zentrum beantragt hatten, es zu Wege bringen können, daß ein absolut anderes Gesetz zu Stande kam. Jetzt natürlich muss ich Ihnen als Politiker dafür danken, daß auch Sie Ihr Herz, wiewohl es beim Hasen sehr laut gegenüber den Konservativen schlug, gegenüber der Arbeiterklasse hier haben erkennen lassen. Es kann doch keine Frage sein: in der tiefsten Botmäßigkeit und Knechtschaft leben die Arbeiter, die wesentlich die Einheit des deutschen Reichs geschaffen haben, die von der Arbeit leben, die ihren wesentlichen Anteil im Kriege getragen haben. Der Arbeiter, der seine Knochen hat zu Markte tragen müssen, muss sich jetzt gegenüber der nationalen Einheitsidee sagen: ja, für uns existiert das deutsche Reich nicht, für uns existiert nur die Knutenordnung, für uns nur zum Himmel schreienden Strafbestimmungen gegen das ländliche Gesinde.

Ja, Sie mögen den Kopf schütteln – dann erinnere ich Sie an einen Vorgang in der Kommission. Die Kommission, und wesentlich wiederum das Zentrum,

33 Die SPD scheiterte mit dem Antrag auf Ausdehnung des Wildschadensersatzes auf den durch hasen angerichteten Schaden am konservativen Widerstand, siehe Vormbaum, S. LXXIX.

brachte es zu Wege, daß das brutale Züchtigungsrecht, welches in Gesindeordnungen gesetzlich anerkannt ist, direkt und indirekt – Herr Abgeordneter Pauli, wenn Sie auch mit der Hand schütteln, so können Sie damit diese Paragraphen nicht beseitigen; sie bestehen nun einmal – direkt und indirekt anerkannt, das noch in der Gesindeordnung besteht, beseitigt wurde. Es fanden sich nur zwei Herren vom Großgrundbesitz, zwei Herren der rechten Seite, die wenigstens den minderjährigen Arbeiter und das minderjährige Gesinde auch noch nach dem 1. Januar 1900 ein bisschen prügeln wollten.

Damals ist die Scham, welche durch die Taten der rechts stehenden Herren Leist und Wehlan denn doch einige Herren gepackt hat, so stark gewesen, daß die Redaktionskommission nach Beseitigung aller Züchtigungsrechte nachher bat, doch nicht die Bestimmung so zu fassen, daß allgemein, ohne Nennung des Gesindes, jedes Züchtigungsrecht untersagt sein soll allen Arbeitern gegenüber; sonst könnte das Ausland annehmen, alle Arbeiter hier würden geprügelt. Ja, so stark ist der sittliche Tiefgrad der Gesindeordnung, daß die Herren Vertreter der Regierung selbst haben bitten müssen, nicht allgemein diese Bestimmung zu fassen, damit man daraus nicht den Rückschluss mache: so, wie das Gesinde, würden alle Arbeiter behandelt, dürften alle Arbeiter behandelt werden.

Meine Herren, dieser Klassengesetznatur des Gesetzes gegenüber fällt gar wenig ins Gewicht, daß ein kleiner politischer Vorteil durch die Vereinheitlichung der Rechtsmaterien allerdings vorhanden ist, die jetzt einheitlich geregelt sind. In der tat ist durch dieses sogenannte einheitliche Bürgerliche Gesetzbuch wiederum ein neues Klassengesetz geschaffen, es ist geschieden worden zwischen dem Arbeiter und der bürgerlichen Klasse. Sie haben ein bürgerliches Gesetzbuch schaffen wollen im Gegensatz zu einem proletarischen Gesetzbuch. Das Gesetzbuch soll nur so weit, wie Sie es nicht anders machen konnten, auch Anwendung haben auf die Arbeiter. Die Arbeiter sollen im Großen und Ganzen außerhalb dieses Bürgerlichen Gesetzbuches stehen, für sie soll es kein einheitliches deutsches Recht geben.

Meine Herren, ist das die Folge Ihrer Gesetzmacherei von rechts und wesentlich auch von links seitens der Herren vom Freisinn, dann kann ich mich gar nicht darauf einlassen, noch die Einzelheiten des Gesetzes zu prüfen. Es ist dann klar: das Hauptgesetz und das Einführungsgesetz, als Ganzes gedacht, ist reaktionär, verbreitet lediglich Scheineinheit, gibt keine wirkliche Einheit und wirft zurück, die Arbeiterklasse von der Pforte der Einheit des Rechts und will dies tun. Nun allerdings sind ja Resolutionen in der Kommission gefasst – ich weiß nicht, ob sie auch werden angenommen werden –, die eine Vereinheitlichung des Arbeitsvertrags anstreben. Aber, meine Herren, was nützen uns Resolutionen? Sie haben doch erst ganz kürzlich gesehen: das Notvereinsgesetz wird hier in drei Lesungen angenommen; der Bundesrat hat erklärt: nicht, er hat die Zeit nicht, aber die Macht und den Willen, es zu bewilligen. Was nützt uns solchen Zuständen gegenüber eine Resolution? Wie viel Dutzende Gesetze sind bereits im Papierkorb des Bundesrats verschwunden, nachdem sie hier angenommen waren! Wie viel weniger wird uns eine Resolution nützen! Nein, meine Herren, hier bei dieser Gesetzesarbeit wäre der Punkt gewesen, um eine Klasse heraus zu heben aus dem Hörigkeitsverhältnis, in das sie in Preußen hinein versetzt ist, in Preußen in Folge des Bruchs eines königlichen Versprechens, wie ich das wiederholt bereits dargelegt habe. Die Gesindeordnung beruht ja auf dem Bruch eines königlichen Versprechens, das der Landbevölkerung gegenüber abgegeben war, aber nicht gehalten ist.

Meine Herren, ich sehe trotzdem nicht traurig in die Zukunft. Ich schöpfe aus den Beratungen die Überzeugung: die Unterdrückten, die die Arbeiterklasse kennen und ihr angehören, werden aus diesen Beratungen kennen gelernt haben, soweit sie bis jetzt nicht aufgeklärt waren: der Klassengegensatz herrscht, der Sie immer wieder und wieder zwingt, Gesetze zu machen, die nur Ihrem eigenen Interesse, dem bürgerlichen Interesse dienen; die Arbeiterklasse muss geeint, fest zusammen stehen, die politische Macht Ihnen entgegen anstreben; dann wird sie mehr erreichen.

Meine Herren, die kleinen Vorteile, wenn im Mietvertragsrecht gesagt ist: die Wohnung muss unter allen Umständen gesund sein, oder wenn im Gesetz diese oder jene kleinen Vorteile gegeben sind – nebenbei: daneben bleibt ja beim Mietvertrag die Vertragsfreiheit mit beschränkten Ausnahmen entgegen unserem Antrag bestehen –, wenn ferner z. B. im Arbeitsvertrage diese oder jene Streitfrage gegenüber der bestehenden Gesetzgebung, wie ich ja zugeben will, zu Gunsten des Arbeiters entschieden ist, so kann das ja vielleicht für den einen oder anderen Arbeiter, wenn er einen vernünftigen Richter trifft, günstig wirken; aber selbst diese Folgen des Gesetzes sind zweifelhaft. Denn wir leben in Preußen, was doch ein gut Stück von Deutschland ist; und für Preußen ist ja das Spottwort: „wenn zwei dasselbe tun. Ist es nicht dasselbe", was der preußische Justizminister als Grundsatz der preußischen Rechtsprechung hinstellte – die Ungerechtigkeit also das Prinzip der Rechtsprechung in Preußen. Ähnliches sagen Sie in dem Augenblick mit dem Bürgerlichen Gesetzbuch, wo sie es ausschließen gegenüber der arbeitenden Klasse. So ist es und bleibt es kodifiziertes Unrechts der ausgebeuteten Klasse gegenüber.

Nun, meine Herren, die wirtschaftliche Entwicklung wird diese papierenen Fetzen zerreißen, sie wird die Arbeiterklasse und die andere geknechtete Klasse, die Frauen, hinweg schreiben lassen über solche Fetzen, die uns hemmen sollen, und die Sie als Rechtseinheit für das Deutsche Reich betrachten, während doch klar sein muss, daß das Gegenteil heraus gekommen ist, daß es nur Scheineinheit ist! Die Tatsache, daß den Arbeitern gegenüber kein einheitliches Recht besteht auf dem Gebiet des Arbeitsvertrags, beweist doch klar, daß diese Einheit nur vorhanden sein soll für Sie! Für diese Scheineinheit danken wir; wir werden mit Nein stimmen![34]

5. Reichstagsrede zum „Sternberg-Prozess“[35] und zur „Konitzer Mordaffäre“ am 7 Februar 1901[36]

Meine Herren, der Herr Vertreter für die weimarischen Lande behauptete neulich, ich habe die Verhältnisse, welche auf dem Gebiete des Gesinderechts in Weimar bestehen – wollen Sie von hier aus sprechen, wenn Sie „lauter“ sagen! Seien Sie doch nicht immer so unlauter! – ich meine: der Herr Vertreter des Bundesrats aus Weimar sagte neulich, ich hätte unrichtige Mitteilungen bezüglich der Gesindeverhältnisse in Weimar gemacht. Ich habe behauptet, daß nach der weimarischen Gesindeordnung und nach der Rechtsprechung, die über dieselbe stattgefunden hat, im Weimarer Lande die Bestimmung besteht, daß ein Dienstmädchen, das aus dem Grunde den Dienst verlässt, weil ihm seitens des Dienstherrn mit unsittlichen Anträgen nachgestellt wird, wenn es nicht die Erlaubnis des Polizeiherrn nachgesucht hat, sondern ohne diese den Dienst verlassen hat, erstens zurück gebracht und zweitens mit Haft bestraft werden kann. Was ich vorgebracht habe, ist zutreffend, zunächst, was die ältere Gesindeordnung betrifft, die bis 1900 in Kraft gewesen ist. Ich habe auf diese speziell mich beziehen wollen und habe zur Unterstützung meiner Behauptung angeführt, daß im weimarischen Landtage darauf und auf die hieran sich anschließende Praxis hingewiesen worden ist. Im § 25 der weimarischen Gesindeordnung heißt es: *„Das Gesinde ist verbunden, die bestimmte Dienstzeit auszuhalten. Glaubt ein Dienstbote, gerechte Gründe zur Verlassung des Dienstes vor Ablauf der vertragsmäßigen oder gesetzlichen Dienstzeit zu haben, so muss er die Herrschaft um den Abschied bitten, und wenn diese ihn*

---

34 Im Vorfeld gab es eine heftige Auseinandersetzung um die Frage der Ablehnung oder der Zustimmung, siehe Czitrich-Stahl 2011, S. 272 ff.

35 Der Prozess gegen den Bankier August Sternberg wegen Sittlichkeitsverbrechen aus dem Jahr 1900, siehe http://www.zeno.org/Kulturgeschichte/M/Friedl%C3%A4nder,+Hugo/Interessante+Kriminalprozesse/Der+Proze%C3%9F+gegen+den+Bankier+August+Sternberg+wegen+Sittlichkeitsverbrechen, Zugriff am 28. September 2014.

36 Zur „Konitzer Mordaffäre“, die zunächst von Vertretern der Antisemitischen Volkspartei als jüdische Ritualmordserie zu einer rüden antisemitischen Kampagne aufgebauscht wurde, sich aber brutale Morde entpuppte, deren Motive nie aufgeklärt werden konnten, siehe Czitrich-Stahl 2011, S. 390 ff.

verweigert, obrigkeitliche Hilfe suchen. In keinem Falle ist eigenmächtiges Entlaufen aus dem Dienste verstattet. Der entlaufene Dienstbote wird sofort, auf Antrag der Herrschaft, durch die geeigneten Zwangsmittel in den Dienst zurück gebracht und muss auf Verlangen der Herrschaft die Dienstzeit aushalten oder, wenn er triftige Ursache hat, die frühere Entlassung zu fordern, selbst in den unten (§ 44) angegebenen Fällen, bis Ende des laufenden Vierteljahrs oder, wenn er nur monatsweise gemietet war, bis Ende des laufenden Monats dienen. Überdies wird er nach den Umständen mit 3 bis 14 Tagen Gefängnis bei Wasser und Brot bestraft."

Diese Bestimmung zeigt Ihnen, daß ich durchaus Recht hatte. Nun kommt hinzu, daß in der Rechtsprechung in der Tat eine Reihe von Fällen so ergangen ist, wie ich es dargestellt habe, nämlich daß ein Dienstbote, der seine n Dienst ohne obrigkeitliche Genehmigung verlassen hat, auf Grund dieser Bestimmungen zurück geführt wurde, im Dienst ein Vierteljahr aushalten musste und mit Haft belegt wurde. Nun kann ich dem Herrn Vertreter des Bundesrats zugeben, daß möglicherweise in Folge der Darlegungen des Rechtsverhältnisses, die im weimarschen Landtag durch meinen Freund Baudert[37] stattgefunden haben, die neue Gesindeordnung, die eine dem § 25 wörtlich entsprechende Bestimmung nicht hat, im besseren Sinne ausgelegt würde. Es heißt da im § 46, wie der Herr Vertreter bereits anführte, daß die Zustimmung der Dienstherrschaft notwendig ist und die Angabe und die Angabe eines wichtigen Grundes. Die Sache steht also so, daß, wenn das Dienstmädchen nicht den Grund dem Dienstherrn angibt, sondern in Folge dieser unsittlichen Zumutungen ohne Weiteres davon läuft, daß in diesem Falle, wenn die Rechtsprechung so bleibt, wie sie früher war, trotzdem die Bestrafung und Zurückführung, auch unter dem neuen Gesetz bleiben würde. Ich hoffe, daß der Herr Vertreter von Weimar, der nach seinen neuerlichen Ausführungen auf dem Standpunkt steht, daß dieser Fall nach dem Gesetz nicht mehr eintreten soll, auch seine Kraft dahin verwenden wird, daß in der Tat derartig vorgegangen wird. Im Übrigen habe ich nur nebenbei auf Weimar exemplifiziert. Ich konnte anführen, daß dieselbe Bestimmung, die § 25 enthielt, bestand für Lauenburg bis 1900, dann für die Stadt Schwerin – ich glaube, sie ist dort jetzt aufgehoben – und noch besteht für Reuß ältere Linie.[38] Endlich darf ich darauf verweisen, daß der Entlassungsgrund, den

37 August Baudert (1860–1942), sozialdemokratischer Reichstagsabgeordneter und Landtagsabgeordneter in Thüringen, siehe http://de.wikipedia.org/wiki/August_Baudert, Zugriff am 25. September 2014.

38 Reuß ältere Linie war ein Kleinstaat im Osten Thüringens mit der Hauptstadt Greiz, siehe http://de.wikipedia.org/wiki/Reu%C3%9F_%C3%A4lterer_Linie, Zugriff am 26. September 2014.

uns hier der Herr Weimarer Bundesratsbevollmächtigte darlegte, doch nicht alle die Fälle umfasste, die ich umfasst haben will. Ich will in Übereinstimmung mit dem Bürgerlichen Gesetzbuch umfasst haben alle diejenigen Fälle, in denen eine Gefährdung der Sittlichkeit stattfindet, also nicht bloß diejenigen, in denen männliche Mitglieder der Herrschaft – es können auch weibliche sein – bereits zu Taten, zu Zumutungen übergegangen sind. Denn es kann eine sittliche Gefährdung in einer ganzen Reihe von Fällen vorliegen, denen gegenüber weder in der weimarischen noch in der preußischen Gesindeordnung Rechnung getragen ist.

Ich hatte das angeführt, um hier darzulegen, wie tieftraurig es ist, daß diese Gesindeverhältnisse wie bis zu einem gewissen Grade auch die Verhältnisse der ländlichen Arbeiter überhaupt nicht einheitlich geregelt werden. Ich will über diese Materie mich des Einzelnen nicht verbreiten, weil ich annehme, daß einer der nachfolgenden Redner auf diese Materie noch eingehen wird. Ich habe ja die Notwendigkeit der einheitlichen reichsgesetzlichen Regelung so häufig dargelegt, daß ich mich im Großen und Ganzen nur wiederholen würde, wenn ich hierauf heute eingehen würde. Aber meine Verwunderung muss ich darüber aussprechen, daß ich aus den Ausführungen des Herrn Staatssekretärs nicht einen einzigen Grund heraus gehört habe, der den Bundesrat veranlasst hat, diejenigen Resolutionen, die bezüglich der ländlichen Arbeiter, bezüglich des Gesindes, bezüglich der Bergarbeiter, bezüglich sämtlicher Arbeiter hier fast einstimmig dahin gefasst sind, daß eine einheitliche reichsgesetzliche Regelung verlangt wurde – ich sage: ich habe mich gewundert, daß der Herr Staatsekretär auch nicht einen einzigen Grund anführen konnte, weshalb der Bundesrat nach vier Jahren beschlossen hat, der Resolution keine Folge zu geben. Die Folgerung, welche ich rein politisch für meine Person daraus ziehe, werde ich zu verwirklichen suchen, nämlich daß ich den Beteuerungen der verbündeten Regierungen, soweit sie in die Zukunft reichen, nur so viel Wert beimesse, wie ihnen beigemessen werden darf, nachdem so auf sämtlichen Gebieten, wo der Schutz der Arbeit in Betracht kommt, das Reich nicht einheitlich vorgegangen ist, sondern den Einzelstaaten die Regelung überlässt. Wie notwendig einheitliches Recht für den Arbeiter ist, besonders für das Gesinde, welches mal hier, mal dort Dienst suchen muss, ist ja klar. Mit verschwindenden Ausnahmen, die man an einer einzigen Hand zählen könnte, wird niemand in Deutschland die verschiedenen rechtlichen Bestimmungen auf diesem Gebiet beherrschen. Verringert ist ja die Zahl der Gesindeordnungen, aber noch lange nicht so, das dies Gebiert übersichtlich ist für den Juristen, geschweige denn für das Gesinde. Ich will gar nicht von dem Inhalt der einzelnen Gesindeordnungen sprechen; das würde mich von meinem Vorsatz, auf diese Materie hier nicht einzugehen, abbringen.

Ich will einen Punkt streifen, den ich neulich anführen wollte, aber wegen der vorgerückten Zeit nicht angeführt habe, auf den eventuell in dritter Lesung zurück zu kommen ich mir vorbehalte. Ich möchte den Fall Koschemann behandeln, den Fall, in welchem nach der Überzeugung eines übergroßen Teils der Bevölkerung in Folge einer ganz eigentümlichen Art und Weise des Verfahrens ein, wie es scheint, Unschuldiger zu zehn Jahren Zuchthaus verurteilt ist. Ich möchte dabei insbesondere die Frage aufrollen, ob denn die Regierung nicht Anlass genommen hat oder nehmen sollte, aus Anlass des Falles Koschemann das Wiederaufnahmeverfahren, welches bis jetzt ohne Erfolg betrieben worden ist, doch zu erleichtern.

Der Herr Staatssekretär meinte bezüglich dessen, was ich neulich im Anschluss an den Sternbergprozess aus dem Strafprozess anführte, er könne sich darüber nicht äußern, da die Sache noch in der Schwebe sei. Ich habe den stenographischen Bericht durchgelesen; kein einziges Wort, welches ich gesagt, gab zu dieser Bemerkung Anlass. Es hat mir fern gelegen, irgendwie den Eindruck erwecken zu wollen, als ob ich auf schwebende Sachen einwirken wollte; das würde ich für etwas halten, was im großen Ganzen abzulehnen wäre. Ich habe die einzige Stelle, in der ich davon sprach, hier; das ist die, ob in der Tat der Herr Staatssekretär glaubt, daß die Art und Weise des Prozedierens – die vor dem Reichsgericht wahrscheinlich überhaupt nicht entschieden werden kann, denn darauf kann kaum eine Revision gegründet werden – die Art der Prozedur, daß man einen einzelnen nichts weniger als fleckenlosen Polizisten eine unkontrollierbare Art Voruntersuchung führen lässt, den Schutzmann Stierstaedter – mit dem Gesetz vereinbar ist, und wenn ja: doch schleunigst dieser Ausdehnung der Willkür ein Riegel vorgeschoben werden müsse. Auf diesen Fall Sternberg muss ich etwas eingehen, weil zu meiner nicht geringen Verwunderung der Abgeordnete Bindewald[39], wie er sagte, aus meine Ausführungen „heraus gelesen" hat, wie wenn der saubere Kinderfreund Sternberg unschuldig verurteilt sei; ich habe lediglich Ausführungen gemacht, aus denen sich klar ergibt, daß es mir unangenehm ist, an diesen Fall anknüpfen zu müssen. Die betreffende Stelle, aus der vielleicht der Herr Abgeordnete das heraus gelesen hat, lautet: „Ich muss sagen, es ist um so schwerer, an diesen Prozess anzuknüpfen, als es sich ja, wie es scheint, zweifellos um einen Angeschuldigten handelt, der die ihm zur Last gelegten oder ähnliche Handlungen begangen haben mag." Herr Abgeordneter, wo haben Sie diese Art des Lesens gelernt, daß Sie ganz das Entgegengesetzte heraus lesen? Dann habe ich

39 Friedrich Bindewald (1862–1940), Kunstmaler und Reichstagsabgeordneter der Antisemitischen Volkspartei, siehe http://de.wikipedia.org/wiki/Friedrich_Bindewald, Zugriff am 27. September 2014.

weiter ausgeführt: „Meine Herren, ich will noch einmal hier hervorheben: so sehr mir der betreffende Fall, in dem sich das alles abgespielt hat, der Fall Sternberg, gleichgültig ist, so notwendig ist es, auf dieses Übel" – nun komme ich auf die Art und Weise der Untersuchung – „hinzuweisen". Herr Abgeordneter, wenn Sie den stenographischen Bericht gelesen haben werden, müssen Sie klipp und klar hier erklären: Ich habe unrichtig gelesen oder gehört – Sie sprachen allerdings vom Lesen. Selbstverständlich ist die Frage, ob jemand eine derartige Handlung begangen haben mag oder wirklich begangen hat oder nicht, eine Frage, die mich blutwenig interessiert – um so weniger durfte Herr Bindewald annehmen, daß ich irgendwie dafür sei, daß der Betreffende freizusprechen ist oder nicht. Zu dem Resultate hätte der Herr Abgeordnete bei einem Rückblick auf die Stellung, die jener Sternberg doch eingenommen hat, und die ich eingenommen habe, kommen müssen. Ich will Herrn Bindewald erinnern, daß zu der Zeit, wo der verstorbene Kriminalinspektor v. Hüllessem mit Recht behauptete, daß er in dem Hause des Sternberg nicht verkehrt habe, zu der Zeit nämlich, zu der Sternberg im Auslande war, weil er eines ähnlichen Verbrechens beschuldigt war, ich es gewesen bin, der darüber geschrieben hat, daß es zu bedauern sei, wenn ein derartiger Mädchenverwüster der Gerechtigkeit entrückt wird. Diese Worte habe ich aus Anlass einer Fehde gebraucht, die ich mit der politischen Zeitung hatte, deren Eigentümer Herr Sternberg war, mit den „Berliner Neuesten Nachrichten", ein Organ, das nachher diesem Sternberg abgekauft ist und noch heute den Interessen des Kapitalismus in der Weise huldigt, wie es Herr Sternberg seinerzeit meinetwegen getan haben mag.

Der Herr Abgeordnete hat aber gerade durch seine Darlegungen mir Veranlassung gegeben, nun zu betonen, wie notwendig es ist, das Verfahren so einzurichten, daß der Richter nach Möglichkeit dagegen geschützt werde, daß seine Pflicht, ohne Rücksicht auf die Person des Angeklagten die Wahrheit zu ermitteln, erschwert werde durch einen Widerwillen gegen den Angeklagten, durch Voreingenommenheit gegen ihn aus sittlichem Ekel oder aus politischen Motiven. Der Herr Abgeordnete sprach fortwährend von dem zwanzigfachen jüdischen Millionär usw. Ja, meine Herren, ich habe allerdings den Prozess nicht ganz aufmerksam verfolgt; ich muss gestehen, mich haben nur die sozialen und rein politischen Erscheinungen an diesem traurigen Prozess interessiert. Aber das habe ich doch gefunden, daß Sternberg überhaupt kein Jude ist, sondern von christlichen, katholischen Eltern stammt. Herr Bindewald möge es mir nicht übel nehmen: diese Voreingenommenheit gegen eine bestimmte Religion, meinetwegen gegen eine bestimmte Rasse, daß nur ein angehöriger dieser das Verbrechen begangen habe, ist das absolute Gegenteil von Gerechtigkeit. Diese Art und Weise ist geeignet, die Wahrheit zu verhüllen. Ich habe hervor gehoben – und ich muss nach den Darlegungen des Herrn Bindewald das aufs Schärfste hervor heben, unterstreichen und wiederholen – daß ich ganz entschieden bekämpfen muss ein Verfahren, wenn es gesetzlich sein sollte, wie es dort eingeschlagen ist und nach der Verhandlung sich abgespielt hat. Ich könnte eine ganze Reihe von Vorkommnissen hier anführen; es kommt mir aber hauptsächlich darauf an, festzustellen, daß es ein untergeordnetes Polizeiorgan war, der Schutzmann Stierstädter – der außerdem zugegeben hat, daß er einen Brief, der zu den Akten gehörte, daraus hat verschwinden lassen, womit er sich einer schweren strafbaren Handlung schuldig gemacht hat, und der auch zugegeben hat, daß, als er so eine Art Untersuchung führte gegen eine Kupplerin, mit dieser in geschlechtlichen Verkehr getreten ist und dadurch das Verbrechen des § 176[40] vollendet hat – der oberhalb der Staatsanwaltschaft und vor allem oberhalb der Gerichte ohne jede Kontrolle Zeugen hat vernehmen können. Das ist, das muss unzulässig sein. Meine Herren, wer noch eines Rest des Sinns für Gerechtigkeit sich bewahrt hat, der muss dagegen mit aller Entschiedenheit auftreten, daß ein solches untergeordnetes Polizeiorgan unkontrollierbare Untersuchungen führt, wo eine geordnete Untersuchung gesetzlich eintreten sollte. Unsere Strafprozessordnung verlangt ja, daß, selbst wenn ein Richter vernimmt, ein Protokollführer zugegen ist, und lässt derartige Privatermittlungen absolut nicht zu. Herr Stierstädter ist von Herrn Bindewald sehr in den Himmel erhoben worden. Alles, was recht ist: so ganz besonders geeignet scheint mir dieser Mann nach dem eben Angeführten zur Ermittlung der Wahrheit doch um so weniger zu sein, als er noch dazu einen Hass gegen Herrn Sternberg hatte, weil er glaubte, daß dieser das Vermögen seines Vaters zunichte gemacht und damit sein eigenes Vermögen zusammen gescharrt habe. Wir haben ja später von ihm gehört, daß das nicht Sternberg war, sondern Strauß. Wie gesagt, ein Mann, der nah Zeugenbekundung sagte: „Dieser Jude Sternberg muss ins Zuchthaus, und wenn ich Jahr und Tag observieren müsste!" – der dies und Ähnliches zu Beginn des Prozesses sagte, das ist kein Zeuge, kein Mensch, von dem man annehmen kann, daß er zur Ermittlung der Wahrheit geeignet wäre.

Ich hatte an diesen Fall Sternberg besonders deshalb angeknüpft, weil sich in diesem Fall so recht klar zeigte, daß, selbst wenn es sich um ganz gemeine Verbrechen handelt, die jeder anständige Mensch verurteilen muss, an Stelle des geordneten Strafprozesses ein Weg eingeschlagen wird, der zur Ermittlung der Wahrheit nicht führen kann, der mindestens bei weitem ungeeigneter ist, als der geregelte Gang eines mit Rechtsgarantien umgebenen Prozesses. Wenn wir das

40 § 176 StGB meint sexuellen Missbrauch von Kindern, siehe http://www.gesetze-im-internet.de/bundesrecht/stgb/gesamt.pdf, Zugriff ebendann.

an einem solchen Beispiel so klar sehen, so habe ich ausgeführt, können wir uns denken, wie berechtigt die Klagen sind, dies seitens meiner Freunde und meinerseits darüber geführt wurden, daß in politischen Prozessen, insbesondere gegen Sozialdemokraten, in ähnlicher Weise eine allmächtige Polizei geobwaltet hat, und daß in mehreren Fällen anstatt der Ermittlung der Wahrheit gerade das Gegenteil von derartigen Leuten ermittelt ist. Es mag unangenehm sein, das in Anknüpfung an einen Fall anzuführen, wo es sich gerade um einen Mann handelt, den man an sich moralisch verurteilt; aber wegen dieser unangenehmen Seite durfte ich nicht mit der Kritik zurück halten. Auch ich verurteile gewiss dieses Verbrechen so tief, wie nur irgend jemand es verurteilen kann; aber ich verurteile darum nicht minder die leider so häufigen Verbrechen, die sonst an Kindern begangen werden, besonders in den geschlossenen Anstalten, von Seiten derer, die Elternstelle[41] an diesen ausüben sollen. Auch bin ich nicht so blind, anzunehmen, als ob hier ein ganz besonders einzeln liegender Fall vorgelegen hätte. Nein, aus den tagelangen Darlegungen, die seinerzeit bei Gelegenheit der Beratung der *lex Heinze* gemacht wurden, haben Sie sehr genau ersehen können, daß auf diesem Gebiete das Übel nicht nur so groß ist, wie ich es damals geschildert habe, sondern bei weitem größer, als man es insgeheim anzunehmen pflegt.[42] Gewiss, gewiss, die sozialen Aufgaben, die aus diesem Sternbergprozess zu Gunsten der Jugend abgeleitet werden müssen, sind außerordentlich ernst, außerordentlich tiefgreifend und das für uns als Abgeordnete scheint mir, Erwägenswerteste.

Ich bin auf dieselben nicht eingegangen, will auch im Augenblick nicht darauf eingehen, weil ich glaube, daß diese streng genommen zum Amte des Staatssekretärs der Justiz nicht gehören. Ich will darauf hinweisen, daß ich allerdings Erziehung, Aufklärung, soziale Hebung, durchgreifende soziale Reformen für notwendig halte, um die Verhältnisse, daß derartige Kinder in dem jugendlichsten Alter verführt werden können zu derartigen Gemeinheiten und fürs Leben unglücklich gemacht werden können, zu verhindern oder doch einzuengen. Den Herrn Abgeordneten Bindewald darf ich darauf hinweisen, daß aus dem Prozess folgt, daß diese Mädchen, um die es sich handelte, leider Jahre schon vorher, als der Sternbergfall eintrat, in ähnlicher Weise von Vielen gemissbraucht, ja leider bereits der Prostitution anheim gefallen waren. Was charakteristisch hierbei ist und allein mir Anlass gibt, noch einmal in Verbindung mit dem Etat des Staatssekretärs der Justiz es aus jenem Prozess heraus zu lösen, ist, daß sich aus dem

41 Etwas altmodisch klingend meint „Elternstelle ausüben“ heute „anstelle der Eltern die Erziehung übernehmen“.

42 Siehe dazu Czitrich-Stahl 2011, S. 332 ff.

Prozess klar ergeben hat, daß in einer hiesigen Zeitung eine Annonce erschienen ist, die angeblich Malmodelle suchte, tatsächlich der Unzucht Vorschub leistete, eine Annonce der Art, wie sie ähnlich massenhaft vorgefunden sind, wie wir sie bei Gelegenheit der *lex Heinze-Beratung* wiederholt hier vorgeführt haben. Annoncen, aus denen eine Polizei, die nicht nur wesentlich von politischen Motiven sich leiten lässt, sondern der daran liegt, daß die Verbrechen erforscht, entnehmen musste, daß durch solche Annoncen etwas Schamloses und Strafbares begangen wird. Die Verleger usw. von Zeitungen, die solche Annoncen aufgenommen haben – ich brauche nicht mit Fingern auf die einzelnen Blätter zu weisen, welche die Richtung auch heute schon haben –, haben sich schon nach dem alten Kuppeleiparagraphen der Kuppelei schuldig gemacht; sie sind leider niemals oder fast nie angeklagt. Daß sie so anzuklagen waren, hat das Reichsgericht wiederholt bestätigt in Fällen, die sich auf die Gerichte in Köln, Elberfeld usw. bezogen. Es ist vor der *lex Heinze* schon längst anerkannt worden, daß die Aufnahme derartiger unzüchtiger Treiben Vorschub leistender Annoncen strafbar ist wegen Vorschubleistung der Kuppelei und nach § 184. Da kann ich allerdings mit dem weiteren Vorwurf nicht zurück halten, daß es bedauerlich ist, daß die ersten Angriffe gegenüber strafbaren Handlungen und deren Ermittlung in die Hände einer Behörde gelegt sind, die meines Erachtens durch die Art und Weise, wie sie vorgeht, nicht gezeigt hat, daß sie dem Wortlaut des Strafgesetzbuchs in vollem Maße gerecht werden kann. Würden wir die Popularklage[43] haben, so würden wir die Möglichkeit haben, daß jeder Einzelne, der geschädigt ist, oder jeder Einzelne, der ein Gut verletzt glaubt, direkt an die Gerichte heran treten kann, nicht erst die Vermittlung der Polizei und der Staatsanwaltschaft haben muss. Ich kann nur wiederholen, was ich so häufig hier ausgeführt habe: Ich bezweifle nicht einen Augenblick, es würden dann wenigstens derartige Gelegenheitsmacher bestraft werden können, und in Zukunft eine Reihe Kinderverbrechen verhindert werden können. Aber selbstverständlich bleibt bei diesen Freveln gegenüber Kindern die soziale Hebung, die Hebung der Wohnungsnot, der Lohnverhältnisse, die Hebung ganz allgemein in sozialer Beziehung die Hauptsache; sonst werden immer wieder ähnliche Erscheinungen hervor treten. Der Abgeordnete Dr. Spahn[44] hat nicht recht, wenn er neulich meinte, wir haben hier so ein Stück Großstadtluft

---

43 http://www.rechtslexikon.net/d/popularklage/popularklage.htm, Zugriff am 29. September 2014. In der Bundesrepublik Deutschland nur in Bayern zulässig in Bezug auf Verletzungen der Landesverfassung.

44 Dr. Peter Joseph Spahn (1846–1925), Jurist und Reichstagsabgeordneter der Zentrumspartei, siehe http://de.wikipedia.org/wiki/Peter_Spahn_%28Politiker%29, Zugriff am 28. Januar 2015.

im Prozess Sternberg erkennen können. Herr Abgeordneter, ich kann Sie versichern, daß aus Anlass dieses Falles Sternberg an mich persönlich aus Ostpreußen, Westpreußen und der Provinz Sachsen etwa zehn Fälle heran getreten sind, deren Prüfung augenblicklich der Staatsanwaltschaft unterliegt, aus dem platten Lande, wo die einzelnen Mädchen, die jetzt hier in Berlin sich aufgehalten, ihren Eltern und Verwandten aus Anlass der Lektüre des Sternberg-Prozesses mitgeteilt haben: ach, bei uns ist so etwas noch viel schlimmer und noch vielmehr Gang und Gäbe.

Ja, Herr Abgeordneter Spahn, gewiss ist das hoch bedauerlich; ich bedauere das genau so wie Sie und Sie wie ich. Nur möchte ich bitten, wenn Sie an die Hebung dieses Übels heran treten, nicht immer an Großstadtluft zu denken. Es sind eine ganze Menge von Einflüssen, die zu solchem verbrecherischen Tun führen. Wesentlich ist hierbei die schlechte soziale Lage und die wirtschaftliche Übermacht einer ganzen Reihe von Personen, die Derartiges gemacht haben.

Es war die Rede davon, es habe der Sternberg-Prozess nach außen in gewissem Sinne angenehm gewirkt, weil hier ein Kampf des Kapitals gegen die Justiz versucht worden und das Kapital unterlegen sei. Irre ich nicht, so war es bereits mein Freund Herzfeld[45], der diese Behauptung zurück gewiesen hat und mit Recht. Hier hat es sich nicht um einen Kampf des Kapitals gehandelt; hier hat es sich um den Kampf des Geldes eines einzelnen Mannes gehandelt. – Ja, Herr Kollege Spahn, wenn Sie es so verstanden wissen wollen, so stimme ich mit Ihnen überein, daß hier das Geld diesen Kampf versucht hat, nicht das Kapital, – unter „Kapital" verstehe ich nicht jedes Geld, sondern das, was Mehrwerte schafft, was die Arbeit Anderer sich aneignen kann, und dessen Macht leider zur Klassenjustiz führt. Aber, wo es sich um gemeine Verbrechen handelt, scheidet die Klassenjustiz bis zu einem gewissen Grade wenigstens aus. Hier handelt es sich darum, daß, in der Tat versucht wurde, der Polizei mit Geld gegenüber zu treten. Meine Herren, ich habe es überhaupt nicht für möglich gehalten, daß in dieser erschreckenden Weise Geld, nacktes, blankes Geld auf die Polizeibeamten wirken könnte. Von einem Unterliegen der Geldmacht kann man daher nicht wohl sprechen: es hat stark gewirkt. Sie haben da den einen Beamten, der selbst zugab, daß er sich angeboten habe, gegen Entgelt in verbrecherischer Weise Mitteilungen zu machen. Sie haben auch nach anderer Seite Andeutungen, daß das Geld sehr wohl seine Wirkung getan hat. Ob schließlich der Erfolg eingetreten ist, den der Geldgeber eintreten lassen wollte, oder nicht, das ist gleichgültig. Ich glaube, mit so viel polizeilichen Leichen ist selten ein Boden bedeckt gewesen, wie es sich hier aus Anlass dieses

45 Joseph Herzfeld (1853–1939), sozialdemokratischer Jurist und Reichstagsabgeordneter, siehe http://de.wikipedia.org/wiki/Joseph_Herzfeld, Zugriff ebendann.

Falles ergeben hat. Sie werden es mir nicht übel nehmen, daß ich auf die einzelnen Persönlichkeiten der dort mitspielenden Polizeipersonen, denen nach der Verhandlung ein ganz gehöriger Makel oder mehr als ein Makel anhaftet, nicht näher eingehe; das würde keinen Zweck haben. Es ist bekannt, daß hier das Geld außerordentlich verheerend auf die Polizeibeamten gewirkt hat.

Meine Herren, ich stimme mit dem Herrn Abgeordneten Müller darin überein, daß dieser Prozess Anlass geben sollte, die Gerichte selbstständiger zu stellen, daß die Gerichte zu erforschen haben, daß in die Hände allein des Gerichts das erste Verfahren gelegt wird, und daß ferner die Voruntersuchung mit ganz anderen Garantien umgeben wird als heute. Denn das lässt sich nicht leugnen, mag einem der Sternberg widerwärtig sein. Er war zunächst wegen dreier Fälle angeklagt, in zwei Fällen wurde er als zweifellos unschuldig freigesprochen, konnte in diesen beiden Fällen vielleicht nicht freigesprochen werden, wenn er Mittel nicht gehabt hätte, um einwandfreies Entlastungsmaterial zu beschaffen. In diesen zwei Fällen hat er, wie es scheint, nur dadurch, daß er sein Geld springen ließ, nicht für Bestechungen, sondern indem er wirkliche Zeugen suchen ließ, Freisprechung erlangt. Es hat sich weiter dann nur noch um den Fall Woyda gehandelt. Mein persönliches Urteil – wenn der Herr Abgeordnete Bindewald so großen Wert darauf legt, es zu hören – geht allerdings dahin, daß, soweit mir die Verhandlung bekannt ist, ich es in höchstem Grade bedauere, daß durch die kolossale Ungeschicklichkeit und durch die kolossal auffallende Art und Weise ungesetzlicher Vernehmung es in der Tat absolut unmöglich ist, zu erkennen, wo in dem Falle Woyda richtig oder unrichtig geurteilt ist. Es liegt ja dann noch ein weiterer Fall vor, über den meine persönliche Ansicht eine andere ist, wo ich annehme, daß der Angeschuldigte wohl nicht zu Unrecht verurteilt ist. Übrigens zweifle ich nicht, daß noch mehrere Fälle von ganz derselben Art und Weise kommen werden, wo ihm die Schuld einwandfrei wird nachgewiesen werden können. Aber, meine Herren, ich muss ganz entschieden betonen, es mag sich um eine Person handeln, die noch so widerwärtig ist, wir haben zu verlangen, daß ohne Rücksicht auf die einzelnen Neigungen, ohne Rücksicht auf die Beliebtheit oder Unbeliebtheit des betreffenden Angeschuldigten lediglich die Wahrheit erforscht wird, und wir müssen danach trachten, daß die Mittel zur Wahrheitserforschung lautere sind. Das hier sind keine lauteren Mittel, weder auf der Seite derjenigen, die Ankläger spielen wollten, noch auf der anderen Seite, wie die Verteidigung seitens Sternbergs geführt worden ist. Ich glaube, wir haben alle Veranlassung, an einen solchen Prozess ich erinnere auch an die doppelte Untersuchung, daß inzwischen wieder ein anderes Verfahren herrscht, von dessn Einzelheiten der Angeschuldigte nichts erfährt – trotz der Widerwärtigkeit des einzelnen Subjekts anzuknüpfen und darzulegen, welch außerordentliche Missstände innerhalb der Rechtspflege bestehen.

Den Herrn Abgeordneten Bindewald will ich bei der Gelegenheit darauf aufmerksam machen: darauf kommt es nicht an, ob der eine oder andere Abgeordnete glaubt, daß in dem einen oder anderen Falle falsch judiziert ist, sondern darauf, ob die Institution so ist, daß die Ermittlung der Wahrheit verbürgt wird. Und das ist hier nicht der Fall gewesen. Ich bedauere, daß der Herr Abgeordnete Bindewald die Entrüstung, die er mir zuschreibt, nicht verstanden hat, die ich allerdings darüber habe, daß ein Beamter in Ausübung seines Amtes Zuchthausverbrechen begeht. Dafür habe ich allerdings kein Verständnis, wie er derartige Dinge noch entschuldigen kann. Ich habe mich allerdings mit aller Entschiedenheit dagegen gewehrt, daß ein Staatsanwaltschaftsbeamter erklärte, daß ein solcher Polizeibeamter wie Phönix aus der Asche entstanden sei. Es fällt mir nicht ein, ein Urteil abzugeben, wer von den beiden auf dem Gebiete der Sittlichkeitsverbrechen tiefer Einhergegangenen, ob der Schutzmann oder Sternberg, derjenige ist, der mehr Verurteilung verdient; das soll mir egal sein. Wir werden ja bei der Weiterberatung der *lex Rintelen* Gelegenheit nehmen müssen, das ganze Voruntersuchungsverfahren nach vielen anderen Richtungen hin einer Revision zu unterziehen.[46]

Meine Herren, es ist dann gestern hier ausführlich der Konitzer Mord besprochen worden. Ich stimme darin überein mit dem Herrn Abgeordneten Böckel[47], daß es notwendig ist, daß alle gesetzlichen Mittel aufzuwenden sind, um endlich den Mörder oder Totschläger, der den Winter ums Leben gebracht hat, ausfindig zu machen. Denn in der Tat der Umstand, daß man bis heute noch nicht weiß, wer ihn ermordet oder ihn im Affekt totgeschlagen hat, die ganze Art und Weise und der Umstand, daß diese Rechtsunsicherheit herbei geführt worden ist, ist sicherlich kein Beweis für die politische Findigkeit. Aber, meine Herren, ich suche den eigentlichen Grund, warum die Polizei auch bei diesem Verbrechen wieder versagt, doch im Wesentlichen darin, daß eine Polizeibehörde, die im Wesentlichen von politischen Motiven aus organisiert ist, die in ihrer Haupttätigkeit von sogenannten staatserhaltenden Motiven gegen die berechtigten Bestrebungen der erwerbstätigen Bevölkerung nach Bildung, nach Freiheit, nach Ausleben ihrer Individualität, nach Anteilnahme an den Segnungen der Kultur gelenkt wird, mit Notwendigkeit da versagen muss, wo ihre Hauptaufgabe ist, nämlich bei der Auf-

46 Hierbei geht es um die „Verfolgungsverjährung" im § 69 StGB in der Fassung von 1893, siehe http://koriath.jura.uni-saarland.de/textsammlung/pmwiki.php?n=VonBelingGrundz%C3%BCgeDesStrafrechts.0068. Zugriff ebendann. Heute beinhaltet der § 78 StGB die entsprechenden Bestimmungen.

47 Otto Böckel (1859–1923), Bibliothekar, Volksliedforscher und antisemitischer Reichstagsabgeordneter, siehe http://de.wikipedia.org/wiki/Otto_B%C3%B6ckel, Zugriff ebendann.

findung von Verbrechern. Meine Herren, ich schließe mich den Rednern an, welche dargelegt haben, welch beschämendes Zeugnis für die Findigkeit der Polizei daraus entnommen werden muss, daß wir in Deutschland durchaus nicht nur den Konitzer Mord, sondern eine ganze Reihe von Morden noch ungesühnt haben. Als ich hier vor etwa zwei Jahren im Stadtparlament diesen Umstand besprach, habe ich – täusche ich mich nicht – für die Dauer eines Zeitraums von 10 Jahren 13 Morde aus Berlin aufführen können, in denen der Mörder nicht entdeckt war, dazu noch einen Fall, wo zwar scheinbar ein Mörder entdeckt war, wo sich aber später heraus stellte, daß Selbstmord vorlag. Das ist ein beschämendes Zeichen für die Findigkeit der Polizei. Man sollte daraus entnehmen, daß man die Polizei von denjenigen Aufgaben, die ihr sonst zugewiesen werden, von den politischen Aufgaben, frei machen muss: dann wird sie klarer, schärfer sehen können, dann wird es überhaupt erst möglich werden, Verbrecher in größerer Menge als heute entdecken zu können. Es ist allerdings das recht beschämend für die Justiz. Der Herr Staatssekretär tut darin Unrecht, wenn er meint, solche Fälle gehörten nicht hierher. Jawohl, der einzelne Fall, ob er richtig oder falsch entschieden ist, das gehört vielleicht erst in zweiter Linie hierher. Aber es gehört durchaus hierher, aus Anlass des Falles Konitz darauf hinzuweisen, daß die Mittel der Justiz zur Zeit absolut versagen, und daß wir verlangen müssen, daß auf organische Änderungen hingewirkt wird auch seitens des Reichs-Justizamtes.

Wie sehr voreingenommen bestimmte Parteien sind, das haben Ihnen ja die Reden einiger der Herren Vorredner gezeigt. Es war mir in der Tat etwas wunderlich, wie zwei Redner hinter einander mitteilten: die Täter sind ja in Russland, aber die Hehler muss man haben. Ja, wie können Sie denn, wenn Sie nicht beweisen können, wer die Täter sind, mit solchen Gerüchten hier auftreten?

Es ist dann von dem Herrn Abgeordneten Böckel darum gebeten worden, daß eventuell 100000 Mark ausgesetzt werden. Verzeihen Sie mir, daß ich in diesem Punkte der Anregung entschieden widersprechen möchte, und zwar aus folgendem Grunde. Meines Erachtens liegt in einer so kolossalen Prämie, wie sie augenblicklich ausgesetzt ist – ich glaube, es sind 30000 Mark – immerhin schon die Gefahr, daß Leute aus einer armen Gegend, wie es die dortige ist, sich melden, daß sie den Täter entdeckt haben, ihre Phantasien als Tatsachen vortragen und schließlich an ihre Phantasien direkt glauben. So sehr ich dafür bin, daß nicht die geringsten Geldmittel gespart werden, so sehr möchte ich doch davor warnen, zu große Prämien auszusetzen, zu große im Verhältnis zu der außerordentlich schlechten sozialen Lage, in der sich die dortige Bevölkerung befindet. Es ist ein ganz natürliches psychologisches Ergebnis, daß, wenn solchen armen Leuten eine Prämie eventuell winkt, dann alle möglichen Phantasien mitspielen, und ich will meine persönliche Überzeugung gar nicht zurück halten, daß ich annehme, daß große Teile derer, die wegen Meineids verurteilt sind, nicht wegen wissentlichen Meineids hätten verurteilt werden können, wenn man auf diesen Einfluss der Phantasie Rücksicht genommen hätte. Ich nehme an, daß eine ganze Reihe von Leuten in jenen Prozessen die Unwahrheit zwar bekräftigt haben mit dem Eide, daß sie aber in demselben Augenblick, teilweise gelockt durch diese außerordentliche Höhe, durch das Gespräch, das sich daran geknüpft hat, die Unwahrheit auch geglaubt haben.

Bei dieser Untersuchung in Konitz tritt uns als charakteristisches Moment entgegen, daß wir noch immer außerhalb des Hauses Leute haben, die mit dem blödsinnigen, albernen Märchen eines Ritualmordes hausieren gehen, einem Märchen, von dem Luther einmal sagte, man müsste geradezu so dumm wie eine Sau sein, so etwas zu glauben, einem Märchen, das ja als Märchen wiederholt von einer ganzen Reihe von Päpsten charakterisiert ist, einem Märchen, für das auch nicht das Geringste dargeboten ist. Ich finde es ganz begreiflich, daß durch eine solche geflissentliche Legende die Untersuchung selbst außerordentlich erschwert werden muss, und ich schiebe, abgesehen davon, daß ja die Ermittlung eines Mörders immer recht schwer sein mag, abgesehen davon, daß die Polizei im vorliegenden Falle wenig Findigkeit bewiesen hat, einen mangel an Findigkeit besonders erwiesen hat, und daß nicht viel massenhafter sofort im Anfange Haussuchungen vorgenommen sind, als es geschehen ist, – abgesehen von diesen Momenten schiebe ich den Hauptgrund des negativen Ergebnisses jener Untersuchung darauf, daß es gewissenlose Leute oder vollendete blödsinnige Dummköpfe in der Tat außerhalb dieses Hauses gibt, die mit einem solchen Ritualmordmärchen hausieren gehen. Es kann allerdings bei einer Bevölkerung, die in ihrer Bildung leider so zurück geblieben ist, wie es die westpreußische ist, solch ein Aberglaube und Blödsinn, das Märchen auf guten Boden fallen. Wir haben ja auch aus christlichen Anschauungen heraus sich Aberglauben entwickeln sehen, der zu Verbrechen geführt hat. Das ergeben die Gerichtsakten aus schlesischen Gegenden. Aus den fünfziger Jahren liegt mir aus der Geraer Gegend ein Urteil vor, in dem jemand, der ein Mädchen, ein Kind, vergewaltigt hatte, sich mit dem Aberglauben entschuldigte, daß er von seiner ekelhaften Krankheit durch die Berührung mit einem unschuldigen Kinde geheilt werden könnte. Aber, meine Herren, es wäre doch geradezu ein Verbrechen, zu sagen, daß deshalb ein erheblicher Teil der Christen das auch glauben solle. Nun findet man freilich in einer in der Bildung so zurück gebliebenen Gegend, deren soziale Verhältnisse noch dazu so traurig sind, wie es in Konitz der Fall ist, für den vollendetsten Aberglauben den Boden gut vorbereitet; demnach ist es nicht zum Allerletzten die preußische Schulverwaltung, auf welche ein Gutteil des negativen Ergebnisses der Untersuchung zurück fällt. Wie diese Gegend in der Bildung zurück ist, sehen Sie auch schon daraus, daß die Anzahl der dort abgegebenen sozialdemokratischen Stimmen nur eine verschwindend geringe ist. Meine Herren, wenn Lachen Beweis wäre, so hätten Sie die Sozialdemokratie schon längst weg gebracht. Wenn das Lachen aber Zeichen der Verlegenheit ist, so danke ich Ihnen dafür, daß Sie gerade bei dieser Gelegenheit lachen.

Ich danke Ihnen für die Wiederholung. Ich meine, die Sache ist doch zu traurig und ernst, um nicht mit Entschiedenheit zu verlangen, daß die Wahrheit ermittelt wird, und daß die sämtlichen Mittel, die nach dieser Richtung hin angewendet werden können, auch aufgeboten werden. Ich glaube, an diejenigen Teile der Bevölkerung, die in Verlogenheit, in bewusster Unwahrheit mit einem derartigen Märchen hausieren gehen, die Aufforderung richten zu dürfen, mit der Verbreitung eines so blödsinnigen Märchens aufhören zu wollen. Denn diejenigen, die solche Märchen verbreiten, begünstigen es geradezu, daß die Täter des Verbrechens nicht entdeckt werden können.[48] Welcher Graf von Voreingenommenheit in gewissen Kreisen erreicht ist, sehen wir aus einer Äußerung, die der Herr Abgeordnete Liebermann v. Sonnenberg hier machte. Er sprach wiederholt von der schamlosen jüdischen Frechheit. Nun, meine Herren, ich nehme an, daß die Frechheit, wenn sie schamlos ist, zu verurteilen ist, gleichgültig von dem Bekenner welcher Religion sie ausgeht; aber gerade das Hineintragen des Wortes „jüdisch" überall dorthin, wo eine schlechte Eigenschaft charakterisiert werden soll, steht mir zu hoch, um den richtigen parlamentarischen Ausdruck ihr gegenüber anzuwenden. Was würden Sie wohl sagen, wenn außerhalb des Hauses Ihnen gesagt würde, „die maßlose antisemitische Frechheit" oder etwas Ähnliches? Da würden Sie mit Recht sagen: was hat an und für sich der Antisemitismus mit der Frechheit zu tun? Genau so ist es, wenn sie von der maßlosen jüdischen Frechheit oder dergleichen reden. Nein, meine Herren, Frechheit bleibt Frechheit, und die größte Frechheit gerade aus Anlass dieses Konitzer Mordes ist die, daß leider Leute, die nach ihrem Stande, nach ihrer Bildung wissen oder wissen müssen, daß sie ein blödsinniges Märchen verbreiten, wenn sie von Ritualmord reden, trotzdem nicht nur die Frechheit, sondern auch die Gewissenlosigkeit haben, zu verhindern, daß der wahre Mörder entdeckt wird, indem sie mit diesem Märchen weiter und immer weiter hausieren gehen. Die einzige Antwort eines anständigen Menschen für diese Art und Weise des Vorgehens ist die Verachtung!

---

48 Dieser Vorwurf richtete sich nicht zuletzt an die Antisemitische Volkspartei, deren Reichstagsabgeordneter Max Liebermann von Sonnenberg das Pamphlet „Der Blutmord von Konitz" publiziert hatte, das die Ritualmordthese verfocht, siehe Czitrich-Stahl 2011, S. 393.

6. Reichstagsrede zum Etat der Militärjustizverwaltung am 6. Februar 1908[49]

Meine Herren, auch ohne dieses Geräusch weiß ich, daß jedem Tiere die Töne eigen sind, die seiner Natur entsprechen. Ich habe mich zum Worte gemeldet, um einen Fall vorzubringen, der deutlich macht, wie notwendig es ist, die Vorschrift des Militärstrafgesetzbuchs zu ändern, daß die Gendarmen den Militärgerichten und nicht den ordentlichen Gerichten unterstehen. Meine Herren, es handelt sich um einen feigen Mord, der durch einen Gendarmen begangen ist – allerdings „nur“ an einen Arbeiter, um mich des Jargons der Herren zu bedienen, die besonders gegen die Arbeiter gesinnt sind, einen feigen, hinterlistigen Mord, der gegenüber einem Arbeiter begangen ist, bei dem aber bisher das Militärgericht ein Einschreiten gegen den Mörder abgelehnt hat.

Der Vorfall selbst hat sich zu Stolpe ereignet.[50] In der Nacht vom 22. zum 23. September[51] gingen einige Leute nach Hause, nach Hohen Neuendorf zu. Im Dunkeln stieß einer einen von mehreren Gendarmen in Zivil, die gekneipt und sich auf dem Wege aufgestellt hatten, durch Zufall an. Man konnte sie nicht sehen, es war Nacht. Der Herr[52] entschuldigte sich und ging ruhig weiter. Daraufhin liefen die Gendarmen, die möglicherweise etwas angetrunken waren – nach den Aussagen der Zeugen, die vernommen sind, glaube ich es nicht –, mit einem Male den Leuten nach und schlugen nun blindlings, der eine mit einem Stock, der andere mit einem Ochsenziemer, den er sich geliehen hatte – der Knüppel ist ihm nachher entrissen worden – von hinten feig auf die vor ihnen Gehenden ein. Es kam zu einem Handgemenge, der Ochsenziemer oder sonstige Knüppel wurde dem Gendarmen entrissen. Der eine Gendarm namens Jude – der andere heißt Tietz – schlug mit dem Revolver, dann zielt er mit dem Revolver, und schoss den Zimmermann Adolf Herrmann, der vollkommen untätig bei dem ganzen Vorfall beiseite stand, an. Nachher ist Herrmann, Vater mehrerer Kinder, leider gestorben. Daraufhin

---

49 http://www.reichstagsprotokolle.de/Blatt_k12_bsb00002840_00355.html, 96. Sitzung vom 6. Februar 1908, S. 2951 ff, Zugriff am 20. September 2014.

50 Stolpe war damals ein Gutsdorf und Amtssitz des Amtes Stolpe. Heute liegt es auf dem Gebiet der Gemeinde Hohen Neuendorf, Landkreis Oberhavel, Land Brandenburg, wenige Kilometer nördlich der Berliner Stadtgrenze des Bezirks Reinickendorf. http://www.hohen-neuendorf.de/hnd/orte/stolpe.html, Zugriff ebendann.

51 Gemeint ist das Jahr 1906.

52 Es handelte sich um den Arbeitersportler Adolf Herrmann, siehe Czitrich-Stahl 2011, S. 544 ff.

ergriffen beide Gendarmen, die also in Zivil, demnach nicht in Dienst waren, aber trotzdem der Militärgerichtsbarkeit unterstehen, schleunigst das Hasenpanier.

Meine Herren, wir sollten doch eigentlich in einem Rechtsstaat leben, und in einem solchen kann man verlangen, daß nun das Verfahren gegen denjenigen eingeleitet wird, der einen Arbeiter in dieser feigen, hinterlistigen Art gemordet hat. Aber was geschah? Zunächst wurde versucht, ein Verfahren durch die Staatsanwaltschaft gegen die sechs oder sieben Zivilisten einzuleiten, die überfallen waren. Bei der Staatsanwaltschaft stellte sich wohl heraus, daß die Sache offenbar so war, wie ich sie eben dargelegt habe, und der Staatsanwalt erklärte, da die Gendarmen nach ihrem eigenen Zeugnis außerhalb des Dienstes sich befanden, könne von einem Widerstand gegen die Staatsgewalt nicht die Rede sein. Die Verfolgung gegen die Zivilisten wurde also eingestellt, weil kein Grund zu der Annahme vorlag, daß sie sich strafbar gemacht haben. Freilich wurde dann dennoch versucht, auf eine andere Art gegen die Zivilisten vorzugehen, vielleicht auf Anregung der Militärbehörde. Die Militärakten kenne ich nicht in der Art, dazu bin ich auch nicht verpflichtet; aber die Militärbehörde hat das Recht und die Pflicht, wenn ihr solche Sachen mitgeteilt werden, nachzuforschen, und die Akten stehen ja dem Militärvorgesetzten zur Verfügung.

Also vielleicht auf Anordnung der Militärbehörde wurde dennoch versucht, gegen die Zivilleute vorzugehen, und zwar – wegen angeblich groben Unfugs oder ruhestörenden Lärms. In diesem Verfahren wurden nun auch die Gendarmen als Zeugen vernommen. Die Gendarmen haben – nebenbei erwähnt – sowohl bei ihren schriftlichen Anzeigen, in denen sie behaupteten, sie hätten sich in Notwehr befunden, wie später unter Eid so widersprechende Aussagen gemacht, daß man schon daraus allein das Schuldbewusstsein deduzieren kann. Aber hier kommt es darauf an: wie hat das Zivilrecht geurteilt? Das Gericht, die Strafkammer hat die sämtlichen Leute nicht nur freigesprochen, sondern ausdrücklich die notwendigen Auslagen der Staatskasse auferlegt wegen der frivolen Anklage, die gegen die Zivilisten erhoben war, um sie unschädlich zu machen und zu verhindern, daß sie als Zeugen in dem militärgerichtlichen Verfahren vernommen werden. Hier liegt also ein gerichtliches Urteil vor, freilich von einem Zivilgericht, aus dem sich ergibt, daß das Manöver, der Versuch, die unverdächtigen Zeugen als Zeugen im Militärverfahren auszuschalten oder verdächtig zu machen dadurch, daß man sie in einem anderen Verfahren bestraft, von dem Gericht zurück gewiesen ist.

Wie ist nun gegen die Mörder vorgegangen? Das Verfahren wegen Totschlags, wegen Mordes ist überhaupt nicht eingeleitet. Einer der Verwandten hat beantragt, wegen des Überfalls vorzugehen. Daraufhin ist allerdings ein Verfahren wegen angeblicher Körperverletzung und rechtswidrigen Waffengebrauchs eingeleitet worden. Es ist in dem Verfahren nicht berücksichtigt, daß Totschlag oder direkt Mord vorliegt nach der Darstellung, die die Zivilisten geben,

Nun hatte ich vorhin angeführt, daß von der Staatsanwaltschaft selbst auf Grund der eigenen Angaben der Gendarmen – zunächst war das uneidlich zugegeben – angenommen und aktenmäßig festgestellt ist, daß die Gendarmen sich nicht im Dienst befunden haben, sondern diese Schlägerei – sie waren ja auch nicht in Uniform –, die den Tod des einen nachher zur Folge hatte, gewissermaßen als Privatpersonen betrieben haben. Trotzdem erklärt nun ein Beschluss der 5. Division: In der Ermittlungssache gegen die Gendarmeriewachtmeister der 3. Gendarmeriebrigade Jude und Tietz wegen Körperverletzung und rechtswidrigen Waffengebrauchs sei das Verfahren einzustellen. Denn die Untersuchung habe ergeben, daß die beiden Beschuldigten in ihrer Zivilkleidung von vornherein als Gendarmen erkannt worden sind, und daß dies von einem der Antragsteller seinen Begleitern durch lauten Zuruf bekannt gemacht worden ist.

Dann wird weiter angeführt, sie seien angerempelt worden, aus dem Trupp der Zivilpersonen seien beleidigende Äußerungen gefallen, und die beiden Beschuldigten seien demnach berechtigt gewesen, die Personalien der Täter festzustellen! – Ich will in Paranthese feststellen: Unter Eid haben die Gendarmen vor der Strafkammer des Landgerichts Aussagen gemacht, aus denen erhellt, daß das, was sie hiernach vor dem Militärgericht ausgesagt haben mussten, unwahr ist. Es ist ihnen auch gar nicht eingefallen, die Personalien feststellen zu wollen; eine Feststellung erfolgt doch nicht durch Überfall und Schlägerei.

Als erst Tietz, dann Jude dem Trupp sich näherten, – wird im Militärgerichtsbeschluss festgestellt entgegen dem wirklichen Tatbestande – seien sie mit Schlägen empfangen worden. Durch Fortnahme der Stöcke seien sie wehrlos gemacht. Tietz habe um Hilfe gerufen, er sei von Herrmann am Halse gewürgt worden; da sei Jude hinzu gesprungen und habe von seiner Schusswaffe Gebrauch gemacht. Das Vorgehen der Beschuldigten habe Brechung des gegen die Staatsgewalt geleisteten Widerstandes bezweckt – meine Herren, entgegen der Feststellung der Staatsanwaltschaft, daß von einem Widerstand gegen die Staatsgewalt naturgemäß gegenüber Zivilpersonen keine Rede sein kann! – während Gewalt gegen ihre Person verübt und sie selbst mit gegenwärtiger Gefahr für Leib und Leben bedroht wurden. Der Waffengebrauch und die sonstige Anwendung von Gewalt sei nicht rechtswidrig gewesen, die Dienstinstruktion für die Landgendarmerie gebe ihnen das Recht dazu.

Nun, meine Herren, kann es keinem Zweifel unterliegen, nachdem durch die Staatsanwaltschaft und die Strafkammer festgestellt ist, daß die betreffenden Leute nicht im Dienste waren, kann auch keine Rede davon sein, daß nur ein Iota von dieser Art der Begründung zulässig ist. Der Tatbestand ist in dem Beschluss direkt auf den Kopf gestellt.

Freilich befindet sich die Sache jetzt insofern in der Schwebe, als die Witwe gebeten hat, doch endlich gegen den Mörder des Mannes vorzugehen. Soviel mir bekannt – es sind allerdings einige Wochen verflossen, seit ich die letzte Nachricht habe –, ist der Witwe bis jetzt keine Nachricht darüber gegeben worden. Aber man kann doch verlangen, daß nicht in dieser Art vorgegangen wird, daß man erst versucht, die Zivilpersonen, die als Zeugen vorhanden sind, gewissermaßen unschädlich zu machen, und dann einen mit den wahren Tatsachen nach den beschworenen Aussagen im striktesten Widerspruch stehenden Tatbestand zur Grundlage eines Einstellungsbeschlusses macht, sondern daß für den Mord eines Mannes Sühne zu geben gesucht wird.

Daß die Sache tatsächlich so liegt, meine Herren, daß hier ein Mord vorliegt, daß die Bezeichnung „Mörder" wohl nicht ungerechtfertigt sein mag, das kann ich auch daraus entnehmen, daß von der Staatsanwaltschaft mir gegenüber, der ich in einer öffentlichen Versammlung – wir pflegen in öffentlichen Versammlungen genau so frei zu reden wie hier – darlegte, daß in diesem Fall ein Mörder frei herumlaufe, zunächst versucht wurde, gegen mich ein Strafverfahren wegen Beamtenbeleidigung und Verleumdung einzuleiten. Bei der Vernehmung erklärte ich: Was ich gesagt habe, halte ich aufrecht, und ich werde den Beweis der Wahrheit antreten. Darauf bekam ich im März die Mitteilung, daß das Vorverfahren gegen mich eingestellt worden sei.

Wenn die Möglichkeit vorhanden gewesen wäre, aus meiner Darstellung des Tatbestandes eine Beleidigung auch nur in formeller Beziehung abzuleiten, dann hätte man es getan. Aber hier hat man klar voraus gesehen, daß in öffentlicher Verhandlung bewiesen worden wäre: hier wird ein Mörder deswegen nicht verfolgt, weil der Erschossene ein Arbeiter ist und weil der Mörder ein Gendarm ist. Welcher Grund liegt denn sonst vor, in einen Gerichtsbeschluss Behauptungen aufzunehmen, die der Wahrheit widersprechen? Die Gendarmen sind den Leuten nachgelaufen, der eine hat gerufen: „Jetzt haben wir euch Schweinehunde" – natürlich, sie waren frühere Militärs – und haben losgeschlagen. Als mir der Richter sagte: Herr Stadthagen, sie werden doch zugeben, daß hier nur Totschlag vorliegen kann, aber nicht Mord, – habe ich erwidert: „Mord liegt schon deswegen vor, weil die Leute unmittelbar darauf flohen. Wenn jemand im Affekt schlägt, läuft er nicht nachher davon und lässt nicht denjenigen, den er tot geschlagen hat, liegen."

An dem Fall zeigt sich's ganz klar, daß es notwendig ist, die Gendarmerie nicht dem Militärgericht zu unterstellen, sondern dem gewöhnlichen Gericht. Ich möchte den Vertreter des Kriegsministers bitten, dem Falle seine Aufmerksamkeit zu schenken, und will nur noch eins hervorheben. Unmittelbar nach diesem Morde erschienen in mehreren sogenannten nationalen Zeitungen die ungeheuerlichen Verdrehungen des Tatbestandes. Es wurde behauptet, jener

Zimmerer sei ein Räuber, oder er sei mit Räubern in Konflikt gekommen, der Gendarm sei durch Zufall dazu gekommen, der Ermordete hätte einen tätlichen Angriff gemacht, hätte eine Schusswaffe gehabt usw. Wer hat denn diese falschen Nachrichten in die Zeitungen gebracht?

Herr Kriegsminister möge die Güte haben, zu sehen, in welcher Art und Weise die eidlichen und die nicht eidlichen Aussagen der einzelnen Gendarmen fortwährend differieren, möge die beeideten Aussagen der Zivilpersonen einsehen oder die Beeidigung herbei führen und möge dann urteilen, ob es in der Tat gerechtfertigt ist, hier den Beschluss zu fassen: ich stelle das Verfahren ein, es handelt sich nicht um Totschlag oder Mord, nicht einmal um rechtswidrige Körperverletzung. Ich bitte dringend um strenge Untersuchung und darum, daß veranlasst wird, daß derjenige, der als verdächtig angesehen wird, vor Gericht gestellt wird, damit er zur Verurteilung kommt.

7. Reichstagsrede zum zweiten Nachtragshaushalt zum Reichshaushaltsetat für 1917 am 11. Oktober 1917[53]

Meine Herren, es sind im Wesentlichen drei Punkte, die die Vorlage uns präsentiert: einmal Änderung des Reichsamts des Innern, Änderung des Reichsjustizamts und endlich vollständige Umwälzung durch die Einrichtung der Vizekanzlerschaft.

Was die Änderung des Reichsamts des Innern anlangt, so habe ich das letzte Mal bereits dargelegt, daß es dringend erforderlich wäre, ein Reichsarbeitsamt einzurichten, und daß gerade die Verbindung der sozialen Sachen mit dem Handel und der Wirtschaft im Wirtschaftsamt der Sozialpolitik hinderlich ist. Der von der Sozialdemokratie gestellte Antrag auf Einrichtung eines Reichsarbeitsamts ist leider abgelehnt worden. Wir stehen nun vor der Frage: wollen wir der Zweiteilung zustimmen? Da bin ich im Gegensatz zum Herrn Vorredner[54] der Ansicht, daß die Zweiteilung eine Verschlechterung ist; sie hemmt mehr noch als bislang die Erfüllung der seit 40 Jahren von der sozialdemokratischen Partei hier im Reichstag erhobenen Forderung der Einrichtung eines Reichsarbeitsamts durch die Zweiteilung. Bei dem Reichswirtschaftsamt ist die Möglichkeit der Beeinflus-

---

53 http://www.reichstagsprotokolle.de/Blatt_k13_bsb00003407_00011.html, 126. Sitzung vom 11. Oktober 1917, S. 3883 ff, Zugriff am 11. November 2014. Es war Stadthagens letzte Parlamentsrede vor seinem Tod am 5. Dezember 1917.

54 Der Vorredner war Eduard David (MSPD), der der Zweiteilung zustimmte. David (1863–1930) gehörte zu den Hauptprotagonisten der „Burgfriedenspolitik“ seit dem 4. August 1914, siehe http://de.wikipedia.org/wiki/Eduard_David, Zugriff ebendann.

sung durch die wirtschaftlichen kapitalistischen Vereine noch größer, als wenn das Amt ungeteilt wäre. So viel bezüglich des Reichsamts des Innern.

Nur in zwei Punkten stimmen wir der Änderung zu, die sich gleichzeitig auf das Reichsjustizamt bezieht: es wird verlangt, daß die Patentamtssachen und das Bundesamt für das Heimatwesen[55] dem Reichsjustizamt angegliedert werden. Ich habe mich bereits in zweiter Lesung dafür ausgesprochen. Inzwischen ist eine Reihe von Petitionen eingegangen, die sich dagegen aussprechen. Ich vermag dem Wunsche der Petitionen nicht zu folgen. Die Gründe, die ich mir damals gestattete anzuführen, sind meines Erachtens durchschlagend. Es ist ein Vorteil für die Reichsjustizverwaltung, wenn die beiden eben von mir genannten Dinge ihm angegliedert werden.

Freilich darf man da auch eins nicht außer Acht lassen, was auch in einer der Petitionen anklingt, daß nicht etwa eine Überlastung beim Reichsjustizamt in der Weise eintritt, daß die eigentliche Justiz darunter Schaden leidet; dann kämen wir ja vom Regen in die Traufe. Das geschieht aber nicht dadurch, daß dem Reichsjustizamt das Bundesamt für das Heimatwesen und die Patentamtssachen zugeführt werden, wodurch es stärker als bisher mit dem wirtschaftlichen Leben, mit der Praxis in Verbindung tritt. Eine Überlastung des Reichsjustizamts würde sehr zu bedauern sein, wenn sie etwa unsere Justiz noch mehr depravieren[56] würde, als zu beklagen wir wiederholt Gelegenheit hatten. Das würde insbesondere dann der Fall sein, wenn man zu den Grundsätzen zurück kehren wollte, die der bekannte Justizminister Simons seinerzeit in Preußen vertrat. Die Herren werden sich entsinnen – ich glaube, es war im Jahre 1851 –, dass der Minister Simons dem Oberstaatsanwalt Sethe sagte, er solle sich als Oberstaatsanwalt bei der Erhebung der Anklage keineswegs daran kehren, daß eine Freisprechung der Gerichte in Aussicht stehe. Er solle die Anklage erheben, auch wenn eine Verurteilung nicht voraussichtlich wäre. Der Oberstaatsanwalt Sethe lehnte diese Zumutung ab und legte sein Amt nieder. Ihm folgte Herr Schwark.

Was wir neulich von dem Abgeordneten Mertin und Grafen Westarp[57] hörten, besonders von dem ersteren, klang all zu sehr daran an, und wenn ich jetzt dafür

---

55 Das Bundesamt für das Heimatwesen war ein oberes Verwaltungsgericht im Deutschen Reich seit 1870, das sich mit dem Armenwesen befasste, siehe http://de.wikipedia.org/wiki/Bundesamt_f%C3%BCr_das_Heimatwesen, Zugriff ebendann.

56 http://www.duden.de/rechtschreibung/depravieren, Zugriff ebendann. Depravieren meint entweder verderben oder versauen.

57 Kuno Graf von Westarp (1864–1945), konservativer bzw. deutschnationaler Politiker und Reichstagsabgeordneter, siehe http://de.wikipedia.org/wiki/Kuno_von_Westarp, zugriff ebendann.

eintrete, daß dem Reichsjustizamt mehr Gegenstände überwiesen werden, so soll das nicht dahin führen, daß nun die eigentliche Hauptaufgabe, eine unparteiische Justiz zu haben, depraviert werde. Meine Herren, es darf unter keinen Umständen der Grundsatz, daß die Gerechtigkeit allem Anderen vorzugehen habe, beim Reichsjustizamt wie überhaupt verlassen werden. Die Gerechtigkeit – es ist neulich dargelegt worden, daß vom obersten Leiter der Reichsleitung ihr entgegen gehandelt ist, allerdings hat er widersprochen – kann doch nur heißen, daß gleiches Maß Jedem gegenüber gilt. Wenn ich aber von vornherein erkläre, daß ich einem Teil gegenüber einen anderen Maßstab anlege, so ist das eben ungerecht. Das Ungerechteste wäre, auf dem Gebiete der Justiz etwa zu dem horrenden Grundsatz zu kommen, den seinerzeit die „Kreuzzeitung"[58] aufstellte, indem sie erklärte: die Freisprechung politischer Angeklagter muss dahin führen, die Untersuchungshaft so lange auszudehnen, bis das Verbrechen abgebüßt ist. Das wären ja Zustände, wie sie wohl manchen erwünscht sind, und wie sie durch die Einrichtung einer Vizekanzlerschaft tatsächlich in die Erscheinung treten können. Wir können über die Umstände, die wir hier in den letzten Tagen gehört haben, nicht hinweg gehen, weil sie hiermit im Zusammenhang stehen.

Wir wissen, daß die Oberreichsanwaltschaft bereits vor dem 2. Oktober die Erhebung de Anklage abgelehnt hat, weil zu einer Anklage gegen meine drei Freunde[59] nicht das geringste Strafbare vorliege. Wenn wir dann acht Tage später das hören, was wir hier gehört haben, so ist nicht zu viel gesagt, wenn ich behaupte: hier scheint in der Tat der Grundsatz wieder zu kehren: Klagt an, auch wenn der Betreffende unschuldig ist; weil er unschuldig ist, klagt an!

Und, meine Herren, da müssen wir uns sagen: der Vizekanzler, der keine besondere Aufgabe hat, pfuscht ja dann vielleicht hier hinein, der kann ja dann sagen: ja wohl, der Reichskanzler hat keine Möglichkeit, dasjenige, was er in die Wege geleitet hat, weiter zu führen. Er sei jetzt dazu da, um der Gerechtigkeit eine Bahn zu brechen. Meine Herren, eine Ungeheuerlichkeit, die wir hier erlebt haben, an der man nicht vorbei gehen kann! Wenn das Grundsatz werden

---

58 Die „Kreuzzeitung" erschien von 1848–1939 als bedeutende konservative, christliche und national orientierte Zeitung, siehe http://de.wikipedia.org/wiki/Kreuzzeitung, Zugriff ebendann.

59 Es handelt sich um Hugo Haase, Wilhelm Dittmann und Ewald Vogtherr, die Kontakte zu den meuternden und später hingerichteten Matrosen Max Reichpietsch und Albin Köbis hatten. Sie wurden von Reichskanzler Michaelis am 9. Oktober 1917 beschuldigt, hinter der Gehorsamsverweigerung zu stehen. Siehe dazu Wilhelm Dittmann, Erinnerungen, zweiter Band, Frankfurt am Main u. a. 1995, S. 520 ff.

sollte, so darf man sagen: von allen Staaten der Welt hätte Deutschland dann die schlechteste Justiz, die man sich denken kann.

Meine Herren, das Gegenteil der Gerechtigkeit ist es, zu sagen: Klage an, auch wenn der Mann unschuldig ist, auch wenn Du weißt: er muss freigesprochen werden!

Meine Herren, auf den Fall selbst gehe ich nicht weiter ein. Aber das muss ich sagen: gewundert hat es mich, daß – vielleicht infolge der Rede – doch versucht wird, wenn auch nicht gegen die Abgeordneten, so doch gegen irgend jemand anders vorzugehen. Mir ist mitgeteilt worden, daß gestern eine Freundin von mir, die Frau Zietz[60], verhaftet sei auf Grund der Vorgänge, von denen wir hier gehört haben. Meine Herren, das ist das erste, was wir hier sehen: ein Eingriff in die Justiz nach der Richtung hin, nicht danach zu gehen, ob Schuld oder Unschuld vorliegt, sondern nach der Person des Angeklagten zu gehen.

Der Herr Reichskanzler war besonders erregt darüber, daß ihm – mit vollem Recht – hier erklärt wurde, daß er für das Prinzip der Ungerechtigkeit eingetreten sei. Ja, meine Herren, es lässt sich doch nach dem, was wir erlebt haben, nicht leugnen, daß er in der Tat dafür eingetreten ist. Nun soll der Vizekanzler eingeführt werden. Der Reichskanzler ist verhindert, den Weg weiter zugehen, den Staatssekretär v. Capelle gegangen ist; der Vizekanzler soll das ausführen. Meine Herren, auch diesen Weg ebnen Sie, wen n Sie jetzt die Vizekanzlerschaft in dieser Art bewilligen, wie es beabsichtigt ist, und unter den Umständen, unter denen wir augenblicklich leben. Denn, meine Herren, es kommt nicht darauf an, ob man nur rein theoretisch gegen die Vizekanzlerschaft ist; es kommt auch auf das an, was wir erlebt haben, es kommt auf das Streben der Herren an, um die es sich eigentlich hier in der Vorlage handelt. Nach der Verhandlung vom 9. Oktober lässt sich doch nicht im Geringsten darüber ein Zweifel hegen: die Tatsachen, wie sie jetzt vorliegen, zwingen zu dem Schlusse: es wird weit hinaus gegangen über das Prinzip der Ungerechtigkeit, wie es der Innenminister Simons seinerzeit aufstellte, auch Unschuldige anzuklagen. Man ist so weit gegangen, das Prinzip aufzustellen: wiewohl man weiß, daß Unschuld vorliegt, wiewohl man weiß, daß eine Verurteilung nicht erfolgen kann, versucht man, Stimmung zu machen, damit eine Anklage gegen bestimmte Personen, gegen bestimmte Richtungen erfolgt. Meine Herren, das ist ein Verfahren, das mit Knüppeln totgeschlagen werden sollte, dem man aber nicht dadurch Hilfe leisten darf, daß man hier dieser Vorlage zustimmt.

60 Luise Zietz (1865–1922), sozialdemokratische Politikerin und Frauenrechtlerin (SPD/USPD), http://de.wikipedia.org/wiki/Luise_Zietz, Zugriff ebendann.

Meine Herren, ich möchte Sie in letzter Stunde noch dringend warnen, einer solchen Vorlage zuzustimmen; denn dadurch stimmen Sie dem zu, was wir auf dem Gebiete der umgekehrten Justiz hier am 9. Oktober erlebt haben, damit ebnen Sie dem die Wege. Meine Herren, das ist das Unerhörteste, was jemals in irgend einer parlamentarischen Geschichte und auf dem Gebiete der Beeinflussung der Rechtsprechung passiert ist, was wir hier erlebt haben. Und da wollen Sie jetzt die Mittel dazu bieten? Wo in aller Welt ist denn sonst dergleichen vorgekommen? Man muss in die erregtesten Zeiten des Sozialistengesetzes, man muss in die erregtesten Zeiten des Kulturkampfes zurück gehen, um etwas Ähnliches zu finden. Aber wo ist denn da so weit gegangen, daß jemand hier im Reichstag unter dem Schutze der Stellung, die er hat, auftritt und, obwohl er weiß: es liegt kein Material vor, obwohl von der zuständigen Oberreichsanwaltschaft gesagt ist: es liegt genügendes Material zu einer Anklage nicht vor, trotzdem hier den Anschein erweckt, als ob hier Verbrechen gegangen wären? Meine Herren, das ist das Unerhörteste, was denkbar ist, mit Bewusstsein hier das Falsche darzulegen.

Meine Herren, ich bitte Sie aus allen diesen Gründen: stimmen Sie gegen die Vorlage.

II. Für soziale Gerechtigkeit und ein fortschrittliches Arbeitsrecht!

1. Das Arbeiterrecht. Vorwort und Einleitung zur ersten (1895) und zweiten (1896) Auflage[61]

Vorwort

Die vorliegende Schrift will dem gewerblichen Arbeiter die Möglichkeit erleichtern, die wenigen Rechte, die ihm aus dem Arbeitsvertrage und aus der sogenannten sozialpolitischen Gesetzgebung erwachsen, kennen zu lernen und möglichst selbständig wahrzunehmen, sowie da, wo er als Gewerbegerichtsbeisitzer fungiert, seiner Aufgabe nachzukommen.

Sie behandelt in ihrem ersten Teil die Rechte und Pflichten, welche aus dem gewerblichen Arbeitsvertrag und aus der Unfall-, Kranken-, Invaliditäts- und Alters-Versicherung folgen. Die Anordnung in der Darstellung ist von praktischen Rücksichten geleitet. Eine Anzahl reichsgesetzlicher und landesgesetzlicher Bestimmungen (insbesondere aus dem allgemeinen Landrecht, dem code civil und dem bürgerlichen Gesetzbuch für Sachsen) ist wörtlich angeführt, an einigen Stellen auch auf die Stellung hingewiesen, die der Entwurf eines bürgerlichen Gesetzbuchs für Deutschland einnimmt.

Der zweite Teil enthält eine Darlegung des Verfahrens in Streitigkeiten vor dem Gewerbegericht, dem Amtsgericht, dem Landgericht, den Innungsorganen, dem Gemeindevorsteher und in Konkursverfahren.

Eine Reihe von Beispielen und Formularen zu Klagen, Anträgen, Berufungen und Beschwerden in gewerblichen Streitigkeiten, in Unfall-, Kranken-, Invaliditäts- und Altersversicherungssachen, in Interventions- und Beleidigungsklagen, umfasst den dritten Teil und soll den Arbeiter bei der Wahrnehmung seiner Rechte unterstützen. Die mir von verschiedenen Seiten aus geäußerten Wünsche und eine zehnjährige Erfahrung, in der ich jährlich Tausenden von Arbeitern zu raten Gelegenheit hatte, bewiesen mir die Zweckmäßigkeit einer solchen Stütze.

Arthur Stadthagen

---

61 Arthur Stadthagen, Das Arbeiterrecht. Rechte und Pflichten des Arbeiters in Deutschland aus dem gewerblichen Arbeitsvertrag, der Unfall-, Kranken, Invaliditäts- und Alters-Versicherung. Berlin 1895 (1.) bzw. 1896 (2.), S. 3 ff.

Einleitung

Lohnvertrag, Dienstvertrag oder Arbeitsvertrag heißt derjenige Vertrag, durch welchen Jemand seine (geistige oder körperliche) Arbeitskraft für eine bestimmte Zeit einem Anderen gegenüber gegen eine bestimmte Vergütung (Zahlung oder sonstige Gegenleistung) überlässt. Derjenige, der seine Arbeitskraft hergibt, der die Arbeit leistet, der also der eigentliche Arbeitgeber ist, wird nicht Arbeitgeber, sondern Arbeitnehmer (Arbeiter, Lohnarbeiter) genannt.[62] Als Arbeitgeber (Unternehmer) wird der Käufer der Arbeitskraft bezeichnet. Ihm gibt der Arbeiter seine Arbeitskraft deshalb, weil seine Arbeitskraft sein einziger Reichtum ist und er diesen nur durch Verdingung verwerten kann, so lange die Produktionsmittel – Maschinen, Grund und Boden, Bergwerke usw. – im Besitze nur Einzelner sind und nicht Eigentum der Gesellschaft und für und durch diese verwaltet werden. Der Arbeitgeber (Unternehmer, Kapitalist) gibt als Vergütung der vom Arbeiter geschaffenen Arbeit diesem einen Teil des Werts der Arbeit in Gestalt des Lohns. Den überschießenden Teil – den Mehrwert – gebraucht er zur Vermehrung seines Kapitals und zu seinem persönlichen Bedarf. Nicht mit einer Untersuchung, wie dieses Verhältnis zwischen Arbeitgeber und Arbeitnehmer entstanden ist, wie es zu ändern ist und umgestaltet werden wird, sondern lediglich mit den aus diesem Arbeitsverhältnis zur Zeit bestehenden Rechten und Pflichten des Arbeiters beschäftigt sich das vorliegende Buch.

Die übergroße Anzahl der in Deutschland Erwerbstätigen ist als Lohnarbeiter tätig, insbesondere als gewerbliche Arbeiter, als Bergarbeiter, als Seeleute, als Gesinde, als Handlungsgehilfen. Für jede dieser verschiedenen Arten von Lohnarbeitern gilt ein anderes Recht. Aus praktischen Rücksichten beschäftigt sich das vorliegende Buch nur mit dem Arbeitsvertrag zwischen dem gewerblichen Arbeiter und dem selbständigen Gewerbetreibenden.

2. Redebeitrag auf dem Parteitag in Gotha zur Frage des „Acht-Uhr-Ladenschlusses“ (14. Oktober 1896)[63]

„Ich bitte Sie, die beiden Resolutionen Wurm anzunehmen, aber das Amendement Adler, in welchem gefordert wird, daß der Parteitag den Achtuhr-Ladenschluß für eine Verkürzung der Arbeitszeit erklärt, abzulehnen. Was ist denn an dem

---

62 In einer Fußnote führt Stadthagen diese Definition auf das preußische Landrecht zurück, in der als „eigentliche Fabrikanten“ diejenigen bezeichnet werden, „welche in einer Fabrik arbeiten“, siehe Stadthagen, Arbeiterrecht, S. 10.

63 Abgedruckt in: LArch Berlin, A Pr Br Rep 030, Nr. 9468, Blatt 69, „Vorwärts“ vom 16. Oktober 1896, ebenso in Czitrich-Stahl, Arthur Stadthagen, a. a. O., S. 238 ff. Ema-

Vorschlag an den Bundesrat dran? Die Läden sollen nur von 5 Uhr morgens bis 8 Uhr abends offen gehalten werden dürfen, es sollen die Handelsangestellten nur eine halbe Stunde nach 8 Uhr beschäftigt werden dürfen. Die Maximalarbeitszeit würde also 15 ½ Stunden betragen, und das nennt Genosse Adler eine Verkürzung der Arbeitszeit. Dazu kommt, daß die, die als Packer verwendet werden, zu den Arbeiten herangezogen werden dürfen, die vor Eröffnung oder nach Schluss vorgenommen werden müssen, um den regelmäßigen Betrieb des Geschäfts zu ermöglichen. Jedoch soll die ununterbrochene Ruhe mindestens neun Stunden betragen. Wollen Sie wirklich, dass ein sozialdemokratischer Parteitag erklärt, daß er in diesem Vorschlag eine Verkürzung der Arbeitszeit erblickt? Was in der Resolution Wurm vorgeschlagen ist, ist genügend. Die Handelsangestellten können nicht mehr verlangen, als daß die alberne Behauptung der Gegner des Achtuhr-Ladenschlusses, die Arbeiterwelt sei dagegen, in energischer Weise zurückgewiesen wird. Aber wir müssen uns vor einer Überschätzung hüten, es gibt in Deutschland Orte, wo der Siebenuhr-Ladenschluss besteht, und da sollen wir die 15stündige Arbeitszeit als eine Verkürzung mit Freuden begrüßen! Dann müsste ja auch die Fraktion jetzt beim Handelsgesetzbuch nicht für unser Programm, sondern für diese geringe Forderung eintreten.

Was die Ausführungen des Gen. Eichhorn betrifft, so halte auch ich eine kräftige Agitation für den Achtstundentag für wünschenswert, aber wir können nicht darüber abstimmen, ob ein geschäftlicher Aufschwung besteht oder nicht. Ich persönlich bin der Ansicht, daß auf vielen Gebieten ein geschäftlicher Aufschwung besteht, nicht aber auf dem Gebiet der Textil-Industrie. Wir können also den in der Textil-Industrie beschäftigten Arbeitern nicht zurufen: Jetzt ist der Aufschwung da, nun mal los und für den Achtstundentag eingetreten! Die Einsetzung eines Ausschusses zur Sammlung von Material halte ich für überflüssig, ich fürchte daraus auch Konfusionen zwischen ihm und anderen Organen der Partei. Natürlich freue ich mich, daß diese Frage überhaupt angeregt und daß der Wunsch ausgesprochen ist, es möge mehr Material von den Genossen herangeschafft werden.

Eine ganz außerordentliche Gelegenheit, für den Arbeitsschutz als solchen zu agitieren, bietet uns die Beratung des Bürgerlichen Gesetzbuches. Da ist der Arbeitsvertrag nicht einheitlich geregelt, und die Kommission hat eine Resolution angenommen, daß eine einheitliche Regelung stattfinden soll. Hier ist der Punkt, wo die Parteipresse und die einzelnen Genossen mitwirken können, denn diese Frage ist aktuell.

---

nuel Wurm hatte als Berichterstatter an den Parteitag zur den Entwicklungen im Arbeiterschutz Stellung bezogen (ebd.).

Wir müssen uns doch darüber klar sein, daß wir die Forderungen unseres Programms nicht so nebenher aufgestellt haben, sondern aus der Erkenntnis der wirtschaftlichen Zustände heraus. Das charakteristische unserer heutigen kapitalistischen Produktionsweise ist ja, daß der Arbeiter seine Arbeitskraft als Ware an einen fremden Betrieb verkauft, und von diesem Grundsatz, den wir alle unterschreiben müssen, müssen wir bei der Betrachtung von Arbeitsverträgen, Arbeitsrecht und Arbeitsschutz ausgehen.

Wenn ich Verkäufer meiner Arbeit bin, so muss ich persönlich frei sein, der Arbeiter darf nicht persönlich gebunden sein; beim Arbeitgeber hingegen ist das nicht nötig; weil dessen persönliche Freiheit dadurch nicht beeinträchtigt wird. Aus der wirtschaftlichen Konjunktur folgt nur, daß der Arbeitnehmer jeden Augenblick den Vertrag lösen kann, und nicht, daß die Kündigungsfrist überhaupt aufgehoben wird. In der Konkurrenzklausel, im Schwitzsystem und in vielem anderen liegt eine Beeinträchtigung der persönlichen Freiheit. Der Arbeiter muss frei sein, er muss freies Koalitionsrecht haben, wenn er seine Arbeitskraft verkaufen soll. Wir haben, abgesehen von diesen allgemeinen Erfordernissen, auch damit zu rechnen, daß der rechtlich Freie tatsächlich noch nicht frei ist und deshalb verlangen wir schon vom heutigen Staat, daß er bestimmte Festsetzungen macht, die durch freie Vereinbarungen nicht verhindert werden dürfen. Dazu gehört vor allen Dingen die gesetzliche Reduzierung der Arbeitszeit auf ein vernünftiges Maß. Kleine Ansätze zur Besserung liegen ja in der Gewerbe-Ordnung, ich weise nur hin auf die gleichmäßige Kündigungsfrist, auf die Bestimmungen über Lohnzahlungen, auf das Verbot der Nachtarbeit für Frauen und jugendliche Arbeiter, auf die bundesrätlichen Bestimmungen über den Maximal-Arbeitstag. Wir haben im Bürgerlichen Gesetzbuch manche weitergehenden Bestimmungen, wir haben z. B. durchgesetzt, daß die Werkstätten und Läden nicht gesundheitsschädlich sein dürfen. Es ist unmöglich, hier auf alle Einzelheiten einzugehen, am besten werden wir vielleicht dem Wunsche weiter Kreise gerecht, wenn wir diesen Punkt auf die Tagesordnung des nächsten Parteitages setzen und vielleicht einen diesbezüglichen Gesetzentwurf hier debattieren. Das wäre aktuell. Die Frage, ob in einer ganz bestimmten Weise die Agitation in die Wege geleitet werden kann, können wir heute nur anregen. Das ist geschehen und ein Beschluss darüber ist unnötig, weil er jetzt doch nicht ausgeführt werden kann.“

3. Reichstagsrede zur Revision des Invaliditäts- und Altersversicherungsgesetzes und zur Armenunterstützung vom 28. Januar 1896[64]

„Meine Herren, ich würde nicht das Wort ergriffen haben, wenn nicht die ungeheuerlichen Behauptungen der Herren Abgeordneten von Staudy und von Stumm mir Veranlassung gegeben hätten, doch dem Mangel an Kenntnis gegenüber, der aus ihren Worten heraus sprach, einige Tatsachen hier mitzuteilen.

Der Herr Abgeordnete von Staudy behauptet, die Armenpflege auf dem Lande täte mehr für die Armen als speziell die in Berlin, in Berlin stände es ganz jämmerlich im Verhältnis zum Lande. Meine Herren, ich stehe allerdings auf dem Standpunkt, daß in Berlin weit mehr getan werden könnte, als tatsächlich geschieht; ich habe aber die Freude, aus eigener Praxis, da ich in der hiesigen Armendirektion seit Jahren beteiligt bin, die Prinzipien der Berliner Armenpflege zu kennen und aus dieser Kenntnis heraus die Vorwürfe zurückweisen zu müssen. Ferner sind mir insbesondere auch die Klagen bekannt – die über die Armenpflege im Osten, in Schlesien, Posen, Pommern, Ost- und Westpreußen mit vollem Recht seitens der Armen erschallen. Wenn Herr von Staudy behauptet, daß dort auf dem Lande auch nur annähernd für die Armen so gesorgt werde wie hier in Berlin, wo allerdings ganz gewiss nicht so genügend gesorgt ist, wie ich gesorgt sehen möchte, so befindet er sich in einem bedauernswerten Irrtum. Herr von Staudy sagte heute etwa, mancher Bauer habe es schlechter als sein Knecht. Ich würde ihn bitten, einmal eine Zeitlang Knecht zu sein und sich dann aber ferner als Armer auf dem Lande in seiner Heimat verpflegen und behandeln zu lassen, insbesondere in eines jener alten Almosenhäuser, die dort sind, einpacken zu lassen. Dann würde er ein zutreffenderes Urteil über die jammervolle Lage der Landarmen erhalten. Die höchste Unterstützung, die dort inklusive der Naturalien gezahlt wird, ist niedriger als in Berlin die kleinste Unterstützung. In Berlin werden jährlich etwa 7 Millionen für die offene Armenpflege ausgegeben, und es betragen die monatlichen Unterstützungen im Durchschnitt – ich habe die Zahlen augenblicklich nicht vor mir liegen, ich nehme nur einen geringen Durchschnitt an, um nicht zu hohe Zahlen zu nehmen – ungefähr 14 Mark. Und wie steht es dort mit dem Osten? In dem Augenblick, in dem wir an die Gemeinden im Osten herantreten, sie möchten 6 Mark Unterstützungsgelder, die Berlin verauslagt hat, auf Grund des Unterstützungsgesetzes erstatten, dann kommt fast stets sofort das Ersuchen, ihnen die Armen selbst zu überweisen, weil sie die Pflege der Ortsarmen eben für

64 http://www.reichstagsprotokolle.de/Blatt_k9_bsb00002756_00660.html, 28. Sitzung vom 31. Januar 1896, S. 673 ff.

billiger als 6 Mark machen könnten. Wenn solche Gesuche nach hier gelangen, geht ein Jammer unter den armen Frauen und Männern los, deren Transport nach der Heimatsgemeinde begehrt wird. Diese erzählen uns unter Tränen, wie jämmerlich sie es dort haben. Ich habe nicht einmal, sondern in einem Jahre, soweit ich die Freiheit genieße, mindestens in 100 Fällen erlebt, daß Leute sich an mich wenden, die aus dem Osten aus ihrem Unterstützungswohnsitz weggelaufen sind und bitten, man möge ihnen ein Almosen geben, weil es bei ihnen so jämmerlich bestellt sei, weil sie allzu stark das Unglück, arm zu sein, dort büßen sollen. Wenn man die Akten einfordert, – sehen Sie die Oberverwaltungsgerichtsakten und die Bezirksausschussakten durch! – dann werden Sie finden, mit wie wenig Rücksicht auf Menschlichkeit dort im Osten auf dem Lande vorgegangen wird; 6 Mark ist dort schon eine sehr hohe Unterstützung. Eins will ich Ihnen aber zugeben: im Westen, wo Industriebezirke sind und das Land nicht allzu weit von der Großindustrie entfernt ist, – ich rechne dazu nicht den Stumm'schen Bezirk – ist es hier und da besser; aber im Osten, von Ostpreußen bis nach Brandenburg, auf dem platten Lande wird für die Armen sicher nicht besser gesorgt, als für ein Tier, geschweige als für ein Schwein, was es ja bei Ihnen sehr gut haben soll. Die höchsten Bezüge, die bei Ihnen auf dem Lande für Arme gewährt werden, sind niedriger als die niedrigsten in Berlin; und ich fordere den Herrn von Staudy auf, statt der allgemeinen Behauptungen, die er angeführt hat, Tatsachen anzuführen, aus denen sich die Richtigkeit seines Urteils ergeben könnte. Ich glaube also, daß Herr von Staudy keinerlei Recht hatte, mit der Wahrheit so schreiend im Widerspruch stehende, durchaus hinfällige Urteile hier abzugeben.

Auch der Herr Abgeordnete Herr Freiherr von Stumm hat ja Tatsachen für sein, wie gewöhnlich, falsches Urteil nicht anzugeben vermocht. Aber das hat er zu behaupten vermocht, daß die Koalitionsfreiheit ja eigentlich gegeben sei, sie bestehe gesetzlich, könne aber doch im ganzen Umfange nicht bestehen. Ich will hier auf dieses nicht ganz zur Sache gehörige Gebiet nicht ausführlich eingehen; nur das möchte ich hier dem Herrn von Stumm erwidern, daß ein Herr, bezüglich dessen im Prozesse nun festgestellt ist, daß er noch andere Großkapitalisten versucht hat dahin zu bringen, sich mit ihm zu verbinden, daß sie keine Arbeiter mehr annähmen, die Sozialdemokraten sind, daß sie keine Arbeiter mehr aufnehmen, die auch nur die „Hilfe" lesen – die Arbeiterkategorie, die ultramontan denkt, hat er nicht unter seinen Ausschluss aufgenommen, weil er die Macht der Ultramontanen vielleicht noch etwas mehr als die anderen fürchtet – wie ein solcher Herr noch von Koalitionsrecht sprechen kann, das verstehe ich absolut nicht. Der Herr Abgeordnete von Stumm hat in dankenswerter Offenheit erklärt: in demselben Augenblick, in dem die Arbeiter sich zusammentun, werden sie sich des Gegensatzes bewusst, der besteht und – wie ich hinzufügen darf – bestehen muss zwischen dem Arbeitgeber und Arbeitnehmer, zwischen dem Ausbeuter und Ausgebeuteten. Meine Herren, aus diesem Grunde, sagt der Herr Freiherr von Stumm, sei er gegen jede Organisation, also gegen jede Koalitionsfreiheit. Das glaube ich ihm gern. Aus welchem Grund denn weiter als aus dem, damit er möglichst billiges Material hat, das für ihn arbeiten kann, das nach seiner Pfeife zu tanzen hat! Wir haben ja über die Koalitionsfreiheit des weiteren zu sprechen bei Gelegenheit der Erörterungen der Anträge, die wir zum Schluss derselben als Initiativanträge gestellt haben. Nur das eine darf ich dem Herrn von Stumm noch erwidern. Wenn selbst er vorhin es für recht gehalten hat, daß Korporationsrechte nicht dem Verband der Metallindustriellen gewährt seien, weil das das Prinzip der Gleichberechtigung verletzen würde, so ist das eine formale Kleinigkeit. Dieser Verband ist ja jener, über dessen Verhältnis zu den Staatsverwaltungen und dessen Oberherrschaft gegenüber dem Eisenbahnministerium, den Eisenbahndirektionen, dem hiesigen Polizeipräsidium u.s.w. Vor Jahren hier bei Gelegenheit der Erörterung über § 153 durch die Broschüre „Ein Komplott gegen die Arbeiterklasse“ ausführlich gehandelt ist!

Nein, meine Herren, lassen wir dies aus dieser Diskussion, die sich um die Alters- und Invalidengesetzgebung dreht, vorläufig aus dem Spiel. Meine Herren, prüfen Sie nur diese objektiv, dann, glaube ich, werden Sie nicht anders können als bei ruhiger Überlegung unseren Anträgen sich etwas wohlwollender gegenüberzustellen. Sie werden dann zugeben müssen, wenn Sie nicht auf dem Standpunkt des Herrn von Stumm stehen und es für ein Unglück halten, wenn der Arbeiter erwacht und sich klar wird über die Gegensätzlichkeit der Interessen, daß Sie auch von Ihrem Standpunkt aus für unsere Anträge stimmen müssen. Gegen die Herabsetzung auf sechzig Jahre habe ich mich vergeblich bemüht von Ihnen einen durchschlagenden Grund zu hören. Ich möchte aber doch noch darauf aufmerksam machen, daß, wenn Sie unseren Antrag zu a ablehnen, Sie damit die Fortdauer eines Übels als berechtigt anerkennen, das sich insbesondere auf dem Lande gezeigt hat. Unser Antrag zu a verlangt einmal die Herabsetzung von 70 auf 60 Jahre, außerdem aber den Fortfall der Wartezeit. Ich weiß nicht, welche größere Ungerechtigkeit bestehen kann, als daß Sie Männer und Frauen zwingen, über 70 Jahre hinaus kleben zu müssen, wiewohl deswegen, weil ihnen an der Wartezeit eine Kleinigkeit fehlt, der Genuss einer Rente ihnen nie zusteht. Ich glaube: Leuten, die 73 oder 74 Jahre alt geworden sind, aus Mangel an ein paar Wochen Wartezeit die Rente vorzuenthalten und sie trotzdem weiter kleben zu lassen, das ist eine Ungerechtigkeit eminentester Art. Sie wird ja selbst von Versicherungsbeamten aus dem Osten als solche bezeichnet. Und Sie wollen hier nicht für unseren Antrag stimmen, der unter anderem auch die Beseitigung dieses Übels vornehmen will? Da können Sie nicht mit der Geldfrage kommen, denn die Abschaffung der Wartezeit kostet so gut wie gar nichts. Aus Ihrer Ablehnung werden weite Kreise des Volks entnehmen können, daß eine wirkliche Verbesserung, wie wir sie anregen, von Ihnen deswegen abgelehnt wird, weil sie von den Sozialdemokraten angeregt ist, eben weil die Sozialdemokratie die Vertretung der politisch reif gewordenen Arbeiter ist.

Dann ist an den Herrn Staatssekretär schon vorhin die Bitte gerichtet worden, er möge doch einmal eine Zusammenstellung machen, in wie viel Fällen denn eigentlich von den Armenverwaltungen Alters- oder Invalidenrente abgezogen werden. Ich weiß, daß eine derartige Arbeit ziemlich viel Mühe und Zeit erfordert, namentlich bei der Langsamkeit, mit der insbesondere in den beiden letzten Jahren auf dem Gebiet der Sozialpolitik im Reichsamt des Innern gearbeitet wird. Ich möchte den Herrn Staatssekretär bitten, wenn diese Arbeit für seine Hilfskräfte zu viel sein sollte, dann lieber gleich schleunigst die Aufhebung der Bestimmung zu veranlassen, die es zulässt, daß die Armenverwaltungen derartige Gelder für sich in Beschlag nehmen. Wenn sich aber dennoch Zeit finden sollte, diese Aufstellung zu machen, so wird es sich sehr bald herausstellen, daß das Rechenexempel, welches vorhin der Herr Staatssekretär hier aufgestellt hat, außerordentliche Löcher aufweist. Sie haben dabei nicht bedacht, wie viele Millionen jährlich hauptsächlich im Osten deshalb weniger gezahlt werden an Armengeldern, weil die Invalidenrente ja einen Teil der Almosen bildet. Ich habe neulich dem Herrn Staatsekretär gegenüber, als er meinte: Sie nehmen doch lieber ein bisschen, wenn es auch wenig ist, lieber als gar nichts – dazwischen gerufen: fällt mir gar nicht ein! Ich stehe auch heute noch auf dem Standpunkt. Was bieten Sie denn durch die Altersversicherung, die Sie heute gewähren? – nichts weiter als einen kleinen Teil eines Almosens, mit dem allein ein Mensch heute durchzukommen nicht in der Lage ist. Während aber früher wesentlich auf den Schultern der Besitzenden die Aufbringung dieser Almosen lag, haben Sie durch die Klebelast wesentlich auf die Schultern der Arbeiter die Aufbringung dieser Armenlasten, die am Ende dieses Jahrhunderts etwa 400 Millionen daliegenden Kapitals betragen werden, gelegt. Wenn der Herr Minister sich in die Lage eines Rentenempfängers setzen möchte – ich habe die Akten über mehrere Fälle vor mir –, der nach jahrelangem Hin- und Herstreiten eine kleine Invalidenrente heraus streitet, und dem, wenn er recht freudig denkt: jetzt hast du wenigstens 40 Pfennig pro Tag nach zweijährigem Herumprozessieren heraus gestritten – die Armenverwaltung sagt: die nehme ich für mich weg, du hast ja inzwischen Almosen bekommen, – so wird der Herr Minister mich verstehen, wenn ich sagte: nein, lieber will ich gar nichts, als daß ich mich ein paar Jahre streite, um eine kleine Rente zu bekommen, die mir die Armenverwaltung für geleistete Almosen wegnehmen kann und wegnimmt. Mit derartigen Almosen dienen Sie uns in außerordentlichem Maße; denn dann wird es in den weitesten Kreisen klar, daß Sie mit dem Ausdruck „Rente" dem Arbeiter gegenüber das bezeichnen, was man sonst als Bettelgroschen, als Almosen zu bezeichnen pflegt. Ich möchte sehen, was Sie einem Gesetz gegenüber sagen würden, das derartige Pensionen für Beamte festsetzt und die Aufschrift hätte: Rentengesetz für Beamte. Sie würden in eine Wut von Entrüstung geraten, daß man so ein paar Pfennige Rente nennen kann und nicht Almosen.

Wenn Sie diese Armengesetzgebung – weiter ist sie augenblicklich nichts – wirklich reformieren wollen, so stimmen Sie unseren, wie zugegeben werden musste, schließlich, wenn man will, durchführbaren Anträgen zu. Ich würde auch für die Anträge des Zentrums stimmen, obwohl sie bei weitem nicht das erreichen wie unsere Anträge. Stimmen Sie meinetwegen auch den Anträgen des Zentrums zu; sie würden dann wenigstens der Regierung den Anstoß geben, endlich auf dem Gebiet der Sozialpolitik vorwärts zu gehen.

(Bravo! Links)"

4. Für die Unentgeltlichkeit der Lernmittel an Berliner Schulen". Auszüge aus den Reden von Arthur Stadthagen vom 20. November 1896 zu den Anträgen der sozialdemokratischen Fraktion in der Berliner Stadtverordnetenversammlung[65]

„Stadtverordneter Stadthagen: ...Unser Antrag geht dahin den Magistrat zu ersuchen, für Unentgeltlichkeit der Lehrmittel für die Kommunalschulen Sorge zu tragen. Wenn wir nach dieser Richtung hin Geldbewilligungen irgendwie beantragen, so meine ich, haben die politischen Gegensätze bei Erwägung der Berechtigung unseres Antrages völlig zu schweigen.

Gewiß sind die Endziele der Schule, denen die einzelnen Parteien nachstreben, ganz verschiedene. Meine politischen Freunde und ich streben diesbezüglich dahin, daß dem Einzelnen die freie Möglichkeit gegeben werde, Unterricht jeder Art sich zu verschaffen und die hierzu nötigen Mittel, das wären keineswegs nur die direkten Unterrichtsmittel, zu erhalten. Daß mit diesem Endziel wahrscheinlich keiner von den anderen hier anwesenden Herren einverstanden ist, ist uns klar.

65 Protokoll der Stadtverordnetensitzung vom 20.11.1896, S. 295–299. Der dokumentierte Text ist entnommen aus der Dokumentensammlung von Werner Lesanovsky, Den Menschen der Zukunft erziehen, S. 408 ff. Im Original ist er zu finden in LAB, A Rep 000-02-01, Nr. 1429, S. 347 ff und auch abgedruckt in Czitrich-Stahl, Arthur Stadthagen, a. a. O., S. 379 ff.

Ich glaube aber, selbst diejenigen, die noch so sehr unserem Endziel entgegenstehen, werden doch wünschen, daß sämtliche Fähigkeiten des Kindes entwickelt werden in körperlicher, moralischer und intellektueller Hinsicht. Unser Antrag ist kein Ausfluss unserer Endbestrebungen auf diesem Gebiete des Schulwesens. Ja, ich meine, mit dem hier vorliegenden, jetzt zur Beratung stehenden Antrage ist bei weitem noch nicht alles das gefordert, was die Stadt bereits gegenwärtig aufwenden kann, um eine bessere Erziehung auf der Grundlage der Gesetzgebung, der bestehenden Wirtschaftsordnung und trotz der Verschiedenheit unserer Bestrebungen bezüglich der Zwecke des Unterrichts und der Ziele unseres Schulwesens schaffen zu können.

...Sie müssen den Antrag annehmen, weil die bestehende Gesetzgebung von der Gemeinde Lehrmittelfreiheit für die Volksschulen verlangt. In Artikel 25 der preußischen Verfassung ist in den beiden ersten Absätzen ausgesprochen, wer die Mittel zur Errichtung und Erhaltung der Volksschulen hergeben und wer für die Besoldung der Lehrer sorgen soll. Dann heißt es wörtlich im dritten Absatz: In der öffentlichen Volksschule wird der Unterricht unentgeltlich erteilt.

Ein eigentümlicher Gedankensprung wäre, die Folgerung aus diesem Artikel zu ziehen, daß mit der unentgeltlichen Erteilung des Unterrichts nur gemeint sei der Wegfall des Schulgeldes. Aus diesem Zusammenhange und dem klaren Wortlaut der Bestimmung wie aus der Absicht des Gesetzgebers folgt ohne weiteres, daß alle Mittel, die notwendig sind, um unterrichtet zu werden, unentgeltlich darzureichen sind. Es steht absolut nichts davon, daß nur das Schulgeld wegfallen soll, sondern daß der ganze „Unterricht unentgeltlich erteilt" werden soll.

...zum Unterrichten gehört zwar in erster Reihe die persönliche Arbeitskraft des Lehrers, aber sie werden mir zugeben, daß der Unterricht, wie er jetzt beschaffen ist und beschaffen sein muß – vor allem bei der enormen Überfüllung in den Volksschulklassen – wesentlich mit Hilfe auch anderer Unterrichtsmittel mündlich vor allem mit Hilfe von Büchern und Heften erteilt wird. Doch nur in den seltensten Fällen, die jedenfalls den Vorschulunterricht nicht treffen, wäre es ja denkbar, daß ein Kind ohne Bücher und ohne Schreibhefte durch einen vorzüglich begabten Lehrer unterrichtet werden könnte – das will ich Ihnen konzedieren. Aber diese Ausnahme, daß ohne jedes weitere Unterrichtsmittel als die persönliche Kraft des Lehrers unterrichtet werde, kann doch für die Volksschule mit der Fülle und Überfülle von Kindern in den einzelnen Klassen keine Anwendung finden und findet ja auch tatsächlich keine Anwendung. Geben Sie aber zu, daß zum Unterricht in der Volksschule unpersönliche Lehrmittel nötig sind, so werden Sie auch zugeben müssen, daß wenn in der Verfassung die „Unentgeltlichkeit der Unterrichtserteilung" ausgesprochen wird und wenn an diesem Wortlaut nicht gedeutelt und gerüttelt werden darf, darunter etwas anderes nicht verstanden werden darf als das alles, was notwendig ist, um Unterricht zu erhalten, in den Volksschulen unentgeltlich gewährt werden soll. Wenn heute ein Soldat reiten lernen soll, so fällt es doch keinem Menschen ein zu denken, dieser Unterricht könne erteilt werden allein durch die persönliche Kraft des Lehrers; sondern jeder halbwegs vernünftige Mensch wird annehmen, zum Erlernen des Reitens wird der Soldat auch noch eines weiteren Lehrmittels bedürfen; nämlich dessen worauf er reiten soll… Es kommt nicht darauf an, ob in diesem Jahr mehr, in dem anderen Jahr etwas weniger verausgabt ist, sondern wie viel durchschnittlich in den letzten Jahren ausgegeben ist. Und da stellt sich eine Übereinstimmung mit dem letzten Etat heraus, daß für den Schüler einer Gemeindeschule 44 bis 47 M, für einen Schüler der höheren Schulen ungefähr 90 M jährlich seitens der Stadt aufgewendet worden sind. Sie werden bei Nachrechnungen zugeben, daß ich die Berechnung objektiv aufgestellt habe…

Ich meine, es liegt im allgemeinen Interesse, daß die Kinder die Lehrmittel zu gleicher Zeit haben. Jetzt sind ja leider 55 bis 60 Schüler in einer Klasse. Wir wollen hierüber jetzt nicht rechten, aber Sie werden mir zugeben: je mehr Kinder in der Klasse sind, desto schwerer ist es, Rücksicht darauf zu nehmen, wenn ein Kind 2,3 Wochen warten muss, ehe es mit den Schulbüchern in die Klasse kommen kann. Sie werden mir auch zugeben, daß das sittliche Band zwischen Eltern und Kindern doch vielmehr dadurch befestigt wird, daß die arme Mutter oder der unbemittelte Vater nicht gezwungen sind, dem Kinde zu sagen: Ja, ich kann Dir nicht helfen, wenn der Lehrer Nachbleibestunden gibt, weil du die Bücher nicht hast, ich kann sie dir nicht schaffen, ich habe kein Geld…

…Also, meine Herren, ich bitte Sie ganz ohne Rücksicht darauf, daß Sozialdemokraten diesen Antrag gestellt haben, ganz ohne Rücksicht darauf, daß die Endziele, die wir bezüglich der Schule verfolgen und deren Erreichung ja gar nicht in unsere Hände gegeben sind, sondern in die des Staates nicht in die der Gemeinde, doch darin mit uns übereinzustimmen, daß Sie durch die Annahme des Antrages bekunden: wir wollen alle die Bildung, wir wollen zur Erfüllung des Bildungsbedürfnisses – und das ist bei der arbeitenden Bevölkerung außerordentlich groß – derer, die schon dadurch, daß sie ihre Kinder nur in die Elementarschule schicken, zum größten Teile zeigen, daß sie zu den Bedürftigen gehören, – das zweifellos mögliche leisten. Lassen Sie uns die Pflichten, welche zum Mindesten dem Sinne nach, meines Erachtens auch dem Wortlaut nach, die Verfassung uns auferlegt, endlich erfüllen. Lassen Sie uns sämtlichen Kindern, die in der Volksschule unterrichtet werden, unentgeltliche Lehrmittel gewähren und uns nicht um ein paar Tausend Mark herumstreiten, sondern nach dieser Richtung hin eine Einmütigkeit walten lassen, wie sie des Gegenstandes würdig ist.“

5. Die „Zuchthausvorlage". Beitrag in „Die Neue Zeit" (1899), Heft 39[66]

„Entwurf eines Gesetzes zum Schutze des gewerblichen Arbeitsverhältnisses" betitelt sich die dem Reichstag vorgelegte lang erwartete „Zuchthausvorlage".[67] Die folgenden Ausführungen beschäftigen sich mit der juristischen Tragweite dieses Entwurfs.

Ein gesetzlicher „Schutz des gewerblichen Arbeitsverhältnisses", wie ihn die Entwurfsüberschrift verheißt, ist dringend erforderlich. Bei dem gewerblichen Arbeitsverhältnis stehen sich rechtlich ebenbürtig zwei wirtschaftlich ungleiche Parteien gegenüber, die den für unsere Produktionsweise charakteristischen Arbeitsvertrag schließen. Das Charakteristische unserer, der kapitalistischen Produktionsweise besteht darin, daß der Arbeiter seine Arbeitskraft für das Gewerbe eines Anderen als Ware verkauft. Über seine Arbeitskraft kann Jemand nur dann verfügen, wenn er über seine Person, von der seine Arbeitskraft untrennbar ist, frei verfügen kann. Seine rechtliche Freiheit bildet mithin die Voraussetzung für die Möglichkeit, einen Arbeitsvertrag zu schließen: ein Sklave, ein rechtlich Unfreier kann nicht über seine Person, also auch nicht über seine Arbeitskraft verfügen. Freiheit der Übereinkunft liegt bei den Vereinbarungen über den Inhalt des Arbeitsvertrags auf Seiten des Arbeiters aber nur insofern vor, als er die rechtliche, die juristische Freiheit hat, über seine Arbeitskraft zu verfügen, und gesetzlich nicht – wie der Unfreie – gezwungen ist, mit einem bestimmten Arbeitgeber einen Vertrag zu schließen. Diese rechtliche Ebenbürtigkeit ist eine nur scheinbare Freiheit, soweit der Arbeit wirtschaftlich unselbständig ist, seine Freiheit also lediglich in der Freiheit besteht: zu wählen, ob er seine einzige Ware, seine Arbeitskraft, unter ihrem Werte an Andere veräußern oder ob er hungern will. Die „Vertragsfreiheit" ist für den einzelnen Arbeiter, der sich in wirtschaftlicher Botmäßigkeit der Unternehmerklasse gegenüber befindet, nicht viel mehr als eine Phrase, da seine wirtschaftliche Abhängigkeit eine „freie" Entschließung gegenüber den Forderungen des Arbeitgebers in der Regel ausschließt. Der wirtschaftlichen Übermacht der Unternehmerklasse gegenüber, die sich auch in der Gesetzgebung, Verwaltung und Rechtsprechung naturgemäß widerspiegelt, sind sogenannte Arbeiterschutzbestimmungen erforderlich – gesetzliche Bestimmungen, die den Arbeiter dagegen schützen,

66 Stadthagen, Die „Zuchthausvorlage", „Die Neue Zeit", Band 17 1898–99, 2. Bd. 1899, Heft 39, S. 388–398.

67 Die „Zuchthausvorlage" kam nach intensiven parlamentarischen und außerparlamentarischen Protesten nicht zur Abstimmung, siehe Czitrich-Stahl 2011, S. 320 f.

daß die Zeit, die Dauer und die Art der Arbeit ihm unter Missachtung seiner wirtschaftlichen Bedürfnisse, seiner Gleichberechtigung, ja selbst seiner Gesundheit durch Ausbeutung seiner wirtschaftlichen Notlage vom Unternehmer allein festgesetzt werden.

Eine zweite notwendige Folge der juristischen Freiheit der Person des Arbeiters und seiner wirtschaftlichen Ohnmacht ist ein uneingeschränktes, geschütztes Koalitionsrecht. Jede Beschränkung der Koalitionsfreiheit enthält eine Beschränkung in der Wahl der Mittel, auf die Gestaltung der Arbeitsbedingungen einzuwirken und macht die Ware „Arbeitskraft" zu einer misshandelten Ware. Ausbau und Schutz des Koalitionsrechts und der Arbeiterschutzbestimmungen sind Lebensbedingungen für die kapitalistische Produktionsweise und für jede auf Arbeit Freier beruhende Gesellschaftsordnung und Rechtsgemeinschaft. Mit Recht bezeichnete daher der nationalliberale Abgeordnete Gneist vor einundzwanzig Jahren im Reichstag das Koalitionsrecht als eine „Grundlage der heute bestehenden Gesellschaftsordnung."

Der Titel „Entwurf eines Gesetzes zum Schutze des gewerblichen Arbeitsverhältnisses" berechtigt daher zu der Annahme, daß sein Inhalt Arbeiterschutzbestimmungen und volles Koalitionsrecht für den gewerblichen Arbeiter endlich enthalte. Der Titel täuscht aber über den Inhalt. Der Inhalt enthält an Stelle zwingender Arbeiterschutzbestimmungen den Versuch, Arbeiterschutzbestrebungen durch Strafmittel zu unterbinden, an Stelle einer Erweiterung und eines Schutzes des Koalitionsrechts die Androhung hoher Strafen für die Ausübung des Koalitionsrechts und des Vereinigungsrechts der Arbeiter. Wenn die Gesetzesüberschrift den Inhalt des Gesetzes zutreffend andeuten wollte, so hätte sie etwa lauten müssen: Entwurf eines Gesetzes für staatliche Zwangsmittel zur Hinderung der Arbeiterklasse in ihrem Streben nach Besserung ihrer Lebenslage und für Degradierung der Arbeiter zu Wesen, die lediglich als Arbeitsmaschine der Kapitalisten Dienste zu verrichten haben.

Vor Besprechung des elf Paragraphen umfassenden Entwurfs sei eine Betrachtung über die behauptete Gleichstellung der Arbeiter und Arbeitgeber – die Motive behaupten, Licht und Schatten seien gleichmäßig verteilt – voraus geschickt. Das Koalitionsrecht der Arbeiter ist ein von dem Koalitionsrecht der Arbeitgeber begriffsmäßig total verschiedenes. Das Koalitionsrecht der Arbeiter ist erforderlich, soll der Verkäufer der Ware „Arbeitskraft" nicht schlechter behandelt werden als der Verkäufer irgend einer anderen Ware. Die Beschränkungen der Koalitionsfreiheit der Arbeiter enthalten eine Beschränkung in der Wahl der Mittel, welche auf die Bestimmung der Arbeitsbedingungen, namentlich des Arbeitslohns und der Arbeitszeit, einwirken können, da sie die Verabredung des gemeinschaftlichen Handelns, durch das allein der Annahme der Bedingungen

Nachdruck verschafft werden kann, einengen. Durch das Koalitionsrecht erst kommt der Arbeiter in dieselbe Lage, wie jeder andere Warenverkäufer. Koalitionsbeschränkungen gefährden bei der Untrennbarkeit der Ware Arbeitskraft von der Person ihres Eigentümers die persönliche Freiheit des sozial abhängigen Arbeiters. Das Koalitionsrecht der Arbeiter ist ein Kampfmittel im Kampfe gegen die ökonomische Hörigkeit der Arbeiter. Von alledem ist bei einem Koalitionsrecht der Arbeitgeber nicht die Rede. Eine Beschränkung des Koalitionsrechts der Arbeitgeber beschränkt nicht die Person des Unternehmers, sondern lediglich eine Möglichkeit, höheren Profit aus der Arbeit seiner Mitmenschen und aus der Notlage der Arbeiterklasse heraus zu schlagen. Das Koalitionsrecht des Arbeiters ist eine Grundlage der bestehenden Gesellschaftsordnung, das Koalitionsrecht der Unternehmer ist innerhalb der heutigen Gesellschaft nicht erforderlich. Die Koalition der Arbeiter ist erforderlich, um da Maß zu erhöhen, in dem der Arbeiter an den Kulturerrungenschaften teilnehmen kann; die Koalition der Arbeitgeber ist ein Mittel, um die Anteilnahme der Arbeiter an der Kultur und damit die Kulturhöhe selbst zu senken. Ist demnach das Koalitionsrecht der Arbeiter etwas begrifflich ganz Anderes als das Vereinigungsrecht der Unternehmer, so ist es schon aus diesem Grunde abwegig, von einer gleichen Verteilung von Licht und Schatten zu sprechen, wenn man die gleichen Strafbestimmungen gegen formell ähnliche, inhaltlich aber ganz verschiedene Handlungen richtet. Das Koalitionsrecht der Arbeitgeber enthält Angriffsmittel auf das Koalitionsrecht der Arbeiter, solange dies nicht gegen Angriffe ausdrücklich sicher gestellt ist. Ist ein Recht schutzbedürftig, so ist deshalb doch nicht auch das Recht schutzbedürftig, dies Recht anzugreifen. Das Eigentumsrecht ist geschützt – wem fällt es ein, „um Licht und Schatten gleich zu verteilen", nun auch das Recht des Diebes zum Angriff auf das Eigentum schützen zu wollen?

Abgesehen von dieser begrifflichen Verschiedenheit des Koalitionsrechts der Arbeiter und des Koalitionsrechts der Arbeitgeber, trotz der gleichen Namen, bleibt das Koalitionsrecht der Unternehmer nebst selbst offenbar unmoralischen und gesetzwidrigen Ausbeutungen dieses Rechts bekanntlich in Deutschland fast unbehelligt. Es ist beispielsweise ja leider nicht bekannt geworden, daß je gegen Unternehmerorganisationen, die Erpressungen gegen ihre Mitglieder durch „trockene Wechsel"[68] und gegen Arbeiter durch Zwang zu ungültigen Verpflich-

68 http://www.wirtschaftslexikon.co/d/solawechsel/solawechsel.htm: Alte Bezeichnung für Solawechsel: Solawechsel ist ein eigener Wechsel, der im Vergleich zum gezogenen Wechsel kein Schuldversprechen des Bezogenen, sondern ein Schuldversprechen des Ausstellers enthält. Beim Solawechsel verpflichtet sich der Aussteller selbst, eine bestimmte Geldsumme an einen Dritten oder dessen Order zu zahlen. Häufige An-

tungsscheinen, zu Überschichten usw. ausüben, bislang eingeschritten sei. Die Behauptung, das „Gleichberechtigung" zwischen Arbeitgeber und Arbeitnehmer auf dem Gebiete des Koalitionsrechts theoretisch oder praktisch in Deutschland existiere, schlägt den Tatsachen ins Gesicht.

Der Entwurf „zum Schutze eines gewerblichen Arbeitsverhältnisses" statuiert ein weit über § 158 der Gewerbeordnung hinaus gehendes neues Ausnahmegesetz gegen die Arbeiter in Deutschland. Verstößt ein Arbeiter bei Gelegenheit der Ausübung des Koalitionsrechts gegen irgend ein allgemeines Strafgesetz, so wird er wie jeder andere Bürger nah diesem bestraft. Das neue Gesetz bedroht aber eine große Anzahl Handlungen, die nach dem allgemeinen Strafgesetz nicht strafbar sind, mit Strafe. Beispielsweise sind solche Drohungen, Verrufserklärungen[69] oder Ehrverletzungen, die sonst nicht strafbar sind, strafbar, wenn sie von Arbeitern unternommen werden, um Arbeiter oder Arbeitgeber zur Teilnahme an Vereinigungen, die auf Besserung der Arbeitsverhältnisse abzielen, zu bestimmen. Bestimmt irgend Jemand durch Drohungen, die ein anderes Übel als die Begehung eines Verbrechens oder Vergehens in Aussicht stellen, oder durch Verrufserklärungen oder durch Ehrverletzungen einem Anderen, einem Saufverein oder dem „Klub der Harmlosen" beizutreten, so soll er auch künftig straflos bleiben. Unternimmt es aber ein Arbeiter, durch die gleichen Mittel einen Kameraden zum Beitritt eines auf Regelung der Lebenslage der Arbeiter hin arbeitenden Vereins zu bestimmen, so soll er nach dem Entwurf strafbar sein. Der Entwurf ist also ein Ausnahmegesetz schlimmster Art gegen die Arbeiter. Keine Kulturnation hat auch nur ein Ähnliches aufzuweisen.

Der Inhalt des Entwurfs geht dahin, fast jede Ausübung des Koalitionsrechts und des Vereinigungsrechts der Arbeiter zu unterbinden. Über seine Tragweite und die Unterschiede gegenüber dem bestehenden Rechtszustand einige Ausführungen.

Schon jetzt ist neben dem § 152 der Gewerbeordnung, der für die gewerblichen Arbeiter ein Stück Koalitionsrecht verheißt, der Galgen des § 153 der Gewerbeordnung errichtet, der sonst straflose Handlungen mit Strafe bedroht, wenn sie bei Ausübung des Koalitionsrechts verübt werden. Nach § 153 der Gewerbeordnung wird für denjenigen Strafe bis zu 8 Monaten angedroht, der einen Anderen durch

---

wendung finden Solawechsel bei der kurzfristigen Geldbeschaffung von Bund und Ländern. Zugriff am 21. September 2014.

69 http://www.duden.de/rechtschreibung/Boykott, Zugriff am 22. September 2014. Hier ist die Verrufserklärung am ehesten im Sinne des Drängens unter Androhung einer Rufschädigung zur Aussperrung als unternehmerischem Arbeitskampfmittel bzw. zum Streik als gewerkschaftlichem Mittel zu verstehen.

körperlichen Zwanges, Drohungen, Ehrverletzung oder durch Verrufserklärung bestimmt oder zu bestimmen versucht, an Verabredungen zum Behuf der Erlangung günstiger Lohn- und Arbeitsbedingungen insbesondere mittels Einstellung der Arbeit oder Entlassung der Arbeiter Teil zu nehmen oder ihnen Folge zu leisten oder Andere durch gleiche Mittel hindert oder zu hindern versucht, von solchen Verabredungen zurück zu treten.

Die §§ 1 bis 3 des neuesten Ausnahmegesetzes dehnen diesen Tatbestand in mehrfacher Richtung aus. Sie lauten:

„§ 1. Wer es unternimmt, durch körperlichen Zwang, Drohung, Ehrverletzung oder Verrufserklärung Arbeitgeber oder Arbeitnehmer zur Teilnahme an Vereinigungen oder Verabredungen, die eine Einwirkung auf Arbeits- oder Lohnverhältnisse bezwecken, zu bestimmen oder von der Teilnahme an solchen Veranstaltungen oder Verabredungen abzuhalten, wird mit Gefängnis bis zu einem Jahre bestraft. Sind mildernde Umstände vorhanden, so ist auf Geldstrafe bis auf 1000 Mark zu erkennen.

§ 2. Die Strafvorschriften des § 1 finden auch auf denjenigen Anwendung, welcher es unternimmt, durch körperlichen Zwang, Drohung, Ehrverletzung oder Verrufserklärung

1. zur Herbeiführung oder Förderung einer Arbeiteraussperung Arbeitgeber zur Entlassung von Arbeitnehmern zu bestimmen oder an der Annahme oder Heranziehung solcher zu hindern,
2. zur Herbeiführung oder Förderung eines Arbeiterausstandes Arbeitnehmer zur Niederlegung der Arbeit zu bestimmen oder an der Annahme oder Aufsuchung von Arbeit zu hindern,
3. bei einer Arbeiteraussperrung oder einem Arbeiterausstande die Arbeitgeber oder Arbeitnehmer zur Nachgiebigkeit gegen die dabei vertretenen Forderungen zu bestimmen.

§ 3. Wer es sich zum Geschäfte macht, Handlungen der in den §§ 1, 2 bezeichneten Art zu begehen, wird mit Gefängnis nicht unter drei Monaten bestraft."

Die Zulassung einer Geldstrafe von 3 bis 1000 Mark würde schwerlich anderen als Unternehmern zu Gute kommen. Daß dies auch die Ansicht des Entwurfs ist, ergibt sich aus der Androhung einer Strafe bis zu 1000 Mark – einer Summe, die im Allgemeinen schwerlich einem Arbeiter zur Verfügung steht – und aus dem Zweck der Vorlage, die vermeintlich bislang zu geringen Strafen zu erhöhen. Die Erhöhung des Strafmaßes bis zu einem Jahre Gefängnis, die allein gegen den Arbeiter Anwendung finden wird, hat nebenbei noch die Wirkung, daß die Verjährung nicht wie die bis jetzt durch § 153 der Gewebeordnung mit Strafe bedrohte Handlung in drei, sondern erst in fünf Jahren eintreten würde.

Noch weit erheblicher als die vorgeschlagenen Änderungen im Strafmaß ist, daß die Ausdehnung des Kreises strafbarer Handlungen so weit geht, daß diese Erweiterung einer Vernichtung des Koalitions- und Vereinigungsrechts nahe kommt. Die wesentlichsten Abweichungen von dem bestehenden Rechtszustand seien nachfolgend skizziert:

1. Die in § 1 (und § 153 der Gewerbeordnung) bezeichnete Art der Einwirkung auf den Willen eines Anderen ist nach dem Entwurf nicht nur (wie nach § 153 der Gewerbeordnung) dann unter Strafe gestellt, wenn es sich um konkrete bestimmte Verabredungen – insbesondere also Einstellung der Arbeit – handelt, sondern auch dann, wenn es sich um die Teilnahme an Vereinigungen handelt. Der neue Vorschlag wendet sich also nicht nur gegen Streiks[70], sondern gegen das gesamte Vereinigungsrecht, zu dessen Teilnahme aufzufordern § 153 der Gewerbeordnung ausdrücklich ablehnt, für strafbar zu erklären. Er wendet sich gegen das Vereinsrecht sowohl gewerkschaftlicher wie politischer Natur. Wer z. B. in einer Versammlung darauf hinwiese, daß der Arbeiter sich an sich, an seiner Familie, an der Arbeiterklasse und an der Allgemeinheit versündigt, der keiner gewerkschaftlichen und politischen Organisation beitritt, da allein durch Zusammenschluss der Kameraden die Arbeits- und Lohnverhältnisse bessere werden könnten, verfiele nach dem neuen Gesetz der Bestrafung. Denn er hat es unternommen, durch Ehrverletzung – diese geht weiter als der Begriff der Beleidigung und genießt nicht den Schutz der Wahrnehmung berechtigter Interessen oder den des Einwandes der Wahrheit – „andere zur Teilnahme an Vereinigungen, die eine Einwirkung auf Lohn- und Arbeitsverhältnisse bezwecken, zu bestimmen." Auch die gesamte gewerkschaftliche und unabhängige politische Presse wäre vogelfrei. Es gibt keine Ausführungen über die moralische Notwendigkeit, das Vereins- und Koalitionsrecht auszuüben, die nicht auf dem Wege der ausdehnenden Auslegung durch gelehrte Richter als Ehrverletzung aufgefasst werden könnte.

2. § 153 der Gewerbeordnung zielt nur auf Verabredungen „zum Behuf der Erlangung günstiger Lohn- und Arbeitsbedingungen, insbesondere mittels der Einstellung der Arbeit" ab. § 1 des neuen Ausnahmegesetzes trifft alle Abreden und Vereinigungen, „die eine Einwirkung auf Arbeits- und Lohnverhältnisse be-

70 Im Originaltext benutzte Stadthagen stets das englische „Strike".

zwecken." Darunter befinden sich insbesondere alle Abreden und Vereinigungen, welche z. B. die Durchführung der gesetzlichen Arbeiterschutzbestimmungen oder die endliche Herbeiführung eines wirksamen Arbeiterschutzes bezwecken. Diese Abweichung der §§ 1 und 3 vom geltenden Recht umfasst noch andere, möglicherweise vom Bundesrat übersehene Fälle. Nach den gedachten Paragraphen würden z. B. Kolonnenarbeiter – diese bilden eine „Vereinigung" – strafbar sein, wenn sie untereinander über einen Akkordvorschlag für bereits gefertigte Arbeiten debattierten und etwa äußern würden: wir wären ja Esel, wenn wir auf den Vorschlag eingingen und nicht das Doppelte durchsetzten.

3. In der Judikatur über § 153 der Gewerbeordnung schwankte die Entscheidung über die Frage, ob unter „anderen" auch Nichtarbeiter, insbesondere Arbeitgeber, zu verstehen sind. Das Oberlandesgericht zu Celle, das Kammergericht und auch das Reichsgericht bejahten früher in einigen Fällen diese Frage. Danach war eine dem Arbeitgeber gegenüber ausgesprochene Drohung, daß man in einen Streik eintreten würde, nach § 153 zu strafen, wenn nicht etwa gar aus der Art der Drohung eine Erpressung heraus deduziert werden konnte. Diese Rechtsprechung führte zu der Konsequenz, daß jede Ankündigung eines Streiks und jeder Versuch, einen Streik durch gütliche Verhandlungen mit dem Arbeitgeber zu lindern oder zu beenden, als strafbar zu erachten wäre. Diese Unsinnigkeit der Folge einer irrigen Rechtsprechung entging auch dem Kammergericht nicht. Seit einigen Jahren erklärt es deshalb solche Einwirkung auf den Arbeitgeber für straflos und begründet diese Ansicht mit der zutreffenden Darlegung: „Die Sperre oder Verrufserklärung von Arbeitern den Arbeitgebern gegenüber enthalten in derartigen Fällen nur die Ausübung des Koalitionsrechts". § 1 des Gesetzes ersetzt das Wort „andere" des § 153 durch „Arbeitgeber oder Arbeitnehmer". Jede Ankündigung eines Streiks dem Arbeitgeber gegenüber wäre demnach strafbar, denn jede solche Ankündigung ist eine „Drohung". „Drohung" ist nach der auf diesem Gebiete vom Reichsgericht wiederholt ausgesprochenen Ansicht: jede Ankündigung eines Übels mit der Absicht, durch die damit erregte Befürchtung einen Zwang auf den Willen des Anderen auszuüben. Demnach ist, wie das Reichsgericht in einer Anzahl von Fällen angenommen hat, jede Ankündigung einer Sperre oder eines Streiks eine Drohung. Eine Drohung ist nach den allgemeinen Bestimmungen des Strafgesetzbuchs dann als Erpressung oder Erpressungsversuch strafbar (§ 258 des Strafgesetzbuchs), wenn sie vorgenommen ist, „um sich oder einem Dritten einen rechtswidrigen Vermögensvorteil zu verschaffen". Das Reichsgericht hat seit dem Erkenntnis vom Januar 1890 auf dem Gebiete des Arbeiterrechts etwa folgende Deduktionen gemacht, die bestimmte Arten der Streikankündigung

als Erpressung qualifizieren: Ein „rechtswidriger" Vorteil sei ein Vorteil, auf den man kein Recht hat. Ein Arbeiter, der statt zwei Mark in der Gegenwart drei Mark Lohn für die Zukunft anstrebt, hat non kein Recht auf diese drei Mark. Er strebt also einen „rechtswidrigen" Vermögensvorteil an, wenn er drei Mark von einem bestimmten Arbeitgeber verlangt. Er begeht Erpressung, wenn er droht, falls diese drei Mark nicht gezahlt würden, würde er mit seinen Kollegen die Sperre verhängen oder streiken. In Verfolg dieser Rechtsauffassung – die freilich auch dahin führen müsste, den Käufer einer Robe, der erklärt, falls er die Robe nicht zu fünfzig statt sechzig Mark erhalte, werde er weder diese Robe kaufen, noch in Zukunft in dem Geschäft kaufen, auch seine Freunde von Käufen in dem Geschäft abhalten, wegen Erpressung zu bestrafen – hat das Reichsgericht z.B einen Tischler mit sechs Monaten Gefängnis wegen Erpressung bestraft, weil dieser folgenden Brief an einen Tischlermeister richtete:

„In der heutigen Sitzung wurde unter Zustimmung Ihrer Arbeiter, die den Ihnen bekannten Lohntarif hochhalten, Folgendes beschlossen: Sollten Sie denselben nicht bewilligen bis 2. Mai, so fertigen Ihre Arbeiter jeder seine Arbeit fertig und wird mit angegebenem Datum die Sperre über Ihre Werkstatt verhängt. Antwort bis spätestens 1. Mai."

Hat die Judikatur so schon die Fälle auf Grund des „gemeinen" Rechtes als Erpressung behandeln können, in denen ein Streik unter Angabe bestimmter Arbeitsbedingungen, deren Nichterfüllung den Streik veranlasst hat, angekündigt wird, so würde nach § 1 des neuen Ausnahmegesetzes jede Ankündigung eines Streiks strafbar sein. Sperre und Streik sind natürlich nach wie vor erlaubt – aber bereits die Ankündigung eines Streiks wäre strafbar. Möglich wären demnach nur noch nicht angekündigte heimliche Streiks. Und damit wäre arbeitswilligen Staatsanwälten ein reiches Gebiet eröffnet, auf dem sie Jagd nach dem Vorhandensein von Geheimverbindungen (§§ 128, 129 des Strafgesetzbuchs) eröffnen könnten. Aber natürlich: „grundsätzlich" bleibt die „Koalitionsfreiheit" unangetastet. Es wird ja auch nicht die Koalition mit Strafe bedroht, sondern nur jener, der von der Koalitionsfreiheit Anwendung macht. Ebenso steht es mit der Vereinsfreiheit. Ist das neue Ausnahmegesetz Wirklichkeit geworden, so kann die reichsgesetzliche Aufhebung aller landesgesetzlichen, reichsgesetzlichen und polizeilichen Schranken des Vereinsrechts und des Inverbindungtreten-Verbots[71]

71 Nach dem preußischen Vereinsgesetz von 1850 galten politische Vereine nur als örtliche Vereine und durften keine überörtlichen Verbindungen aufnehmen, siehe http://de.wikipedia.org/wiki/Verein, Zugriff ebendann.

auch von Herrn v. Stumm[72] und vom Grafen Kanitz[73] gut geheißen werden – machen Arbeiter von der Vereinsfreiheit Gebrauch, dann droht ihnen ja das neue Gesetz hinlängliche Strafen an. Wahrlich, die Väter des neuesten Ausnahmegesetzes lieben begeistert die Koalitions- und die Vereinsfreiheit: sie haben beide so gerne, daß sie sie keinem Anderen als sich selbst gönnen.

4. § 153 der Gewerbeordnung bedroht den Versuch mit Strafe, § 1 das Unternehmen. Die jetzige Gesetzgebung hat bereits den Versuch ausdehnend interpretiert. Ganz der Richtung entsprechend, nicht nur in die Außenwelt zur Erscheinung getretene Handlungen, sondern schon den Gedanken, den Willen zu strafen, hat bekanntlich das Reichsgericht in Abweichung von der früher fast allgemeinen Rechtsansicht einen Versuch auch dann für strafbar erklärt, wenn er mit untauglichen Mitteln, ja wenn er außerdem noch an einem untauglichen Objekt vorgenommen wird. Diese Auslegung hat beispielsweise dazu geführt, den Versuch, mittels Zuckerwassers eine Leibesfrucht an einer Nichtschwangeren abzutreiben, die sich für schwanger hielt, für strafbar zu erklären. Noch viel wunderlichere Resultate kann die Umwandlung des Begriffs „Versuch" in den eines „Unternehmens" zeitigen. Dieser Quecksilberbegriff kommt im Strafgesetzbuch nur bei einigen besonders schweren Delikten (§§ 81 und 82 Hoch- und Landesverrat, § 102 feindliche Handlungen gegen befreundete Staaten, § 105 Sprengung einer gesetzgebenden Versammlung, § 114 Widerstand gegen die Staatsgewalt, § 122 Meuterei Gefangener, § 159 Verleitung zum Meineid, § 357 Verleitung zu Amtsverbrechen) vor. Welche Bedeutung dies Begriffsteufelchen „Unternehmen" habe, ist unter den Faustnaturen der Juristen viel umstritten. Die herrschende Ansicht geht dahin, daß das Wort „Unternehmen" fahr Handlungen als der Versuch, insbesondere auch sonst straflose Vorbereitungshandlungen umfasse. Darüber sind aber wohl alle Juristen einig, daß die für den Versuch gültigen Strafausschließungsgründe des § 46 des Strafgesetzbuchs für „Unternehmen" keine Anwendung finden. § 46 schreibt, dem Grundsatz treu, daß nur in das Rechtsleben eingreifende Taten strafwürdig sein können, vor, daß der Versuch in zwei Fällen straflos bleibe, nämlich wenn der Täter entweder

72 Carl-Ferdinand von Stumm-Halberg (1836–1901), preußischer Industrieller und konservativer Politiker, Reichstagsabgeordneter und Mitglied des Preußischen Abgeordnetenhauses, siehe http://de.wikipedia.org/wiki/Carl_Ferdinand_von_Stumm-Halberg, Zugriff ebendann.

73 Hans Graf von Kanitz (1841–1913), preußischer Adeliger und konservative Politiker, Reichstagsabgeordneter, Mitglied des Preußischen Herrenhauses und des Abgeordnetenhauses, siehe http://de.wikipedia.org/wiki/Hans_von_Kanitz, Zugriff ebendann.

erstens die Ausführung der beaufsichtigten Handlung aufgegeben hat, ohne daß er an dieser Ausführung durch Umstände gehindert worden ist, welche von seinem Willen unabhängig waren, oder zweitens zu der Zeit, zu welcher die Handlung noch nicht entdeckt war, den Eintritt des zur Vollendung des Verbrechens oder Vergehens gehörigen Erfolgs durch eigene Tätigkeit abgewendet hat. Diese Strafausschließungsgründe treffen auf den Versuch, nicht aber auf das „Unternehmen" zu. Entwirft z. B. Jemand einen nach Ansicht eines Gerichts Drohungen oder Ehrverletzungen enthaltenen Aufruf zum Streik, unterlässt aber die Drucklegung, weil inzwischen die Streikursache beseitigt ist, so ist er nicht nach dem bestehenden, wohl aber nach dem geplanten Gesetz strafbar. Es lebe die Pressefreiheit!

5. Ein scheinbarer Fortschritt des § 1 gegenüber dem § 153 der Gewerbeordnung liegt darin, daß auch die jetzt, soweit Arbeitgeber in Betracht kommen, kaum je zur Strafe gelangte Abhaltung von der Teilnahme an Vereinigungen oder Verabredungen, die eine Einwirkung auf Arbeits- oder Lohnverhältnisse bezwecken, strafbar sein soll. Indes ist dieser Fortschritt nur scheinbar, solange nicht aus allen Teilen des Volkes vom Volke erwählte Richter zur Anklageerhebung und Entscheidung berufen sind. Denn, wie erwähnt, sind selbst diese Organisationen der Unternehmer, die rechtswidrige „trockene" Wechsel für die Fälle des Nichtzusammenhaltens der Arbeitgeber oder für Fälle gewerkschaftlicher Betätigung von Arbeitern vereinbaren und mit Einklagung drohen, noch nicht verfolgt, wiewohl sie schon heute der Erpressung strafbar wären, wenn die Einsicht des Unternehmers als höher stehend erachtet wird als die jenes Deichgrafen, dem das Bewusstsein der Tragweite seines Handelns aberkannt ist.

6. Daß umgekehrt dem neuen Gesetzentwurf die im § 153 der Gewerbeordnung enthaltene Strafandrohung gegen solche fehlt, die durch Drohung, körperlichen Zwang usw. Andere hindern oder zu hindern suchen, von solchen Verabredungen zurück zu treten, ist rein formeller Natur. Denn jede solche Hinderung des Rücktritts enthält zugleich die strafbare Einwirkung zum Verbleiben in der Verabredung.

7. § 2 des neuen Gesetzes betrifft auch die Vornahme solcher Handlungen, bei denen es sich nicht um Teilnahme an einer Koalition handelt. Hierbei ist wohl insbesondere an Versammlungen gedacht, die gemeinsame Maßregeln gegenüber Vertragsverletzungen beraten wollen.

§ 4 der Vorlage lautet:

„§ 4: Dem körperlichen Zwange im Sinne der §§ 1 bis 3 wird die Beschädigung oder Vorenthaltung von Arbeitsgerät, Arbeitsmaterial, Arbeitserzeugnissen oder Kleidungsstücken gleich geachtet.

Der Drohung im Sinne der §§ 1 bis 3 wird die planmäßige Überwachung von Arbeitgebern, Arbeitnehmern, Arbeitsstätten, Wegen, Straßen, Plätzen, Bahnhöfen, Wasserstraßen, Hafen- oder sonstigen Verkehrsanlagen gleich geachtet.

Eine Verrufserklärung oder Drohung im Sinne der §§ 1 bis 3 liegt nicht vor, wenn der Täter eine Handlung vornimmt, zu der er berechtigt ist, insbesondere wenn er befugter Weise ein Arbeits- oder Dienstverhältnis ablehnt, beendigt oder kündigt, die Arbeit einstellt, eine Arbeitseinstellung oder Aussperrung fortsetzt, oder wenn er die Vornahme einer solchen Handlung in Aussicht stellt."

Dieser § 4 ist ein Kapitalstück ersten Ranges auf dem Gebiet juristischer Equilibristik und gesetzgeberischer Klassenjustiz. Seine beiden ersten Absätze stelle alle bislang bekannten juristischen „Fiktionen" in Schatten. Im ersten Absatz wird jede Vorenthaltung oder Beschädigung von Arbeitsgeräten, Arbeitserzeugnissen, Arbeitsmaterial oder Kleidungsstücken in „körperlichen Zwang" umgewandelt. Zerreißt ein Arbeiter dem anderen ein Taschentuch, so hat er also nach dieser Konstruktion gegen einen Menschen körperlichen zwang angewendet. Wohlweislich hütet sich unser juristischer Zauberkünstler, auch die Vorenthaltung von Arbeitszeugnissen, Krankenkassenbüchern, Invaliditätskarten oder Lohn seitens des Arbeitgebers als „körperlichen Zwang" zu konstruieren. Da könnte ja zu leicht ein Arbeitgeber strafbare Handlungen begehen. Noch verblüffender arbeitet der juristische Bellachini[74] im Absatz 2. Wenn jede Ausübung des Koalitionsrechts, die die §§ 1 bis 3 etwa noch übrig lassen, verhindert werden soll, muss auch das Streikpostenstehen unter Strafe fallen. Was hier und da in den letzten Jahren das juristische Mädchen für alles, genannt großer Unfugsparagraph, mit dem Gesetz kollidierende Polizeireglements und schleunigste, wenn auch nicht bedenkenfreie, Unterbringung Streikender in Polizeigewahrsam vergeblich haben leisten wollen, soll durch die juristische Umwertung eines ruhigen Streikpostenstehens in eine – „Drohung" erreicht werden. Was bringt doch ein Jurist zu Wege, wenn Fürsorge für Unternehmerinteressen für ihn als Richtschnur dient! Vielleicht empfiehlt sich an Stelle all der kasuistischen Vor-

74 Samuel Bellachini, eigentlich Samuel Berlach (1828–1885), bekannter Zauberkünstler, wurde von Kaiser Wilhelm I. einer Anekdote zufolge sogar zum „Hofzauberkünstler" ernannt siehe http://de.wikipedia.org/wiki/Bellachini, Zugriff am 23. September 2014.

sichtsbestimmungen[75], wie sie der Entwurf enthält, einfacher folgende: Hat ein Arbeiter nichts Strafbares getan, aber das Missfallen eines Arbeitgebers erregt, so wird er einem Strafbaren „gleich geachtet". Köstlich ist die formale Gleichstellung, in der in diesem Absatz der Motivenautor den Arbeitgeber scheinbar behandelt. Auch die „planmäßige Überwachung von Arbeitern" soll hier als „Drohung" erachtet werden – Tartüffe[76] ist wahrlich ein Waisenkind gegen den Vater dieser Bestimmung. In jedem Betrieb werden die Arbeiter „planmäßig überwacht". Meint wirklich die Vorlage, daß die Arbeiter dadurch „bedroht" werden und will er darnach jeden Arbeitgeber mit Strafe bedrohen?

Die Konsequenz der in § 4 geplanten juristischen Fiktion führt übrigens auch zu staatsrechtlich wunderlichen Konsequenzen. Die „planmäßige Überwachung von Wegen, Straßen, Plätzen" u. Dgl. wird hier der Drohung „gleich geachtet". In den meisten Teilen Deutschlands wird die planmäßige Überwachung von Wegen, Straßen, Plätzen von Schutzleuten besorgt. Gar mancher Staatsbürger wird sich wundern, daß solche Überwachung juristisch eine – Drohung darstellt. Die Taschendiebe mögen den Vater dieser Bestimmung zum Ehrenmitglied ihrer Zunft ernennen. Der letzte Absatz des § 4 ist lediglich geeignet, den seitens der Unternehmer heute häufig in offenem Kampf mit dem Gesetz gegen Arbeiter unternommenen Zwang, aus Vereinen auszutreten oder ihnen nicht beizutreten, zu legalisieren. Irrig ist die Anschauung, daß dieser Absatz etwa geeignet wäre, die seit einem Jahrzehnt geübte, oben dargelegte Praxis zu beseitigen, nach der gewisse Androhungen von Streiks und sperren als „Erpressung" zu bestrafen sind. Denn nach eben dieser Praxis hat ja der Arbeiter „kein Recht", von einem Arbeitgeber unter bestimmten Lohnbedingungen beschäftigt zu werden, oder unter Androhung eines Ausstandes diese Lohnbedingungen zu verlangen. Dieser Absatz gestattet freilich dem Arbeiter in den Fällen, in der ihm – z. B. wegen Lohnvorenthaltung – die Gewerbeordnung das Recht gibt, die Arbeit niederzulegen, dies auch künftighin straflos zu tun. Aber schon der Versuch Andere zu bewegen, das Gleiche zu tun, wäre strafbar, sobald den Anderen gegenüber Ehrverletzung ausgeübt wird.

8. Körperverletzungen, vorsätzliche Sachbeschädigungen und tätliche Beleidigungen bedurften früher dann keines Antrags, wenn es sich um Majestäten, Beamte, Militärs, Zeugen oder Mitglieder einer gesetzgebenden Versammlung handelte. Diesen Zustand hat das Reichsstrafgesetzbuch verlassen. Es bedarf

---

75 Kasuistik nennt man die auf der Betrachtung von Einzelfällen beruhende Rechtssprechung, siehe http://de.wikipedia.org/wiki/Kasuistik, Zugriff ebendann.

76 Tartuffe (Tartüffe) ist als Betrüger die Hauptfigur eines weltbekannten Theaterstückes von Moliére, das 1664 uraufgeführt wurde.

darnach bei vorsätzlicher Sachbeschädigung stets, bei Beleidigungen und Körperverletzungen nur dann keines Antrages und keiner Ermächtigung, wenn es sich um Majestätsbeleidigungen und diesem gleichgestellte Delikte handelt. Das soll in Zukunft anders werden. Ist die Ehre eines Arbeitswilligen verletzt, so soll der Staat ohne jeden Antrag sofort die Reparatur in der Gerichtsstube von Amts wegen vornehmen. Darnach würde der wunderliche Zustand geschaffen, daß der Reichskanzler, ein Beamter, ein Offizier usw. erst Strafantrag stellen müssen, ehe der Staat einschreiten kann, daß aber nicht nur bei Majestäts-, sondern auch bei Streikbrecher-Beleidigungen von Amts wegen eingeschritten werden soll. Soll so schon die Person des Streikbrechers eine besonders hohe Auszeichnung erhalten, so sollen seine Sachen in Zukunft noch höher bewertet werden. Werden einem Anderen, selbst einem König, gehörige Sachen vorsätzlich beschädigt, so tritt Verfolgung nur auf Antrag ein. Anders bei dem Streikbrecher. Wird auch nur dessen Schnupftabaksdose zerbrochen – so soll fortan auch ohne Antrag Polizei, Staatsanwalt und geeicht heran nahen, um das verbrechen von Amts wegen zu rächen. So will es der § 5 der neuen Vorlage, welcher lautet:

„Wird gegen Personen, die an einem Arbeiterausstand oder einer Arbeiteraussperrung nicht oder nicht dauernd teilnehmen oder teilgenommen haben, aus Anlass dieser Nichtbeteiligung eine Beleidigung mittelst Tätlichkeit, eine vorsätzliche Körperverletzung oder eine vorsätzliche Sachbeschädigung begangen, so bedarf es zur Verfolgung keines Antrags."

§ 6 der neuen Ausnahmegesetzes lautet:

„Wer Personen, die an einem Arbeiterausstand oder einer Arbeiteraussperrung nicht oder nicht dauernd teilnehmen oder teilgenommen haben, aus Anlass dieser Nichtbeteiligung bedroht oder in Verruf erklärt, wird mit Gefängnis bis zu einem Jahre bestraft. Sind mildernde Umstände vorhanden, so ist auf Geldstrafe bis zu 1000 Mark zu erkennen."

Offenbar will diese Vorschrift dagegen Sicherungen treffen, daß auch nach Beendigung eines Streiks klassenbewusste Arbeiter wegen sonst strafloser Drohungen oder Verrufserklärungen straflos bleiben. Es würde auch einem Gesetzentwurf, der der Neigung der Unternehmerklasse zur Provozierung von Aufruhr entspricht, schlecht anstehen, wenn nach beigelegtem Streik ehrlicher Waffenstillstand einträte. Wer gewaltsamen Aufruhr provozieren will, muss fortdauernd gegen die Arbeiter Krieg führen. Deshalb werden die Stümmlinge[77] wie dem gesamten Gesetz so auch dieser Bestimmung freudig ihre Zustimmung erteilen.

77 Gemeint sind die Konservativen um Freiherr von Stumm und Halberg.

§§ 7 und 8 bedrohen sonst straflose Zusammenrottungen mit Gefängnis und Zuchthaus, wenn diese Zusammenrottungen während eines Streiks begangen sind. Der Wortlaut dieser drakonischen Strafandrohungen ist folgender:

„§ 7. Wer an einer öffentlichen Zusammenrottung, in der eine Handlung der in den §§ 1 bis 6 bezeichneten Art mit vereinten Kräften begangen wird, teilnimmt, wird mit Gefängnis bestraft. Die Rädelsführer sind mit Gefängnis nicht unter drei Monaten zu bestrafen.

§ 8. Soll in den Fällen der §§ 1,2,4 ein Arbeiterausstand oder eine Arbeiteraussperrung herbei geführt oder gefördert werden und ist der Ausstand oder die Aussperrung mit Rücksicht auf die Natur oder Bestimmung des Betriebs geeignet, die Sicherheit des Reiches oder eines Bundesstaats zu gefährden oder eine gemeine Gefahr für Menschenleben oder für das Eigentum herbei zu führen, so tritt Gefängnisstrafe nicht unter einem Monate, gegen die Rädelsführer nicht unter sechs Monaten ein.

Ist in Folge des Arbeiterausstandes oder der Arbeiteraussperrung eine Gefährdung der Sicherheit des Reiches oder eines Bundesstaats eingetreten oder eine gemeine Gefahr für Menschenleben oder das Eigentum herbei geführt worden, so ist auf Zuchthaus bis zu drei Jahren, gegen die Rädelsführer auf Zuchthaus bis zu fünf Jahren zu erkennen.

Sind in den Fällen des Abs. mildernde Umstände vorhanden, so tritt Gefängnisstrafe nicht unter sechs Monaten, für die Rädelsführer nicht unter einem Jahre ein."

Danach ist also mit Zuchthaus bis zu fünf Jahren u. a. die heute straflose Zusammenrottung bedroht, wenn in Folge des Arbeiterausstands eine gemeine Gefahr für das Eigentum herbei geführt ist. Was ist gemeine Gefahr? Das Reichsgericht nimmt an (z. B. Entsch. Bd. V, S. 309), das Wesen der „gemeinen Gefahr" bestehe darin, „daß der Täter die Ausdehnung der Gefährdung nicht in seiner Gewalt hat". Bei fast jedem Streik liegt die Gefahr vor, daß Eigentum – sei es Material, sei es auch nur Profit – durch die Arbeitsruhe gefährdet wird. Bei fast jedem Streik haben die Streikenden die Ausdehnung der Streikbewegung nicht in ihrer Gewalt. Ergo ist beinahe jeder Streik, insbesondere jeder Bergarbeiterstreik, ein solcher, bei dem eine „gemeine Gefahr für das Eigentum" vorliegt. Demnach ist in der Tat jeder Streikteilnehmer mit Zuchthaus bedroht. Denn eine „Zusammenrottung" liegt bei einem Streik stets vor. Als Zusammenrottung erachtet die Rechtsprechung jede „nicht zufällige oder zu gleichgültigen Zwecken erfolgende Zusammenrottung von Menschen". Jede Streikversammlung kann demnach als Zusammenrottung erachtet werden. Auch diese Bestimmung zeigt klar, daß der Gesetzentwurf „grundsätzlich die Koalitionsfreiheit anerkennt" – freilich, wer von dem Recht, die

Koalitionsfreiheit oder die Versammlungsfreiheit auszunützen Gebrauch macht, dem droht das Zuchthaus und in besonders milden Fällen: das Gefängnis.

Die §§ 9 und 10 des Gesetzes haben den Vorzug, etwas weniger verschwommene Begriff als ihre acht Vorgänger zu enthalten. Sie lauten:

„ § 9. Soweit nach diesem Gesetz eine gegen einen Arbeitgeber gerichtete Handlung mit Strafe bedroht ist, findet die Strafvorschrift auch dann Anwendung, wenn die Handlung gegen einen Vertreter des Arbeitgebers gerichtet ist.

§ 10. Die Vorschriften dieses Gesetzes finden Anwendung

1. auf Arbeits- und Dienstverhältnisse, die unter den § 152 der Gewerbeordnung fallen,
2. auf alle Arbeits- und Dienstverhältnisse in solchen Reichs-, Staats- oder Kommunalbetrieben, die der Landesverteidigung, der öffentlichen Sicherheit, dem öffentlichen Verkehr oder der öffentlichen Gesundheitspflege dienen,
3. auf alle Arbeits- und Dienstverhältnisse in Eisenbahnunternehmungen."

Freilich bilden auch hier die Begriffe „Vertreter" und „Arbeits- oder Lohnverhältnisse" ein gutes Gerüst für juristische Kletterübungen.

Ein ganz anderes Anliegen als die übrigen Bestimmungen des Gesetzes hat sein letzter Paragraph, der § 11. Er lautet: *„Der § 153 der Gewerbeordnung wird aufgehoben."* § 11 war seit je in der Juristenwelt beliebt. Alte Erinnerungen an die Studienzeit mögen den Verfasser auch bei der Gestaltung dieses Entwurfs geleitet haben. § 11 ist der einzige Paragraph, auf den die Überschrift des Gesetzentwurfs passt.

Die vorstehenden Ausführungen haben sich auf das rein juristische Gebiet beschränkt. Ihr Ergebnis ist: der Entwurf ist ein Ausnahmegesetz, wie es schroffer der Arbeiterklasse gegenüber nie geboten ist und kaum gestaltet werden konnte. Er untergräbt die Grundlagen einer auf der Arbeit Freier beruhenden Rechts- und Gesellschaftsordnung. Sein Bestreben, die Arbeiter zu willenlosen Arbeitswerkzeugen der Unternehmerklasse zu machen, ist eine Kriegserklärung gegen die Arbeiterklasse und gegen die Kulturaufgaben. Auf zum Kulturkampf!

6. Charakteristik der Instleute. Beitrag für die „Neue Zeit", 1899.[78]

Bei der Eigenartigkeit des Instituts der Instleute verlohnt es sich, einen Blick auf seine soziale Entwicklung zu werfen.

78 Charakteristik der Instleute, in: Die Neue Zeit, 2. Band 1899, Heft 51, S. 787–790.

Das Institut der Instleute (auch Dienstfamilien, Dienstgärtner, Dreschgärtner, herrschaftliche Tagelöhner, Arbeitsgärtner, Einlieger, Kathen genannt) ist dem Osten Deutschlands eigentümlich. Es kommt besonders in den Provinzen Ost- und Westpreußen, Pommern, Posen, Schlesien und hier und da auch noch in der Mark Brandenburg vor. Dies Überbleibsel aus der feudalistischen Naturalwirtschaft ist in der Gegenwart um so drückender für den Arbeiter, je mehr der Großgrundbesitzer es verstanden hat, seine Pflichten den Instleuten gegenüber erheblich herabzusetzen und die der Instleute unter rücksichtsloser Ausbeutung der veränderten Form des Betriebs zu erhöhen. Der Vertrag des Instmanns verpflichtet die Instfamilie, dem Gutsherrn, wenn und wie oft er den Mann oder die Frau verlangt, gegen einen im Voraus bestimmten Tagelohn zu arbeiten, meist auch außerdem noch: einen Dritten (Scharwerker, Kowornik, Hofgänger, auch Drittgänger genannt) zur Leistung der Arbeit zu stellen. Die Gegenleistung des Gutsherrn bestand ursprünglich in freier Wohnung – meist in besonders dazu errichteten Häusern –, freiem Ackerland (sogenanntem Leuteland), einem bestimmten Anteil an der Mahd und dem Erdrusch, Vieh (Leutekuh, Leuteschwein), freier Streu, freiem Brennholz u.s.w. Und in einem geringfügigen Barlohn für diejenigen Tage, für welche die Arbeit vom Besitzer gefordert wird. An die Stelle der Weide ist heute die Stallfütterung getreten, der Getreidebau hat in hohem Maße dem Hackfruchtbau Platz machen müssen. Vielfach werden statt Weizen und Roggen Zuckerrüben und Kartoffeln gebaut, Schnaps gebrannt und Stärke fabriziert. Die Drescharbeit, die früher sechs bis acht Monate im Jahre – von Beendigung der Ernte bis zum Beginn der Saat – dauerte, verrichtet jetzt die Maschine auf den großen Gütern in kaum so viel Wochen. Die landwirtschaftliche Arbeit auf den großen Gütern ist nicht mehr in ziemlich gleichmäßiger Weise über das ganze Jahr verteilt, sondern auf weniger als ein halbes Jahr zusammengedrängt. Sie ist Saisonarbeit geworden, bedarf nicht mehr in dem Maße wie früher dauernder Arbeitskräfte, aber zu bestimmtem Zeiten, insbesondere zur Erntezeit, mehr Arbeitskräfte wie früher.

Schritt um Schritt mit dieser Entwicklung sind die Gegenleistungen für die Arbeiten der Instleute erheblich schlechter geworden.

Die Arbeitstage, für die allein Tagelohn gezahlt wird, sind auf weniger als die Hälfte gesunken. Der Tagelohn selbst ist ein erbärmlicher. So konstatierte z. B. im Jahre 1889 das Landgericht zu Stralsund, daß ein Barlohn von 50 Pfennig für den Mann, 40 Pfennig für die Frau neben dem Deputat durchaus den ortsüblichen Preisen entspreche. Daneben ist das Deputat, das für die Verpflichtung der Bereitschaft zur Arbeit, meist auch für das Halten eines oder mehrerer Scharwerker gezahlt wird, außerordentlich verringert und zum Teile durch geringfügige Geldlöhne ersetzt. Auf den meisten Großgrundbesitzen ist das Getreideland für den Instmann in Fortfall gekommen. Statt der freien Streu und des freien Holzes wird ein Barbetrag bezahlt, der auch nicht entfernt an den Wert der früheren Naturallieferungen heranreicht. Der Mahd- und Erdruschanteil belief sich noch in den siebziger Jahren auf den zehnten oder zwölften Scheffel, heute kaum auf den dreißigsten Scheffel. Die Wohnungen spotten jeder Forderung der Gesundheit und Sittlichkeit.

In welchem Maße dies der Fall ist, zeigt ein Blick in die Debatte, welche im April 1897 im preußischen Abgeordnetenhaus über die Regierungsforderung auf Bewilligung von 126.400 Mark für die Errichtung von 82 Arbeiterwohnungen in Trakehnen stattfand. Der Landwirtschaftsminister legte dar, daß es nicht mehr möglich sei, Wärter für das Trakehner Gestüt zu erhalten. Dies liege zum Teil daran, daß die Arbeiter in alten, baufälligen, nicht mehr reparaturfähigen Wohnungen in einer menschenunwürdigen Weise wohnen müssten. Die Wohnungen bestehen nach der Schilderung des Ministers und des Landrats aus einer ganz kleinen, wenig über zwei Meter hohen Stube und einer Kammer. In diesen beiden Räumen leben acht bis zehn Menschen: der Mann, die Frau, die Kinder, von denen ein Teil schon erwachsen ist, ein Scharwerker, oft auch noch ein Drittgänger oder eine Drittgängerin. Über die Art der Benutzung dieser „Wohnung" äußerte sich der Landrat des Kreises wörtlich: „Die Zimmer sind alle gleichmäßig eingerichtet: in der Ecke das Bett für Mann und Frau. Daneben ist fast feuergefährlicher Nähe der Herd. In der Mitte ist eine Falltüre, die in einen kleinen Keller hinabführt, und wo noch Platz ist, sind die Wirtschaftsutensilien zwischen den Betten der jüngeren Kinder und der häufig noch lebenden alten Mutter aufgestellt. Neben dem Zimmer befindet sich eine ganz kleine Kammer, ein feuchter, kalter Raum, meist nur mit einem halben Fenster. Darin ist zunächst ein Bretterboden hergestellt, unter welchem die Habseligkeiten der Insassen liegen. Oben darauf schlafen Scharwerker und Drittgänger – das ist häufig eine Drittgängerin – mit den älteren Kindern zusammen." Zur Begründung der Forderung, diese Verhältnisse durch Herrichtung neuer Arbeiterwohnungen zu beseitigen, war ausgeführt, daß man jetzt auch in Ostpreußen diese Verhältnisse nicht mehr ertrage. „Jetzt, wo der Zug von Osten nach Westen geht und die Arbeiter andere Verhältnisse dort kennen gelernt haben, steigern sich die Ansprüche. Sie nehmen mit den alten Verhältnissen nicht mehr vorlieb und verlassen eventuell die Heimat. Die sozialen Bedürfnisse schreiten vorwärts; man muss ihnen Rechnung tragen, sonst erleidet man Schaden." Trotzdem wollte der konservative Abgeordnete, Rittergutsbesitzer Freiherr von Dobeneck, nur die Hälfte der verlangten Summe bewilligen und beklagte sich im nächsten Jahre (Februar 1898) im Abgeordnetenhaus darüber, daß die Regierung „Arbeiterpaläste" bauen lasse. Zur Illustrierung der gesamten Wohnungsverhältnisse, welche insbesondere in den Provinzen Preußen und Schlesien herrschen, mag diese amtliche Darlegung, der sich ja leicht viele ähnliche Schilderungen anreihen ließen, hinreichen. Daß es in vielen Bezirken, in denen nicht die Regierung die Besitzerpflichten hat, noch viel trauriger bestellt ist, ergibt ja schon die vorgeführte Klage des konservativen Rittergutsbesitzers von Freiherr v. Dobeneck über zu große Fürsorge zugunsten der Arbeiter in Trakehnen.[79]

Es haben sich nach all dem die sozialen und wirtschaftlichen Verhältnisse der Instleute seit den letzten Jahrzehnten ganz erheblich verschlechtert. Auch ist statt einer Art Interessengemeinschaft immer schärfer der Interessengegensatz zwischen Großgrundbesitzer und Instleuten hervorgetreten. Früher hatte der Instmann ein Interesse an möglichst guter Ernte: stieg doch bei guter Ernte auch der auf ihn entfallende Bruchteil aus dem Leuteland, sowie der Mäh- und Dreschlohn; und weideten doch seine Kühe auch mit auf der Herrenwiese. Heute liegt die Sache anders: an Stelle der Naturalbezüge ist überwiegend ein versüßest kleiner Geldlohn getreten; Brotkorn erhält die Instfamilie in durchaus unzureichender Höhe und Güte. Die Instfamilie hat keinerlei Interesse an hohen, sondern lediglich an niedrigen Preisen für die Erdfrüchte, da sie den überwiegenden oder einen großen Teil der Lebensmittel selbst einkaufen muss. Der Gutsherr wünscht hohe Lebensmittelpreise und möglichst niedrigen Geldlohn. Umgekehrt liegen möglichst hoher Geldlohn und niedrige Lebensmittelpreise im Interesse der Instleute. Hinzu tritt noch die jährlich schwerer und schwerer werdende Verpflichtung der Instleute, einen Scharwerker oder Hofgänger, ja hier und da noch einen zweiten Scharwerker (Drittgänger genannt) für den Gutshof zu stellen. Dieser Scharwerker steht nach dem preußischen Gesetz vom 16. August 1892 auch zu dem Gutsherrn selbst in einem Botmäßigkeitsverhältnis. Er muss nach dem Gesetz das Wunder, zwei Herren zu dienen, fertig bringen.

Die Konzentrierung des hauptsächlichen Betriebs der Großwirtschaft auf wenige Monate im Jahre, und der intensivere Betrieb veranlassen den Gutsbesitzer dazu, möglichst wenige Leute das ganze Jahr hindurch zu beschäftigen. Der Zug von Osten nach dem Westen wird noch durch die jammervolle Löhnung und Behandlung in ostelbischen Gefilden gefördert. Daß der Zug nach dem Westen stattfindet, beruht somit zum großen Teil auf der Wirtschaftsweise des Großgrundbesitzers und liegt in seinem Interesse. Freilich sind ihm andere natürliche Folgen dieses Wegzugs nicht recht. So beklagt er den natürlichen Umstand, daß die übergroße Anzahl der von Ost nach West gezogenen zu den Monaten, wo Arbeitskräfte im Osten gebraucht werden, nicht wiederkehrt, sondern da bleibt, wo

79 Dieser gesamte Absatz ist im Originaltext als Fußnote 1 abgedruckt, vermutlich aus Platzgründen.

er lohnendere Arbeit und bessere Behandlung gefunden hat. Er klagt dann über Leutenot, ruft nach ausländischer Hilfe und schwärmt in bornierter Kurzsichtigkeit für weitere Knebelung des Landarbeiters durch Fesselung an die Scholle. Der saisonartige Betrieb des Großgrundbesitzes zeitigt noch eine andere, dem Großgrundbesitzer unerwünschte Folge: das gemeinschaftliche Arbeiten und Wohnen der Wanderarbeiter, die von ihm für einige Monate gedungen werden, stärkt das Solidaritätsgefühl innerhalb der Landarbeiterschaft. Die Wanderarbeiter bringen das Bewusstsein der Klassengemeinschaft aller Arbeiter auch dem Instmann bei, dem ebenso wie dem Kleinbesitzer die Erkenntnis von dem Klassengegensatz zum Großgrundbesitzer durch die realen Verhältnisse aufzugehen begonnen hat.

Der Einfluss des Großgrundbesitzes hatte es zu dem formidablen Vorschlag im bürgerlichen Gesetzbuch gebracht, zu gestatten, daß derartige Dienstverhältnisse wie die der Instleute zu lebenslänglichen gemacht werden dürften, sobald den Instleuten freigestellt würde, die von ihnen übernommene Arbeit durch einen Anderen (Scharwerker) verrichten zu lassen. Wäre dieser Vorschlag durchgegangen, so wäre die alte Leibeigenschaft und der erbuntertänige Zwangsdienst mit dem Beginn des kommenden Jahrhunderts für Deutschland wieder eingeführt. Der Vorschlag wurde selbstverständlich von den Sozialdemokraten lebhaft bekämpft und ist schließlich einstimmig abgelehnt worden. Jedoch wurde als Maximalverpflichtungsdauer für den Arbeiter nicht ein Jahr, wie sozialdemokratischerseits verlangt war, sondern die Dauer von fünf Jahren normiert.

Die dargelegte Art des Dienstverhältnisses der Instleute zeigt, daß diese selbst nicht zum Gesinde zu rechnen sind. Wohl aber stehen meist die Scharwerker (Hofgänger) zu den Instleuten selbst im Gesindeverhältnis.

7. Ausnahmerechte gegen die ländlichen Arbeiter in Deutschland[80]

Vom 1. Januar 1900 ab unterstehen die Rechtsverhältnisse der ländlichen Arbeiter, soweit dieselben nicht zum Gesinde gehören, den allgemeinen Bestimmungen des Bürgerlichen Gesetzbuchs. Anders liegt es auf dem strafrechtlichen und polizeilichen Gebiet. Auf diesem gibt es eine Reihe ausnahmerechtlicher Bestimmungen. Sie betreffen einen großen teil von Preußen, Bayern, Mecklenburg-Schwerin, Mecklenburg-Strelitz und Anhalt. Im Folgenden sollen diese Ausnahmebestimmungen dargelegt werden.

---

80 Arthur Stadthagen, Ausnahmerechte gegen die ländlichen Arbeiter in Deutschland, in: „Die Neue Zeit“, Band 18, 1899–1900, 1. Band 1900, Heft 13, S. 388–398.

I. Für Preußen

a) I. Für die Provinzen Ostpreußen, Westpreußen, Pommern, Posen, Schlesien, Brandenburg nebst Berlin, Westfalen und die Rheinprovinz schafft das Gesetz vom 24. April 1854[81] Ausnahmebestimmungen sowohl gegen das Gesinde, wie gegen sämtliche ländliche Arbeiter nach drei Richtungen hin. Es bedroht mit Bestrafung:

1. „Ungehorsam oder Widerspenstigkeit" gegen den Arbeitgeber – ja den Instleuten und herrschaftlichen Tagelöhnern gegenüber, auch gegen die Herrschaft, mit welcher der Instmann in keinem Vertragsverhältnis steht.
2. Unberechtigtes Verlassen oder Nichtantreten des Arbeitsverhältnisses.
3. Verabredung der Arbeitseinstellung oder Aufforderung hierzu.

Das Gesetz lautet wörtlich:

§ 1. Gesinde, welches hartnäckigen Ungehorsam oder Widerspenstigkeit gegen die Befehle der Herrschaft oder der zu seiner Aufsicht bestellten Personen sich zu Schulden kommen lässt oder ohne gesetzmäßige Ursache den Dienst versagt oder verlässt, hat auf den Antrag der Herrschaft, unbeschadet deren Rechtes zu seiner Entlassung oder Beibehaltung, Geldstrafe bis zu 5 Talern oder Gefängnis (d.i. Seit dem Inkrafttreten des Reichsstrafgesetzbuches Haft) bis zu drei tagen verwirkt, Dieser Antrag kann nur innerhalb vierzehn Tagen seit Verübung der Übertretung oder, falls die Herrschaft wegen der letzteren das Gesinde vor Ablauf der Dienstzeit entlässt, vor dieser Entlassung gemacht werden. Den Antrag bei der Lokalpolizeibehörde anzubringen ist nur dann zulässig, wenn weder die Herrschaft noch ein Beamter der Herrschaft die Lokalpolizei verwaltet. An Stelle der Lokalpolizei tritt in diesem Falle der Landrat. Bis zum Anfang der Vollstreckung der Strafe ist die Zurücknahme des Antrags zulässig.

---

81 In das „Gesetz über die Verletzungen der Dienstpflichten des Gesindes und der ländlichen Arbeiter" wird der § 182 der preußischen Gewerbeordnung – Koalitionsverbot – aufgenommen und Dienstleute, Schiffsknechte und Handarbeiter einbezogen. Siehe http://library.fes.de/fulltext/bibliothek/tit00148/00148012.htm#E322E115, Zugriff am 15. September 2014.
Nach § 1 dieser Gesindeordnung können Arbeiter bei "hartnäckigem Ungehorsam oder Widerspenstigkeit" auf Antrag ihrer "Herrschaft" von der Ortspolizeibehörde mit Geld- oder Gefängnisstrafen belegt werden.

§ 2. Die Bestimmungen des § 1 finden auch Anwendung:

a) auf die bei Stromschiffern in Dienst stehenden Schiffsknechte[82],
b) auf das Verhältnis zwischen den Personen, welche von den zu Diensten verpflichten bäuerlichen Besitzern zur Verrichtung dieser Dienste gestellt werden, und den Dienstberechtigten oder den von ihnen gestellten Aufsehern,
c) auf das Verhältnis zwischen dem Besitzer eines Landguts oder einer anderen Acker- oder Forstwirtschaft, so wie den von ihm zur Aufsicht über die Wirtschaftsarbeiten bestellten Personen und solchen Dienstleuten, welche gegen Gewährung einer Wohnung in dem ihm gehörigen oder auf dem Gute befindlichen Gebäuden und gegen einen im Voraus bestimmten Lohn behufs der Bewirtschaftung angenommen sind (Instleute, herrschaftliche Tagelöhner, Einlieger, Katenleute und dergleichen),
d) auf das Verhältnis zwischen solchen Landarbeitern, welche sich zu bestimmten land- und forstwirtschaftlichen Arbeiten, wie z. B. Erntearbeiten auf Acker und Wiese, Meliorationsarbeiten, Holzschlagen etc. verdungen haben, und dem Arbeitgeber oder den von ihm bestellten Aufsehern.

§ 3. Gesinde, Schiffsknechte, Dienstleute oder Handarbeiter der § 2 a, b, c, d bezeichneten Art, welche die Arbeitgeber oder eine Obrigkeit zu gewissen Handlungen oder Zugeständnissen dadurch zu bestimmen suchen, daß sie die Einstellung der Arbeit oder die Verhinderung derselben bei einzelnen oder mehreren Arbeitgebern verabreden oder zu einer solchen Verabredung Andere auffordern, haben Gefängnisstrafe bis zu einem Jahre verwirkt.

§ 4. Hausoffizianten[83] sind den Strafvorschriften dieses Gesetzes nicht unterworfen.

§ 5. Die festgesetzten Geldstrafen fließen zur Ortsarmenkasse.

---

82 Hier macht Stadthagen folgende Fußnotenanmerkung auf S. 389: „Schiffsknechte gehören zu den gewerblichen Arbeitern. Die Ziffer 2a ist mithin durch die Gewerbeordnung von 1869 und durch das Reichsbinnenschifffahrtsgesetz von 1895 zweifellos beseitigt. Freilich, der ehemalige Staatsanwalt, jetzige Kammergerichtssenatspräsident Groschuff führt – durchaus mit Unrecht – diese Nummer auf S. 305 und 306 des von ihm herausgegebenen Abdrucks der preußischen Strafgesetze, die neben dem deutschen Strafgesetzbuch aufrecht erhalten sein sollen, als noch gültig an."

83 Dem Gesinde gleichgestelltes Hauspersonal, das nur zu den Diensten im Haus verpflichtet war, die schriftlich in einem Vertrag festgehalten waren. Thomas Vormbaum befasst sich mit ihnen auf S. 33 seines Buches Politik und Gesinderecht im 19. Jahrhundert, Berlin 1980.

Die in § 3 dieses Gesetzes enthaltene Beschränkung des Koalitionsrechts erschwert den ländlichen Arbeitern außerordentlich den Weg, durch gewerkschaftliche Vereinigungen sich wenigstens vorübergehend eine bessere wirtschaftliche Lage zu schaffen und das Klassenbewusstsein zu 854stärken. Ein weit verbreiteter Irrtum geht dahin: durch das Gesetz vom 24. April 1854 sei den ländlichen Arbeitern und dem Gesinde in Preußen das Koalitionsrecht überhaupt genommen. dem ist nicht so. Sie haben das Recht, Versammlungen abzuhalten und Vereine zu bilden, um bessere Lohn- und Arbeitsbedingungen zu erringen. Artikel 29 und 30 der preußischen Verfassung, welche Vereins- und Versammlungsrecht den Preußen gewährleisten, haben auch für alle ländlichen Arbeiter Geltung. Nur ist allerdings das wirksamste und oft einzige Mittel zur Erringung besserer Lohn- und Arbeitsbedingungen – das der Verabredung, ja schon das der Aufforderung zum Streike – unter hohe Strafen gestellt, und dadurch eine gewerkschaftliche Betätigung der ländlichen Arbeiter in den durch das Gesetz vom 24. April 1854 betroffenen preußischen Provinzen sehr erschwert.

Enthält diese Beschränkung des Koalitionsrechts der ländlichen Arbeiter ein Ausnahmerecht? Der ausnahmerechtliche Charakter dieses § 3 des Gesetzes vom 24. April 1854 liegt nach verschiedenen Richtungen hin vor.

Zunächst ist es eine offenbare Ungerechtigkeit, zwar den Arbeitgebern zu gestatten, sich gegen die Arbeiter zu verabreden, insbesondere auch zur Entlassung von Arbeitern oder zur Drohung der Entlassung zwecks Lohnherabsetzung etc. sich zu verabreden oder aufzufordern, den Arbeiter aber mit Gefängnis bis zu einem Jahre wegen der Verabredung der Niederlegung der Arbeit zwecks Erlangung besserer Lohnbedingungen oder wegen Aufforderung dazu zu bestrafen. Es kann billig bezweifelt werden, daß dieser Zustand mit dem Sinne des Satzes der preußischen Verfassung übereinstimmt: „Vor dem Gesetz sind alle Preußen gleich."

Der zitierte § 3 hat noch nach einer zweiten Richtung hin einen ausnahmerechtlichen Charakter. Das Strafrecht kennt sonst keinen Fall, wo eine an sich erlaubte Handlung (wie die Arbeitsniederlegung eines Einzelnen oder die Aufforderung dazu) dadurch zu einer strafbaren Handlung wird, daß mehrere sie gemeinschaftlich ausüben. Dieser Ausnahmecharakter tritt, wie die preußische Regierung im Jahre 1866 zugab, um so schärfer hervor, als der einzelne Arbeitgeber seine noch so zahlreichen Arbeiter gleichzeitig entlassen kann.

Noch nach einer dritten Richtung hin bildet der § 3 des Gesetzes vom 24. April 1854 ein Ausnahmegesetz. Er unterbindet den freien Gebrauch der Arbeitskraft und die freie Bestimmung der Bedingungen, unter welchen die Arbeit geleistet werden soll. Er schließt dasjenige Mittel, durch welches der Arbeiter bei dem Verkauf seiner Arbeitskraft seinen Forderungen besonderen Nachdruck verleihen kann – die Verabredung der gemeinschaftlichen Arbeitseinstellung – aus.

Die Strafbestimmung des § 3 setzt den Verkäufer der Ware Arbeitskraft in eine weit ungünstigere Position, als den Verkäufer irgend einer anderen Ware. Es liegt eine gesetzliche Misshandlung der Ware Arbeitskraft in dieser Beschränkung der Koalitionsfreiheit. Die Bestimmung des § 3, wie auch die in § 1 desselben Gesetzes angedrohte Kontraktbruchstrafe (auch diese ist nur gegen den Arbeiter, nicht gegen den Arbeitgeber gerichtet) schränkt das Recht des Arbeiters erheblich ein, es abzulehnen, nur unter den Lohn- und Arbeitsbedingungen zu arbeiten, die allein der Arbeitgeber vorschreibt. Die Beschränkung des Koalitionsrechts durch das Gesetz vom 24. April 1854 beschränkt die Freiheit der Person des Arbeiter und leistet gleichzeitig dem Arbeitswucher Vorschub.

Wie entstand diese Koalitionsbeschränkung der ländlichen Arbeiter? Zur Begründung des Ausnahmerechts, welches in der Bestimmung des wörtlich angeführten § 3 des Gesetzes vom 24. April 1854 liegt, führten die Motive der Regierungsvorlage im Jahre 1854 unter Anderem an, daß der ländliche Arbeiter denselben Strafbestimmungen unterstellt sein müsse, mit denen damals die §§ 181, 182 und 184 der preußischen Gewerbeordnung aus dem Jahre 1845 den gewerblichen Arbeiter bedrohten.[84] Seitdem ist durch die deutsche Gewerbeordnung vom Jahre 1869 die preußische Gewerbeordnung mit ihren Strafandrohungen für Ungehorsam, Kontraktbruch und für Ausübung des Koalitionsrechts gefallen. Die Strafbestimmungen gegen das Gesinde und gegen die ländlichen Arbeiter sind geblieben. Versuche, dies Ausnahmerecht zu beseitigen, wurden seit Beginn der sechziger Jahre wiederholt unternommen. Dachte man bei diesen Versuchen auch zunächst an die gewerblichen Arbeiter, so ließ sich doch die Konsequenz nicht leugnen, auch die den ländlichen Arbeitern aufgelegten Beschränkungen, insbesondere den § 3 des Gesetzes vom 24. April 1854, zu beseitigen. Der erste Antrag, diesen § 3 aufzuheben, wurde im preußischen Abgeordnetenhaus am 11. Februar 1865 von dem Abgeordneten Becker (Dortmund) gestellt. Sein Antrag kam in Folge eines Missverständnisses des Präsidenten nicht zur Abstimmung. In demselben Jahre wurde von der Regierung eine Kommission zur Beratung der Koalitionsfrage einberufen. Die Kommission bestand aus 34 Mitgliedern. Sie tagte vom 21. August bis zum 4. September 1865. Unter Anderem wurde ihr die Frage vorgelegt, ob im Falle der Aufhebung der Beschränkung der Koalitionsfreiheit gewerblicher Arbeiter auch § 3 des Gesetzes vom 24. April 1854 zu beseitigen sei. Diese Frage wurde mit 30 gegen 4 Stimmen (Verhandlungen der zur Beratung der Koalitionsfrage berufenen Kommission 1865, gedruckt bei

84 Siehe zur preußischen Gewerbeordnung von 1845 http://digital.ub.uni-duesseldorf.de/ihd/content/titleinfo/2644029, Seite 48 f, Zugriff am 16. September 2014.

R. v. Decker, S. 10) bejaht. Seitens der preußischen Regierung wurde dann am 10. Februar 1866 dem Landtag ein Gesetzentwurf vorgelegt, der die Aufhebung der §§ 181 und 182 der preußischen Gewerbeordnung von 1845 und des erwähnten § 3 des Gesetzes vom 24. April 1854 verlangte. Der Gesetzentwurf ist jedoch nicht zur Verabschiedung gelangt. In dem Gesetzentwurf selbst wurde anerkannt: wenn das Koalitionsverbot der Gewerbeordnung beseitigt werde, so könne der dem § 182 der preußischen Gewerbeordnung von 1845 analoge § 3 des Gesetzes vom 24. April 1854 nicht aufrecht erhalten werden, „und zwar um so weniger, als nicht spezielle Zweckmäßigkeitsgründe, sondern allgemeine Rechtsgründe es sind, welche für die Aufhebung in die Waagschale fallen."

Im Jahre 1867 brachten die Abgeordneten Schulze (Delitzsch)[85], Becker (Dortmund und Andere mehr im norddeutschen Reichstag[86] einen Gesetzentwurf ein, dessen erster Paragraph lautete:

„§ 1. Alle Verbote und Strafbestimmungen gegen Arbeitgeber oder Arbeiter sämtlicher Gewerbszweige – einschließlich der Landwirtschaft, des Berg- und Hüttenbetriebs, der Stromschifffahrt, des Gesinde- und Tagelohndienstes – wegen Verabredungen und Vereinigungen zum Behuf der Erlangung günstiger Lohn- und Arbeitsbedingungen, insbesondere mittels Einstellung der Arbeit oder Entlassung der Arbeiter, werden aufgehoben."

Der Paragraph wurde dann dahin gehend geändert, daß es statt der zwischen den Gedankenstrichen stehenden Worte hieß: *„mit Ausnahme der Seeschifffahrt und des Gesindedienstes einschließlich jedoch der Landwirtschaft, des Berg- und Hüttenbetriebs, der Stromschifffahrt, des Tagelohndienstes."* Der so gestaltete Paragraph wurde am 15. Oktober 1867 mit 126 gegen 71 Stimmen angenommen, erhielt aber nicht die Zustimmung des Bundesrats.

Ein weiterer Versuch, die Koalitionsfreiheit allen Arbeitern zu verschaffen, wurde im Reichstag bei Gelegenheit der Beratung der Gewerbeordnung im Jahre 1869 unternommen. Der von der Regierung vorgelegte Entwurf enthielt den Vorschlag, die Koalitionsfreiheit allen gewerblichen Arbeitern zu gewähren. Der

85 Hermann Schulze-Delitzsch (1808–1883) wirkte als Sozialreformer, Begründer des Genossenschaftswesens und linksliberaler Politiker, siehe http://de.wikipedia.org/wiki/Hermann_Schulze-Delitzsch, Zugriff ebendann.

86 Parlament des Norddeutschen Bundes, von Preußen nach dem Sieg über Österreich 1866 zusammengeschlossenes Staatsgebilde von 1867–1871, das dem Deutschen Reich und seinem Parlament, dem Reichstag bis zur Reichsgründung am 18. Januar 1871 übergangsweise vorausging.

Abgeordnete Lasker[87] beantragte eine Fassung, durch welche allen Arbeitgebern oder Arbeitnehmern die Koalitionsfreiheit gewährt würde. Dieser Antrag wurde zwar in zweiter Lesung angenommen, jedoch nur gleichzeitig mit folgendem von den Abgeordneten Friedenthal und Graf v. Kleist gestellten einschränkenden Zusatz: *„Für den Gesindedienst und den Dienst derjenigen Personen, welche von dem Besitzer eines Landguts oder einer anderen Acker- oder Forstwirtschaft gegen Gewährung einer Wohnung in den ihm gehörigen oder auf dem Gute befindlichen Gebäuden und gegen einen im Voraus bestimmten Lohn behufs der Bewirtschaftung für den Zeitraum von mindestens einem Jahre oder gegen mindestens dreimonatliche Kündigung vertragsmäßig angenommen sind, behält es sein Bewenden bei den bezüglichen Bestimmungen der Landesgesetze."* Aber auch diese Fassung ging der Mehrheit des Reichstags noch zu weit. In der dritten Lesung setzte sie unter der Motivierung, daß die Gewerbeordnung sich nur mit gewerblichen Verhältnissen befassen sollte, einen von den Abgeordneten Friedenthal, Weigel, v. Henning, Meier, Miquel, Stefani, Stumm und Graf Kleist gestellten Antrag durch, der in § 152 der Gewerbeordnung die Worte Arbeitgeber oder Arbeitnehmer durch die Worte „Gewerbetreibende, gewerbliche Gehilfen, Gesellen oder Fabrikarbeiter" ersetzte und so die ausdrückliche Betonung der Koalitionsfreiheit auf die gewerblichen Arbeiter beschränkte. Später wurde wiederholt, insbesondere bei Gelegenheit der Beratung des Bürgerlichen Gesetzbuchs und in der Verhandlung vom 11. März 1897, seitens der sozialdemokratischen Fraktion der Versuch unternommen, die Beschränkungen der Koalitionsfreiheit ländlicher Arbeiter und die sonstigen gegen die ländlichen Arbeiter bestehenden ausnahmerechtlichen Strafgesetze der Einzelvaterländer zur Aufhebung zu bringen.[88] Diese Versuche schlugen fehl. Und doch ist die Beseitigung dieser Ausnahmevorschriften, insbesondere der Hindernisse, die der Ausübung des Koalitionsrechts seitens der ländlichen Arbeiter entgegen stehen, um so notwendiger, je mehr der landwirtschaftliche Großbetrieb sich ausbreitet, mit Maschinen arbeitet, mit industriellen Unternehmungen, wie Brennereien, Zuckerfabriken und dergleichen verquickt wird, und je mehr er wie andere industrielle Unternehmungen mit seinen Produkten werbend auftritt, kurz ein Gewerbe wie alle anderen Gewerbe geworden ist.

---

87 Eduard Lasker (1829–1884) stammte aus einem jüdischen Elternhaus aus der Provinz Posen und wurde nach der Revolution von 1848/49 zu einem linksliberalen Politiker. Siehe http://de.wikipedia.org/wiki/Eduard_Lasker, Zugriff ebendann.

88 http://www.reichstagsprotokolle.de/Blatt_k9_bsb00002762_00190.html, 189. Sitzung vom 11. März 1897, S. 5033 ff. Stadthagen begründete einen diesbezüglichen von der SPD-Fraktion eingebrachten Antrag. Zugriff ebendann.

Ist nun auch keine ausdrückliche Aufhebung der landesgesetzlichen strafrechtlichen, gegen die ländlichen Arbeiter gerichteten Bestimmungen erfolgt, so wirft sich doch die Frage auf, ob denn diese partikularrechtlichen strafrechtlichen Bestimmungen, welche das Koalitionsrecht einschränken und welche den „Ungehorsam" des ländlichen Arbeiters und Gesindes mit Strafe bedrohen, rechtsgültig sind. In der Praxis hat man sich über diese Frage wenig Kopfzerbrechens gemacht und sie bejaht. Das Reichsgericht hat, soviel bekannt, allerdings eine Entscheidung über diese Frage noch nicht getroffen. In der Theorie fehlt es nicht an Stimmen, welche die Aufhebung der erwähnten Bestimmungen durch die Reichsverfassung und durch das Reichsstrafgesetzbuch behaupten. Und in der Tat ergibt eine nähere Betrachtung, daß die aufgeführten landesgesetzlichen Ausnahmebestimmungen rechtsungültig sind. Für die Ungültigkeit sprechen mehrere Gründe. Nach Artikel 2 der Reichsverfassung gehen die Reichsgesetze den Landesgesetzen vor. Wo ein Reichsgesetz erlassen ist, ist also ohne Weiteres die ihm entgegen gesetzte landesrechtliche Vorschrift des Einzelstaats aufgehoben und den Einzelstaaten nicht gestattet, dem Reichsgesetz widersprechende Gesetze zu erlassen. In demselben Sinne setzen §§ 1 und 2 des Einführungsgesetzes zum Strafgesetzbuch für das Deutsche Reich fest:

„§ 1. Das Strafgesetzbuch für das Deutsche Reich tritt im ganzen Umfang des Bundesgebiets mit dem 1. Januar 1872 in Kraft.

§ 2. Mit diesem tage tritt das Reichs- und Landesstrafrecht, insoweit dasselbe Materien betrifft, welche Gegenstand des Strafgesetzbuchs für das Deutsche Reich sind, außer Kraft. In Kraft bleiben die besonderen Vorschriften des Reichs- und Landesstrafrechts, namentlich strafbare Verletzungen der Preßpolizei-, Post-, Steuer-, Zoll-, Fischerei-, Jagd-, Forst- und Feldpolizeigesetze, über Missbrauch des Vereins- und Versammlungsrechts und über den Holzdiebstahl."

Zu den in § 2 des Einführungsgesetzes ausdrücklich aufrecht erhaltenen Gesetzen gehören also nicht die auf Bestrafung der ländlichen Arbeiter und des Gesindes wegen Ungehorsams im Dienst, Nichtantritt zum oder Austritts aus dem Dienste, Zusammenschlusses zwecks Erlangung besserer Lohn- und Arbeitsbedingungen und Aufforderungen zum Niederlegen der Arbeit usw. abzielenden Landesgesetze. Diese Landesgesetze sind mithin aufgehoben, beziehentlich ungültig, wenn sie eine durch das Strafgesetzbuch geordnete Materie betreffen. Eine solche Materie aber betreffen sie. Denn die ausnahmerechtlichen strafrechtlichen Vorschriften sind seitens der einzelnen Länder angeblich „im Interesse der öffentlichen Ordnung" und weil die mit Strafe bedrohten Handlungen des Gesindes ein Vergehen gegen die öffentliche Ordnung darstellen sollen, erlassen worden. Die Materie „Vergehen wider die öffentliche Ordnung" ist aber im Reichsstrafgesetzbuch (§§ 128 bis 145) erschöpfend geregelt und sind daher sämtliche landesgesetzlichen Strafandrohungen wegen Vergehen oder Übertretungen wider die öffentliche Ordnung als gegen das Strafgesetzbuch verstoßend aufgehoben (vergl. Entscheidungen des Reichsgerichts in Strafsachen Bd. 16, S. 340, Bd. 17, S. 134 und das Erkenntnis des preußischen Oberverwaltungsgerichts vom 13. Juli 1891, Bd. 20, S. 401).

Für die Ungültigkeit speziell des § 3 des preußischen Gesetzes vom 24. April 1854 spricht noch die Entstehungsgeschichte dieses Paragraphen. § 3 ist, wie bereits erwähnt, wörtlich dem § 182 der preußischen Gewerbeordnung von 1845 entlehnt und wurde im Jahre 1854 damit motiviert, daß dieselben Beschränkungen, welche für die gewerblichen Arbeiter bestehen, auch für die ländlichen Arbeiter eingeführt werden müssten. Der § 182 der altpreußischen Gewerbeordnung befand sich ebenso wenig wie das Koalitionsverbot, das in § 181 dieses Gesetzes ausgesprochen war, im Entwurf zu der altpreußischen Gewerbeordnung von 1845. Erst bei der Schlussberatung sind diese Paragraphen zugleich mit den aus der Beratung des Entwurfs zum Strafgesetzbuch hervorgegangenen Strafbestimmungen über die Verbrechen und Vergehen der Gewerbetreibenden aus dem Abschnitt dieses Entwurfs über „Gemeingefährliche Verbrechen" aufgenommen worden. § 3 des Gesetzes vom 24. April 1854 betrifft demnach seiner Entstehungsgeschichte nach auch die Materie „ Gemeingefährliche Verbrechen". Auch diese ist durch das Strafgesetzbuch des Deutschen Reiches (§§ 306 bis 330) geregelt, und dadurch mithin der landesgesetzliche § 3 des preußischen Gesetzes vom 24. April 1854 aufgehoben.

Indessen, so richtig die Ansicht ist, daß das Gesetz vom 2. April 1854 nicht mehr zu Recht besteht, in der Praxis ist mit einer entgegengesetzten Auffassung einiger Gerichte zu rechnen. Auffällig ist freilich, daß öffentliche Aufforderungen zum Ungehorsam gegen den erwähnten § 3, weil dieser rechtsungültig sei, eine Anklage nicht zur Folge gehabt haben. Wäre eine Anklage erfolgt, so hätte das Reichsgericht sich mit dieser wichtigen Frage beschäftigen müssen. Freilich beugen sich die Oberlandesgerichte und anderen Gerichte nicht stets einer richtigen Auffassung des Reichsgerichts. Hunderte von Elsass-Lothringern sind rechtskräftig wegen angeblichen Verstoßes gegen das Gesetz betreffend Cris séditieux verurteilt. In den vorhin angezogenen Erkenntnissen erkannte endlich das Reichsgericht, das dies französische Sondergesetz in Folge der Regelung der Materie „öffentliche Ordnung" durch das Strafgesetzbuch aufgehoben ist. Auch nach dieser Entscheidung sind dennoch wiederholt Elsass-Lothringer zu Unrecht auf Grund desselben Gesetzes rechtskräftig verurteilt. Die Beurteilung wurde dadurch herbeigeführt, daß man nicht mehr die Strafkammer, sondern das Schöffengericht als erste Instanz ansprach und dadurch das Reichsgericht außer Kurs setzte. Und wer möchte bei der reaktionären Neigung der Rechtsprechung, bei ihrer, von der inhaltlichen Durchdringung des Rechtsstoffs abgewandten mechanischen Auslegung behaupten wollen, daß die unrichtige Rechtsprechung nicht allgemein wiederkehren wird? Haben doch auch z. B. die sächsischen Oberlandesgerichte bis heute dem ihre Anerkennung versagt, daß das sächsische Gesetz, welches das Tragen „revolutionärer Abzeichen" mit Strafe bedroht, aus demselben Grunde aufgehoben ist. Kurz: in der Praxis wird man auch fernerhin mit einer dem ländlichen Arbeiter ungünstigen, wenngleich falschen Rechtsanschauung zu rechnen haben. Desto eifriger muss das Bestreben sein, eine ausdrückliche Aufhebung der ausnahmerechtlichen landesgesetzlichen Strafgesetze gegen die ländlichen Arbeiter und gegen das Gesinde von Reichs wegen zu erzielen, sowie letzteren zu ermöglichen, von dem schmalen Teile des den ländlichen Arbeitern zustehenden Vereinigungsrechts Gebrauch zu machen. Das Vereinigungsrecht, das Recht, sich in Vereinen zusammen zu tun, und das Versammlungsrecht ist auch dem preußischen Landarbeiter durch Artikel 29 und 30 der Verfassung garantiert. Ohne eine Änderung der Verfassung ist eine Beschränkung oder Beseitigung dieses Rechtes unmöglich. Die Bildung von Vereinen, welche Fabrik- und Landarbeiter zwecks Besserung der Lebenslage ihrer Mitglieder umschließen, ist hier und da auch vorgenommen. Sie ist gesetzlich zulässig und zumal bei der Notwendigkeit des Wechsels in den Beschäftigungen – wer im Winter gewerbliche Arbeit verrichtet, verrichtet häufig im Sommer landwirtschaftliche und umgekehrt – eine wirtschaftliche Notwendigkeit im Kampfe um die Existenz und um eine bessere Lebenslage.

b) II. Eine fernere Ausnahmebestimmung gegen ländliche Arbeiter besteht in Preußen für die Provinzen Ost- und Westpreußen und in dem Regierungsbezirk Stralsund (Neuvorpommern und Rügen). Es unterliegen nämlich die Instleute in Ost- und Westpreußen und ebenso die Einlieger und Käthner im Stralsunder Bezirk der besonderen Ausnahmebestimmung, daß ihr Antritt zum Dienst, überhaupt die Erfüllung der von ihnen übernommenen Vertragsverbindlichkeiten, mit Vorbehalt späterer gerichtlicher Entscheidung vorläufig polizeilich erzwungen werden kann. Die hier gegen die Instleute gerichtete Vorschrift verdankt ihre Entstehung dem Bestreben der Großgrundbesitzer, die Instleute als ihr Gesinde zu behandeln. Die Großgrundbesitzer beantragten auf dem Landtag der preußischen Provinzialstände im Jahre 1834, die Instleute der Gesindeordnung zu unterstellen. Eine Kabinetsordre vom 8. August 1837 lehnte dies Ansinnen ab, bewilligte aber das eben angeführte Ausnahmerecht. Die betreffende Kabinetsordre lautet: *„Auf den Bericht des Staatsministeriums vom 6. Juni dieses Jahres erkläre ich mich mit der Ansicht desselben einverstanden, daß das Verhältnis der Instleute in Preußen ein anderes ist, als das Verhältnis des Gesindes zur Dienstherrschaft, und daß die gegenteilige Ansicht, welche von den preußischen Provinzialständen auf ihrem fünften*

Landtag hierüber geäußert worden, für begründet nicht erachtet werden kann." Die Kabinetsordre setzt jedoch ferner fest, daß künftig bei den Streitigkeiten zwischen den Dienstherrschaften und Instleuten in der Provinz Preußen über den An- und Abzug und über die Erfüllung kontraktmäßig übernommener Verbindlichkeiten während des bestehenden Dienstverhältnisses, die Polizeibehörde, auf dieselbe Weise, wie es für die eigentlichen Gesindesachen gesetzlich vorgeschrieben ist, die vorläufigen Bestimmungen erlasse und mit Vorbehalt des beiden teilen dagegen zustehenden Antrags auf gerichtliche Entscheidung zur Ausführung bringe. An den Orten, an welchen die Dienstherrschaft zugleich als Gutsherrschaft die Patrimonial-Polizeigerichtsbarkeit auszuüben hat, soll der Landrat des Kreises als Polizeibehörde eintreten. Wie es da zu halten ist, wo der Landrat selbst die Dienstherrschaft ist, sagt die Kabinetsordre nicht. Es hat in solchen Fällen also die Ortspolizeibehörde für oder gegen ihren Vorgesetzten vorläufig zu entscheiden.

Eine inhaltlich gleiche Bestimmung, wie für die Instleute in Preußen in dieser Kabinetsordre enthalten ist, trifft für Neuvorpommern und Rügen der § 174 der Gesindeordnung für Neuvorpommern und Rügen: „Die Vorschriften der §§ 171 und 172 finden auch auf Einlieger,[89] Käthner[90] und überhaupt auf solche Dienstleute Anwendung, welche von dem Besitzer eines Landguts zur Bewirtschaftung desselben gegen Gewährung einer Wohnung in den dazu gehörigen Gebäuden und gegen einen im Voraus ein für allemal bestimmten Lohn angenommen worden sind." Demnach unterliegen die Streitigkeiten der Instleute in Ost- und Westpreußen und der Einlieger im Regierungsbezirk Stralsund der vorläufigen Entscheidung durch die Polizeibehörde. Diese ist auch zur Ausführung ihrer eigenen vorläufigen Entscheidung, nach der herrschenden Ansicht z. B. auch zur Zwangszurückführung der Instleute in den Dienst, befugt. Nachdem jedoch auf Antrag der Sozialdemokraten in § 888 der vom 1. Januar 1900 ab in Kraft tretenden Zivilprozessordnung der Zwang zur Rückkehr in ein Arbeitsverhältnis durch Anwendung von Geldstrafen oder Haft selbst aus richterlichen Urteilen in Wegfall gekommen ist, dürfte auch ein polizeilicher Zwang durch Androhung von Geld- oder Haftstrafe vom 1. Januar 1900 ab, ländlichen, nicht zum Gesinde gehörigen Arbeitern gegenüber, unzulässig sein. Die Frage, ob vom Neujahrstag 1900 ab überhaupt eine gerichtliche Klage über Vermögensverhältnisse von einer vorgängigen polizeilichen Inanspruchnahme abhängig gemacht werden darf

---

89 http://de.wikipedia.org/wiki/Einlieger, Zugriff am 18. September 2014: grundbesitzloser Landarbeiter, der sich bei Bauern einmietete und dafür arbeitete.

90 Käthner oder Kötter, siehe http://de.wikipedia.org/wiki/K%C3%B6tter, Zugriff ebendann: Dorfbewohner mit kleinem Haus, aus Gründen der Subsistenzsicherung zur Landarbeit genötigt.

und ob ferner die Polizei durch Landesgesetze das Recht erhalten könne, sich in vermögensrechtliche Streitigkeiten zu mischen, ist leider im Gerichtsverfassungsgesetz entgegen sozialdemokratischen Anträgen ungeregelt geblieben.

2. Für Bayern

Verlassen der Arbeit zur Erntezeit oder zur Saat ohne rechtmäßigen Grund wird nach dem Artikel 106 des bayerischen Polizeistrafgesetzbuchs nicht nur gegen das landwirtschaftliche Gesinde, sondern auch gegen auf längere Zeit in Beschäftigung genommene Tagelöhner mit Haft bis zu vierzehn Tagen bestraft. Ferner hat die Polizei das Recht, solche ländlichen Arbeiter zwangsweise in den Dienst zurück zu führen. Verlässt der Arbeiter dann abermals den Dienst, so bedroht ihn das Polizeistrafgesetzbuch mit Haft bis zu drei Wochen. Was oben über die Ungültigkeit landesgesetzlicher Ausnahmevorschriften auf diesem Gebiet ausgeführt ist, und die Bemerkung über die Unzulässigkeit polizeilichen Zwanges gegen nicht zum Gesinde gehörige Arbeiter treffen auch auf diese bayerischen Bestimmungen zu. Besondere Bestimmungen gegen das Vereins-, Versammlungs- und Koalitionsrecht der ländlichen Arbeiter bestehen in Bayern nicht.

3.

Mecklenburg-Schwerin und **Mecklenburg-Strelitz** haben den Ruhm sich nicht nehmen lassen, auch in der Reihe der Staaten zu stehen, die rechtlich zum Mindesten bedenkliche, mit der heutigen Wirtschaftsweise unverträgliche Ausnahmebestimmungen gegen ländliche Arbeiter sanktioniert haben. Es bedroht § 2 des Gesetzes vom 3. August 1892 die Hoftagelöhner (in Preußen Instleute genannt) und andere in ähnlichen Dienstverhältnissen stehende zum Betrieb der Land- und Forstwirtschaft kontraktlich verpflichtete Personen, sowie die Hofgänger (in Preußen Scharwerker genannt), und zwar letztere sowohl rücksichtlich ihres Verhältnisses zum Hoftagelöhner wie zum Dienstherrn, mit Geldstrafe bis zu dreißig Mark oder Haft bis zu vierzehn Tagen, „wenn sie ohne Rechtsgrund den Dienst verlassen oder die Arbeit versagen oder niederlegen oder den schuldigen Gehorsam verweigern oder sich einer groben Ungebühr schuldig machen oder die Hausordnung in grober Weise verletzen." Die Verfolgung tritt auf Antrag ein. Der Antrag kann bis zur Zustellung eines Strafbefehls oder bis zur Verkündigung eines Urteils zurück genommen werden.

Überdies können nach derselben Verordnung Hoftagelöhner und andere in ähnlichen Dienstverhältnissen stehende Personen auf Antrag des Dienstherren polizeilich zur Erfüllung ihrer Verpflichtung gezwungen werden, wenn sie ohne Rechtsgrund den Dienst verlassen oder die Arbeit versagen oder niederlegen.

Der polizeiliche Zwang erfolgt durch Androhung und Vollstreckung einer Geld- oder Haftstrafe oder durch unmittelbare Zurückführung oder Zuführung in den Dienst. Diese Zu- oder Zurückführung kann auch ohne vorherige Strafandrohung erfolgen. Die Kosten der polizeilichen Zuführung oder Zurückführung fallen zunächst dem Antragsteller zur Last. Dieser kann sie dann aber von dem ländlichen Arbeiter beitreiben. Diese Beitreibung erfolgte bis jetzt durch Einbehaltung eines entsprechenden Teiles des Lohnes. Solche Einbehaltung ist vom 1. Januar 1900 ab nach § 394 des Bürgerlichen Gesetzbuchs zweifellos unzulässig, soweit es sich um solche ländlichen Arbeiter handelt, welche nicht zum Gesinde zählen. Die zwecks Erzwingung der Rückkehr angedrohte Strafe darf zehn Mark Geldstrafe oder drei Tage Haft nicht übersteigen.

Für dies polizeiliche Verfahren ist die Ortsobrigkeit des Dienstorts zuständig. Ist der Träger der ritterschaftlichen Obrigkeit – auch Bertha Rother[91] war einst solche Trägerin – als Dienstherr beteiligt, so treten die auf Grund der Verordnung vom 2. April 1879 errichteten Polizeiämter an Stelle der ritterlichen Obrigkeit. Die ritterschaftlichen Obrigkeiten können sich übrigens in allen Fällen durch die Polizeiämter vertreten lassen.

Für die Ungültigkeit der Zurückführung solcher ländlicher Arbeiter, welche nicht dem Gesinde angehören, und für die Ungültigkeit der strafrechtlichen Bestimmungen sprechen dieselben Gründe, welche oben bei Darlegung der preußischen Verhältnisse angeführt sind. Besondere Beschränkungen des Vereins- und Versammlungsrechts ländlicher Arbeiter in den mecklenburgischen Landen bestehen nicht, weil es im Obotritenland[92] überhaupt kein Vereins- und Versammlungsrecht gibt und der Grundsatz herrscht: Was nicht erlaubt ist, ist dem Untertanen verboten.

4. Herzogtum Anhalt

Im Herzogtum Anhalt sind erst in allerneuester Zeit Ausnahmerechte gegen ländliche Arbeiter erlassen worden. Dieselben sind in einem Gesetz vom 16. April 1899 enthalten, welches die Überschrift trägt: Gesetz betreffend den Vertrags-

91 Womöglich handelt es um die Autorin einer Erzählung mit dem Titel „Die Aufrührer“ aus dem Jahr 1826 über die Zeiten des Bauernkrieges 1524–1526, siehe http://books.google.de/booksid=9qMuAAAAYAAJ&printsec=frontcover&hl=de&source=gbs_ge_summary_r&cad=0#v=onepage&q&f=false, Zugriff ebendann.

92 Von den Slawen abstammendes Herrschergeschlecht in Mecklenburg, das seit 787 regierte, siehe http://de.wikipedia.org/wiki/Obodriten_(Adel), Zugriff am 19. September 2014.

bruch in landwirtschaftlichen Arbeitsverhältnissen. § 1 dieses Gesetzes bedroht die widerrechtliche Verweigerung des Antritts der Arbeit, sowie das widerrechtliche Verlassen der Arbeit mit Geldstrafe bis zu dreißig Mark oder mit Haft bis zu zehn Tagen. Die Bestrafung tritt nur auf Antrag des Arbeitgebers ein. Der Antrag muss innerhalb einer Woche nach Begehung der Straftat gestellt sein und kann bis zur Verkündung eines auf Strafe lautenden Urteils zurück genommen werden. § 2 desselben Gesetzes lässt die zwangsweise Zuführung landwirtschaftlicher Arbeiter, welche widerrechtlich den Antritt der Arbeit verweigern oder die Arbeit verlassen, zu. Der Antrag muss innerhalb einer Woche nach dem vertragsmäßigen Antrittstag oder nah dem Verlassen der Arbeit gestellt werden. Die Kosten der zwangsweisen Zuführung fallen dem Arbeiter zur Last, die Polizeibehörde kann aber von dem Antragsteller einen angemessenen Kostenvorschuss verlangen. § 3 des anhaltinischen Gesetzes bedroht gar auch einen Dritten, der landwirtschaftliche Arbeiter zur widerrechtlichen Verweigerung des Antritts der Arbeit oder zum widerrechtlichen Verlassen der Arbeit verleitet, mit Geldstrafe bis zu hundertfünfzig Mark oder mit Haft bis zu sechs Wochen. Auch lässt § 3 den Verleiter für den aus dem Nichtantritt oder dem Verlassen der Arbeit entstehenden Schaden neben dem Arbeiter als Gesamtschuldner haften. Diese zivilrechtliche Haftung ist zweifellos vom 1. Januar 1900 an soweit hinfällig, als sie den Vorschriften des Bürgerlichen Gesetzbuchs widerspricht. § 4 des anhaltinischen Gesetzes will mit Geldstrafe bis zu hundertfünfzig Mark oder mit Haft bis zu sechs Wochen auch den Arbeitgeber bestraft wissen, der einem Arbeiter, von dem er weiß, daß er bei einem anderen Arbeitgeber widerrechtlich den Antritt der Arbeit verweigert oder die Arbeit verlassen hat, für einen Zeitraum in Arbeit nimmt, wo der vertragsbrüchige Arbeiter dem anderen Arbeitgeber zur Arbeit verpflichtet ist. § 5 des anhaltinischen Ausnahmegesetzes sucht formell eine Gleichstellung des vertragsbrüchigen Arbeitgebers mit dem vertragsbrüchigen Arbeiter herzustellen. Es droht Geldstrafe bis zu sechzig Mark oder Haft bis zu vierzehn Tagen demjenigen Arbeitgeber an, welcher widerrechtlich die Annahme landwirtschaftlicher Arbeiter beim Antritt des Arbeitsverhältnisses verweigert oder solche Arbeiter aus der Arbeit entlässt, ohne denselben die vertragsmäßige Vergütung zu gewähren. Die Bestrafung des Arbeitgebers tritt auf Antrag des Arbeiters ein. Für die Stellung und Zurücknahme dieses Antrags gelten dieselben Vorschriften, wie für den vom Arbeitgeber gegen den Arbeiter gestellten Strafantrag.

Diese sämtlichen Bestimmungen sind nach dem oben Ausgeführten der Reichsgesetzgebung widersprechend und deshalb ungültig. Die Bestrafung wegen widerrechtlichen Verlassens der Arbeit oder widerrechtlicher Entlassung des Arbeiters eröffnet für die Zeit vom 1. Januar 1900 ab eine besonders eigentümliche Perspektive, weil von diesem Zeitpunkt ab nach dem Bürgerlichen Gesetzbuch beim Vorliegen eines „wichtigen Grundes“ jeder von beiden Teilen den Arbeitsvertrag aufheben kann. Die durch § 2 der Polizeibehörde eingeräumte Befugnis zwangsweiser Zuführung widerspricht offenbar dem reichsgesetzlichen Verbot einer solchen Zuführung, das in § 888 der Zivilprozessordnung ausgesprochen ist. Es dürfte Sache der Reichsjustizverwaltung sein, dieser offenbaren Verletzung der Reichsgesetze durch landesgesetzliche Bestimmungen entgegen zu treten.

Das Hauptstück der anhaltinischen Ausnahmebestimmungen bildet § 6 des Gesetzes vom 18. April 1899. Dieser lautet:

„Landwirtschaftliche Arbeiter, welche ihre Arbeitgeber zu gewissen Handlungen oder Zugeständnissen in Bezug auf den bestehenden Arbeitsvertrag dadurch zu bestimmen suchen, daß sie die Einstellung der Arbeit oder die Verhinderung derselben bei einzelnen oder mehreren Arbeitgebern untereinander verabreden, werden mit Gefängnis bis zu einem Jahre bestraft. Die Anstifter unterliegen der gleichen Strafe, auch wenn sie keine landwirtschaftlichen Arbeiter sind.“

Danach würden also z. B. Arbeiter, welche die Einstellung der Arbeit für den Fall verabreden, daß der vereinbarte Lohn nicht bezahlt wird, oder Rechtsberater, welche der Bestimmung des Bürgerlichen Gesetzbuchs entsprechend zu einer solchen Verabredung anstiften, mit Gefängnis bis zu einem Jahre bestraft werden können. Eine derartige Bestimmung ist unvereinbar mit der Reichsverfassung, mit dem Strafgesetzbuch und mit den Bestimmungen des Bürgerlichen Gesetzbuchs. Es darf auch den anhaltinischen Gesetzgebern nicht erlaubt sein, Bestimmungen zu treffen, für die allein das Reich zuständig wäre. Die Möglichkeit, einen Ausspruch des Reichsgerichts über die Unzulässigkeit solcher partikularen Ausnahmegesetzgeberei herbei zu führen, dürfte nur durch öffentliche Aufforderung zum Ungehorsam gegen dies Gesetz gegeben sein.

Soweit sich übersehen lässt, sind die vorstehend dargelegten gesetzlichen Vorschriften diejenigen landesgesetzlichen Ausnahmebestimmungen, welche überhaupt in Deutschland dem ländlichen Arbeiter gegenüber stehen. Sie beruhen durchweg auf dem Gedanken, daß ein ländlicher Arbeiter kein rechtlich freier Arbeiter, sondern ein Sklave sei, der wie ein solcher zur Arbeit geführt und mit den Machtmitteln des Staates zum „Gehorsam“ und zur „Botmäßigkeit“ gegen seinen „Herrn“ erzogen werden müsse. Die Landarbeiter in Deutschland haben begonnen, sich gegen die Tendenz aufzubäumen, daß sie keine Menschen, sondern Arbeitsvieh seien. Sie werden ihre Menschenrechte trotz aller Ausnahmegesetze erkämpfen, welche gegen die Grundlage der bestehenden Wirtschaftsordnung, nämlich gegen die rechtliche Freiheit des Arbeiters gerichtet sind. Mit einer Rechtsgemeinschaft, die auf der Arbeit Freier beruht, sind die angeführten Ausnahmegesetze unvereinbar. Die Geburtshelfer solcher Gesetze zeigen übrigens klar, von welch grenzenloser Verachtung ehrlicher Arbeit sie beseelt sind. Die wirtschaftliche Entwicklung und die aus ihr folgende Notwendigkeit rechtlich freier Arbeiter ist unvereinbar mit solchen Ausnahmegesetzen. Dieselben würden unwirksam sein, auch wenn sie nicht auf partikulargesetzlichem, sondern auf reichsgesetzlichem Papier gedruckt würden.

8. Geschichtliche Entwicklung des heutigen Arbeitsvertrages[93]

Das Charakteristische der heutigen (kapitalistischen) Produktionsweise ist, daß der Arbeiter als rechtlich Freier seine eigene Arbeitskraft als Ware für das Gewerbe eines Anderen verkauft. Die meisten Arbeitsverträge sind solche, durch welche sich jemand verpflichtet, einen Teil seiner geistigen oder körperlichen Arbeitskraft für ein wirtschaftliches oder für ein gewerbliches Unternehmen eines Anderen zu verwenden. Fast die Gesamtheit der erwerbstätigen Bevölkerung ist an einem solchen „eigentlichen Arbeitsvertrag" als Arbeitgeber oder Arbeitnehmer beteiligt. Auf ihm, auf der Arbeit, beruht die moderne Kultur. Die für dies moderne Rechtsverhältnis maßgebenden Regeln bauen sich auf denen einer anderen, untergegangenen Wirtschaftsweise auf, in der die wirtschaftliche Arbeit nicht auf Vertrag zwischen Freien, sondern auf Gewaltverhältnissen, auf dem Rechte des „Herrn" am Unfreien beruhte. Die Gesetze hinken gerade auf diesem Gebiet erheblich hinter den wirtschaftlichen Bedürfnissen her. Noch ist, auch nach Einführung des Bürgerlichen Gesetzbuchs, die Gesetzgebung des von ganz anderen Verhältnissen beherrschten antiken Rom die Grundlage für die heutige gesetzliche Gestaltung des Arbeitsvertrags. Es erscheint deshalb erforderlich, sich zu vergegenwärtigen, wie die Wirtschaftsweise des alten Rom war und weshalb dort Gesetze entstanden, welche heute nicht mehr als Regeln für die gesetzliche Behandlung der wirtschaftlichen Arbeit ausreichen können.

Bei den Römern wurde die wirtschaftliche Arbeit durch eigene oder von ihren Herren wie Arbeitstiere verdungene Sklaven oder auch durch Freigelassene verrichtet, denen die Arbeitsleistung als Bedingung ihrer Freilassung auferlegt war. Nicht ein Vertrag zwischen rechtlich Ebenbürtigen, sondern Gewaltverhältnisse waren also die Grundlage der wirtschaftlichen Arbeit. Dieser Produktionsweise entsprach die sittliche Anschauung: ein Freier dürfe Arbeit gegen Lohn nicht verrichten, durch Bezug eines Lohns setze er sich in eine eines Freien unwürdige Botmäßigkeit zum Arbeitgeber und würdigte sich hierdurch zum unselbständigen Sklaven herab. Dem Anspruch eines Freien auf Arbeitslohn wurde daher die Klage versagt. Allein der Besitz adelte, Arbeit schändete.

---

93 Hierbei handelt sich um eine Ergänzung zur Einleitung zum „Arbeiterrecht" in der dritten (1900) und vierten Auflage (1904), Stuttgart, S. 3–13.

Die fortschreitende Entwicklung des Verkehrs zwang zu Änderungen in dieser Anschauung. Die Sittenanschauung und Rechtsentwicklung folgt der in ständigem Fluss befindlichen wirtschaftlichen. Das zeigt sich auch auf diesem Gebiet. Die Verkehrsinteressen hatten dem in den ältesten Zeiten allein angewendeten Tauschvertrag, bei dem Ware gegen Ware eingetauscht wird, den Kaufvertrag zugesellt. Die ursprüngliche, an die Tauschvertragsform sich anlehnende Gestalt des Kaufes ließ nur Kauf von gegenwärtigen Gegenständen zu: die Übergabe der Ware gegen Zahlung des Kaufpreises war beim Kaufe erforderlich, bloßes Versprechen der Übergabe genügte nicht. Die erweiterten Verkehrsbedürfnisse forderten eine freiere Form: die Notwendigkeit sofortiger Übergabe von Waren und Preis fiel; es genügte das Versprechen, den Preis zu zahlen. Einen weiteren Schritt verlangt weiter entwickelter Handel: Rechtsschutz eines Kaufvertrags über erst anzuschaffende Waren. Die Rechtsentwicklung kam allmählich auch diesem Bedürfnis entgegen. In enger Verbindung hiermit steht die Zulassung solcher Verträge, durch die sich ein Freier verpflichtet, ein Werk, zum Beispiel einen Bau, eine Brücke, einen Anzug herzustellen: der sogenannte Werkvertrag. Er galt als eines Freien nicht unwürdig. Denn die Person des Unternehmers kam in keine vom Auftraggeber abhängige Stellung; ihm stand es frei, die Arbeit durch Unfreie ausführen zu lassen, ohne selbst Hand anlegen zu müssen. Die Ausführung derartiger Arbeiten durch Freie für das Gewerbe eines Anderen war den römischen Wirtschaftsverhältnissen fremd. Der Werkvertrag schaffte kein persönliches Abhängigkeitsverhältnis. Wurde er nicht erfüllt, so konnte nur auf Schadenersatz geklagt werden. Wiewohl durch den Werkvertrag nicht nur die Lieferung der Ware, sondern auch eine Arbeitsleistung übernommen wurde – und mochte sie auch lediglich auf Anordnung der Herstellung sich beschränken –, wurde diese Art Arbeitsvertrag also für klagbar erklärt. Noch vor der zweiten Art Arbeitsvertrag musste infolge der Umwandlung der Besitzverhältnisse die Anschauung Halt machen, daß entgeltliche Arbeit eines Freien unziemlich sei. Für eines Freien würdige Arbeitsleistungen (operae liberales) wurden nämlich allmählich eine Reihe (im Wesentlichen wissenschaftliche und künstlerische) Tätigkeiten gehalten, wie zum Beispiel die Tätigkeit eines Lehrers, eines Arztes, Professors, Redners, Kalkulators usw. Es gab keine bestimmte Liste derartiger Arbeiten. Von Fall zu Fall wurde vom Richter entschieden, ob die Tätigkeit den „höheren Diensten“ zuzurechnen und deshalb für sie ein Entgelt zuzubilligen sei. Dies Entgelt erhielt statt des plebejischen Namens Lohn die vornehme Bezeichnung Honorar oder Salär.

So die Rechtsentwicklung und Rechtslage, wie sie uns aus dem römischen corpus juris des sechsten Jahrhunderts nach Christi Geburt entgegentritt.

Das römische Recht drang nach Deutschland. Seit Ende des fünfzehnten Jahrhunderts kann es als dort aufgenommenes Recht betrachtet werden. Diese Aufnahme wurde mit durch den Mangel eines einheitlich geschriebenen deutschen Rechtes und durch die technischen und inhaltlichen Vorzüge, vor allem durch die hohe Ausbildung des Vertragsrechtes im römischen Recht herbeigeführt. Seine Einführung, insonderheit seine Lehren über Sklaverei und Unfreiheit, bot freilich auch der besitzenden Klasse den Schein des Rechtes, die Arbeiter in Unfreiheit und Botmäßigkeit zu erhalten. Neben der Arbeit Unfreier, Höriger, Leibeigener und an die Scholle Gebannter hatte sich seit dem zwölften Jahrhundert die wirtschaftliche Arbeit Freier in den deutschen Städten entwickelt. Städtische Zunftordnungen regeln einen Teil dieser dem Altertum unbekannter, auf freiem Vertragswillen beruhender entgeltlicher Arbeit für das Gewerbe eines Anderen. Das große weltumspannende Handels- und Industriekapital gebrauchte in wachsendem Maße die Arbeit Freier. Die Grundanschauung des antik-römischen Arbeiterrechts, daß entgeltliche Arbeit dem Freien nicht zieme, und die römische Sklavenwirtschaft, welche zum Untergang des römischen Reichs führte, passte in diese Verhältnisse nicht hinein. Theoretisch wurde insbesondere auch vom kanonischen[94] Rechte anerkannt, daß jede Arbeit ihres Lohnes wert sei, ja Arbeit als Pflicht jedes Menschen hingestellt. In der Praxis freilich wird dennoch der biblische Satz: „Im Schweiße deines Angesichts sollst Du Dein Brot essen“[95] von der kapitalistischen Bibel in den Satz umgewandelt: „Im Schweiße Deines Angesichts will ich mein Brot essen und mein Kapital mehren. Lebe, um für mich zu arbeiten.“ Um Freiheit und eine bessere Lebenslage kämpft der „freie“ Arbeiter gegen den agrarischen und industriellen Feudalherrn, der die Hörigkeit des Arbeiters verewigen und den Arbeiter verpflichten will, seine Arbeitskraft lediglich zur Mehrung des Reichtums des „Herrn“ zu verwenden. Dieser Kampf ist noch nicht beendet.

Seit der Mitte des vierzehnten Jahrhunderts wird die Staatsgewalt gegen die Bestrebungen der freien Arbeiter nach einer besseren Lebenslage mobil gemacht. Das *statute of labourers* Eduard III. In England (1349), in Frankreich das Dekret gegen die Gerbergesellen von Amiens aus demselben Jahre und die Ordonnanz von 1350, in Deutschland zahllose Stadtreglements im fünfzehnten, Reichsabschiede und Reichspolizeiverordnungen im sechzehnten Jahrhundert bezeichnen den Beginn einer gegen die freien Arbeiter gerichteten Gesetzgebung, welche durch Gewalt die Arbeiter in Untertänigkeit zu halten sucht. Maximaltaxen für den Arbeitslohn, Minimalarbeitszeit werden von der Staatsgewalt bis in das

94 Kanonisches Recht, Kirchenrecht der Katholischen und der Orthodoxen Kirche, siehe der Einfachheit halber http://de.wikipedia.org/wiki/Kanonisches_Recht, Zugriff am 13. September 2014.

95 Die Bibel, Altes Testament. Erstes Buch Mose, Kapitel 3, Vers 17.

neunzehnte Jahrhundert hinein vorgeschrieben. Die Überschreitung der Taxen und die Nichteinhaltung der Länge des Arbeitstags wird mit schweren Strafen (Zuchthaus, Karrenschieben, Leibesstrafen) bedroht. Die Schaffung von Zwangsdiensten gibt dem Feudalherrn das neue Recht, Freie durch körperlichen Zwang zu Arbeiten zum gesetzlichen Lohntarif zu zwingen. Harte Strafen bedrohten Vertragsverletzungen des Arbeiters, Widerspenstigkeit und Ungehorsam. Durch die schärfsten Strafen endlich wurde das Zusammentun der Arbeiter – die Koalition der Arbeiter – verboten. Bei diesem Ringen um Freiheit und Unterdrückung leisteten manche Theologen, Juristen und Philosophen dem Bestreben der „Herren" bis ins achtzehnte Jahrhundert hinein durch die Theorie Dienste, die Sklaverei sei in der Bibel gutgeheißen, im *corpus juris romani* angeordnet, vom „Naturrecht" gebilligt, im Interesse der Gesellschaft nicht zu entbehren. Doch die wirtschaftliche Entwicklung ist mächtiger als die brutalsten gesetzlichen Schranken und die scharfsinnigsten theologisch-philosophisch-juristischen Tüfteleien. Der sich entwickelnde Kapitalismus bedarf der Arbeit Freier. Und der Drang nach Betätigung der menschlichen Kraft lässt sich nicht aus der Welt bannen. So wenig wie naturgeschichtliche Wahrheiten lassen die durch den notwendigen Entwicklungsgang der Menschheit gezeitigten Ideen sich in Gefängnissen oder Zuchthäusern einkerkern oder durch Kanonen töten oder durch scheinheilige frömmelnde Vertröstungen bannen.

Der Feudalstaat ward niedergezwungen – leider nicht völlig. Maximallohn, Maximalarbeitszeit, Taxen, Zwangsdienste, Leibeigenschaft und Erbuntertänigkeit fallen als mit der persönlichen Freiheit unvereinbar. Noch gar viele Fesseln blieben, neue werden versucht. Insbesondere das Koalitionsrecht, das Vereins- und Versammlungsrecht, das Recht der freien Meinungsäußerung wird dem Arbeiter arg beschnitten oder ganz vorenthalten. Selbst noch der Entwurf des Bürgerlichen Gesetzbuchs enthielt Bestimmungen, die geeignet waren, eine neue Art Hörigkeit zu etablieren und dem Unternehmer ein Recht auf die Person des Arbeiters einzuräumen.[96] Die Gesetze bleiben noch weit hinter den Forderungen der heutigen wirtschaftlichen Entwicklung zurück und verschließen sich noch der zum Allgemeingut gewordenen Erkenntnis, daß im Interesse der Kulturentwicklung der Arbeiter als Gleichberechtigter an den Segnungen der Kultur teilzunehmen berechtigt ist. Aber – wie mächtig auch noch die der Entwicklung entgegen arbeitenden Kräfte sind, wie rückschrittlich auch immer die Gesetzgebung ist – die Entwicklung von der Verrichtung der wirtschaftlichen Arbeit

96 Siehe dazu Stadthagens Rede vom 4. Februar 1896 im ersten Kapitel dieses Buches.

durch Unfreie zu der durch Freie ist unwiderruflich vollzogen und die rechtlichen Konsequenzen dieser Entwicklung sind unabwendbar.

Das Kleid des römischen Rechtes und der mittelalterlichen Ordnung ist für das Arbeiterrecht unserer Wirtschaftsperiode zu eng. Am meisten wird hierdurch der dem römischen Rechte fremde, dem mittelalter spärlich bekannte eigentliche Arbeitsvertrag bedrückt, jener Vertrag, durch den entgeltliche Leistungen für das Gewerbe, die Wirtschaft oder den Haushalt eines Anderen von Freien übernommen werden. Unabweislich, aber langsam, gehemmt von kurzsichtigen Unternehmern, vollzieht sich eine den wirtschaftlichen Verhältnissen entsprechende Entwicklung der Rechtsordnung.

Noch gar kümmerlich sind die Ansätze zu einem freiheitlichen und einheitlichen Arbeiterrecht. Noch nicht einmal einheitlich ist die Gesetzgebung auf diesem Gebiet: neben den reichgesetzlichen Bestimmungen des Handelsgesetzbuchs, der Seemannsordnung, der Gewerbeordnung, des Binnenschifffahrts- und Flößereigesetzes treten die einzelstaatlichen Bestimmungen der Berggesetze für den Vertrag des Bergarbeiters, sowie die in den Einzelstaaten konservierten, aus einer längst untergegangenen Wirtschaftsperiode in die Jetztzeit hinein ragenden Trümmer der Gesindeordnungen. Hierzu kommen die verschiedenartigen Rechtssysteme, welche im Deutschen Reiche galten. Nicht minder fehlt es am freiheitlichen Ausbau des Arbeiterrechts. Vergeblich such man nach hinreichenden Bestimmungen, welche die Ausübung der rechtlichen Freiheit gegenüber der wirtschaftlichen Macht des Unternehmertums ermöglichen. Die Beratungen des Bürgerlichen Gesetzbuchs hätten mindestens zu einer Vereinheitlichung der Gesetzgebung auf diesem Gebiet durch Beseitigung der partikularrechtlichen Gesindeordnungen, Bergrechte und Vereinsschranken führen können. Die nach dieser Richtung hin gestellten Anträge wurden jedoch abgelehnt. Gerade die Gestaltung des Arbeiterrechts im Bürgerlichen Gesetzbuch und der Gang der Beratungen zeigte, daß die bürgerlichen Parteien die Einheit des Rechtes dem Arbeiter vorenthalten und nur eine Scheineinheit geben wollten. Nur soweit als es den Interessen der Bourgeoisie entsprach, sollte das Recht einheitlich gestaltet werden; der Arbeiter sollte an diesem Rechte nur soweit teilnehmen, als sich dies nicht umgehen ließ, ohne die Interessen der Unternehmerkreise zu gefährden. Einheitliche Regelung wurde aber da ausgeschlossen,, wo die eigentlichen Arbeiterinteressen betroffen sind und wo die Einheitlichkeit allein oder wesentlich den Arbeitern Vorteil hätte bringen können.

Vergegenwärtigen wir uns den Werdegang des Bürgerlichen Gesetzbuchs und seine auf Regelung des Arbeitsvertrags abzielenden Bestimmungen. In den zweiundzwanzigjährigen Vorberatungen des Bürgerlichen Gesetzbuchs wurden Vertreter des Großgrundbesitzes, der Großindustrie und des Handels, aber kein

Arbeiter, es wurden Vertreter aller größeren Parteien des Reichstags, aber keine Mitglieder der sozialdemokratischen Partei zugezogen. Der dem Reichstag vorgelegte Entwurf entsprach dieser Interessenvertretung der besitzenden Klasse. Der eigentliche Arbeitsvertrag wurde nur nebensächlich behandelt. Der Entwurf enthielt, wie bereits Seite 7 Anm. bemerkt[97], zwei Bestimmungen, die den sklavenrechtlichen römischen und mittelalterlichen Anschauungen des antiken Rom und des Mittelalters entsprachen. Sie wurden auf Andrängen der sozialdemokratischen Partei beseitigt. Von einer einheitlichen, ja selbst von einer reichsgesetzlichen Regelung des gesamten ökonomischen Arbeitsvertrags war abgesehen: die Gesindeordnungen und das Bergrecht wurden ausdrücklich landesgesetzlicher Regelung vorbehalten. Die von sozialdemokratischer Seite gestellten, dieser Anschauung entgegen stehenden Anträge wurden abgelehnt. Die Gestaltung des Arbeitsvertrags lehnte sich an die altrömische Auffassung an. So weit konnte freilich der Entwurf nicht gehen, daß er nur sogenannte „höhere Dienste" für eines Freien würdig und allein klagbar erklärte. Diese sklavenwirtschaftliche Ansicht war längst durch die wirtschaftliche Entwicklung überholt. Längst hatte, wie das Kommunistische Manifest sich ausdrückt, „die Bourgeoisie alle bisher ehrwürdigen und mit frommer Scheu betrachteten Tätigkeiten ihres Heiligenscheins entkleidet. Sie hat den Arzt, den Juristen, den Pfaffen, den Mann der Wissenschaft in ihre bezahlten Lohnarbeiter verwandelt."[98] Seit der französischen Revolution war die Beschränkung der Arbeit Freier auf „höhere Dienste" endgültig gefallen. Und trotzdem kleben den Vorschriften des Bürgerlichen Gesetzbuchs noch stark die Eierschalen der altrömischen Auffassung an, die entgeltliche Arbeit für eines Freien unwürdig erachtet. Seine Bestimmungen über den Dienstvertrag (§§ 611–630) sollen zwar gleichmäßig auf Dienste jeder Art Anwendung finden, mögen diese für eine gewerbliche, wirtschaftliche oder häusliche Gemeinschaft oder außerhalb solcher Gemeinschaft für Einzelne geleistet sein, gleichviel, ob gewerbliche Gehilfen, Aufwartefrauen, Lehrer, Rechtsbeflissene, Ärzte, ländliche Arbeiter, Dienstmänner, Prediger, Reisebegleiter oder wer sonst immer Dienste leisten. Aber noch ist das Bürgerliche Gesetzbuch ängstlich bemüht, die Ausdrücke Arbeitsvertrag, Arbeit, Arbeiter, Arbeitgeber, Lohn zu vermeiden. Statt ihrer finden sich die an ein Vasallen- und Hörigkeitsverhältnis anklingenden Worte: Dienstvertrag, Dienst, Dienstverpflichteter, Dienstberechtigter und Vergütung. Lebhaft erinnert die Betonung der „höheren Dienste" und daß hierzu insbeson-

97 Ebd.

98 Marx/Engels, Manifest der Kommunistischen Partei, MEW 4, S. 465.

dere die der „Lehrer, Erzieher, Privatbeamten, Gesellschafterinnen" gehöre, an die römisch-rechtliche Tiefschätzung ökonomischer Arbeit.

Weit erheblicher als diese zwar recht bezeichnenden, aber doch mehr äußerlichen Momente ist der Mangel jeder Berücksichtigung der Eigenart des eigentlichen Arbeitsvertrages. Das Bürgerliche Gesetzbuch behandelt diesen Arbeitsvertrag als Aschenbrödel. Es hat bei der Gestaltung des Dienstvertrages lediglich die Arbeiten im Auge, die nicht für das Gewerbe oder die Wirtschaft eines Anderen geleistet werden: Fällt bei dieser Gestaltung auch für die eigentlichen Arbeitsverträge etwas ab, so ist das nicht zu ändern. Und selbst hier schaut der Gesetzgeber misstrauisch zu, ob das Aschenbrödel nicht zu viel Brosamen erhält. Ein Beispiel möge diesen Vorwurf erhärten. Nach den Vorschriften des Bürgerlichen Gesetzbuchs ist der Arbeitgeber zum vollen Schadenersatz verpflichtet, wenn durch sein Verschulden, insbesondere durch Nichtherrichtung der erforderlichen Schutzvorrichtungen dem Arbeiter ein Schaden zugefügt ist. § 95 des Unfallversicherungsgesetzes (jetzt § 135) beseitigt aber dies Recht gegenüber dem in einem unfallversicherungspflichtigen Betrieb Verletzten. Ein Antrag, diese gegen den Arbeiter, der in einem unfallversicherungspflichtigen Betrieb beschäftigt ist, wirkende Ausnahmevorschrift des § 95 zu streichen, wurde abgelehnt. Ganz und gar fehlt dem Bürgerlichen Gesetzbuch eine Berücksichtigung des Charakteristischen der heutigen kapitalistischen Produktionsweise, daß der Arbeiter seine eigene Arbeitskraft als Ware für den wirtschaftlichen Betrieb eines Anderen verwendet und selbst zu einem Gliede des Erwerbsgeschäfts wird. Dieses Charakteristische unserer heutigen Wirtschaftsordnung, die Unlöslichkeit der Ware Arbeitskraft von der Persönlichkeit des Arbeiters, die wirtschaftliche Schwäche des einzelnen Arbeiters seinem Vertragsgegner gegenüber, vielleicht auch die Verschiedenheit der Lohnformen erheischen Rechtssatzungen, die das römische Recht nicht enthalten konnte, die aber auch das Bürgerliche Gesetzbuch nicht enthält. Das Bürgerliche Gesetzbuch geht ebenso wie die Gewerbeordnung von dem Grundsatz der persönlichen Freiheit des Arbeiters aus, unterlässt aber, wie die Gewerbeordnung, in ausreichendem Maße die Folgerungen zu ziehen, durch welche die wirtschaftliche Übermacht des Unternehmers gehindert würde, die Ausübung der Freiheit zunichte zu machen. Es wurde bei Gelegenheit der Beratung des Bürgerlichen Gesetzbuchs beantragt, zunächst die Regeln für diesen „eigentlichen Arbeitsvertrag" festzusetzen, sodann die anderen Fälle der Leistung von Arbeiten und Diensten zu regeln (falls dann nach Ausfall dieser Regelung des eigentlichen Arbeitsvertrags noch eine abweichende Regelung erforderlich sein würde) und endlich die unzureichende und verwirrende schematische Unterscheidung zwischen Dienst- und Arbeitsvertrag und dem Werkvertrag aufzugeben. Der Reichstag verwarf im Anschluss an den Entwurf diese Anregungen, weil deren

Ausführung das Zustandekommen des Bürgerlichen Gesetzbuchs nach seiner Ansicht hätte gefährden können. Als zur Regelung des Arbeiterrechts ferner im Reichstag am 27. Juni 1896 folgender Antrag zur Debatte gelangte: *„Vereinigungen von Arbeitgebern oder Arbeitnehmern, welche zum Behuf der Erlangung günstiger Lohn- und Arbeitsbedingungen sich gebildet haben, unterliegen keiner landesgesetzlichen Vorschrift"*, erklärten die Wortführer der konservativen und der freikonservativen Partei, daß sie für den Fall der Annahme dieses Antrags gegen das gesamte Bürgerliche Gesetzbuch stimmen würden.

Demnach fehlt in Deutschland noch eine der Natur des ökonomischen Arbeitsvertrags entsprechende Regelung dieses wichtigen Vertrags unseres Wirtschaftslebens. Selbst einheitliche, das gesamte Arbeiterrecht umfassende Grundlagen fehlen: die Rechte der Bergarbeiter und des Gesindes sind der Partikulargesetzgebung von sechsundzwanzig verschiedenen Vaterländern überwiesen. Das Recht der ländlichen Arbeiter, soweit diese nicht zum Gesinde gehören, unterliegt – mit Ausnahme des Vereinsrechts – allein den Vorschriften des Bürgerlichen Gesetzbuchs. Ergänzend und teilweise ändernd endlich greift das Bürgerliche Gesetzbuch in die Verhältnisse der in Handels- und Gewerbebetrieben tätigen Arbeiter ein, für welche das Handelsgesetzbuch, die Gewerbeordnung, die Seemannsordnung, das Binnenschafffahrts- und das Flößereigesetz besondere reichsrechtliche Bestimmungen enthalten. Einheitliche, der Privatvereinbarung entzogene Vorschriften zum Schutze der Arbeiter und ihres Vereinigungsrechts fehlen.

Der Reichstag konnte sich der Erkenntnis der unzulänglichen Regelung des Arbeiterrechts und der Notwendigkeit einer einheitlichen Regelung nicht verschließen. Er sprach fast einstimmig am 11. Dezember 1896 die Forderung aus, daß *„die Verträge, durch welche jemand sich verpflichtet, einen Teil seiner geistigen oder körperlichen Arbeitskraft für die häusliche Gemeinschaft, ein wirtschaftliches oder ein gewerbliches Unternehmen eines Anderen gegen einen vereinbarten Lohn zu verwenden, für das Deutsche Reich baldtunlichst einheitlich geregelt werden."*

Der Bundesrat hat es abgelehnt, dieser Resolution Folge zu geben. Im Gegenteil ist von der Unternehmerklasse ein scharfer Kampf entfacht, dessen Streben dahin geht, den Arbeitern die wenigen durch das Bürgerliche Gesetzbuch geschaffenen Vorteile zu nehmen, ihnen das Vereinigungsrecht vollends zu vernichten und sie zu Menschen zu degradieren, die rechtlos die Arbeitsbedingungen annehmen, welche ihnen von wirtschaftlich mächtigen Unternehmern diktiert werden.

Möge das vorliegende Buch die arbeitstätige Bevölkerung über ihre heute bestehenden Rechte und Pflichten aufklären und sie in ihrem Bestreben, das Errungene festzuhalten und auszubauen, stärken.

Welche Gesetze finden auf den gewerblichen Arbeitsvertrag Anwendung?

Artikel 55 des Einführungsgesetzes zum Bürgerlichen Gesetzbuch lautet:

„Die privatrechtlichen Vorschriften der Landesgesetze treten außer Kraft, soweit nicht in dem Bürgerlichen Gesetzbuch oder in diesem Gesetz (Einführungsgesetz) ein anderes bestimmt ist."

Landesrechtliche Vorschriften, welche den gewerblichen Arbeitsvertrag angehen, sind im Bürgerlichen Gesetzbuch und dem dazu gehörigen Einführungsgesetz nicht aufrechterhalten. Mithin sind vom 1. Januar 1900 ab nur die Reichsgesetze für die Rechte und Pflichten aus dem gewerblichen Arbeitsvertrag maßgebend. Seit dem Neujahrstag 1900 ist daher eine einheitliche Rechtsprechung und leichtere Übersicht auf diesem Gebiet möglich, sowie eine Reihe meist dem Arbeiter sehr ungünstiger Auslegungen, die sich auf landesrechtliche Bestimmungen stützten, der Boden entzogen.

Die wesentlichen Gesetze, die demnach für den Arbeitsvertrag bestimmend sind, sind: die Gewerbeordnung vom 21. Juni 1869 (§§ 105–155)[99], das Bürgerliche Gesetzbuch vom 18. August 1896, das Lohnbeschlagnahmegesetz vom 21. Juni 1869[100], das Binnenschifffahrts- und das Flößereigesetz vom 15. Juni 1895, bzw. vom 20. Mai 1898, § 9 des Reichsgesetzes zur Bekämpfung des unlauteren Wettbewerbs vom 27. Mai 1897, das Kranken-, das Unfall-, das Invalidenversicherungsgesetz, das Gewerbegerichtsgesetz vom 29. Juli 1890[101], das Gesetz vom 30. März 1903, betreffend Kinderarbeit in gewerblichen Betrieben[102], und die Konkurs- sowie die Zivilprozessordnung, beide in der ihnen durch Gesetz vom 17. Juni 1898 gegebenen Fassung.

Verhältnis des Bürgerlichen Gesetzbuchs zur Gewerbeordnung

Das Bürgerliche Gesetzbuch tritt überall da, wo die Gewerbeordnung keine besonderen Vorschriften enthält und wo zu ihrer Ergänzung bislang die verschiedenartigsten Landesgesetze in Anwendung kamen, seit dem 1. Januar 1900 ergänzend ein. Darüber, inwieweit eine Änderung der Vorschriften der Gewerbeordnung über den Arbeitsvertrag durch das Bürgerliche Gesetzbuch stattfindet, bestimmt

99 Fußnote Stadthagen, S. 12: „Das ursprüngliche Gesetz ist durch zahlreiche spätere Gesetze, insbesondere durch die Novellen vom 8. Dezember 1884, 1. Juni 1891 und vom 26. Juli 1897, sowie vom 30. Juni 1900, geändert".

100 Fußnote Stadthagen, ebd.: „Änderungen sind durch Gesetz vom 29. März 1897 und durch den Art. 3 des Einführungsgesetzes zur Zivilprozessordnung vom 17. Mai 1898 vorgenommen".

101 Fußnote ebd., vierte Auflage 1904: „Geändert durch die Novellen vom 30. Juni 1901 und in neuer Fassung unter dem 29. September 1901 im Reichsgesetzblatt publiziert".

102 Nur erwähnt in der 4. Auflage 1904.

Artikel 32 des Einführungsgesetzes zum Bürgerlichen Gesetzbuch: *„Die Vorschriften der Reichsgesetze bleiben in Kraft. Sie treten jedoch insoweit außer Kraft, als sich aus dem Bürgerlichen Gesetzbuch oder aus diesem Gesetz (Einführungsgesetz zum Bürgerlichen Gesetz) die Aufhebung ergibt.“* Demnach tritt eine Änderung der Vorschriften der Gewerbeordnung nur dort ein, wo dies entweder vom Bürgerlichen Gesetzbuch vorgeschrieben wird oder wo mittelbar eine Änderung der Gewerbeordnung aus dem Zwecke von Bestimmungen des Bürgerlichen Gesetzbuchs folgt. Ausdrückliche – meist lediglich formelle – Änderungen erleiden nach Artikel 36 des Einführungsgesetzes zum Bürgerlichen Gesetz die §§ 107, 108, 110, 113, 131 und 133 der Gewerbeordnung. Ferner erleiden die Vorschriften der Gewerbeordnung mittelbar eine sehr wesentliche Änderung durch die Anwendung des in § 394 des Bürgerlichen Gesetzbuchs ausgesprochenen Verbots der Aufrechnung gegen Lohnforderungen (S. S. 176–197)[103]. Dadurch endlich, daß statt der Landesgesetze das Bürgerliche Gesetzbuch ergänzend eingreift, gestaltet sich das Rechtsverhältnis aus dem Arbeitsvertrag nach vielen Richtungen hin seit Neujahr 1900 anders als früher. Wie sich nach alledem der Arbeitsvertrag nach Einführung des Bürgerlichen Gesetzbuchs gestaltet, ist in diesem Buche dargelegt.

9. Das Reichsgesetz, betreffend Kaufmannsgerichte vom 6. Juli 1904 nebst zwei Anhängen. Erläutert von M. v. Schulz. Jena 1905, Verlag von Gustav Fischer. Rezension für „Die Neue Zeit“, 1905.[104]

Von dem Inhalt des 385 Seiten starken Buches entfallen nur 67 Seiten auf das Kaufmannsgerichtsgesetz. Der Rest wird durch den Abdruck von Auszügen aus dem Gewerbegerichtsgesetz, der Zivilprozessordnung, der Gebührenordnung, des Handelsgesetzbuchs, der Gewerbeordnung, des Bürgerlichen Gesetzbuchs sowie des Lohnbeschlagnahmegesetzes und der preußischen Ausführungsbestimmungen zum Kaufmannsgerichtsgesetz ausgefüllt. Der Verfasser wollte durch diese Zusammenfassungen dem Praktiker eine handliche Zusammenfassung aller einschlägigen Bestimmungen geben. Allein diese Absicht ist nicht erreicht und konnte auf diesem Wege auch nicht erreicht werden. Insbesondere die materiellrechtliche Seite des dem Kaufmannsgericht unterstellten Stoffes lässt sich von dem allgemeinen Recht nicht loslösen. Neben den zum Abdruck gelangten Vorschrif-

---

103 Vgl. dazu im BGB (1979, 39. Auflage) das Zweite Buch, dritter Abschnitt, §§ 387–396 zur Aufrechnung.

104 Das Reichsgesetz, betreffend Kaufmannsgerichte vom 6. Juli 1905 nebst zwei Anhängen, in: Die Neue Zeit 23, 2. Band 1905, Heft 35, S. 294 f.

ten des Dienstvertrags aus dem Bürgerlichen Gesetzbuch kommen fortwährend zum Beispiel die Vorschriften des allgemeinen Teils des Bürgerlichen Gesetzbuchs, sowie seine teilweise sozialpolitisch bedeutsamen Vorschriften über das Recht der Schuldverhältnisse im Allgemeinen (Verzug, Aufrechnung, Erlöschen usw.) bei der Rechtsfindung zur Anwendung. Häufig wird ferner die Anwendung und Auslegung der Versicherungsgesetze, hier und da auch strafrechtlicher Vorschriften erforderlich. Es lässt sich nicht ein Rechtsgebiet aus dem Rahmen des gesamten materiellen Rechts loslösen. Wenn der Verfasser durch Wiedergabe einzelner, besonders häufig zur Anwendung gelangender Gesetzesteile den Gebrauch der weitschichtigen Gesetze überflüssig machen wollte, so konnte er diesen Zweck aus den in der Sache selbst liegenden Gründen, insbesondere auf dem materiellrechtlichen Gebiete nicht erreichen. Will man die nicht in einem Gesetz geordnete, sondern in vielen Gesetzen zerstreut geregelte Materie des kaufmännischen Dienst- und Lohnverhältnisses zusammenfassend darstellen, so lässt sich das nur durch eine vom Gesetzestext losgelöste systematische Darstellung des kaufmännischen Vertragsverhältnisses erreichen. Entbehrlich kann auch durch sie die Benutzung der Gesetze selbst nicht werden. Das Erscheinen so vieler handlicher Textausgaben beweist ihre praktische Notwendigkeit. Konnte das v. Schulzsche Buch den Zweck, andere Gesetzestexte für den praktischen Gebrauch entbehrlich zu machen, nicht erreichen, so hat es andererseits den Zweck, einen brauchbaren zuverlässigen Kommentar zum Kaufmannsgerichtsgesetz zu schaffen, in hohem Maße erfüllt. Der als Vorsitzender des Berliner Gewerbegerichts und durch eine Reihe sozialpolitischer Abhandlungen als vorurteilsloser und gediegener Kenner sozialpolitischer Verhältnisse vorteilhaft bekannte Verfasser gibt in den Anmerkungen zum Kaufmannsgerichtsgesetz ein klares Bild über die Geschichte, den Zweck und die Tragweite der einzelnen gesetzlichen Bestimmungen. Die prozessrechtliche Literatur ist in erschöpfender Weise beachtet. Das Buch ist für das prozessuale Gebiet für Vorsitzende von Kaufmannsgerichten fast unentbehrlich. Kurze, aber inhaltsreiche Bemerkungen zu den materiellrechtlichen Vorschriften erschöpfen zwar keineswegs die mit so außerordentlich viel Streitfragen durchsetzte Materie des Arbeitsvertragsrechts, enthalten aber vielfach wertvolle Hinweise für Vorsitzende von Kaufmannsgerichten. Für Kaufleute und Handlungsgehilfen bietet der materiellrechtliche Kommentar zu wenig, setzt zu viel Literaturkenntnis voraus und entbehrt wie alle Kommentare der für Laien durchaus erforderlichen systematischen und dogmatischen Darstellung des Rechtsstoffes.

10. Reichstagsrede zur Abänderung der Gewerbeordnung vom 2. März 1908[105]

Meine Herren, es haben mehrere der Herren Vorredner, zuerst wohl der Herr Abgeordnete Enders, dann der Herr Abgeordnete Everling[106] und in ähnlicher Weise der letzte Herr Redner davon gesprochen, daß die Sozialdemokratie unerfüllbare Wünsche ausspreche, daß sie Forderungen stelle, die gar nicht zu erfüllen sind, daß sie die Kur des Dr. Eisenbart[107] vornehmen will – den wir übrigens zu kennen nicht die Ehre haben, den aber die Herren näher kennen, er steht ihnen ja sehr nahe –. Der Dr. Eisenbart ist ja dem Herrn Dr. Everling wiederholt in den Mund gekommen, nachdem ihn schon Herr Enders einmal im Munde gehabt hat; ich werde nachher auf die Kur, die Sie vornehmen wollen, weiter eingehen. Die Herren haben behauptet, wir wollten die ganze Heimindustrie vernichten, wir wollten alle Heimarbeiter der Not und dem Elend preisgeben. Aber davon ist auch nicht ein Wort richtig. Mein Freund Geyer[108] hat mit durchaus beweiskräftigen Zahlen dargelegt, daß in der Tat nur durch die allergrößte Ausbeutung auf dem Gebiete der Zigarrenindustrie, der Tabakindustrie die Heimarbeit sich halten könne, und daß deshalb in der Tat ein volles glattes Verbot dieser Art der Ausbeutung notwendig ist.

Was im Übrigen das Verbot oder Nichtverbot der Heimarbeit anlangt – der Herr Vorredner sprach fortwährend von einem Verbot auf dem Gebiete der Seiden- und Spitzenindustrie –, so weiß der Herr Vorredner wie die anderen Herren, daß wir in früheren Jahren einen Gesetzentwurf über die Heimindustrie vorgelegt haben und auch in dieser Session wieder unter Nr. 125 der Drucksachen, wo klar umgrenzt ist, in welchen Fällen die Ausbeutung nicht stattfinden soll. Darüber

---

105 Reichstagsrede zur Abänderung der Gewerbeordnung vom 2. März 1908, siehe http://www.reichstagsprotokolle.de/Blatt_k12_bsb00002841_00077.html, 113. Sitzung vom 2. März 1908, Seite 3550 ff, Zugriff am 26. November 2014.

106 Dr. Otto Everling (1864–1945) war ein deutscher Theologe und Reichstagsabgeordneter der Nationalliberalen und nach 1920 der DVP, siehe http://de.wikipedia.org/wiki/Otto_Everling, Zugriff am 27. November 2014.

107 Doktor Eisenbart (1663–1727) steht als Synonym für Brachialmedizin und Quacksalberei, wenngleich die Biographie dieses Arztes durchaus völlig andere und innovative Züge aufweist. Stadthagen aber verwendet ihn im Sinne der Brachialmedizin, so wie sie das berühmte Trinklied formlierte, siehe http://de.wikipedia.org/wiki/Johann_Andreas_Eisenbarth, Zugriff ebendann.

108 Friedrich Geyer (1853–1937), Zigarrenmacher und Reichstagsabgeordneter der SPD, später der USPD und der KPD, Rückkehr zur SPD über die KAG. Siehe http://de.wikipedia.org/wiki/Friedrich_Geyer, Zugriff ebendann.

wollen wir uns nichts vormachen lassen, als ob es sich bei Ihren Vorschlägen darum handelt, die Heimarbeit um der lieben Heimarbeiterinnen willen zu erhalten; es handelt sich bei der Vorlage und erst recht bei den Vorschlägen der Herren Dr. Everling und anderen darum, die Ausbeutung noch freier zu gestalten.

Meine Herren, am meisten hat mich, ich möchte beinahe sagen, empört – von den Herren von der freisinnigen Partei ist man ja gewöhnt, daß sie der Ausbeutung das Wort reden –, daß die beiden letzten Herren Vorredner es so darstellten, als ob eitel Glück und Wohlergehen da herrsche, wo die Ausbeutung am stärksten wuchert. Herr Everling erzählte in begeisterter Weise, wie er ein altes Ehepaar getroffen habe beim Zusammenarbeiten, beim Rollen und Wickeln, und daß er beinahe neidvoll gesehen habe, wie die beiden zusammen waren. Das haben auch die Arbeiter, wie Herr Everling zugeben musste, als Hohn aufgefasst; denn wenn sie fragten, ob er nicht tauschen wollte, so haben sie nur in höflicher Weise ihrem Hohne über die Verständnislosigkeit Ausdruck geben wollen, mit der Dr. Everling diesem Elend gegenüber steht. Wenn da ein Paar alter Eheleute tausend Zigarren für 5 bis 6 Mark Rollen oder Wickel machen, so ist das empörend, daß in dieser Art die Ausbeutung gestattet wird. Und wenn er bei dieser Sachlage sagt, wir wollen dadurch, daß wir der Ausbeutung eine Grenze setzen, die Heimarbeiter schädigen, dann müssten doch die Heimarbeiter außerordentlich degeneriert sein, geistig vollständig zu Cretins geworden sein, wenn sie das glauben wollten.

Bei dem Herrn Abgeordneten Günter habe ich mich besonders darüber gewundert, daß er die Kinderarbeit erhalten wissen wolle, weil sie versittlichend, erzieherisch wirke. Das sind dieselben Redensarten, die wir vor beinahe einem Jahrhundert von den enragiertesten[109] Kinderausbeutern gehört haben. Ich erinnere an Preußen in den zwanziger und dreißiger Jahren des vorigen Jahrhunderts, als die ersten Anfänge gegen die Kinderausbeutung vorgenommen wurden. Da waren es die Textilindustrieellen insbesondere und die übrigen Industrieellen am Rheine, die sich dagegen überaus kräftig sträubten, daß die Kinder nicht mehr zur Arbeit heran gezogen werden sollen, und sich selbst gegen den damaligen Kultusminister v. Altenstein[110] wendeten, der verlangte, daß die Beschäftigung der Kinder höchstens 3 bis 4 Stunden dauern solle. Damals beschwerten sich die Industrieellen, daß man die Kinder noch in die Schule schicke. Als nun von Militär wegen der damalige König Rechenschaft darüber forderte, woher es käme, daß die

109 Enragiert bedeutet, leidenschaftlich von etwas überzeugt zu sein, siehe http://www.duden.de/suchen/dudenonline/enragiert, Zugriff ebendann.

110 Karl Sigmund Franz Freiherr vom Stein zum Altenstein (1770–1840), fränkischer Adeliger und preußischer Politiker, siehe http://de.wikipedia.org/wiki/Karl_vom_Stein_zum_Altenstein, Zugriff ebendann.

gestellungspflichtigen Mannschaften jener Gegend an der Zahl geringer würden, daß die verminderte körperliche Tüchtigkeit besonders in den Gegenden hervor trete, wo die Kinderausbeutung besonders stark sei, da wurde ihm entgegnet, daß liege daran, daß der Kultusminister verlange, die Kinder sollten in die Schule gehen. Das war der Anlass für Preußen, zum ersten Male einen Eingriff gegen die grausame Kinderarbeit vorzuschlagen. Heute kommt nun der Herr Abgeordnete Günther und erzählt, wie versittlichend und veredelnd es ist, wenn das Kind in der Hausindustrie arbeitet, richtiger kurzweg, – Sie mögen die Sache nennen, wie sie genannt werden muss – wenn das Kind ausgebeutet wird. Sind denn all die Erhebungen und öffentlichen Darlegungen aus den dreißiger, vierziger und fünfziger Jahren in England so spurlos an Ihnen vorüber gegangen, daß Sie an das Elend nicht mehr denken, das dort über Kinderausbeutung enthüllt ist? Wenn wir eine Enquete über die schlimme gesundheitliche Wirkung anstellen würden, die diese Art Arbeit den Kindern verursacht, dann würde das ein Grauen darstellen. Herr Abgeordneter Naumann[111] hat Ihnen ja einigermaßen das Bild des Elends gezeigt, das innerhalb der Heimindustrie besteht.

In unserem Antrage haben wir nichts davon gesprochen, daß die Heimindustrie als solche rasiert werden soll; wir haben gesagt, daß „die gewerbliche Herstellung oder Bearbeitung von Nahrungs- und Genussmitteln durch Hausgewerbetreibende oder durch Heimarbeiter untersagt“ werden solle. Dann heißt es weiter: „Ferner kann durch Beschluss des Bundesrats die Herstellung oder Bearbeitung von Waren durch Hausgewerbetreibende oder durch Heimarbeiter verboten werden, wenn durch diese Herstellung das Leben oder die Gesundheit der bei derselben beschäftigten Personen gefährdet wird, oder wenn durch die hergestellten oder bearbeiteten Waren eine Gefährdung des Lebens oder der Gesundheit der Konsumenten eintreten kann.“

Meine Herren, das ist das Mindeste, was verlangt werden muss im Interesse der Gesundheit der Arbeiter, der Arbeiterkinder und auch der Konsumenten. Wir haben in demselben Gesetzentwurf, auf dessen Einzelheiten ich nicht eingehe – er liegt Ihnen ja vor, und es ist unverständlich, wie er so missverstanden werden kann –, dargelegt, daß es allerdings angeht, nicht wie Herr Everling, nicht wie Herr Enders, nicht wie Herr Günther meint, daß man die Ausbeutung, den geringen Lohn bestehen lässt, sondern daß ein Minimum so weit wie möglich garantiert werden muss. Es heißt in § 12 unseres Gesetzentwurfs: „Arbeiten des Reiches, der

111 Friedrich Naumann (1860–1919), Theologe und liberaler Politiker, gehörte dem Reichstag von 1907–1912 und ab 1913 für die Freisinnige Vereinigung bzw. die Fortschrittliche Volkspartei an, siehe http://de.wikipedia.org/wiki/Friedrich_Naumann, Zugriff am 8. Dezember 2014.

Einzelstaaten und der Gemeinden dürfen nur an solche Unternehmer vergeben werden, welche diese in eigenen gewerblichen Betrieben unter Ausschluss jeglicher Zwischenunternehmer ausführen und sich verpflichten, bei der Ausführung derselben die Tarifverträge oder die von den Berufsorganisationen der Arbeiter festgesetzten Lohn- und Arbeitsbedingungen zu erfüllen."

Meine Herren, der Entwurf, den wir bezüglich der Heimarbeiter vorgelegt haben, ist voll ausführbar, wenn man nur das Herz hat, die Sachen so zu nennen, wie sie wirklich sind, und der Ausbeutung etwas an den Leib zu gehen. Das ist auch von bürgerlichen Sozialpolitikern anerkannt. Aber dasjenige, was die Regierung vorgeschlagen hat, heißt: nur waschen, aber dabei nicht nass machen. Es ist doch ganz auffallend, daß gerade die Herren Fabrikanten, die sich für die Regierungsvorlage besonders ereifern, es hinstellen, als ob eine ungeheuere Tat geschehen sei, während die gegen die einzelnen Tatsachen, speziell auf dem Gebiete der Tabakindustrie, die insbesondere mein Freund Geyer vorgebracht hat, kein einziges Moment haben vorführen können. Der Herr Abgeordnete Naumann ist zu meinem Bedauern nachher doch dazu übergegangen, zu meinen, man dürfe hier nicht daran rühren, es sei doch ein sehr schweres Stück Arbeit. Er hat zwar nicht so wie Herr Everling, Herr Günther und Herr Enders die besonderen Pfuschermixturen, die höllischen Latwergen[112] und sonstigen Salben und Kuren, die jene in die Dörfer bringen oder dort lassen wollen, hier empfohlen. Aber er hat gemeint, es sei in der bürgerlichen Gesellschaft nicht anders, es sei untrennbar, daß die Heimarbeit und die Arbeit, die darin liegt, die Armenpflege auf der anderen Seite ergänze, und daß die Armenpflege wieder die Heimarbeit ergänze. Meine Herren, das ist doch die allerschlimmste Anklage, die Sie gegen Ihre Gesellschaftsordnung erheben können, wenn Sie erklären müssen: wir sind in der Lage, die Leute durch ehrliche Arbeit zu ernähren: entweder Armenpflege oder schändlichste Ausbeutung oder beides zusammen, Herr Abgeordneter Naumann, Sie haben vorher gesagt, Sie wollen nicht so sehr auf die sittlichen Bedenken eingehen. Aber auf den Punkt müssen Sie eingehen, daß es das Unsittlichste, das Ungerechteste einer Gesellschaftsordnung ist, zu sagen: wir können nicht anders, Ihr kriegt ein paar Almosen; aber damit Ihr weiter arbeiten könnt, wollen wir die grausamste Ausbeutung gestatten. Meine Herren, so begreiflich und richtig Herr Abgeordneter Naumann nach Bittmann und seinen Erfahrungen dargelegt hat, wie groß das Elend unter den Heimarbeitern ist, so verkehrt ist sein Schluss: wir

112 Als Latwergen bezeichnete man im Mittelalter vor allem breiig zubereitete Arzneien, siehe http://www.duden.de/rechtschreibung/Latwerge, Zugriff am 9. Dezember 2014.

können nicht anders, wir wollen dem weiteren Rahmen, den die Vorlage enthält, allenfalls zustimmen, der eigentlich nichts hilft. Nein, hier heißt es, herzhaft anfassen und der Ausbeutung zu Leibe zu gehen.

Der Herr Abgeordnete Naumann meint, die Dinge würden dann nicht hergestellt, die jetzt in der Heimindustrie hergestellt werden. Er ist im Irrtum. Einmal weiß er so gut wie ich, zum mindesten aus der Heimarbeiterausstellung[113] her, daß nicht nur minderwertige Dinge in der Heimindustrie erzeugt werden. Es werden außerordentlich wertvolle Dinge da erzeugt. Ich erinnere daran, daß dort seidene Kleider, Generalslitzen, eine ganze Menge wertvoller Stickereien in der Heimindustrieausstellung ausgestellt waren, die außerordentlich wertvoll sind und bei furchtbar gedrückten Löhnen hergestellt werden. Und was nützt der Appell an das Gewissen der Frauen? Sie sollten doch bedenken, nicht so billig zu kaufen, sollten daran denken, daß die schönsten Hofkleider, die sie tragen, unter dem Elend der Heimindustrie hergestellt sind! – Das haben wir ja nach der Ausstellung gesehen.

Aber nicht nur das ist nicht richtig, daß da nur die billigsten Waren hergestellt werden, – ich meine, auch die Rechnung, die der Herr Abgeordnete Naumann aufstellt, ist grundfalsch. Wenn heute, ich will sagen, eine Krawatte in der Heimindustrie hergestellt wird, so kauft sie doch der Einzelne nicht deswegen, weil sie in der Heimarbeit hergestellt ist, sondern weil er sie braucht. Es ist ihm ganz gleichgültig, ob sie in der Heimindustrie oder anderswo hergestellt ist.

Gewiss, sie wird trotzdem gekauft, es werden durchaus ebenso viel Waren gekauft. – Es ist irrig, anzunehmen, daß die Heimindustrie es so und so vielen erst ermöglichte, zu kaufen. Dieser Appell an die Wohlhabenden, sie sollen nur da kaufen, wo sie wissen, daß die Löhne nicht gedrückt sind, in an sich sehr schön, ich schließe mich ihm durchaus an; aber, Herr Kollege Naumann, damit erreichen wir absolut nichts. Dieser Appell ist in die Luft hinein gesprochen, weiter nichts. Damit ist den Heimarbeitern nicht geholfen. Ja noch mehr: wenn er helfen würde, dann würde doch nur immer der Fabrikant den höheren Lohn für die teueren Waren einziehen, nicht der Lohnarbeiter, nicht der Heimarbeiter. Solange wir nicht den Heimarbeiter als einen gewerblichen Arbeiter betrachten und ihn auf den Boden des Gesetzentwurfs stellen, den meine Partei eingebracht hat, aber nicht auf den der Regierungsvorlage, ist nicht zu helfen.

In Betreff der Kinderausbeutung will ich noch daran erinnern: als ich vorhin das Lob der Kinderarbeit aus dem Munde des Abgeordneten Herrn Günther

---

113 Gemeint ist vermutlich die Deutsche Heimarbeit-Ausstellung von 1906 in Berlin, siehe dazu den Buchlink http://onlinebooks.library.upenn.edu/webbin/book/lookupname?key=Deutsche%20Heimarbeit-Ausstellung%20 %281906%20%3A%20 Berlin%29, Zugriff ebendann.

hörte, da wurde mir mitgeteilt – ich kenne es nicht aus eigener Wissenschaft –, jüngst sei jemand in der Türkei gewesen und habe sich die dortige Industrie angesehen; da sei ihm erklärt worden: seht mal, wie weit wir in der Kultur sind, bei uns arbeiten bereits fünf- und sechsjährige Kinder, so weit seid Ihr doch noch nicht! Meine Herren, so weit ist der soziale Standpunkt, den die Herren Günther, Enders und Everling eingenommen haben. Meine Herren, alles, was insbesondere der Herr Abgeordnete Everling sagte, kann auf die Arbeiter gar nicht anders wirken, als daß sie sagen: nun leben wir in dem Elend, und da kommt der Abgeordnete daher und meint, wie wunderschön wir es haben, und verhöhnt uns noch wegen des Elends, das wir nicht verschuldet haben.

Über die Heimarbeit, meine Herren, wollte ich mich nicht weiter auslassen, als ich es eben getan habe; ich will nur einen Punkt noch erwähnen. Alle die Darlegungen, die die Herren von der freisinnigen und der nationalliberalen Partei machen, würden genau ebenso und sind auch genau ebenso gemacht worden zur Begründung der Kinderausbeutung und der Frauenausbeutung. Als die ersten Anfänge zur Beseitigung dieses ungeheuren Elends gemacht wurden, kamen genau dieselben Einwendungen, die die Herren jetzt wieder gemacht haben. Auf dem Gebiete der Heimarbeit muss gründlich vorgegangen werden. Was die Regierung vorschlägt, ist wirklich weniger als nichts.

Mein Freund Molkenbuhr[114] hatte durchaus recht, als er behauptete, diejenige Befugnis, die der Bundesrat scheinbar für sich neu beansprucht, Bestimmungen auf Grund des § 120e zu treffen, hat er bereits heute. Der Herr Regierungsvertreter hat freilich am Sonnabend versucht, die Darlegungen meines Freundes Molkenbuhr ad absurdum zu führen. Er versuchte es so darzustellen, daß zwar die Tatsachen, die mein Freund Molkenbuhr angeführt hatte, durchaus richtig seien, daß aber die Folgerung unrichtig sei, daß der § 120e heute bereits dem Bundesrat das Recht gebe, Verordnungen zu treffen, die sich auf das Familienleben der Heimarbeiter beziehen. Dem Herren Regierungsvertreter ist der Nachweis nicht gelungen. Wir werden uns in der Kommission noch weiter darüber zu unterhalten haben. Ich möchte nur das eine noch einmal betonen, was Molkenbuhr neulich

114 Hermann Molkenbuhr (1851–1927), sozialdemokratischer Politiker und Reichstagsabgeordneter, wie Stadthagen einer der wichtigsten Sozialpolitiker der Fraktion. Als Biographie bzw. Editionen zu Molkenbuhr zu empfehlen: Braun, Bernd. Hermann Molkenbuhr (1851–1927). Eine politische Biographie, Düsseldorf 1999; Braun, Bernd. „Ich wollte nach oben". Die Erinnerungen von Hermann Molkenbuhr 1851–1880, Bonn 2006; Braun, Bernd/Joachim Eichler (Hrsg.). Arbeiterführer, Parlamentarier, Parteiveteran. Die Tagebücher des Sozialdemokraten Hermann Molkenbuhr 1905–1927, München 2000.

ausführte, und worüber der Herr Regierungsvertreter hinweg gegangen ist. Als die Verwendung von Phosphor – vor dem Phosphorgesetz – durch eine Bundesratsverordnung verboten wurde, wurde nicht Halt gemacht und mit Recht nicht Halt gemacht an der Grenze der Familie, sondern auf Grund des § 120e ist mit vollem Rechte auch dahinein Gesundheitsschutz gebracht worden. Noch eine Reihe weiterer Beispiele zeigen ganz klar, daß der Bundesrat früher die Bestimmung auch so aufgefasst hat, wie sie aufgefasst werden muss, wenn man annimmt, daß der Heimarbeiter auch ein wirklicher Arbeiter ist.

Darin liegt meines Erachtens die sedes materiae.[115] Wenn das auch nicht ausdrücklich in dem Gesetzentwurf ausgesprochen ist, so ergibt sich doch aus den früheren Ausführungen von Regierungsvertretern, daß sie sich auf den Standpunkt stellen wollen, daß der Heimarbeiter kein Arbeiter sei, sondern als selbständiger Gewerbetreibender den anderen Gewerbetreibenden entgegen stehe. Dieser Auffassung muss auf das Entschiedenste widersprochen werden, um so mehr, als, wenn diese Auffassung richtig wäre, dann in der Tat eine Schutzbestimmung für die Heimarbeiter überhaupt nicht gemacht werden könnte. Dieser Punkt ist ja in der Judikatur außerordentlich strittig. Eine Anzahl Gewerberichter haben sich haben sich leider zu einer ähnlichen Auffassung bekannt, daß nämlich die Heimarbeiter keine Arbeiter, sondern selbständige Gewerbetreibende seien, so daß ein Werkvertrag im Sinne der §§ 631 ff des Bürgerlichen Gesetzbuchs vorliegen würde und nicht ein Arbeitsvertrag. Bei dieser Novelle ist es notwendig, mit aller Entschiedenheit zu betonen, daß der Begriff des Arbeiters so festgelegt wird, daß es der Rechtsprechung nicht mehr möglich ist, durch allerlei Auslegungen und Unterlegungen, durch Infiltration und Exfiltration aus dem Arbeiter etwas anderes zu machen, als was er ist, um ihn den Arbeitsschutzvorschriften zu entziehen.

Die Hoffnungen, die heute auf die Regierung gesetzt werden, kann ich auch nicht teilen, weil ich mich entsinne, daß uns hier im Jahre 1890ein Versprechen gegeben wurde, das bis heute nicht eingelöst worden ist. Bei der Beratung der damaligen Arbeiterschutzvorlage erklärte der Staatsminister Freiherr v. Berlepsch[116], er wolle die Vollmacht – die ihm dann auch erteilt wurde – haben, um den Arbeiterschutz von den Fabriken auf die Heimarbeit auszudehnen. Auch das ist

---

115 Sedes materiae – der Sitz des Gegenstandes – beschreibt die für die Entscheidung eines Falles entscheidende Gesetzesstelle, also das jeweils anzuwendende Recht, siehe http://www.proverbia-iuris.de/sedes-materiae/, Zugriff ebendann.

116 Hans Hermann Freiherr von Berlepsch (1843–1926), Verwaltungsjurist, Politiker und Sozialreformer, Vater der Novelle der Gewerbeordnung von 1891 und Gründer der „Gesellschaft für soziale Reform", siehe http://de.wikipedia.org/wiki/Hans_Hermann_von_Berlepsch, Zugriff am 10. Dezember 2014.

ein Beweis dafür, daß die Auslegung des Herrn Ministerialdirektors Caspar irrig ist. Es heißt in den damaligen Materialien: „Es ist zu hoffen, daß es möglich sein wird, solche Verordnungen für diejenigen größeren Industriezweige, in denen der Hausbetrieb mit dem Fabrikbetrieb konkurriert, bis zum 1. April 1893 zu erlassen."

Bis zum 1. April 1893 ist aber keine einzige Verordnung nach dieser Richtung hin ergangen. Bis heute ist lediglich auf dem Gebiete der Konfektionsindustrie eine durchaus unzureichende und später etwas verbesserte Verordnung ergangen und die kleine Verordnung auf dem Gebiete der Tabakindustrie. Da sehen Sie, was auf Beteuerungen der Regierung zu geben ist. Heute erklärt die Regierung sogar, sie habe gar keine solche Vollmacht und müsse erst darum nachsuchen.

So liegt es aber nicht nur auf dem Gebiete der Heimarbeiter. Das Bestreben, große Mengen Arbeiter aus dem Arbeitsvertrage durch Judikatur oder durch Verfügungen heraus zu heben und sie zu etwas anderem zu machen als zu gewerblichen Arbeitern, ist leider bei der preußischen Regierung außerordentlich lebendig. Im vergangenen Jahre ist zum allgemeinen Erstaunen plötzlich vom preußischen Handelsminister erklärt worden, diejenigen Arbeiter, die in Eisenbahnwerkstätten arbeiten, sollen nicht mehr Arbeiter im Sinne der Gewerbeordnung sein, die Gewerbeinspektion soll sich nicht um sie kümmern, und so sind die Arbeiter den Arbeiterschutzvorschriften entzogen worden. Der preußische Herr Handelsminister, der diese durchaus irrige Ansicht einem Oberlandesgerichtserkenntnis entnommen hat, oder sein Vorgänger hat nun aber im Jahre 1869 und ferner durch eine Reihe weiterer Verfügungen vom 12. Juli, 30. September, 10. Dezember 1877 erklärt, daß nach Absicht der Regierung und des Reichstags und auch nach der Judikatur es zweifellos sei, daß die in Eisenbahnwerkstätten arbeitenden Arbeiter der Gewerbeordnung unterstellt sind, und daß durch § 6 der Gewerbeordnung nur solche Arbeiter ausgenommen sind, die dem Verkehrsdienst dienen, also hauptamtlich Streckenarbeiter. Nun werden aber auf einmal durch diesen Federstrich des Eisenbahnministers diese Tausende von Arbeitern den Arbeiterschutzvorschriften entzogen. Wenn der Herr Eisenbahnminister dieser irrigen Ansicht ist – und warum soll er das nicht? Preußische Minister haben ja das Vorrecht, falsche Ansichten zu haben –, dann wäre es Pflicht des Reichsamts des Innern, zu sagen: hier ist durch die neue Judikatur Tausenden von Arbeitern ein Recht genommen worden, wir wollen jetzt hinein schreiben, daß auch die Eisenbahnarbeiter unter allen Umständen als gewerbliche Arbeiter anzusprechen sind. Aber kein Wort hiervon, und da wundern sich die Herren noch, daß wir sagen: hier ist keine Verbesserung, sondern eine Verschlechterung! Es gibt noch eine große Reihe anderer Arbeiter, bei denen von allen Seiten des Hauses anerkannt worden ist, daß es dringend notwendig ist, sie ausdrücklich der

Bestimmung der Gewerbeordnung zu unterstellen. Ich erinnere an die Gärtner, die Jahr für Jahr mit Petitionen an uns heran treten, und denen 1890 versprochen worden war, sie sollten als gewerbliche Arbeiter angesehen werden. Die Judikatur ist leider teilweise andere Wege gegangen. Bei dieser Kategorie Arbeiter fehlt ja auch heute noch eine Regelung, und man lässt sie in ihrer eigentümlichen Zwitterstellung. Auch die Bureauangestellten sind nicht hinein gezogen. Neuerdings ist eine eigenartige Ansicht aufgetreten, indem z. B. Maurer, die als Kolonnenarbeiter arbeiten, von einigen Gewerbegerichten und Landgerichten als eine „Gesellschaft von Unternehmern", wie es da heißt, bezeichnet worden sind. Ich gehe nicht auf die Irrigkeit dieser Ansicht ein. Aber hier bei diesem Gesetzentwurf war Gelegenheit, diesen Irrtum zu beseitigen, durch den dem Bauschwindel außerordentlich Vorschub geleistet worden ist.

Wiewohl im Bürgerlichen Gesetzbuch in den Motiven zum Werkvertrag zugegeben ist, daß die Scheidung im Gesetzbuch eine so schlechte, verkehrte, irreführende ist, daß es der Praxis überlassen bleiben müsste, die Sachen auseinander zu halten, ist man nicht darauf gekommen, hier bessere Verhältnisse zu schaffen. Ebenso vermisse ich im Gesetzentwurf jede Regelung der Verhältnisse der Akkordarbeiter. Es haben viele Kongresse darüber stattgefunden, auch juristische Kongresse. Alle Parteien beklagen sich darüber, was bereits im Bürgerlichen Gesetzbuch beklagt war, daß versucht wurde, die Akkordarbeiter als selbständige Unternehmer zu betrachten, die gewissermaßen einen Werkverdingungsvertrag übernommen haben. Diese falsche Ansicht ist wiedergekehrt, trotzdem ist keine Regelung der Akkordarbeit vorgenommen worden, die im Jahre 1896 bei der Regelung des Bürgerlichen Gesetzbuchs verlangt wurde. Im Jahre 1896 wurde und zwar beinahe einstimmig vom Reichstag verlangt, daß endlich eine einheitliche Regelung des Arbeitsvertrags vorgenommen werden solle. Wir schreiben heute 1908, und es ist immer noch nichts geschehen, es ist lediglich eine Vorlage gekommen, die zur Zersplitterung und Undurchsichtigmachung der Rechtsverhältnisse der Arbeiter dient, nicht umgekehrt.

Meine Herren, der Herr Staatssekretär war etwas verschnupft darüber, daß wir sein Machwerk als ein sehr schlechtes und untaugliches Flickwerk bezeichnet haben. Dafür kann doch nur er; er braucht nur ein etwas besseres Gesetz zu machen, so wird man es vielleicht auch noch als Flickwerk bezeichnen, wenn es ein Flickwerk ist; aber man wird es nicht mehr als elendes Flickwerk bezeichnen, wenn es wenigstens einigermaßen denjenigen Punkten entgegen kommt, die allgemein als behandlungsnotwendig in Arbeiterkreisen erachtet wird. Freilich, wenn man einen solchen Gesetzentwurf nicht vorher Arbeiterorganisationen übergibt, wenn man nur die Unternehmerorganisationen befragt, dann ist es kein Wunder, daß die Herren, die antisozialistisch sind, die keine Sozialpolitik wollen, daß die, wie wir eben gehört haben, diese Vorlage, die die Scharfmacher begutachtet haben, über das Schellendaus[117] loben, und daß diejenigen, die die Interessen der Arbeiter vertreten, tadeln, was zu tadeln ist, und zeigen, daß das Ding, soweit etwas Vernünftiges überhaupt darin ist, eine schlechte Abschreibung von Anträgen, wie sie unsererseits vor 40 Jahren gestellt worden sind, darstellt. Mein Kollege Molkenbuhr hat das bereits dargelegt.

Um auf Einzelheiten einzugehen, so ist in der Vorlage in dem § 113 neu eingefügt:

„Bei der Beendigung des Dienstverhältnisses, im Falle der Kündigung von dieser an können die Arbeiter“ usw.

statt wie früher: „Beim Abgange können die Arbeiter ein Zeugnis über Art und Dauer der Beschäftigung fordern.“ Ich bin doch etwas verwundert gewesen, meine Herren, daß sich hier kein Redner gefunden hat, die das als eine Besserung oder gar als erhebliche Besserung des bestehenden Zustandes erachten. Es ist nichts weniger als das. Es ist das bestehende Gesetz und ein Stück weniger. Das werde ich beweisen.

Der § 113 der Gewerbeordnung hat dieselbe Fassung, wie die entsprechende Bestimmung des Bürgerlichen Gesetzbuchs, die sich über die Ausstellung von Zeugnissen auslässt. Damals haben wir Sozialdemokraten – Sie sehen, was einmal etwas Gutes ist, kommt von uns – beantragt, daß ausdrücklich Gesetz werden solle, daß das Zeugnis bereits von der Kündigung ab gegeben werden solle und auch nach Abgang. Es wurde das beim Bürgerlichen Gesetzbuch abgelehnt. Es wurde gesagt, das sei überflüssig. Nachher, beim Handelsgesetzbuch § 72, jetzt § 73, wurde derselbe Antrag gestellt. Da wurde seitens der Regierungsvertreter erklärt, wie es im Kommissionsbericht zum Handelsgesetzbuch, Drucksachen Nr. 735 Seite 37 heißt:

Jedoch wurde hier in Übereinstimmung mit den Regierungsvertretern konstatiert, „daß nach dem Bürgerlichen Gesetzbuch kein Zweifel darüber sein könne, daß nach Maßgabe der Bestimmung über Treu und Glauben bei Verträgen das Zeugnis verlangt werden kann vom Tag der Kündigung an und auch nach Austritt.“

Also, meine Herren, was hier angeblich neu ist, ist alt; soweit es neu ist, ist es unserem Antrag entnommen. Aber, meine Herren, dadurch, daß man nun nicht sagt: auch nach dem Austritt kann das Zeugnis verlangt werden, entstehen nun Zweifel, ob das eben jetzt in Fortfall kommt, und ferner werden schlechter

117 Diesen Begriff zu übersetzen ist sehr schwierig, es soll sich aber um einen Begriff aus einem Kartenspiel handeln. Heute würde man den Sinn dieses Idioms als „über den grünen Klee loben“ verwenden.

gestellt die Handlungsgehilfen. Denn nun wird man e contrario[118] sagen: ja, in § 113 der Gewerbeordnung ist die Fassung geändert worden, in dem § 73 des Handelsgesetzbuches ist aber die alte Fassung geblieben, also ist nun gegen die Handlungsgehilfen zu entscheiden, der engeren Auslegung der Vorzug zu geben.

Meine Herren, das ist ein kleines Stück. Wenn der Herr Staatssekretär solche Kleinigkeiten ändern wollte, dann brauchte er nur die durchaus nicht zureichenden, aber immerhin recht interessanten Ausführungen des badischen Gewerbeinspekteurs Bittmann[119] zu nehmen, die in der „Sozialen Praxis"[120] niedergelegt sind. Bittmann hat sich die Mühe genommen, eine Reihe von Streitigkeiten – bei weitem nicht alle –, die aus Anlass der Gewerbeordnungsbestimmungen über Arbeiterverträge entstanden sind, zusammenzustellen und darzulegen, wo nach seiner Ansicht eine redaktionelle Änderung notwendig ist. Auch das ist hier nicht geschehen, auch nicht einmal diese rein redaktionelle Änderung hat man sich bemüht vorzunehmen.

Nun ist als etwas Großes gepriesen worden, daß man endlich davon abgeht, den Begriff der Fabrik so eng und unklar zu fassen, wie er bisher gefasst war. Meine Herren, die Arbeiterschutzvorschriften sollen – und das ist scheinbar wenigstens ein Fortschritt – gelten für alle Betriebe, in denen durchschnittlich mindestens zehn Arbeiter arbeiten. Ja, meine Herren, es hat bereits hier Molkenbuhr darauf hingewiesen, im Jahre 1867 sei von dem Sozialdemokraten Schweitzer[121] hier beantragt worden – also vor 40 Jahren –, diese Bestimmung zu treffen, freilich in einer besseren Form. Es wurde verlangt, daß es hier heißen sollte, daß die zehn Arbeiter in der oder für die Fabrik arbeiten, damit auch die außenstehenden Arbeiter dazu gerechnet werden können. Aber, meine Herren, aus welchem Grunde wird denn überhaupt hier ein Halt gemacht? Aus welchem Grunde sagt man, es sollen die Arbeiterschutzbestimmungen nur für solche gelten? – Ich möchte die

118 Dies meint „Im Umkehrschluss" im juristischen Gebrauch, siehe http://de.wikipedia.org/wiki/Umkehrschluss, Zugriff am 11. Dezember 2014.

119 Karl Bittmann (1851–1936), Chemiker und Sozialpolitiker aus Baden, siehe http://www.leo-bw.de/web/guest/detail/-/Detail/details/PERSON/kgl_biographien/128687827/biografie, Zugriff ebendann.

120 Die „Soziale Praxis" war eine sozialreformerische Wochenschrift, an der auch Sozial wie Heinrich Braun und Eduard Bernstein mitarbeiteten. Sie erschien von 1895 bis 1943, siehe http://de.wikipedia.org/wiki/Soziale_Praxis, Zugriff ebendann.

121 Johann Baptist von Schweitzer (1833–1875), war als Nachfolger von Ferdinand Lassalle und Carl Wilhelm Tölcke von 1867–1871 Präsident des Allgemeinen Deutschen Arbeitervereins (ADAV) sowie Mitglied im Reichstag des Norddeutschen Bundes, siehe http://de.wikipedia.org/wiki/Johann_Baptist_von_Schweitzer, Zugriff am 12. Dezember 2014.

Herren Everling und Günther aufmerksam machen: hier sehen Sie die „perfiden" Anträge wieder; was vernünftig in der Vorlage hier ist, das sind die „perfiden" alten Anträge von uns Sozialdemokraten; Sie werden unsere Anträge später auch noch annehmen, – es hat bereits Molkenbuhr darauf hingewiesen, daß damals schon, im Jahre 1869, vor 40 Jahren es notwendig gewesen wäre, eine solche Bestimmung zu treffen. Heute, meine Herren, muss man bei weitem weiter gehen, heute ist die industrielle Entwicklung ganz anders, und da bleiben wir allerdings hinter ziemlich allen Kulturstaaten zurück. Diese Bestimmung, die jetzt getroffen wird, muss die Regierung treffen auf Grund des Berner Übereinkommens[122] von 1905 als Minimum. Aber man geht weiter. Auf Viktorialand[123] will ich nicht näher eingehen. Man geht hier beispielsweise im schweizerischen Fabrikgesetz, wo seit länger als 30 Jahren jede industrielle Anstalt als Fabrik betrachtet wird, in welcher gleichzeitig regelmäßig mehr als drei Arbeiter außerhalb ihrer Wohnung in geschlossenen Räumen beschäftigt werden. Man geht weiter in Basel-Stadt, wo seit dem 27. April 1905 alle Arbeiter in Werkstätten dem Arbeiterschutz unterworfen sind.

Meine Herren, das ist der einzig vernünftige Standpunkt. Welcher Grund liegt denn vor, weswegen ein Arbeiter den Schutz nicht haben soll, wenn außer ihm nicht noch andere in der ähnlichen Weise ausgebeutet werden, sondern er allein oder mit 8 anderen zusammen? Meine Herren, welcher Grund liegt denn vor, warum Sie Schranken gegen den Schutz des Arbeiters errichten wollen, wenn der Arbeiter nur mit einem oder mit 2 zusammen arbeitet? Daß in solchem Falle keine Arbeiterschutzvorschriften gelten sollen, dafür besteht kein verständiger Grund.

Ich will noch darauf hinweisen, daß selbst der Zentralverband deutscher Industrieller, der doch im Allgemeinen wahrhaftig nicht als ein sozialpolitisch angehauchter Verein gelten kann, bereits 1878 erklärt hat, daß eine Arbeiterzahl von 3 hinreichend sei. Also dieser wollte bis auf 3 Mann herunter gehen. Aber die Regierung, die vollständig in den Händen des Scharfmacherverbandes ist, sagt heute: 10 – darüber hinaus oder richtiger herunter gibt es nichts! Nun war ich neugierig, wie die Regierung es erklären wollte, wie sie dazu kommt, diejenigen Betriebe, die heute weniger als 10 Arbeiter haben und als Fabriken zu betrachten sind – wir haben ja solche Betriebe, wenn es auch nicht so viele sind, ich kann sie statistisch nicht erfassen –, durch die neuen Bestimmungen des Arbeiterschutzes zu berauben. Beim

122 Gemeint ist die Berner Arbeitsschutzkonvention vom 26. September 1906, die auch in der Anmerkung zu Stadthagens Publikation über die Novelle der Gewerbeordnung abgedruckt ist auf S. 5 f., siehe Fußnote zur entsprechenden Quelle im nachfolgenden Text.

123 Gemeint ist das Vereinigte Königreich Großbritannien im Zeitalter Königin Victorias.

Unfallversicherungsgesetz ist ja Vorsorge getroffen, daß auch kleinere Fabriken Fabriken im Sinne des Gesetzes bleiben. Hier ist eine ähnliche Vorschrift unterlassen. Sie nehmen also hier einer großen Kategorie von Arbeitern den Schutz, und da wundern Sie sich, wenn wir Sie angreifen und sagen: das ist völlig ungenügend! Ist man einmal überzeugt von der Notwendigkeit von Schutzbestimmungen, so muss man sie allen geben und kann nicht bei einer bestimmten Zahl Halt machen.

Meine Herren, dasjenige, das von einigen der Herren Redner hier als Schmuckstück der Regierungsvorlage hervorgehoben ist, die Vorschriften für die Arbeiterinnen, ist gleichfalls ungenügend. Der sogenannte Zehnstundentag für Arbeiterinnen – meine Herren, was will das bedeuten? Es war 1869, als von meinen Parteifreunden hier der Antrag gestellt worden ist, den zehnstündigen Arbeitstag für Männer und Frauen einzurichten. Damals war ein sehr verständiger konservativer Herr, General Steinmetz, welcher sich auch für unseren Antrag erklärte. Daß die Epigonen der konservativen Partei so vernünftig wie der General Steinmetz sein werden, verlange ich nicht; aber man sollte doch wenigstens verlangen können, daß diejenigen, die sich einigermaßen als sozialpolitisch fortgeschritten betrachten, und auch die Regierung wenigstens auf die sozialpolitische Höhe gekommen wären, die 1869 bereits der General Steinmetz in Folge unseres „perfiden" Antrags, den Zehnstundentag für Männer und Frauen einzuführen, erklommen hatte. Der Zehnstundentag für Arbeiterinnen ist ja von den gewerkschaftlich organisierten Arbeitern und Arbeiterinnen bereits errungen. Nach den Aufmachungen, die im Jahre 1902 von den Fabrikinspektoren gemacht worden sind, waren es 1902 bereits tatsächlich über die Hälfte, 53,3 Prozent der Arbeiterinnen in 67,4 Prozent der Betriebe, also nahezu zwei Drittel der Betriebe, die bereits einen zehnstündigen Arbeitstag errungen hatten. Wie viel Kummer und Elend wäre erspart worden, wenn man den Zehnstundentag, der so lange von uns verlangt worden ist, schon früher gegeben hätte und nicht erst den Kampf der Arbeiterinnen und Arbeiter abgewartet hätte. Die Zahl der Arbeiterinnen ist ja inzwischen bedeutend gestiegen. 1906 waren es nach den Berichten der Gewerbeinspektoren 80520 Betriebe mit 1095889 Fabrikarbeiterinnen, und da wäre es dringend erforderlich, im sozialen, im gesundheitlichen, im sittlichen und kulturellen Interesse der Arbeiterinnen und des Ganzen nun endlich mit dem Achtstundentag vorzugehen. Der Zehnstundentag will hier gar nichts besagen, er will nur besagen, daß ungefähr dem ein Siegel aufgedrückt wird, was die Arbeiterinnen längst errungen haben. Aber aus welchem Grunde ihnen nicht der Achtstundentag gegeben wird, darüber schweigt der Regierung Höflichkeit.

Aber weiter! Es ist, glaube ich, von dem ersten Herrn Redner in der Debatte mit Recht hervor gehoben worden: wie denkt sich denn eigentlich die Regierung den Zustand in den gemischten Betrieben? Sie scheut davor zurück, nun auch den Arbeitern den Zehnstundentag zu geben; wie soll es nun mit den gemischten Betrieben gemacht werden? Da ist es doch dringend notwendig, im Interesse der Arbeiter und Arbeiterinnen eine gemeinschaftliche Maximalzeit, also den Zehnstundentag zu geben.

Es ist ferner eine Unwahrheit, wenn behauptet wird, es sei eine elf-stündige Ruhepause und ein Maximalarbeitstag von zehn Stunden in der Tat durch die Vorlage für Arbeiterinnen eingeführt. Ich sage, es ist eine Unwahrheit, weil heute ja doch eine massenhafte Durchlöcherung dieses Schutzes besteht, die aufrecht erhalten und vermehrt werden soll. Es besteht schon heute eine fünffache große Durchlöcherung. Wie diese Durchlöcherung des bestehenden Systems missbraucht wird, ersehen wir aus den amtliche Gewerbeinspektionsberichten. Da ergibt sich nach den Berichten für 1906., daß Überarbeit in 2610 Betrieben, und zwar in 2341 Fällen durch die höhere Verwaltungsbehörde, in 5477 Fällen durch die untere Verwaltungsbehörde gestattet war. Die Überarbeit, die gestattet war nach den heute bestehenden Ausnahmebestimmungen, betraf 197938 Arbeiterinnen. Die Zahl der bewilligten Überstunden betrug 2464879 Stunden, also ein kolossales Maß des Missbrauches der gegenwärtig schon bestehenden Möglichkeit. Da kommt die Novelle, will nicht etwa die Ausnahmen streichen, sondern sie noch vermehren. Das ist eine solche Fülle von Ausnahmebestimmungen, daß mich niemand der Übertreibung zeihe kann, wenn ich erkläre: das ist kein Zehnstundenarbeitstag, sondern das ist eine Verschlechterung des bestehenden Zustandes. Diese Bestimmungen sind absolut unannehmbar. Die heutigen Ausnahmebestimmungen sind zu streichen, die neuen ebenfalls. Es sollen fortan gar 60 statt früher 40 Überzeitstage zulässig sein. Abgeordneter Günther plädiert dafür, noch mehr Ausbeutungstage zu geben; er nennt das Sozialpolitik. Es soll ferner nach der Vorlage dem Reichskanzler gestattet werden, wenn besondere Verhältnisse es erwünscht erscheinen lassen – einen schwankenderen Begriff gibt es ja kaum –, auch eine anderweitige Regelung der Arbeitszeit zu gestatten, falls die Dauer der Beschäftigung 14 Stunden täglich und 60 Stunden in der Woche nicht überschreitet. Es fragt sich, ob nicht, wenn diese Bestimmungen eingeführt würden, für eine große Menge der Arbeiterinnen ein schlechterer Zustand eintreten würde als bisher. Heute hat eine große Menge von Arbeiterinnen den Neunstundentag glücklich errungen. Welcher Grund liegt vor, den Zehnstundentag normieren zu wollen und nicht jetzt schon zu dem Neunstundentag, wenn Sie nicht zum Achtstundentag übergehen wollen, einzuführen?

Nach den Gewerbeinspektionsberichten vom Jahre 1902 hatte bereits 1902 eine Reihe von Arbeiterinnen den Neunstundenarbeitstag erfochten. Es wird vielleicht ein Viertel der Arbeiterinnen sein, die heute den Zehnstundentag noch nicht haben. Aus welchem Grunde glaubt die Regierung, daß der angebliche Kulturstaat Deutschland nicht über das hinaus gehen darf, was als Minimum in der Schweiz festgesetzt ist? Also auch hier keine Sozialpolitik, sondern Rückschritt, soweit es möglich sein kann.

Ich erwähnte bereits beim Begriff der Fabriken, daß kein Grund vorliegt, nur Betriebe mit mindestens 10 Leuten als schutzbedürftig hinzustellen, daß kein Grund vorliegt, warum man nicht die sämtlichen Betriebe den Arbeiterschutzvorschriften unterstellt. Aus dem Protokoll des Berliner Übereinkommens ergibt sich, daß bei der Berner Übereinkunft sich heraus stellte, daß die Art und Weise des Verbots der Nachtarbeit von Frauen und Kindern hinsichtlich des Geltungsbereichs der Schutzvorschriften in verschiedenen Ländern sehr verschiedenartig geregelt wird. Die Schutzvorschriften fanden Anwendung auf alle Betriebe mit mehr als 5 Arbeitern und Personen unter 18 Jahren und alle Motorbetriebe in Dänemark, Italien, Portugal, auf alle Betriebe mit mehr als 10 Arbeitern in Teilen der Schweiz, mit mehr als 20 Arbeitern in Österreich-Ungarn bei gewissen Merkmalen des Großbetriebes, bei einer unbestimmten Anzahl von Arbeitern bei uns in Deutschland, Norwegen, Schweden und in Teilen der Schweiz. Es war klar, daß man keineswegs als Maximalbestimmung festsetzen wollte: Werkstätten mit mindestens 10 Arbeitern, sondern man erklärte nur: für das internationale Übereinkommen wollen wir die zahl von 10 Arbeitern nehmen, weil, wie es in dem Protokoll hieß, die mit weniger als 10 Personen arbeitenden dezentralisierte Arbeitsbetriebe seien, die überwiegend für die Deckung des lokalen und nationalen Bedarfs sorgen, nicht aber für den Weltbetrieb, und weil man deswegen annahm, daß die Regelung, welche in erster Linie für den lokalen und nationalen Boden von Erheblichkeit sein sollte, seitens der einzelnen Staaten erfolgen würde. Die deutsche Regierung hat nun nach der Richtung keinen Vorschlag gemacht, sondern sich an das Minimum gehalten, was hier für die internationale Vereinbarung vorgeschlagen war.

Mit anderen Rednern muss ich lebhaft bedauern, daß man bezüglich des Schutzes für Frauen und Arbeiterinnen Halt gemacht hat bei dieser minimalen unzureichenden Bestimmung, daß von der Freigabe des Sonnabendnachmittags keine Rede ist, von der Ausdehnung des Schutzes auf Schwangere keine Rede ist, von der Vermehrung des Schutzes für Arbeiter und Arbeiterinnen unter 18 Jahren usw. kein Wort gesagt wird, daß nicht verboten ist die Mitgabe von Arbeit nach Hause. Ich darf bei der Regelung des Schutzes für Schwangere daran erinnern, daß wir da bei weitem hinter Spanien zurück stehen. Im vergangenen Jahr ist in Spanien ein Arbeiterschutzgesetz erlassen, in dem unter anderem bestimmt ist, daß mindestens 6 Wochen vor der Entbindung die Möglichkeit des Fortgehens für die Arbeiterin sein soll, und daß die Stelle ihr offen gehalten werden muss. Ich wundere mich überhaupt, aus welchem Grunde denn die Regierung uns von all den ausländischen Bestimmungen auch nicht ein Iota in ihren so flüchtig hingeschriebenen Motiven darlegt. Kennt sie die nicht oder schämt sie sich, daß wir so außerordentlich hinter allen nur einigermaßen auf diesem Gebiete als Kulturstaaten zu bezeichnenden Staaten zurück stehen?

Ebenso wie auf dem Gebiet des reinen Arbeiterinnenschutzes steht es auch auf dem Gebiete des Schutzes für männliche Arbeiter; insbesondere ist zu tadeln das absolute Fehlen einer gesetzlichen Begrenzung der Arbeitszeit für erwachsene männliche Arbeiter. Irre ich mich nicht, so hat bereits mein Freund Molkenbuhr darauf hingewiesen, daß die größeren Kulturstaaten dies längst kennen. Wir kennen für Österreich seit 1885, für die Schweiz seit 1877 einen Maximalarbeitstag, für Nordamerika den neunstündigen Maximalarbeitstag, für große Gebiete den Achtstundentag für Erwachsene, und für alle Arbeiter in mit Motoren betriebenen Betrieben und und gemischten Betrieben hat Frankreich einen Maximalarbeitstag, selbst Russland hat für gewisse Betriebe seit 1897 einen Maximalarbeitstag, und Basel kennt ihn für alle Betriebe. Aber Deutschland hat nach der Richtung überhaupt keinerlei Vorschriften erlassen. Ich bedauere, es sagen zu müssen, daß es so rückständig ist, daß man in der Tat die Regierungsvorlage nur daraus erklären kann, weil sie einseitig vorher mit den Scharfmachern vereinbart ist, und das erklärt auch, daß sie den Arbeiterorganisationen nicht vorgelegt worden ist. Ach, meine Herren, wenn ein ganz gleichgültiges Gesetz, das irgendwie die bürgerliche Klasse interessiert, erlassen werden soll, wird es veröffentlicht, bevor das Reichsamt des Innern es beim Bundesrat vorlegt. Hier aber, wo Arbeiterinteressen in Frage kommen, ist vorher absolut nichts veröffentlicht, sind weder die Arbeiterorganisationen zugezogen, noch ist eine Veröffentlichung erfolgt. Schon dieses äußere Vorgehen zeigt, wes Geistes Kind diese Vorlage ist.

Ich hatte vorher rücksichtlich der Eisenbahnverwaltung erwähnt, daß es notwendig ist, den Eisenbahnern wieder das Recht zu geben, das der preußische Minister mindestens für Preußen – ich glaube, er ministriert auf diesem Gebiete auch für Hessen – genommen hat, daß sie wieder als Arbeiter im Sinne der Gewerbeordnung betrachtet werden; es entspricht das der früheren Praxis, es entspricht das den früheren Ministerialverordnungen. Daß es bei der Eisenbahnverwaltung recht böse und schlimm steht, daß da wider die guten Sitten Verträge vorkommen, die außerhalb einer Behörde als Erpressungsversuche betrachtet werden müssten, das ersehe ich aus einer Gewerbegerichtsverhandlung auch aus Sachsen. Vor mir liegt der Bericht über eine Gewerbegerichtsverhandlung aus Dresden. Da klagten zwei bei der Fuhrwerksgesellschaft Schiffer & Co. beschäftigte Arbeiter auf Rückzahlung von einigen Mark, welche den Klägern vom Lohne als Strafgeld abgezogen waren. Die Strafe war nicht von dem Unternehmer, sondern von der sächsischen Eisenbahnverwaltung über die Arbeiter verhängt worden. Das Verhältnis der Firma Schiffer & Co. zur Eisenbahnverwaltung besteht darin, daß die Firma Frachtgüter für die letztere verladet. Ein Vertrag, welche die Eisenbahnverwaltung mit der Firma abgeschlossen hat, enthält einen Passus, wonach die Eisenbahnverwaltung sich für berechtigt hält, die Arbeiter zu bestrafen. Die über Arbeiter verhängten Strafverfügungen wurden diesen amtlich zugestellt und dann durch die Firma eingetrieben. In diesem Falle sind die Arbeiter wegen Nichtausführens von Überstunden bestraft worden. Vom Botenmeister der Bahnverwaltung wurde den Arbeitern bekannt gegeben: „Wer keine Überstunden macht, wird bestraft!" Die Kläger machten keine Überstunden und erhielten darauf eine Strafe von je einer Mark. Bald darauf wurde bekannt gemacht: „Wer keine Überstunden macht, erhält eine höhere Strafe!" Einer der Kläger machte wiederum keine Überstunden; die Folge war eine Strafe von 1,25 Mark. Vor dem Gewerbegericht wurde nun auf Rückzahlung dieser als Strafgelder abgezogenen Lohnteile geklagt. Das Gewerbegericht verurteilte die Beklagte zur Rückzahlung der vom Lohne abgezogenen Strafgelder. Es erklärte, daß die Eisenbahnverwaltung nicht befugt sei, diese Arbeiter zu bestrafen, und daß die Lohnabzüge als unzulässig zurück zu zahlen seien.

Hier sehen Sie den tieferen Grund, aus dem der Handelsminister es unternommen hat, die der Eisenbahnverwaltung unterstehenden Arbeiter aus dem Gewerbegesetz heraus nehmen zu wollen –, nämlich um sie den Schutzbestimmungen zu entziehen, denen sie sonst unterstellt sind, um Lohnabzüge machen zu können, zu denen die Eisenbahnverwaltung nicht berechtigt ist, und es erst auf ein gewerbegerichtliches Urteil ankommen zu lassen!

Wir haben uns ja, auf ähnlichem Gebiete, über Widersprüche der Arbeitsordnungen gegen bestehende Gesetze beklagen müssen, und ich vermisse in der Vorlage nicht nur obligatorische, gesetzlich geschützte Arbeiterausschüsse[124], die auf Grund eines geheimen, direkten Wahlrechts bestehen, nicht nur jeden Einfluss der Arbeiterorganisationen –, nein, ich vermisse auch, daß auf dem Gebiete der Fabrikordnungen endlich mit der Selbstherrlichkeit des Unternehmers gebrochen wird! Es ist nicht das konstitutionelle System eingeführt, sondern die Fabrikunternehmer sollen nach wie vor berechtigt sein, durch einen Ukas, genannt Fabrikordnung, zu bestimmen, was rechtens sein soll! Das ist eine Sklavenordnung, nicht aber eine Ordnung, wie sie der Arbeitsvertrag freier Arbeiter sein sollte! Freilich steht ja in der Gewerbeordnung, daß in die Fabrikordnung nichts hinein geschrieben werden darf, was gegen die guten Sitten verstößt. Na, wie das ausgeführt und ausgelegt wird, ist uns noch in frischer Erinnerung! § 616 des Bürgerlichen Gesetzbuchs schreibt vor, daß der Lohn dem Arbeiter bleiben muss, wenn der Arbeiter auf unerheblich lange Zeit, ohne seine Schuld, an der Arbeit verhindert ist, also in Krankheitsfällen usw. Als im Jahre 1900 das Bürgerliche Gesetzbuch in Kraft trat, wurde diese Bestimmung durch die Arbeitsordnungen ausgeschlossen. Eine Reihe

124 Arbeiterausschüsse waren die historischen Vorläufer der Betriebsräte.

von Fabrikinspektoren bezeichneten diesen Ausschluss als gegen die guten Sitten verstoßend, und es wurde von den Polizeibehörden verlangt, daß dieser Passus gestrichen werden sollte. Darauf stellten sich die Gewaltigen des Scharfmacherverbandes, Herr Bueck und die übrigen Herren, hin und erklärten, was denn eigentlich den Polizeiinspektoren und den Fabrikinspektoren einfalle, sich zu erkühnen, ihnen – den gewaltigen Herren vom Verband der Industriellen – vorzuschreiben, was gegen die guten Sitten verstoße und was nicht; sie wüssten allein, was gegen die guten Sitten verstoße, und dieser Ausschluss des § 616 verstoße nicht dagegen. Und dabei ist es geblieben! Die Fabrikinspektoren sind von dem Minister nicht gestützt; sondern umgekehrt: es bestehen heute noch, entgegen dem Gesetz, eine Reihe von Fabrikordnungen mit dem Ausschluss des § 616!

Meine Herren, wir kennen weiter eine Reihe von Verstößen gegen das Verbot der Aufrechnung, wie es im § 394 des Bürgerlichen Gesetzbuchs festgelegt ist, und Umgehung des Verbots der Aufrechnung durch Konstruktion einer sogenannten Zurückbehaltung, wie man sie aus § 273 des Bürgerlichen Gesetzbuchs glaubt ableiten zu können. Auch hier ist es notwendig, klipp und klar auszusprechen, dass der § 394 des Bürgerlichen Gesetzbuchs, daß das Verbot der Aufrechnung und der Zurückbehaltung gegenüber dem Lohn unbedingten Rechtens ist und Rechtens geblieben ist auch gegenüber dem gewerblichen Arbeiter, daß der gewerbliche Arbeiter nicht schlechter gestellt ist als ein anderer.

Ich vermisse in der Vorlage jegliche Fürsorge in Rücksicht der Pensionskasse – über dieses Übel ist ja neulich schon ausführlich hier gesprochen worden. Ich vermisse auch jegliche Fürsorge dafür, daß eine Kündigungsfrist angeordnet werden solle in den Fällen, wo die Wohnung als Lohn oder als Teil des Lohnes angerechnet wird. Endlich muss hinein kommen gegenüber den Drangsalierungen, denen die Arbeiter ausgesetzt sind, ein Verbot der Beschränkung der politischen und gewerkschaftlichen Betätigung, weiter ein Verbot gegen den in neuerer Zeit ausgewachsenen Missbrauch der Begünstigungen der sogenannten Gelben[125] dadurch, daß man Arbeiter zwingt, einer bestimmten Kasse beizutreten, die vom Reichsamt des Innern oder von deren Filiale, dem Privataufsichtsamt, genehmigt wird.

Vermisst wurde auch von mehreren Rednern bereits eine Regelung der Konkurrenzklausel in der Weise, daß ein Konkurrenzklauselverbot ergeht. Dies soll aber nicht nur rücksichtlich der Werkmeister und Techniker ergehen, sondern auch der Arbeiter. Wiewohl hier von dieser Stelle aus Verträge vorgelegt sind, in

125 Als „gelbe Gewerkschaften" werden jene arbeitgeberfreundlichen und liberal orientierten Vereinigungen bezeichnet, die im Gegensatz zu den freien Gewerkschaften vorwiegend das Unternehmerinteresse zur Richtschnur des handelns machten und machen, siehe http://de.wikipedia.org/wiki/Gelbe_Gewerkschaft, Zugriff am 22. Dezember 2014.

denen einfachen Arbeiten bei einem Monatslohn von 90 bis 150 Mark durch Konkurrenzklausel Strafen von 10000 Mark auferlegt worden sind, wiewohl das ein zweifacher Missbrauch ist, ist keine einzige Bestimmung, die die Konkurrenzklausel gegenüber Arbeitern verbietet in den Gesetzentwurf aufgenommen worden.

Das Letzte, aber nicht das Geringste, was wir vermissen, und was auch von anderen Rednern schon angedeutet worden ist, ist der Schutz des Koalitionsrechts, Schutz gegen Terrorismus durch schwarze Listen, durch Konkurrenzklauseln und durch andere Dinge, die das Koalitionsrechts aufs Äußerste gefährden und die Arbeitskraft des einzelnen Arbeiters lahm legen.

Nach diesen Richtungen hin werden wir ja in der Kommission suchen müssen, die Lücken nach Möglichkeit auszufüllen. Freilich, wenn ein Ding so als Flickarbeit vorgelegt wird, wie diese Vorlage, fürchte ich, daß etwas Brauchbares daraus zu machen kaum gelingen wird. Mühe werden wir uns geben. Dabei ist es aber notwendig, daß man nicht die Rechtsauffassung und die ökonomische und soziale Auffassung zu Grunde legt, die heute insbesondere die drei Redner der linken Parteien ausgesprochen haben, als ob der Arbeiter durchaus frei sei, und als ob man seine Freiheit beeinträchtigt, wenn man irgend eine gesetzliche Regelung träfe. Gewiss, die rechtliche Freiheit besteht, aber wirtschaftlich ist der Arbeiter unfrei; und wegen dieser Unfreiheit ist es auf der einen Seite dringend notwendig, das Koalitionsrecht des Arbeiters zu sichern, auf der anderen Seite aber Schutzbestimmungen zu treffen. Vergessen wir nicht, daß der Arbeitsvertrag – ich möchte mit dem Professor Lotmar sagen – die ökonomische Zufluchtstätte für Millionen und Abermillionen ist, die nichts Anderes haben als ihre Arbeitskraft, daß es notwendig ist, im Interesse der Arbeiter, im Interesse der Allgemeinheit, diese Arbeitskraft durch wirkliche Arbeiterschutzbestimmungen zu schützen. Ich bitte Sie darum, in der Kommission darauf bedacht zu sein, statt des Werks, das ihnen vorgelegt ist, wirkliche Arbeiterschutzbestimmungen einzuarbeiten.

11. Die Novelle zur Gewerbe-Ordnung vom Dezember 1908[126]

Am 16. November 1907 wurde dem Reichstag ein Gesetzentwurf vorgelegt, der die Bestimmungen der Gewerbeordnung mit diesem Berner Übereinkommen[127]

126 Stadthagen, Die Novelle der Gewerbe-Ordnung vom Dezember 1908. Nachtrag zum Arbeiterrecht, Stuttgart 1909, S. 6–12. Dieser Text ist Stadthagens Einführung zu einer Synopse der Bestimmungen der Gewerbeordnungen von 1908 und der seit 1869 gültigen Bestimmungen.

127 Gemeint ist die Berner Arbeitsschutzkonvention vom 26. September 1906, die auch in der vorgenannten Quelle abgedruckt ist auf S. 5 f.

in Einklang bringen, an Stelle der Höchstarbeitszeit von elf Stunden täglich für Arbeiterinnen in Fabriken die zehnstündige Maximalarbeitszeit einführen und noch einige weitere Änderungen der Gewerbeordnung herbei führen wollte. Der Gesetzentwurf wurde in erster Linie am 28. und 29. Februar und am 2. März 1908 im Reichstag beraten. Die Kommission, der dieser Gesetzentwurf zur Vorberatung überwiesen war, beschloss, nachdem die §§ 113 bis 115 des Entwurfs in acht Sitzungen durchberaten waren, damit der mit der Berner Übereinkunft in Zusammenhang stehende Teil des Gesetzentwurfs noch im Jahre 1908 verabschiedet werden könne, zunächst diesen Teil durchzuberaten und über denselben dem Plenum Bericht zu erstatten. Das Plenum des Reichstags beriet in zweiter Lesung am 30. November, 1. und 4. Dezember, in dritter Lesung am 9. Dezember diesen Teil der Regierungsvorlage. Er soll am 1. Januar 1910 in Kraft treten.

Inhalt der Novelle zur Gewerbeordnung

Durch das Ergebnis der Beratungen des Reichstags ist folgende Rechtslage geschaffen:

Der Geltungsbereich des IV. Abschnitts des 7. Titels der Gewerbeordnung, der besondere Vorschriften über die Fabriken enthält (Seite 259–290 des Arbeiterrechts)[128] ist auf alle gewerblichen Betriebe erstreckt, in denen in der Regel mindestens zehn Arbeiter beschäftigt werden. Für Betriebe, in denen regelmäßig zu gewissen Zeiten des Jahres ein vermehrtes Arbeitsbedürfnis eintritt, gilt dies schon dann, wenn zu dieser Zeit mindestens zehn Arbeiter beschäftigt werden. Der Begriff der Fabrik ist aus dem 7. Titel der Gewerbeordnung beseitigt. Es gelten demnach alle Anordnungen, welche das Gesetz über die Beschäftigung von jugendlichen Arbeitern und von Arbeiterinnen (§§ 135, 136, 137, ein neuer § 137a, 138, 138a, 139, 139a, 154, 154a)[129] in Fabriken trifft, für alle gewerblichen Betriebe, in denen in der Regel mindestens zehn Arbeiter beschäftigt werden, insofern nicht das Gesetz die Anwendbarkeit der Schutzvorschriften ausdrücklich ausschließt. Die Vorschriften ferner, welche die geltende Gewerbeordnung für größere Fabriken, in denen mindestens zwanzig Arbeiter beschäftigt werden, in den §§ 134 bis 134a über obligatorische Arbeitsordnungen, über Arbeitsausschüsse, und darüber enthält, daß die Verwirkung eines höheren Betrags als eines

---

128 Diese Seitenangaben beziehen sich auf Stadthagens Rechtsratgeber „Das Arbeiterrecht“, Berlin 1904, 4. Auflage.

129 Ein Überblick über die Entstehung dieses Gesetzes und seiner Novellierungen findet sich unter http://www.rechtssetzung.de/KAT805.html, Zugriff am 24. September 2014.

Wochenlohn für den Fall des Kontraktbruchs nicht ausbedungen werden darf, sowie daß die Vorschriften des § 124b auf diese größeren Fabriken nicht Anwendung finden, haben fortan für alle gewerblichen Betriebe zu gelten, in denen mindestens zwanzig Arbeiter beschäftigt sind.

Ohne Rücksicht auf die Anzahl der Arbeiter, also auch, wenn die Zahl der beschäftigten Arbeiter weniger als zehn beträgt, sollen die Schutzvorschriften über die Beschäftigung von Kindern, jugendlichen Arbeitern und von Arbeiterinnen Anwendung finden: auf die Werkstätten, in welchen durch elementare Kraft bewegte Triebwerke nicht bloß vorübergehend zur Verwendung kommen, ferner auf Hüttenwerke, Zimmerplätze und andere Bauhöfe, auf Werften, auf Werkstätten der Tabakindustrie.

Auf Ziegeleien und über Tage betriebene Brüche und Gruben fanden nach dem bestehenden Gesetz die Schutzvorschriften Anwendung, wenn diese Betriebe nicht bloß vorübergehend oder in geringerem Umfange betrieben werden. Die Novelle hat den zu Ungunsten der Arbeiter angewendeten dehnbaren Begriff durch die Bestimmung ersetzt, daß die Schutzbestimmungen Anwendung zu finden haben, wenn in diesen Betrieben in der Regel mindestens fünf Arbeiter beschäftigt werden.

Das bestehende Gesetz gibt dem Bundesrat die Ermächtigung, die Schutzvorschriften für Arbeiterinnen und jugendliche Arbeiter auf Werkstätten auszudehnen, in denen in der Regel weniger als zehn Arbeiter beschäftigt werden. Die Novelle hat diese Ermächtigung auch auf Bauten mit weniger als zehn Arbeitern erstreckt. Nach dem bestehenden Gesetz kann der Bundesrat aber die Ausdehnung nicht für solche Werkstätten anordnen, in welchen der Arbeitgeber ausschließlich zu seiner Familie gehörige Personen beschäftigt. Die Vorlage hielt diese Einschränkung aufrecht und dehnte sie auf alle Betriebe aus, auf die nach dem Vorstehenden die Schutzvorschriften Anwendung finden, auch wenn in ihnen in der Regel weniger als zehn Personen beschäftigt werden. Der Reichstag hat diese Einschränkungen auf Antrag der sozialdemokratischen Fraktion gestrichen und dadurch die Ausdehnung der Schutzvorschriften auch auf die Hausindustrie ermöglicht.

Die Ersetzung des Wortes Fabrik durch den Begriff „Betriebe, in denen mindestens zehn Arbeiter beschäftigt werden", hätte die Folge gehabt, daß die Vorschriften des Abschnitts IV des siebenten Titels der Gewerbeordnung auf solche Gewerbszweige Anwendung erlangt hätten, die weder als Fabrik, noch als diesen bisher gleich gestellte Anlagen, noch als Werkstätten zu betrachten sind. Diese Folge hätte insbesondere für das Gärtnereigewerbe, das Gast- und Schankwirtschaftsgewerbe und das Verkehrsgewerbe Bedeutung gehabt. Die Regierungsvorlage wollte deshalb die genannten Gewerbsarten von den Schutzvorschriften ausnehmen. Aus denselben Gründen hat die Mehrheit der Mitglieder der Reichstagskommission und ihr folgend der Reichstag die Anträge der sozialdemokratischen Abgeordneten, auch diese Betriebe den Schutzvorschriften zu unterstellen, abgelehnt. Die Schutzvorschriften der Novelle finden deshalb keine Anwendung auf Gehilfen, Lehrlinge und Arbeiter in Apotheken, ferner auf diejenigen Arbeiter in Handelsgeschäften, welche nicht in einem zu dem Handelsgeschäft gehörigen Betrieb mit der Herstellung oder Bearbeitung von Waren beschäftigt sind, sowie auf die Angestellten in Heilanstalten und Genesungsheimen, Musikaufführungen, Schaustellungen, theatralischen Vorstellungen oder sonstigen Lustbarkeiten, sowie auf das Verkehrsgewerbe. Auf Gärtnereien, das Gast- und Schankwirtschaftsgewerbe sowie auf das Verkehrsgewerbe sollen jedoch die Bestimmungen über Arbeitsordnung Anwendung finden.

Eine besondere Regelung haben die Bäckereien und solche Konditoreien, in denen auch Bäckerwaren hergestellt werden, gefunden. Die Regierungsvorlage und die verabschiedete Novelle sieht für Bäckereien und solchen Konditoreien, in denen auch Bäckerwaren hergestellt werden, von der Durchführung der Bestimmungen über die Beschäftigung männlicher jugendlicher Arbeiter zur Nachtzeit im Interesse der Ausbildung der Lehrlinge überall da ab, wo nicht in regelmäßigen Tag- und Nachtschichten gearbeitet wird, und demnach den Lehrlingen auch während des Tages Gelegenheit zur Erlernung des Handwerks geboten ist. Auch die übrigen Vorschriften der §§ 135, 136 und 138 der Gewerbeordnung über die Beschäftigung dieser jugendlichen Arbeiter sollen für Bäckereien und für die genannten Konditoreien außer Geltung bleiben, weil die in Kraft bleibende Verordnung des Bundesrats, betreffend den Betrieb von Bäckereien und Konditoreien vom 4. April 1896 (Arbeiterrecht Seite 226 ff), die Beschäftigung der Lehrlinge in einem den Interessen der Arbeiterschutzes entsprechendem Maße regele. Eine Anregung der sozialdemokratischen Abgeordneten, diese Ausnahmen zu beseitigen, wurde in der Kommission mit dem Hinweis darauf abgelehnt, falls wider Erwarten Missstände bei der Lehrlingsbeschäftigung sich ergeben sollten, diesen durch eine Verstärkung des in der Bäckereiverordnung geschaffenen Schutzes in einem über die Vorschriften der Gewerbeordnung hinaus gehenden Maße wirksamer entgegen getreten werden könnte. Die Schutzvorschriften für Jugendliche finden mithin auf Bäckereien und solche Konditoreien, in welchen neben den Konditorwaren auch Bäckerwaren hergestellt werden, unmittelbar bei der Herstellung von Waren beschäftigt sind, auf jugendliche männliche Arbeiter keine Anwendung, es sei denn, daß diese Betriebe unter regelmäßiger Tag- und Nachtschicht arbeiten. Die Schutzvorschriften für Arbeiterinnen finden auch auf Bäckereien und alle Konditoreien Anwendung.

Die große Durchlöcherung der Schutzvorschriften, die die heutige Gewerbeordnung zulässt, ist durch die Novelle etwas gemindert. Nach ihr sind in folgenden Fällen Ausnahmen von den Schutzvorschriften möglich:

1. Wegen außergewöhnlicher Häufung der Arbeit können im Ganzen vierzig Ausnahmetage bewilligt werden. Jedoch muss der Arbeitsschluss um 9 Uhr abends erfolgen und darf die Arbeitszeit zwölf Stunden nicht überschreiten. Auch muss eine ununterbrochene Ruhezeit von wenigstens zehn Stunden gewährt werden. Das bestehende Gesetz ließ gleichfalls vierzig Ausnahmetage zu und setzte als Bedingung nur fest, daß die Arbeit nur bis 10 Uhr abends stattfinde und die tägliche Arbeitszeit dreizehn Stunden nicht überschreiten dürfe. Die Gewerbeordnung ließ ohne Begrenzung mehr als vierzig Ausnahmetage durch die höhere Verwaltungsbehörde zu, falls die Arbeitszeit in den Betrieben so geregelt würde, daß ihre tägliche Dauer im Durchschnitt der Betriebstage des Jahres die regelmäßige gesetzliche Arbeitszeit nicht überschreitet. Diese Ermächtigung der höheren Verwaltungsbehörde wurde in der Kommission und in der zweiten Lesung des Reichstags gestrichen, in der dritten Lesung jedoch gegen die Stimmen der Sozialdemokraten mit der Einschränkung wieder eingeführt, daß die Höchstzahl der Ausnahmetage fünfzig sein solle. Die Regierungsvorlage hatte sechzig Tage als Höchstzahl vorgeschlagen.
2. Wenn Naturereignisse oder Unglücksfälle den regelmäßigen Betrieb einer Anlage unterbrochen haben, so kann nach dem bestehenden Gesetz auf die Dauer von vier Wochen durch die höhere Verwaltungsbehörde, auf längere Zeit durch den Reichskanzler eine Ausnahme zugelassen werden. Hieran ist durch den Reichstagsbeschluss nichts geändert.
3. Die Vorlage verlangte eine Ausnahme von der Höchstarbeitszeit von zehn Stunden allgemein durch den Reichskanzler zuzulassen, „wenn besondere Verhältnisse es erwünscht erscheinen lassen.“. Es sollte dann die Dauer der Beschäftigung elf Stunden täglich und sechzig Stunden in der Woche nicht überschreiten dürfen. Diese Vorschrift, welche an Stelle der Zehnstundenzeit, die Elfstundenzeit zur Regel gemacht hätte, ist in den Novelle beseitigt.
4. Der Bundesrat ist nach dem bestehenden Gesetz ermächtigt, Ausnahmetage ohne Begrenzung der Fabrikationszweige zuzulassen, in denen regelmäßig zu gewissen Zeiten des Jahres ein vermehrtes Arbeitsbedürfnis eintritt, falls die tägliche Arbeitszeit dreizehn, die an Sonnabenden zehn Stunden nicht überschreitet. Die Vorlage wollte diese Ausnahmetage auf sechzig fixieren. Der Reichstag hat die Zahl der Ausnahmetage auf vierzig herab gesetzt und die Bedingung an die Ausnahmen geknüpft, daß die tägliche Arbeitszeit zwölf Stunden, an Sonnabenden acht Stunden nicht überschreitet und die ununterbrochene Ruhezeit mindestens zehn Stunden betragen soll. In der dritten

Lesung verschlechterte der Reichstag gegen die Stimmen der Sozialdemokraten diese Beschränkung der Zahl der Überarbeitstage dadurch, daß er bis fünfzig Überarbeitstage für den Fall zuließ, daß die Arbeitszeit in der Weise geregelt wird, daß ihre täglich Dauer im Durchschnitt der Betriebstage des Jahres die regelmäßige gesetzliche Arbeitszeit nicht überschreitet.

5. Für Gewerbezweige endlich, in denen die Verrichtung der Nachtarbeit zur Verhütung des Verderbens von Rohstoffen oder des Misslingens von Arbeitserzeugnissen dringend erforderlich erscheint, wollte der Gesetzentwurf den Bundesrat ermächtigen, Ausnahmen allgemein zu treffen. Das Gesetz hat diese Ausnahmebefugnis an die Bedingung geknüpft, daß die ununterbrochene Ruhezeit an höchstens sechzig Tagen im Kalenderjahre bis auf achteinhalb Stunden täglich herab gesetzt werden darf.

Festgesetzt wurde durch eine ausdrückliche Erklärung der Bundesratsvertreter, daß die Ausnahmetage nicht etwa dadurch gehäuft werden können, daß neben einer Ausnahme, die der Bundesrat zugelassen hat, noch wegen außergewöhnlicher Häufung der Arbeit oder aus einem andern Grunde Ausnahmen bewilligt werden.

Abgesehen von der Ersetzung des Begriffs Fabrik und der Ausdehnung des Geltungsbereichs der bislang für Fabriken getroffenen Bestimmungen auf alle gewerblichen Betriebe, in denen mindestens zehn Arbeiter beschäftigt werden, hat die Gewerbeordnungsnovelle folgende Änderungen gegenüber dem bestehenden Rechtszustande geschaffen:

I. Gemeinsame Bestimmungen für Arbeiterinnen und für jugendliche Arbeiter.

1. Das Verbot der Nachtarbeit für Arbeiterinnen und jugendliche Arbeiter, das bislang den Zeitraum von 8 ½ Uhr abends bis 5 ½ Uhr morgens umfasste, ist auf die Zeit von 8 Uhr abends bis 6 Uhr morgens ausgedehnt.
2. Für Arbeiterinnen und für jugendliche Arbeiter unter 16 Jahren ist eine ununterbrochene Ruhezeit von mindestens elf Stunden vorgesehen.
3. Um einer Umgehung des Höchstarbeitstages von zehn Stunden entgegen zu treten, darf Arbeiterinnen und jugendlichen Arbeitern für die Tage, an welchen sie in dem Betriebe die gesetzlich zulässige Arbeitszeit hindurch beschäftigt waren, Arbeit zur Verrichtung außerhalb des Betriebes vom Arbeitgeber überhaupt nicht übertragen oder für Rechnung Dritter überwiesen werden. Für die Tage, an welchen die Arbeiterinnen und jugendlichen Arbeiter in dem Betriebe kürzere Zeit beschäftigt waren, ist diese Übertragung oder Überweisung nur in dem Umfang zulässig, in welchem Durchschnittsarbeiter ihrer Art die Arbeit voraussichtlich in dem Betriebe während des Restes der gesetzlich zulässigen

Arbeitszeit würden herstellen können, und für Sonn- und Festtage überhaupt nicht. Ein Zuwiderhandeln gegen dieses Verbot der Mitgabe von Arbeit nach Hause ist mit Strafe belegt.

II. Besondere Bestimmungen für Arbeiterinnen.

1. Die heute bestehende Höchstarbeitszeit der Arbeiterinnen in Fabriken ist für die Zeit vom 1. Januar 1910 ab von elf auf zehn Stunden, für die Sonnabende und Vorabende der Festtage auf acht Stunden herab gesetzt.
2. Der Schluss der Arbeitszeit am Sonnabend sowie an Vorabenden der Festtage, der zur Zeit um 5 ½ Uhr zu erfolgen hat, soll künftig für alle, auch die jugendlichen Arbeiterinnen, um fünf Uhr erfolgen.
3. Nach dem bestehenden Gesetz dürfen Arbeiterinnen vier Wochen nach ihrer Niederkunft überhaupt nicht und während der folgenden zwei Wochen nur beschäftigt werden, wenn das Zeugnis eines approbierten Arztes dies für zulässig erklärt. Die Schonzeit ist durch die Novelle zur Gewerbeordnung auf acht Wochen, von denen wenigstens sechs nach der Niederkunft liegen sollen, erstreckt.
4. Drei Arten von Beschäftigungen sind durch die Novelle zur Gewerbeordnung wegen ihrer Gesundheitsgefährlichkeit für die Zeit vom 1. April 1912 ab Arbeiterinnen verboten, nämlich: die Beschäftigung in Kokereien, ferner die Verwendung zum Transport von Materialien bei Bauten aller Art und endlich im Bergbau über Tage: die Beschäftigung bei der Förderung mit Ausnahme der Aufbereitung (Separation, Wäsche), bei dem Transport und der Verladung. Diejenigen Arbeiterinnen, welche mit folgenden Arbeiten beim Bergbau über Tage am 1. April 1912 noch beschäftigt waren, sollen bis spätestens zum 1. April 1915 weiter beschäftigt werden dürfen.

12. Gegen Koalitionsrecht und Arbeiterschutz. Beitrag in Karl Kautskys Zeitschrift „Die Neue Zeit“, Januar 1913[130]

Nach fünftägiger Debatte ist das Gehalt des Staatssekretärs des Reichsamts des Innern Dr. Delbrück vom Reichstag bewilligt worden. Mehr denn je offenbarte sich in der Debatte der Minister als gleich geschickter Sachwalter der Interessen der Scharfmacher und Junker wie als rücksichtsloser Bekämpfer der Rechte der Arbeiterklasse. Das Reichsamt des Innern ist gehorsamer Diener der preußischen

130 Gegen Koalitionsrecht und Arbeiterschutz, in: Die Neue Zeit 31, 1. Band, Nr. 17 vom 24. Januar 1913, S. 585 ff.

Junker und des Zentralverbandes der deutschen Industriellen, geht aber weit pfiffiger und gefährlicher als seine Auftraggeber vor.

Arbeiterschutzgesetze sind für das industrielle und ländliche Proletariat erforderlich, um zu verhindern, daß die Befriedigung der wirtschaftlichen Bedürfnisse, die Gleichberechtigung und Gesundheit der Arbeiter beeinträchtigt werden. Dringend erforderlich ist ein einheitliches, alle Arbeiterkategorien umfassendes Arbeiterrecht. Buntscheckigste Mannigfaltigkeit herrscht auf diesem Gebiet. Die verschiedenartigsten Gesetze sind für die Arbeitsverhältnisse maßgebend. Voneinander abweichende Reichsgesetze regeln die Rechte der Gewerbegehilfen, der Binnenschiffer, der Seeleute, der Handlungsgehilfen, der Privatangestellten und der Landarbeiter. Daneben bestehen landesgesetzliche Vorschriften für Bergarbeiter und eine schier unübersehbare Fülle von Gesindeordnungen in den 26 verschiedenen deutschen Vaterländern. Die winzigen, für gewerbliche Arbeiter und Handlungsgehilfen errungenen Arbeiterschutzvorschriften sind durch Ausnahmevorschriften vielfach durchlöchert. Dieser Zustand zeitigt eine außerordentliche Rechtsunsicherheit. Dringend notwendig ist eine der ökonomischen Natur des Arbeitsvertrages entsprechende Regelung. Im Jahre 1896 sprach der Reichstag fast einstimmig die Erwartung aus, daß „baldtunlichst" eine einheitliche Regelung der Verträge erfolge, durch welche jemand sich verpflichtet, eine Teil seiner geistigen oder körperlichen Arbeitskraft für die häusliche Gemeinschaft, ein wirtschaftliches oder gewerbliches Unternehmen eines anderen gegen einen vereinbarten Lohn zu verwenden. Und was antwortet der Staatssekretär auf die Forderung, endlich dies dringende Bedürfnis zu erfüllen, Arbeiterschutzvorschriften in die Wege zu leiten und sozialpolitischen Anträgen entgegenzukommen? Die Gesetzgebung sei heute schon so unübersichtlich geworden, es existieren so viele Gesetze und Verordnungen, daß endlich einmal eine Pause eintreten müsse. Dem Reichskanzler mache es eine ungeheure Arbeit, ein Gesetz bis zur Vorlage an den Bundesrat zu bringen, denn die Reichsregierung müsse erst die Zustimmung des preußischen Staatsministeriums herbeiführen. Das gehe staatsrechtlich nicht anders und dürfe auch nicht anders sein, weil sonst die „föderative Grundlage des Reiches" beseitigt würde. Köstlich zeichnete so der Staatssekretär durch seine in der Budgetkommission gemachten und im Plenum wiederholten Ausführungen, wie er und der jetzige Reichskanzler sich in völliger Abhängigkeit von dem preußischen Ministerium und den dies beherrschenden Junkern befinden! Sinnenfällig schilderte Genosse Fischer (Berlin)[131] auf Grund unanfechtbaren Ma-

131 Gemeint ist Richard Fischer (1855–1926), Berliner Reichstagsabgeordneter für den Wahlkreis Berlin 2 von 1893–1918. Kurzbiographie in Ursula Reuter, Paul Singer, Düsseldorf 2004, S. 607.

terials diese Abhängigkeit an der Hand eines Schriftwechsels über den fruchtlosen Bittgang, den der Staatssekretär zum preußischen Polizeiminister angetreten hatte, um die Durchführung der einstimmig vom Reichstag geforderten Einheitlichkeit der Wahlurnen herbeizuführen. Völliger Stillstand auf dem Gebiet des Arbeiterschutzes und der Sozialpolitik kennzeichnet das Reichsamt des Innern.

Stillstand auf dem Gebiet des Arbeiterschutzes genügt aber dem willigen Vertreter der Scharfmacherverbände noch nicht. Es muss mehr geschehen. Den Arbeitern soll auch der Weg der Selbsthilfe verrammelt, das Koalitionsrecht genommen werden. Wie das geschehen soll, legte der Staatssekretär im Anschluss an einen konservativen Antrag auf Erlass eines Verbots des Streikkostenstehens und in Ergänzung der Koalitionsrechtsdebatte vom 10. Dezember vorigen Jahres am 15. Januar dar.

Am 22. Mai vorigen Jahres hatte der Reichstag mit 273 gegen 62 Stimmen einen konservativen Antrag auf Vorlegung eines Gesetzentwurfes zum „wirksamen Schutze der Arbeitswilligen“ abgelehnt. Außer den konservativen Parteien hatten für diesen Versuch eines Raubes des Koalitionsrechtes unter dem Vorwand, Arbeitswillige zu schützen, drei Abgeordnete des Zentrums (Graf von Galen, Irl und Freiherr von Kerkering zu Borg), acht nationalliberale Abgeordnete (Dr. Bärwinkel, Bartling, Dr. Böttger, Kleve, Meyer-Celle, Strack, Wittum und Zimmermann) sowie der fraktionslose Abgeordnete Dr. Becker (Hessen) gestimmt. Die Konservativen wissen, daß auch ihr neuer Antrag die Mehrheit im Reichstag nicht finden kann. Dennoch beantragten sie das vom Zentralverband der deutschen Industriellen wiederholt verlangte Streikpostenverbot. Offenbar, weil sie um die Gunst der Großindustriellen und der Nationalliberalen werben. Der Staatssekretär benutzte die Gelegenheit, um seine am 10. Dezember gegen die Anwendung des Koalitionsrechtes gemachten Ausführungen zu unterstreichen und in scheinbar harmloser Weise sich gegen den Antrag zu wenden. Er sprach sich gegen den Antrag aus, weil er ihm nicht weit genug geht. Zurzeit, meinte der Minister, genüge die immer schärfere Rechtsprechung – aus Anlass des Streiks im Ruhrrevier sind nicht weniger als 2000 Verurteilungen erfolgt. –, um das Koalitionsrecht trockenzulegen. Darüber hinaus müsse man durch das in Vorbereitung befindliche Strafgesetzbuch gegen „Ausschreitungen der Organisation und des Organisationsgedankens“ vorzugehen. Der Staatssekretär verfolgt also denselben Weg, den in zäher Hartnäckigkeit das Scharfmachertum der Regierung zur Beseitigung des Koalitionsrechts seit Jahrzehnten vorgeschrieben hat. Neu ist nur die Methode, mit der der ehemalige liberale Oberbürgermeister von Danzig vorgeht. Durch angeblich staatsrechtliche, juristische und historische Erörterungen macht er das Koalitionsrecht, dieses Grundrecht der Arbeiter, zum Spielball der wirtschaftlich Mächtigeren.

Was der Staatsekretär durch das neue Strafgesetzbuch verwirklichen will, entspricht etwa der Reichszunftordnung vom Jahre 1731, die mit Gefängnis-, Zuchthaus- oder Galeerenstrafe alle Gesellen bedrohte, die sich „unter irgendeinem Prätext gelüsten ließen, einen Aufstand zu machen, sich zusammen zu rottiren, bis ihnen in dieser oder jener vermeintlichen Prätention Beschwerde gefüget werde, keine Arbeit mehr zu tun oder selbst haufenweis auszutreten". In Preußen wurden noch im Jahre 1786 Arbeiter mit Karrenschieben, Gefängnis und Prügel bedroht, die die Maximallohntaxen überschritten, hinter der vorgeschriebenen Minimalarbeitszeit zurückblieben oder gar zwecks Erringung einer menschenwürdigeren Lage sich zusammenschlossen. Der Staatssekretär des Reichsamtes des Innern ersehnt beileibe kein Verbot unter ähnlichen Strafen. Nein, das Koalitionsrecht soll dem Wortlaut nach erhalten bleiben. Aber der Arbeitgeber soll berechtigt sein, dem Arbeiter die Ausübung des Koalitionsrechtes zu untersagen. Überdies sollen Arbeiter, die auch ohne ein solches Verbot vom Koalitionsrecht Gebrauch machen, unter die gegen die Arbeiterklasse im neuen Strafgesetzbuch zu gestaltenden Ausnahmegesetze fallen. Daneben beschreitet der Staatssekretär, wie seine Unterhandlungen mit der römischen Kurie zeigen, den schon in der Antigewerkschaftsvorlage von1906 versuchten Weg zur Spaltung der Arbeiter: die Arbeiter, welche auf das Koalitionsrecht verzichten, sollen begünstigt, die unbotmäßigen aber, die ihr Erstgeburtsrecht nicht gegen ein Linsengericht aufgeben wollen, mit den Daumenschrauben der Strafgesetze gezwickt werden.

Ohne Zweifel hat die Debatte im Reichstag klar gezeigt, wie eindringlich auf die Beseitigung des Koalitionsrechtes der Arbeiter hingearbeitet wird. Den Kampf wird die Arbeiterklasse aufzunehmen und bis zu einem strafrechtlichen Schutze des Koalitionsrechtes für alle Arbeiterkategorien durchzuführen haben.

Die Geschichte der Handhabung des Koalitionsrechtes in Deutschland ist eine Geschichte ununterbrochener Anfechtung dieses Rechtes.

Das Koalitionsrecht der Arbeiter beruht, wie ich schon an anderer Stelle ausgeführt habe, auf unserer Produktionsweise. Es ist eine notwendige Folge der rechtlichen Freiheit des modernen Arbeiters. Errungen ist es in allen modernen Staaten nach schweren, opfervollen Kämpfen der Arbeiterklasse. Das Koalitionsrecht der Arbeiter ist erforderlich, soll der Verkäufer der wertvollsten nationalen Ware „Arbeitskraft" nicht schlechter behandelt werden als der Verkäufer irgendeiner anderen Ware. Eine Beschränkung der Koalitionsfreiheit der Arbeiter enthält – wie der von Bismarck unterm 10. Februar 1866 vorgelegte auf Aufhebung der Koalitionsbeschränkungen auch gegen die Landarbeiter gerichtete Entwurf anerkannte – eine Beschränkung in der Wahl der Mittel, welche auf die Bestimmung der Arbeitsbedingungen, namentlich des Arbeitslohnes und der Arbeitszeit, einwirken können, da sie die Verabredung des gemeinschaftlichen Handelns, durch das allein der Annahme der Bedingungen Nachdruck verschafft werden kann, einengen. Durch das Koalitionsrecht kommt der Arbeiter erst in dieselbe Lage wie jeder andere Warenverkäufer, Koalitionsbeschränkungen gefährden bei der Untrennbarkeit der Ware „Arbeitskraft" von der Person ihres Eigentümers die persönliche Freiheit des sozial abhängigen Arbeiters. Das Koalitionsrecht der Arbeiter ist ein Kampfmittel im Kampfe gegen die ökonomische Hörigkeit der Arbeiter. Wer das Koalitionsrecht einengt, sei es durch Gesetz oder durch Vertrag, beschränkt die persönliche Freiheit des Arbeiters, beeinträchtigt seine rechtliche Freiheit und misshandelt die Arbeitskraft. Er lehnt sich also gegen die herrschende Gesellschaftsordnung auf, welche auf der Arbeit rechtlich Freier aufgebaut ist, und sucht die Arbeiterklasse in Verhältnisse zurückzudrängen, die für einen Einzelnen schlimmer als die Lage in einem Sklavenstaat zu ertragen sind.

Widerwillig ist das Koalitionsrecht in Deutschland eingeführt. Als im preußischen Abgeordnetenhaus im Jahre 1862 die Abgeordneten Faucher, Michaelis und Genossen die Aufhebung der gegen die Koalitionen der Arbeiter gerichteten Gesetze verlangten, bemerkten sie in den Motiven zu ihrem Vorschlag: „Die Folgen versuchter Arbeitseinstellungen sind die besten Abschreckungen gegen die Wiederholung des Versuchs." In Ausführung wiederholter Beschlüsse des Abgeordnetenhauses auf Beseitigung der Koalitionsverbote legte die preußische Regierung unter dem 10. Februar 1866 einen Gesetzentwurf vor, der die Beschränkungen des Koalitionsrechtes auch den ländlichen Arbeitern gegenüber aufheben wollte. Der Gesetzentwurf gelangte nicht zur Beratung. Es folgte der österreichische Krieg. Nach dem Kriege legte die preußische Regierung einen ähnlichen Gesetzentwurf nicht wieder vor, wiewohl Herr v. Stumm die Vorlegung eines ähnliches Gesetzentwurfes im Jahre 1867 im Reichstag verlangte.

Mit Ach und Krach wurden die Strafbestimmungen gegen Koalitionen der gewerblichen Arbeiter und der Bergarbeiter durch den § 152 der Gewerbeordnung vom 21. Juni 1869 beseitigt. Daneben wurde der Galgen des § 153 gegen die Ausübung des Koalitionsrechtes errichtet.

In den Jahren 1873 und 1874 machte die Regierung den ersten Vorstoß für weitergehende Beschränkungen des Koalitionsrechtes. Sie legte einen Gesetzentwurf vor, der den Tatbestand des § 153 der Gewerbeordnung erweitern und die Strafen erhöhen sollte. Der Reichstag lehnte dies Ansinnen ab.

Polizei und Justiz wurden nun mobil gemacht, die Fallstricke der landesgesetzlichen Vereinsgesetze gegen die Arbeiter anzuwenden. Die Ära Tessendorf begann. Das *Sozialistengesetz* läutete neue Verfolgungen ein. Bei der Beratung hatte Bismarck erklärt, daß dies politische Ausnahmegesetz nicht gegen die Vereine Anwendung finden solle, die sich den Zweck gesetzt haben, „die Lage der Arbeiter zu verbessern, den Arbeitern höheren Anteil an der Industrie zu gewähren und die Arbeitszeit nach Möglichkeit zu verkürzen." Trotzdem wurden sämtliche Gewerkschaften, mit Ausnahme des Buchdruckerverbandes verboten. Ausweisungen von Gewerkschaftsführern und Streikleitern folgten.

Am 11. April 1886 erließ der Minister von Puttkamer, der im Reichstag das Wort geprägt hat, hinter jedem Streike lauere die Hydra der Revolution, jenen Streikerlass, der sich gegen das Streikpostenstehen und selbst gegen jede Einwirkung der Arbeiter zum Beitritt „durch Überredung" wendete.

Die Judikatur des Reichsgerichtes beugte sich dieser Hetze gegen das Koalitionsrecht. Es ergingen im Jahre 1888 zum ersten Mal Urteile, ehrbare Arbeiter zu „Erpressern" stempelten, weil sie mit Niederlegung der Arbeit gedroht hatten. Der vierte Senat des Reichsgerichtes bezeichnete in einem Urteil vom 3. Dezember 1889 das Koalitionsrecht als „strafrechtliches Privilegium". Die öffentliche Aufforderung zum Streik wurde aus Anlass des Bergarbeiterstreiks von 1889 zu einer Straftat aus § 110 des Strafgesetzbuches konstruiert.

In der Gewerbeordnungsnovelle von 1890 verlangte der Minister v. Berlepsch Ausdehnung des Tatbestandes des §153 der Gewerbeordnung und Verschärfung der Strafen. Es erfolgte die Ablehnung im Reichstag. Die Scharfmacher, voran der Zentralverband deutscher Industrieller und ihr Sekretär Bueck, forderten immer dringlicher, der Arbeiter solle Untergebener des Arbeitgebers sein, Missbräuche des Koalitionsrechtes müssten bestraft werden. Der Staatssekretär des Reichsamtes des Innern, Graf v. Posadowsky richtete als gehorsamer Diener der Scharfmacherwünsche am 11. Dezember 1897 an die Regierungen ein vertrauliches Schreiben wegen erhöhten Schutzes gegen Missbrauch der Koalitionsfreiheit Zwei Tage später erklärte er im Reichstag, Koalitionen der Arbeiter seien in einem Lande, wo das direkte, allgemeine Wahlrecht bestehe, nicht annähernd so notwendig wie in anderen Staaten."

Im Mai 1899 wurde die Zuchthausvorlage eingebracht: 12000 Mark hatte das Reichsamt des Innern vom Zentralverband deutscher Industrieller erbettelt, um für diese Vorlage zu agitieren. Der Reichstag verscharrte diesen Anschlag gegen das Koalitionsrecht.

Neben der Auslegung von Gesetzen zur Verhinderung des Koalitionsrechtes liefen die Umwege, auf denen Einzelstaaten gegen die Ausübung des Koalitionsrechtes vorgingen. Der Lübecker Senat erließ am 21. April 1900 eine Verordnung gegen das Streikpostenstehen. Am 11. Juni 1900 wurde im Reichstag die Verordnung als ein Verstoß gegen die Reichsgesetze gebrandmarkt. Molkenbuhr forderte außerhalb des Reichstages zum Ungehorsam gegen diese Verordnung auf. Das Reichsgericht sprach ihn am 4. Februar 1901 frei, weil die Verordnung mit der Reichsverfassung und dem § 152 der Gewerbeordnung unvereinbar war. Nunmehr wurde und wird bis in die neueste Zeit hinein mit allgemeinen Polizeiverordnungen gegen die Ausübung des Streikpostenstehens vorgegangen: Polizei, Militär und Gerichte werden in immer schärferer Weise gegen die Anwendung des Koalitionsrechtes mobil gemacht. Ein Vorwand für ein neues Ausnahmegesetz sollten die von den Arbeitswilligen hervorgerufenen Unruhen in Moabit bilden.

Den Arbeitswilligen Freibriefe zur Verübung von Verbrechen, gegen die Arbeiterklasse Ausnahmegesetze zur Verhinderung des Koalitionsrechtes, lautet die Parole der Scharfmacher. Die Regierung ist willig, der Parole zu folgen. Und die Parteien? Die Debatten haben gezeigt, daß auf sie das Wort passt, das Professor von Treitschke über das System schmutziger Geldgier der französischen Bourgeoisie in der ersten Hälfte des vorigen Jahrhunderts präte:

„Als diese in gehässigen Klassenkämpfen verbildete Bourgeoisie die Zügel des Staates in die Hände nahm, da begann ein Regiment ständiger Selbstsucht, das manche Sünde des französischen Sozialismus entschuldigt...Frohlockend nennen die Fabrikanten und Kaufleute in der Kammer sich selber Feudalherren der neuen Gesellschaft. Für das Elend des kleinen Mannes hat die Staatsgewalt kein Auge. Er muß zusehen, wie ihm die unentbehrlichsten Waren verteuert werden durch Schutzzölle, deren Ertrag in die Taschen der Unternehmer wandert, und wird durch parteiische Gesetze verhindert, mit vereinten Kräften seine gerechten Ansprüche auf höheren Lohn durchzusetzen."

Die Arbeiterklasse muß den Kampf um das Koalitionsrecht allein aufnehmen, und sie wird ihn bis zur vollen Erringung seiner Sicherung um jeden Preis führen und Staatsgesetze erzwingen, die verhindern, daß die Arbeiterklasse sich in Tod und Sklaverei dem Kapital verkaufen muß?

13. Die Impotenz des Verfassungsausschusses. Beitrag für das „Mitteilungsblatt des Verbandes der sozialdemokratischen Wahlvereine Berlin und Umgegend[132]

Der Reichstag ist bis zum 26. September vertagt, mit ihm der Verfassungsausschuss. Was hat der unter Vorsitz des Abgeordneten Scheidemann zusammen getretene Ausschuss seit seinem länger als viermonatigen Verstehen getan? Was hat er erreicht? In der Art von Jahrmarktsausrufern wurde im Vorstandsvor-

132 Die Impotenz des Verfassungsausschusses. In: Mitteilungsblatt des Verbandes der sozialdemokratischen Wahlvereine Berlin und Umgegend, Nr. 19/1917 vom 5. August 1917, 1. Beilage. Es handelt sich um eine der letzten Texte Stadthagens vor seinem Tod am 5. Dezember 1917. Das „Mitteilungsblatt" wurde von der linken Parteiopposition und der SAG, später von der USPD Groß-Berlins betrieben. Zum Verfassungsausschuss siehe Czitrich-Stahl 2011, S. 641 ff.

wärts[133] für den Verfassungsausschuss die Reklametrommel gerührt und darauf hingewiesen, daß dieser Ausschuss die „neue Zeit" einläuten würde. Mit diesem Geschrei vergleiche man die Verhandlungen und das Ergebnis der Arbeiten des Ausschusses. Die ihm überwiesenen Aufgaben – stärkerer Einfluss des Reichstags, Gestaltung des Reichstagswahlrechts zu einem wirklich gleichen, Einführung eines gleichen Wahlrechts in allen Bundesstaaten und Verankerung von Grundrechten der Bevölkerung – sind in ihm entweder auf den Sankt Nimmerleinstag verschoben oder gar in ihr Gegenteil verkehrt worden. Ein historischer Rückblick auf die einzig dastehende Verhandlung der Verfassungsfragen in dem mit soviel Tamtam eingeläuteten Ausschuss zeigt dies klar.

Seine Entstehung verdankt der Verfassungsausschuss der Tatsache, daß die Unabhängige sozialdemokratische Fraktion am 22. März 1917 zum Etat eine Resolution einbrachte, die unter anderen Forderungen solche enthielt, die auf Verfassungsänderungen und Festlegung einiger Grundrechte des Volkes statt schwammiger Redensarten über Parlamentarisierung forderte.[134] Die Resolution verlangte zur Stärkung des Einflusses des Volkes und des Reichstags 1. die Einholung der Zustimmung des Reichstags bei der Einleitung und beim Abschluss von Bündnissen sowie bei Kriegserklärungen und Friedensverträgen sicher zu stellen, 2. die verfassungsmäßige Verantwortlichkeit des Reichskanzlers durch die Bestimmung zu präzisieren, daß der Reichskanzler zu entlassen ist, wenn der Reichstag es fordert. Der erste dieser Anträge ist trotz fortwährenden Drängens der Mitglieder der Unabhängigen Fraktion noch nicht einmal zur Debatte gestellt; der zweite Antrag wurde abgelehnt, und statt dessen einem Antrage zugestimmt, der die Einrichtung eines Staatsgerichtshofes zur Entscheidung darüber verlangt, ob der Reichskanzler seine Amtspflicht verletzt hat. Aus der politisch-demokratischen Forderung nach Besetzung des Reichskanzlerpostens gemäß der politischen Überzeugung der Mehrheit des Reichstages wurde also die Forderung nach Ergänzung der Disziplinargesetze zur disziplinaren Verfolgung wegen Verletzung einer Amtspflicht gemacht. Um auf parlamentarischem Gebiet nicht mit ganz leeren Händen an das Plenum zu kommen, beschloss der Ausschuss eine Anzahl Arabesken zur Verfassung vorzuschlagen. Sie verlangen im Wesentlichen: es solle nicht jedes Mitglied des Bundesrats jederzeit im Reichstag das Wort erhalten müssen, der Reichstag solle ohne seine Zustimmung während eines Krieges

133 Polemische Bezeichnung für den nun von der MSPD geführten Redaktion geführten „Vorwärts" nach dem „Vorwärts-Raub" vom Oktober 1916, bei dem Stadthagen, Heinrich Ströbel und Karl Leid u. A. als Redakteure entlassen worden waren, da sie der Opposition angehörten.

134 Siehe Czitrich-Stahl 2011, S. 643 ff.

nicht vertagt werden dürfen, die Immunität der Abgeordneten solle mehr als bisher geschützt werden, die Ernennung von Offizieren solle der Gegenzeichnung des Kriegsministers bedürfen, und der Reichstag solle die Befugnis erhalten, die Beziehungen des Reichs in nichtöffentlicher Sitzung zu verhandeln. Abgesehen von dem letzten Punkt, der einen entschiedenen Rückschritt bedeutet, da er die auswärtige Politik noch mehr als bisher der öffentlichen Kontrolle entzieht, sind die gefassten Beschlüsse von keinem großen, für die politische Gestaltung Deutschlands erheblichen Belang.

Die Resolution der Unabhängigen sozialdemokratischen Fraktion vom 22. März verlangte ferner die Gestaltung des Reichstagswahlrechts zu einem wirklich gleichen Wahlrecht durch Einführung des Verhältniswahlsystems und des Frauenwahlrechts sowie die Herabsetzung des Wahlalters. Für das Wahlrecht in den Bundesstaaten wurde gefordert, durch Zusatz zur Reichsverfassung zu bestimmen, daß in jedem Bundesstaat eine auf Grund des allgemeinen, gleichen, direkten und geheimen Wahlrechts nach dem Verhältniswahlsystem gewählte Vertretung bestehen müsse und die ersten Kammern (Herrenhäuser) aufzugeben seien. Die Anträge der Resolution der Unabhängigen sozialdemokratischen Fraktion bezogen sich auf Aufhebung der Ausnahmebestimmungen insbesondere der Beschränkungen der Gleichberechtigung wegen des religiösen oder religionslosen Bekenntnisses, Aufhebung der gegen die Jesuiten, Polen und Dänen gerichteten Ausnahmegesetze, der gegen die ländlichen Arbeiter und das Gesinde bestehenden Strafvorschriften und Gesindeordnungen, der gegen die Ausübung des Koalitions- und Streikrechts gerichteten Beschränkungen. Endlich verlangte die Resolution die Sicherstellung des Vereinsrechts, des Versammlungsrechts, des Rechts auf freie Meinungsäußerung in Wort und Schrift, des Briefgeheimnisses und der Wahlfreiheit gegen militärische und polizeiliche Eingriffe unter dem Belagerungszustand.[135]

Gegenüber dem Antrag der Unabhängigen sozialdemokratischen Fraktion sagten sich die bürgerlichen Fraktionen und die sozialdemokratische, die unaufhörlich über Parlamentarisierung, Einführung des gleichen Wahlrechts in Preußen und dergleichen geschwätzt hatten, jetzt müsse auch von ihnen etwas geschehen. Die Freisinnige Volkspartei beantragte unter dem 29. März: „den Reichskanzler aufzufordern, unverzüglich dahin zu wirken, daß in allen deutschen Bundesstaaten eine konstitutionelle Verfassung geschaffen werde mit einer Volksvertretung, die auf allgemeinem, direkten, gleichen und geheimen Wahlrecht beruhte.

135 Die Resolution ist dokumentiert bei Eugen Prager, Das Gebot der Stunde, Bonn 1980 (4.), S. 135 f.

Die nationalliberale und die abhängige sozialdemokratische Fraktion[136] verfielen auf einen sublimeren Gedanken, um der Bevölkerung die Ansicht beizubringen, jetzt geschehe wirklich ein Schritt nach vorwärts. Sie beantragten – einen Verfassungsausschuss einzusetzen. Dem sollten die Anträge der Unabhängigen und der Antrag der Freisinnigen Volkspartei überwiesen werden, und er solle die verfassungsrechtliche Stellung der Volksvertretung und das Verhältnis der Regierung zu ihr „prüfen". Am 30. März wurde die Einsetzung des Ausschusses mit 227 gegen 33 Stimmen im Reichstag beschlossen. Schnelle und ganze Arbeit müsse der Verfassungsausschuss leisten, hieß es nun im Vorstandsvorwärts und der von ihm gespeisten Presse. Endlich, am 2. Mai, wurde der Ausschuss gewählt. Im Mai wurde dann, wie oben erwähnt, der Antrag auf Entlassung des Reichskanzlers auf Verlangen des Reichstags abgelehnt und einige Arabesken zur Verfassung beschlossen. Sie gelangten noch nicht ins Plenum wegen Erkrankung des Berichterstatters (Gröber). [137] Dann nahm der Ausschuss Änderungen des Reichstagswahlrechts in Arbeit. Die Einführung des Frauenwahlrechts und des Verhältniswahlsystems sowie die Herabsetzung des Wahlalters wurde abgelehnt, aber für die großen Reichstagswahlkreise Teilung und Einführung des Proporzes für diese Wahlkreise verlangt. Den Beschlüssen des Ausschusses trat am 6. Juli das Plenum bei. Die Regierung erklärte sich bereit, dem Beschluss Rechnung zu tragen. Werden doch durch ihn – bei Ablehnung einer allgemeinen Verhältniswahl – die Rechte der arbeitenden Bevölkerung, die vorwiegend die Einwohnerzahl für diese Mammutkreise stellt, verkürzt.

Die Frage des Wahlrechts für die Bundesstaaten gelangte am 1. Juli zur Beratung im Ausschuss. Die Abhängigen stellten einen dem der Unabhängigen nachgebildeten Antrag, jedoch ohne das Verlangen der Aufhebung der ersten Kammern. Die Freisinnigen verlangten die Einführung eines Wahlrechts für Mecklenburg. Plötzlich erklärte der Abgeordnete Müller-Meiningen[138], da die Annahme der Anträge doch zweifelhaft sei, und doch „etwas seitens des Reichstags getan werden müsse", zögen die Freisinnigen ihre Anträge zurück und brächten in Gemeinschaftlichkeit mit dem nationalliberalen Abgeordneten Junck[139] als Ersatz

136 Gemeint ist die sozialdemokratische Mehrheitsfraktion (MSPD).

137 Adolf Gröber (1854–1919), Reichstagsabgeordneter der Zentrumspartei, siehe http://de.wikipedia.org/wiki/Adolf_Gr%C3%B6ber, Zugriff am 6. November 2014.

138 Ernst Müller-Meiningen (1866–1944), Reichstagsabgeordneter der Freisinnigen Volkspartei, siehe http://de.wikipedia.org/wiki/Ernst_M%C3%BCller-Meiningen, Zugriff ebendann.

139 Moritz Johannes Junck (1861–1940), nationalliberaler Reichstagsabgeordneter, siehe http://de.wikipedia.org/wiki/Johannes_Junck, Zugriff ebendann.

eine Resolution ein. Danach sollte der Reichstag eine Erklärung abgeben, daß er in Übereinstimmung mit der Osterbotschaft der Ansicht sei, für das Klassenwahlrecht sei in Preußen kein Raum mehr; es müsse „die volle staatsbürgerliche Gleichberechtigung in allen Bundesstaaten ohne Verzug durchgeführt“ werden. Flugs erklärte der Abgeordnete Gradnauer[140] für die Abhängigen deren Zustimmung zu dieser schwammigen Resolution, falls ihr Antrag abgelehnt würde. Die Konservativen erklärten, daß staatsbürgerliche Gleichberechtigung bestehe. Die habe mit dem gleichen Wahlrecht nichts zu tun. Sie seien gegen ein solches, gegen Inangriffnahme der Wahlrechtsfrage vor beendetem Kriege und Souveränität der Landtage auf diesem Gebiete. Das Zentrum wies auf die Unklarheit der freisinnigen Resolution hin und behielt sich seine Stellungnahme vor. Abgeordneter Müller erklärte, die Antragsteller hätten unter „staatsbürgerlicher Gleichberechtigung“ die Einführung des gleichen Wahlrechts verstanden. Schließlich vertagte sich der Ausschuss auf den 6. Juli. An diesem Tage machte der Freisinn und die Abhängigen weitere Rückzüge von dem gleichen Wahlrecht. Der nationalliberale Abgeordnete Schiffer[141] hatte erklärt, seine Partei wolle das Wahlrecht nicht nach Besitz, Einkommen oder Steuerleistung differenzieren, im Übrigen könne er sich für das gleiche Wahlrecht nicht aussprechen. Abgeordneter Hoffmann-Kaiserslautern[142] erklärte für seine Person, nach dieser Erklärung könne er für die Resolution nicht stimmen. Darauf Beratung zwischen den Abhängigen und Freisinnigen, wie sie ihr Kindlein retten könnten. Abgeordneter Landsberg[143] beantragte als Ergebnis dieser Beratung den Zusatz zu der Müllerschen Resolution, daß „namentlich das gleiche Wahlrecht in allen Bundesstaaten einzuführen sei“. Das Zentrum äußerte Bedenken gegen diese Fassung, da darunter etwa auch das Frauenwahlrecht zu verstehen sei, gegen das sie seien. Flugs änderte Abgeordneter Landsberg seinen Änderungsantrag dahin, daß statt das „gleiche“ das „Reichstagswahlrecht“ gesagt werde. Da es trotzdem ungewiss war, ob für die Verschleierungsresolution die Mehrheit zu erreichen sei, vertagte der Ausschuss sich zum 10. Juli und dann auf unbestimmte Zeit.

140 Georg Gradnauer (1866–1946), sozialdemokratischer Reichstagsabgeordneter, siehe http://de.wikipedia.org/wiki/Georg_Gradnauer, Zugriff ebendann.

141 Eugen Schiffer (1860–1954), nationalliberaler Reichstagsabgeordneter, siehe http://de.wikipedia.org/wiki/Eugen_Schiffer, Zugriff am 7. November 2014.

142 Johannes Hoffmann (1867–1930), sozialdemokratischer Reichstagsabgeordneter (SPD), siehe http://de.wikipedia.org/wiki/Johannes_Hoffmann_%28SPD%29, Zugriff ebendann.

143 Otto Landsberg (1869–1957), sozialdemokratischer Reichstagsabgeordneter, siehe http://de.wikipedia.org/wiki/Otto_Landsberg, Zugriff ebendann.

Wann der Verfassungsausschuss wieder zusammentreten wird, steht dahin; sicher nicht vor dem 30. September. Dann wird das unwürdige Spiel weiter gehen, tönende Worte für Parlamentarisierung, freies Wahlrecht usw. in die Öffentlichkeit los zu schmettern und, wenn es dann zur Tat auch nur im stillen Kämmerlein des Ausschusses kommen soll, schleunigst den Rückzug anzutreten. Klarer kann der Freisinn und können die Abhängigen gar nicht dartun, daß sie völlig impotent sind oder daß es ihnen weder mit einer Parlamentarisierung, noch mit einer Festlegung der Grundrechte Ernst ist. Die Schaumschlägerei wird die Bevölkerung aber durchschauen.

III. Gegen Militarismus und Krieg!

1. Die „Helgoland-Rede" im Reichstag am 29. März 1892[144]

„Meine Herren, ich bitte den Titel 50 abzulehnen. In diesem Titel wird die Gewährung von Zulagen an den Kommandanten von Helgoland und die übrigen daselbst befindlichen Offiziere, Beamten und Unterchargen verlangt, und zwar ist für den Kommandanten allein jährlich eine Zulage von 3600 Mark in Aussicht genommen.

In der Begründung ist gesagt, die Teuerungsverhältnisse auf der Insel machten die Zulage notwendig. Nun hat der sogenannte Kommandant ja auf Helgoland seine Dienstwohnung; es kann sich also lediglich handeln um die eventuellen Ausgaben, die er für die Lebensbedürfnisse hat. Wenn die Teuerungsverhältnisse dort so groß sind, daß pro Tag für 10 Mark mehr als anderwärts von dem Kommandanten verbraucht werden müsse, so würde doch die weitere Konsequenz zu ziehen sein, daß die Arbeiter wenigstens annähernd so viel erhielten, als diese Zulage beträgt. Nun sind die Arbeiten, die bis jetzt auf Helgoland vorgenommen worden sind, im Gegensatz zu der Darlegung, daß der Arbeitslosigkeit in Deutschland gesteuert werden soll, zunächst nur übertragen worden einem Unternehmer, der Italiener beschäftigte. Es sind die Hamburger Arbeiter, die zuerst eingestellt waren, zurückgewiesen worden – wie ich annehme, weil die Italiener der fremden Sprache weniger mächtig sind und bei weitem billiger arbeiten.

Ich bin nun der Ansicht: wenn dort nicht bei weitem 10 Mark für die einzelnen Arbeiter gezahlt werden – es sollte mich freuen, wenn die Marineverwaltung vielleicht im Stande wäre, uns mitzuteilen, daß 10 Mark dort an die Arbeiter gezahlt werden –, so ist es aber doch überflüssig, abgesehen von dem hohen Gehalt, das der Kommandant bekommt, ihm noch eine Teuerungszulage, die sich jedoch nur auf die Zerealien beziehen soll, von 10 Mark pro Tag zuzubilligen.

Nicht anders steht es mit den anderen Offizieren. Hierzu kommt aber noch das eine, daß der Dienst, der dort geleistet wird, im Verhältnis zu den übrigen Dienstleistungen ein außerordentlich leichter ist. Es ist ja das Eigentümliche in

---

144 http://www.reichstagsprotokolle.de/Blatt3_k8_bsb00018670_00000.html, 206. Sitzung vom 29. März 1892, S. 5091 ff. Dieser Rede ist bereits abgedruckt in Czitrich-Stahl, Arthur Stadthagen, a. a. O., S. 176 ff. In einem bilateralen Vertrag mit Großbritannien vom 1. Juli 1890 hatte das Deutsche Reich auf Gebietsansprüche auf Sansibar verzichtet und darüber hinaus Helgoland vom Vereinigten Königreich erhalten.

Helgoland, daß man nicht weiß, was die einzelnen Offiziere dort zu tun haben. Es geht das so weit, daß die Kommandantur bei einem einzelnen Falle… nicht einmal anzugeben wusste, wer von den vielen Offizieren dort denn eigentlich die Seebevölkerung zu schützen und dafür zu sorgen hat, daß nicht häufiger Landfriedensbrüche, wie derjenige, der am 2. September des vorigen Jahres vorgekommen ist, seitens der Seesoldaten gegenüber den friedlichen Einwohnern von Helgoland, vorgenommen werden. Was sollen denn die vielen Offiziere da zu tun haben?

Ich möchte also bitten, mit Rücksicht darauf, daß ja immer mehr das Erwerbsleben in Helgoland selbst zurückgedämmt und den Helgoländern erschwert wird, mit Rücksicht darauf, daß, wenn Helgoländer hie und da noch eine Beschäftigung seitens der Marine erlangen, sie kaum 3 Mark erhalten, doch eine Teuerungszulage, die hier für Offiziere bezahlt wird von pro Tag 10 Mark, ablehnen zu wollen…Ja, meine Herren, das ist selbstverständlich, daß Sie, die Sie das Eigentum, das Privateigentum schützen wollen, da, wo Sie das Eigentum wie in Helgoland unterminieren, den Eigentümern eine Entschädigung geben müssen. Der ganze Teil der Insel, der früher zu Kartoffelfeldern usw. verwendet worden ist, ist unterminiert worden, und da ist durch die Marinebehörden, allerdings nach sehr heftigem Sträuben, etwas gezahlt worden; ich kann aber versichern, daß die Helgoländer mit dieser Entschädigung auch nicht einmal annähernd zufrieden sein konnten. Meine Klagen bezogen sich nicht darauf, sondern darauf, daß in der Tat dort nur oder fast nur auswärtige Arbeiter beschäftigt sind, und daß der Lohn, den die Arbeiter erhalten, bei weitem nicht die Höhe erreicht, die hier als Zulage für die einzelne Person verlangt wird. Meine Herren, es sind im Anfang, das ist richtig, Helgoländer beschäftigt worden; es zeigte sich, daß sie zu teuer waren, und daraufhin hat der Bauunternehmer, der aus Metz nach Helgoland gezogen ist, seine dort beschäftigt gewesenen Arbeiter – es waren etwa 4 bayerische und einige zwanzig italienische Arbeiter – dort hingebracht. Allein diese Italiener sind gebraucht worden den ganzen Sommer hindurch bis zum September, um an den Fortifikationsarbeiten zu arbeiten. Ich erwähnte, daß die Kolonnenführer Bayern sind. Den Helgoländern ist auf wiederholtes Betreiben seitens der Gemeindevertreter und Anderer dann einige Arbeit gegeben, nämlich das Ankarren, aber nichts weiter. Die Hamburger Arbeiter sind wieder nach Hamburg zurückgeschickt worden.

Meine Herren, das sind die Verhältnisse, die jedem, der in diesem Sommer in Helgoland war, bekannt sind, und die kaiserliche Marineverwaltung hat allein aus zwei Punkten heraus deutlich ersehen können, welch immenser, ich möchte geradezu sagen, Hass gegen das sogenannte neudeutsche Vaterland bei den Helgoländern hervorgerufen ist. Am 10. August, als der Grundstein dort auf dem Oberlande gelegt wurde, der einen patriotischen Hintergrund haben sollte, war mit Ausnahme der Beamten, der Gemeindevertreter, ich glaube, auch nicht ein Helgoländer dort oben, sondern sie haben sich sämtlich in einer ganz offensichtlichen geradezu demonstrierenden Weise im Unterlande dem Fest ferngehalten. Bei der mit großem Rummel in Szene gesetzten Sedanfeier hat sich ebenfalls von den Helgoländern kein einziger mit Ausnahme der Gemeindevertreter beteiligt… Ich gebe zu, in der letzten Zeit – seitdem es am 2. September zu jenem bedauerlichen Vorfall geführt hat, daß eine große Anzahl von Matrosen eine kleine Anzahl von Helgoländern überfallen hat, so daß jetzt ein Verfahren wegen Landfriedensbruch gegen die betreffenden Marinesoldaten schwebt – ist insofern eine kleine Besserung eingetreten, als die Unternehmer, die die Arbeit seitens der Marineverwaltung übertragen erhalten haben, auch einige deutsche Arbeiter, insbesondere Hamburger beschäftigen. Ich muss aber dabei bleiben, wenn es richtig ist, daß hier zehn Mark zur Bestreitung der täglichen Lebensbedürfnisse notwendig sind, so werden wir nachher bei einem späteren Titel, die Befestigung von Helgoland betreffend, die Konsequenz ziehen müssen und verlangen, daß auch für jeden Arbeiter, der beschäftigt wird, eine Erhöhung von zehn Mark bewilligt wird. (Bravo! Bei den Sozialdemokraten)…

(Replik auf den Staatssekretär des Marineamtes, Vizeadmiral Hollmann) Um bei dem Letztgenannten anzufangen, will ich nur das erwähnen: es sind ungefähr 25 Arbeiter im Sommer auf Helgoland beschäftigt gewesen. Soweit mir bekannt, sind 500 Familien mit etwas über 2000 Seelen auf Helgoland; es dürfte also nicht schwer sein, aus 2000 Helgoländern 25 Arbeiter herauszufinden. Wenn aber wirklich die Anzahl der Helgoländer nicht reichte, sollte es in ganz Deutschland nicht möglich sein, 25 Arbeiter herauszufinden, zumal 25 deutsche, nämlich Hamburger Arbeiter, die dort waren, zurückgeschickt wurden, weil sie zu teuer waren? Teuerungszulagen haben die Italiener Arbeiter nicht erhalten; für die Militärs werden sie verlangt.

Was die beiden Vorfälle anlangt, vom 10. August und 2. September, so hat der Herr Staatsekretär mich zunächst gefragt, woher ich meine Kenntnis nehme. Ich darf es ihm verraten: aus meiner eigensten Anschauung. Wenn ich mit etwa 200 Helgoländer Schiffern unten am Strande plaudre und mich über die Helgoländer Verhältnisse unterhalte und wenn der Herr Staatssekretär die Freundlichkeit hatte, oben auf dem Lande mit den Badegästen und – wie ich allerdings zugeben will – auch mit den Gemeindevertretern im Zylinder den Gedenkstein abzunehmen, so wird er mir zugeben, daß ich nicht Unrecht mit der Behauptung habe, daß die etwa 200 Helgoländer, die ich meist seit Jahren persönlich kenne, nicht an der Feier teilgenommen haben. Das ist also der Grund, warum ich glaube, berechtigt zu sein, mein Urteil für richtig zu halten. – Ich gebe übrigens zu: Die Helgoländerinnen haben sich oben die Uniformen angesehen. (Heiterkeit!)

Was den Vorfall vom 2. September anbelangt, so kann ich dem Herr Staatsekretär selbst nicht zumuten, daß er diesen Vorfall, den ich nur nebenbei erwähnte, funditus kennt; denn es wird die Untersuchung ja so eingehend geführt, daß sie bis jetzt ja noch nicht einmal bezüglich der Voruntersuchung abgeschlossen ist. Aber eines darf ich ihm sagen: die Schilderung, die er gab, beruht nicht ganz auf der Richtigkeit. Ich berichte nicht nur aus eigenster Anschauung, sondern kenne die Verhältnisse so genau, daß ich eine mehrere Zentimeter lange Wunde durch ein Stuhlbein davon getragen habe, also auch aus eigenster Empfindung berichten kann (Heiterkeit!) – ich hatte das Glück, eine Helgoländerin davor zu schützen, daß die Stuhlbeine, welche die Matrosen als Waffen gebrauchten, sie trafen. (Heiterkeit!)

Es sind außer mir noch Helgoländer verwundet worden. – Ich darf dabei erwähnen: mir hat der Arzt versichert, bei seiner über zehn Jahre langen Praxis hin – wie das ja all denen begreiflich sein wird, welche die Schiffer kennen – noch niemals vorgekommen sei, daß bei Schlägereien in Helgoland irgendein gefährliches Werkzeug oder gar ein Stuhlbein angewendet worden seien (Heiterkeit!)

Das haben die Helgoländer erst von der Marine gelernt. Nun, wie verhielt sich der Vorfall? Der Herr Staatssekretär hat sich berichten lassen – es ist ja selbstverständlich, daß darüber der Herr Staatssekretär noch nicht vollständig berichtet worden sein kann – es seien da aufrührerische oder unpatriotische Reden gehalten zur Zeit, wo drei oder vier Matrosen da ins Lokal hineingingen, aus dem sie der Wirt acht Tage vorher gewiesen hatte, in welchem sie also nichts zu suchen hatten, weil die Helgoländer mit den Matrosen nicht gern zusammenkommen – der Händel wegen. Bevor sie dort hineinkamen, haben diese oder andere Matrosen erklärt – das habe ich damals nicht gewußt –: heute sollen die Helgoländer noch Blut sehen. Nun wird mir der Herr Staatssekretär zugeben: wenn auch noch so unpatriotische Reden gehalten worden sind, – die Wirkung können sie nicht haben, daß etwa vier Stunden vorher die Soldaten darüber so aufgeregt waren, daß sie da schon sagten, heute werden die Helgoländer noch Blut sehen.

Weiter: als die drei oder vier Matrosen da waren, soll diese Dame, von der der Herr Staatsekretär sprach, mit der ich übrigens in keiner Beziehung stehe (Heiterkeit!) – sie ist schon eine ältere Frau – (erneuerte Heiterkeit!) aufrührerisch gesprochen haben. Was war das für Aufrührerisches, was sie gesagt hat? Es sollen nicht nur die Helgoländer, sondern auch diese Soldaten Freibier bekommen – das war die eine unpatriotische Rede. Weiterhin hat sie in etwas lallender Stimme eine Rede gehalten, deren Sinn ich nicht verstanden habe, – sie klang aber mit einem Hoch auf mich aus. (Heiterkeit!)

Dann hat jene Frau, die offenbar durch das Freibier auch etwas erregt war, erklärt, jetzt hätten die Soldaten aber genug, sie hätten schon genug Bier getrunken; warum sie ins Lokal hineinkämen? Das war das einzige, was dort geredet ist, bevor die Matrosen anfingen, handgreiflich zu werden. Dann kamen auf ein Zeichen fünfundzwanzig herein und überfielen mit Stuhlbeinen, und was sie sonst finden konnten, die Helgoländer und haben die Geschichte angerichtet, die nun zum gerichtlichen Austrag geführt wird.

Das wollte ich nur kurz anführen, damit der Herr Staatssekretär nicht auf die Berichte so viel gibt. Ich glaube, daß für ihn wohl auch die Tatsache Berücksichtigung verdient, daß ein nicht unerheblicher Teil, ich weiß nicht – ob es sechs oder zwölf der erwachsenen Helgoländer sind – für England optiert hat. Auch hieraus wird er den Schluss ziehen können, daß die Helgoländer mit ihren Verhältnissen – auf weitere Einzelheiten will ich nicht eingehen – durchaus nicht zufrieden sind.

Aber es bleibt bei dem einen, weswegen ich die ganze Frage hier angeregt habe. Der Herr Staatssekretär hat selbst zugeben müssen: wie viel Löhne an die Arbeiter gezahlt werde, wisse er nicht. Wir wissen also auch nicht einmal, ob der gesamte Lohn soviel beträgt, als hier für den Kommandanten als Teuerungszulage (pro Tag 10 Mark) gefordert werden; und so lange das nicht gewiss ist, müssen Sie entweder die Forderung hier ablehnen, oder bei der späteren, die Befestigung der Insel betreffenden Forderung verlangen, daß jedem Arbeiter wenigstens in Helgoland 10 Mark pro Tag gegeben werden."

2. „Gegen den Krieg!" Rede vom 28. Juli 1914 anlässlich der Kriegserklärung Österreich-Ungarns an Serbien[145]

„Gegen den Krieg müssen wir uns wenden, insbesondere dagegen wenden, dass Deutschland in den Krieg hinein gezogen wird. Sie wissen, dass Österreich-Ungarn plötzlich unannehmbare Forderungen an Serbien gestellt hat, Forderungen, die gleich waren einer Kriegserklärung. Heute ist offiziell diese Kriegserklärung abgegangen. Der Vorwand zum Kriege war der, dass Serbien nicht auf alle Forderungen der österreichisch-ungarischen Regierung widerspruchslos eingegangen sei, die Österreich dahin gestellt hatte, es solle österreichischen Beamten gestattet sein, Untersuchungen zu führen, die sich beziehen auf die Verbreitung der großserbischen Agitation auf österreichisches Gebiet hinein. Ferner sollte die serbische Regierung die Presse verhindern, in einem für Österreich ungünstigen Sinne zu schreiben.

---

145 Der Ort dieser Rede waren die „Arminhallen" in der Kommandantenstraße 58/59 in Berlin. Laut dem schriftlichen Bericht des Schutzmannes Jonas wohnten etwa 750 Besucher der Veranstaltung bei. Der von der Polizei unvollständig wiedergegebene Redetext inklusive der ebenfalls unvollständigen Resolution, die einstimmig angenommen wurde, ist dokumentiert in LArch Berlin, A Pr Br. Rep 030, Nr. 15805, Blatt 143–145. Blatt 142 enthält den Polizeibericht.

Österreich will den Krieg. Das geht mit aller Deutlichkeit aus dem bürgerlichen Blätterwald in Österreich hervor. Und das alles aus imperialistischen Rücksichten. Man will annektieren, man will das Völkergemisch, das sich Österreich nennt, um ein weiteres Serbien vergrößern, damit die serbische Nation als solche nicht zusammenkomme. Das Prestige wird vorgeschoben, um aus der Sackgasse des Absolutismus und Imperialismus heraus zu kommen. Der Krieg ist erklärt. 50 Millionen Österreich-Ungarn werden gegen die 4–5 Millionen Serben kämpfen. Man wartet darauf, dass Russland sich hineinmische, damit dann auch die übrigen Großmächte sich in den Krieg hineinstürzen.

Das ist zum großen Teil eine Folge der empörenden Presshetze, in der die Deutsche Tageszeitung allen anderen voran ist.

Mögen doch diese Radaufritzen, wie wir sie Unter den Linden gesehen haben und deren Zuhälter, mögen die doch hineingehen. Mögen diese, die da unter sorgsamer polizeilicher Bewachung ihre gegen das Gesetz verstoßende Kriegshetzerei losließen, hingehen und sich hinmorden lassen. Die deutschen schaffenden Stände sind Gegner des Krieges. Sie verfluchen diejenigen, die als Kriegstreiber losgehen und wenn sie zehnmal von Nibelungentreue reden. Es gibt eine Treue, ja auch eine Solidarität unter Verbrechern. Wenn diese die Deutsche Tageszeitung meint, dann sagt sie allerdings die Wahrheit. Wir aber wollen keinen Krieg, weil Österreich etwas getan hat, worum es Deutschland nicht fragte.

Prestige wahrt nicht derjenige, der Volksgenossen opfert. Prestige wahrt, wer Wohlstand schafft. Der Krieg wird geführt, nicht um das Prestige zu wahren, sondern um der inneren Unruhen Herr zu werden. Das ist eine Verbrecherpolitik, der gegenüber Deutschland in keinerlei Bündnisverhältnis steht. Ein wahnsinniger Gedanke, der nur steht in Zeitungen, die von Kriegshetzereien voll sind.

Angenommen, Österreich würde Serbien besiegen. Würde dadurch die serbische Nation untergehen? Würde der Konfliktstoff weniger werden? Nicht im geringsten. Es ist ein brutaler Krieg, dem jeder gesittete Mensch entgegentreten muss.

Wir müssen verlangen, dass unsere Regierung ihre Macht einsetze, um nicht nur den Weltkrieg zu verhindern, sondern auch den kleinen Krieg, sondern auch um den kleinen Krieg, der jeden Augenblick zum Weltkriege führen kann, beizulegen.

Unser Weg geht nicht mit dem Zarismus. Arm in Arm mit Frankreich müssen wir gehen. England, Frankreich, Italien und Deutschland gehören zusammen. Soviel ich weiß, ist bereits von England ein dahingehender Vermittlungsvorschlag gemacht worden. Die deutsche Regierung hat diesen Vorschlag aber abgelehnt. Die Kabinette sollen einzeln verhandeln. Schließlich ist aber auch das eine Lösung. Wenn nur erst die Kabinette verhandeln, um den weg wollen wir nicht streien. Von den Hetzern aber wird behauptet, Deutschland könne nicht beitreten, weil die Genehmigung von Österreich-Ungarn fehle. Wenn das wahr wäre, dann wären wir Vasallen, Untertanen von Österreich. Das heißt Deutschland selbst aufgeben. Der Krieg ist vielmehr ein Verbrechen, das zu verhüten die deutsche Regierung verpflichtet ist.

In Preußen hat ja leider die große Mehrheit der schaffenden Stände wenig Rechte gegenüber den raffenden Ständen. Die Entscheidung über Krieg und Frieden fällt nicht durch Abstimmung unter den schaffenden Ständen. Nun sagen die Kriegshetzer, zum Krieg gehört Mut. Ich sage: Die Kriegshetzer sollen erst einmal den Mut beweisen, den der Arbeiter tagaus, tagein in seinem Daseinskampf zu beweisen hat. Jährlich bleiben auf diesem Schlachtfelde 9000 Tote und 80 000 Verwundete, so schwer verwundete, dass sie von den Berufsgenossenschaften unterstützt werden müssen. 600 000 überhaupt Verwundete jährlich auf dem Schlachtfelde der Arbeit! Die Kriegshetzer sollen erst beweisen, ob sie diese Gefahren des Lebens übernehmen wollen, die der Arbeiter täglich in seinem Berufe zu bestehen hat, um auch nur ein kärgliches Leben führen zu können.

Eines wissen wir allerdings: Kommt es zum Kriege, zum Weltkriege infolge der Hetzerei, dann, verehrte Anwesende, mag der Einzelne tun, was er will. Die ökonomische Entwicklung ist schon so weit fortgeschritten, dass dann der Sieg des Sozialismus um ein gut Teil gefördert wird.

Wir wissen das und trotzdem sind wir gegen den Krieg. Denn unser Ziel lässt sich mit friedlichen Mitteln erreichen. Wir sind gegen den Krieg, weil wir verabscheuen jeden Mord, ob es sich um einen Erzherzog handelt oder um brave Arbeiter. Wir verurteilen den Mord, den politisch Verblendete an dem Erzherzog begangen haben, aber steht denn dieser Meuchelmord auf einer niederen Stufe als der Mord, zu dem die Deutsche Tageszeitung tagaus, tagein auffordert?

Ist es nicht ein Meuchelmord, wenn der Arbeiter, der mit den Arbeitern des andern Landes genau dieselben Interessen hat, wenn der gehetzt werden soll, das Blut seiner Brüder zu vergießen, gehetzt werden soll zu einem Massenmorde? Zu diesem Massenmorde rufen auf die konservativen und liberalen Zeitungen, das Volk ist gegen den Krieg.

Einen Erfolg hat ja die Hetzerei zum Kriege schon gehabt. Neulich wäre es ja beinahe zu einem Angriff auf die russische Botschaft gekommen. Wenn es nun wirklich dazu gekommen wäre, wenn nun wirklich der Botschafter von diesem Pöbel insultiert worden wäre: Sollte deshalb dann das Blut des friedlichen deutschen Arbeiters vergossen werden?

Wir müssen von den Regierungen fordern, dass sie den Hetzern entgegentreten und für den Frieden wirken. Den Frieden zwischen den Völkern haben die Arbeiter stets verlangt. Denn nur im Frieden ist ein Fortschritt der Kultur möglich.

Nur im Frieden können wir unsere Kulturaufgaben lösen. Allerdings, wenn der Kriegsminister meint, die ganze Kultur könne ihm gestohlen bleiben, dann ist das eine andere Auffassung.

Und dann die Soldatenmisshandlungen., wie wir sie in der letzten zeit wieder gehabt haben. Ja, wo bleibt denn dann die Vaterlandsliebe, wo bleibt denn da das Prestige? Jetzt will man diese geschundenen Massen als Kanonenfutter verwenden in dem entbrennenden Weltkriege, in dem Kriege mit Russland. Sollte es dazu kommen, es ist ja alles getan, um ihn zu verhindern, eingedenk der Beschlüsse der internationalen Kongresse.[146]

Resolution: „Die Kriegshetzer sollen wissen, dass, wenn der Weltkrieg ausbricht, dass dann alle die hereinbrechenden Krisen mit unerbittlicher Logik dahin führen müssen, alle Volksschichten aufzurütteln und der Sozialdemokratie in die Arme zu führen. Wir verlangen mit aller Entschiedenheit, dass unsere Regierung alles tue, um die Kriegsfurie zu beseitigen. Sollte es dennoch zum Weltkriege kommen, dann bleibt der Ruf: „Nieder mit den Kriegshetzern"

„Hoch die internationale, völkerverbrüdernde Sozialdemokratie!"

3. Erklärung zum Abstimmungsverhalten anlässlich der Bewilligung der Kriegskredite am 4. August 1914[147]

„Stadthagen bemerkte hierzu: Richtiger als eine Ablehnung hielt und halte ich noch heute die Bewilligung, falls die Begründung derselben klar betont, daß die Arbeiter aller Länder sich nicht bekriegen, daß die Entscheidungen über Krieg und Frieden in Russland wie in Deutschland nicht dem Volk, sondern einigen Personen zusteht, die auf Dauer dem Einfluss kapitalistischer Interessencliquen und der Militärkamarilla nicht widerstehen können, daß ferner die russischen Kriegshetzer dem russischen Volk gegenüber dieselben Ziele der Vorenthaltung der politischen Gleichberechtigung und der dauernden wirtschaftlichen Unterdrückung verfolgen wie die Kriegshetzer in Deutschland. Ferner müsste in der

146 Für den Fall eines Kriegsausbruches hatte der außerordentliche internationale Sozialistenkongress am 24./25. November in Basel in Basel im „Baseler Manifest" massive Aktionen zur Kriegsverhinderung, Arbeiterverbrüderung und ggf. zur Kriegsbeendigung beschlossen. Siehe Dokumente und Materialien zur Geschichte der deutschen Arbeiterbewegung, Band IV, Berlin (DDR) 1975, S. 432 ff.

147 Es handelt sich um eine Ergänzung zur unveröffentlichten Erklärung der Mehrheit der Redakteure des „Vorwärts" zum Verhalten der Reichstagsfraktion am 4. August 1914, erstmals abgedruckt bei Eugen Prager, Das Gebot der Stunde. Geschichte der USPD, Bonn 1980(4.), Nachdruck der Ausgabe von 1921 mit einem Vorwort von Ossip K. Flechtheim, S. 27.

Erklärung scharf hervorgehoben werden, daß wir die Verantwortung für den Krieg ablehnen, aber uns in einer Zwangslage befinden, weil der Zarismus mit einer Invasion droht. Wir stimmen deshalb für die Kredite, um gegen den Zarismus, nicht aber gegen die Arbeiter und um für die Freiheit in Deutschland und Russland, sowie für eine Annäherung und Verbrüderung der Völker, insbesondere des französischen zu wirken, dessen Vertreter Jaurès wegen seines Eintretens für den Frieden ermordet ist.

In der Fraktionssitzung (3.8., H.Cz.) erklärte ich, da ich und andere durch Geschäftsordnungsschluss an der Darlegung meines Standpunktes gehindert war, zur Geschäftsordnung im eigenen Namen und für eine Anzahl Fraktionskollegen: wir können nur dann für eine Annahme stimmen, wenn diesen Gesichtspunkten Rechnung getragen würde. Dementsprechend enthielt ich mich der Stimme. Als am folgenden Tage ein Erklärungsentwurf von einer Kommission vorgelegt wurde, setzte ich mit großer Mühe durch, daß über Abänderungsvorschläge gestimmt würde. Für mich und eine Reihe anderer Kollegen erklärte ich die Erklärung für unannehmbar, wenn nicht mindestens 1. ausgesprochen wird, wir lehnen die Verantwortung ab, 2. Absatz 4 und 5 gestrichen würden, 3. im Absatz 6 nach „befleckt hat" eingeschaltet wird: „und dieselben politischen Ziele dem eigenen Volke gegenüber verfolgt, wie die Kriegshetzer bei uns unserem Volke gegenüber". Es wurde aber nur der erste Antrag angenommen, die beiden anderen abgelehnt. In der Fraktion stimmte ich gegen die so gestaltete im Plenum abgegebene Erklärung. Im Plenum stimmte ich trotzdem für die Bewilligung, weil Fraktionszwang ausgesprochen war und unter den obwaltenden Umständen eine Durchbrechung dieses Zwanges die Partei schwer geschädigt hätte."

4. Antragsschreiben zwecks Aufhebung des Verbots der Lektüre des „Vorwärts" für Militärangehörige vom 17. August 1914[148]

An Seine Exzellenz den Herrn Kriegsminister.

Eurer Exzellenz gestatte ich mir hiermit den Antrag zu unterbreiten:

die Korpsbefehle, sich sich auf das Verbot der Betätigung sozialdemokratischer Gesinnung beziehen, außer Kraft zu setzen.

---

148 Schreiben vom 17. August1914 an Kriegsminister Falkenhayn zur Beantragung der Aufhebung der Korpsbefehle zum Verbot des „Vorwärts" in Militäreinrichtungen, GStA PK, I HA Rep 84a, Nr. 49731, Blatt 6 und 7. Am 31. August 1914 erfolgte die offizielle Ablehnung des Antrages, siehe ebenda, Blatt 1 ff.

Unter dem 8. August 1897 ist im „Reichsanzeiger" ein Korpsbefehl veröffentlicht, nach dem u.a. jede Betätigung sozialdemokratischer Gesinnung, insbesondere auch das Halten und die Verbreitung sozialdemokratischer Schriften sowie die Einführung solcher Schriften in die Kasernen oder sonstige Dienstlokale verboten ist. Diese Korpsbefehle dürften tatsächlich, soweit es sich nicht um Betätigung revolutionärer, sondern sozialdemokratischer Gesinnung handelt, schon jetzt tatsächlich außer Kraft gesetzt sein. Jedoch rechtfertigt sich der gestellte Antrag aus folgenden Gründen:

Auf Grund der gedachten Korpsbefehle wurden, wie Ew. Exzellenz bekannt ist, u.a. Soldaten bestraft, deren Wurst in einem Teil einer sozialdemokratischen Zeitung eingewickelt war, ebenso solche, die sich über die gewerblichen Verhältnisse an ihrem Heimatort unterhielten.

Bei den Besprechungen der Presse mit dem Nachrichtenbureau des Großen Generalstabes und des Reichst-Marine-Amts sind wiederholt Wünsche auf Übermittlung auch des „Vorwärts" zur Verbreitung im Ausland kundgegeben. Diesen Wünschen ist auf meine Veranlassung durch Übersendung des „Vorwärts" in einer Reihe von Exemplaren entsprochen und wird weiter entsprochen werden, weil die Verbreitung der Zeitungen der verschiedensten Parteirichtungen im Ausland im Interesse der Heeresleitung liegt. Es könnte nun möglicherweise bei wörtlicher Anwendung des Korpsbefehls ein deutscher Soldat bestraft werden, weil er gelegentlich eins dieser „Vorwärts"-Exemplare erhält und weiterverbreitet. Das ist natürlich nicht beabsichtigt. Ferner dürfte eine große Anzahl Ehefrauen von Reservisten oder Landsturmleuten ihren Ehemännern z.B. den „Vorwärts" im Vertrauen darauf zusenden, daß seine Majestät erklärt hat: „Ich kenne keine Parteien mehr, ich kenne nur Deutsche".

Es unterliegt für mich keinen Augenblick einem Zweifel, daß höhere Vorgesetzte den Korpsbefehl auch im Sinne des Kaiserlichen Wortes auslegen werden. Anders könnte es aber mit untergeordneten Instanzen stehen. Da besteht insbesondere nach Aufgebot des Landsturms die Gefahr, daß durch wörtliche Anwendung des Korpsbefehls Wirkungen entstehen, die von der Heeresleitung keineswegs gewünscht werden.

Das sind die Gründe, die mich zu dem eingangs gestellten Antrag veranlassen. Die gedachten Erlasse beziehen sich auf die Betätigung revolutionärer oder sozialdemokratischer Gesinnung. Können die Erlasse nicht in vollem Umfang für die Kriegszeit aufgehoben werden, so könnte dies vielleicht so weit geschehen, als die Befehle sich auf sozialdemokratische Betätigung beziehen.

Ew. Exzellenz bitte ich um tunlichste Beschleunigung und ferner, falls dem Antrag stattgegeben wird, mich ermächtigen zu wollen, durch den „Vorwärts" oder in anderer Weise eine Mitteilung etwa dahin veröffentlichen zu lassen: „Die hier und da verbreitete Ansicht, es sei Soldaten, Reservisten, Landwehrleuten oder Landsturm Zugehörigen das Lesen, halten oder die Verbreitung des „Vorwärts" verboten, ist durchaus irrtümlich. Die Korpsbefehle, aus denen dergleichen für die Friedenszeiten herausgelesen ist, gelten für die jetzige Kriegszeit nicht."

5. Gesetz über die Unterstützung der Familien von Kriegsteilnehmern (1914)[149]

Das für Millionen Familien und deren im Feld stehende Ernährer außerordentlich erhebliche Gesetz betreffend die Unterstützung von Familien in den Dienst eingetretener Mannschaften vom 28. Februar 1888 in seiner Neufassung vom 4. August 1914 ist in seinem Wortlaut noch immer wenig bekannt. Der Wunsch an der praktischen Handhabung dieses Gesetzes beteiligter Kreise hat den nachstehenden Abdruck des Gesetzes und die Beifügung kurzer Erläuterungen veranlasst. Die richtige Anwendung des Gesetzes reicht weit über die Kreise der einzelnen Familien hinaus, denen das Gesetz einen Anspruch auf Unterstützung gibt. Denn das Gesetz sucht einen teil der sozialen Verpflichtung zu erfüllen, die die in der Heimat Gebliebenen den Kriegsteilnehmern gegenüber zu erfüllen haben. Jetzt, in der Zeit der Not, muss es für alle ohne Unterschied ihrer religiösen oder politischen Auffassung heißen: „Einer für alle, alle für einen."Die in dem schweren Kampf draußen stehenden Volksgenossen sollen die Gewissheit haben, daß für ihre Angehörigen daheim in ausreichender Weise gesorgt ist. Das ist die Absicht des Gesetzes.

Der Text des Gesetzes lautet:

„§ 1. Die Familien der Mannschaften der Reserve, Landwehr, Ersatzreserve, Seewehr und des Landsturms erhalten, sobald diese Mannschaften bei Mobilmachungen oder notwendigen Verstärkungen des Heeres oder der Flotte in den Dienst eintreten, im Falle der Bedürftigkeit Unterstützungen nach näherer Bestimmung dieses Gesetzes. Das gleiche gilt bezüglich der Familien derjenigen Mannschaften, welche zur Disposition der Truppen (Marine-)-Teile beurlaubt sind, derjenigen Mannschaften, welche das wehrpflichtige Alter überschritten haben und freiwillig in den Dienst eintreten, sowie des Unterpersonals der freiwilligen Krankenpflege.

149 Stadthagen, Gesetz über die Unterstützung der Familien von Kriegsteilnehmern, mit kurzen Erläuterungen von Arthur Stadthagen, beschlossen am 4. August 1914, dem Tag der Abstimmung über die Bewilligung der Kriegskredite. Siehe AdsD, A 98-4057. Das Merkblatt erschien im „Vorwärts"-Verlag Paul Singer & Co, Berlin.

§ 2. Auf die nach § 1 zu gewährenden Unterstützungen haben Anspruch:

a) die Ehefrau des Eingetretenen und dessen eheliche und den ehelichen gesetzlich gleichstehende Kinder unter 15 Jahren sowie
b) dessen Kinder über 15 Jahre, Verwandte in aufsteigender Linie und Geschwister, insofern sie von ihm unterhalten wurden oder das Unterhaltsbedürfnis erst nach erfolgtem Diensteintritt desselben hervorgetreten ist,
c) dessen uneheliche Kinder, insofern keine Verpflichtung zur Gewährung des Unterhalts festgestellt ist.

Unter den sub b bezeichneten Voraussetzungen kann den Verwandten der Ehefrau in aufsteigender Linie und ihren Kindern aus früherer Ehe eine Unterstützung gewährt werden.

Entfernteren Verwandten, geschiedenen Ehefrauen und unehelichen Kindern steht ein solcher Unterstützungsanspruch nicht zu.

§ 3. Die Verpflichtung zur Unterstützung liegt den nach § 17 des Gesetzes über die Kriegsleistungen vom 13. Juni 1873 (Reichs-Gesetzbl. S. 129) gebildeten Lieferungsverbänden[150] ob.

Staaten, in welchen von der Bildung besonderer Lieferungsverbände Abstand genommen worden ist, haben die Unterstützungen unter gleichmäßiger Anwendung der nachfolgenden Bestimmungen aus ihren Mitteln zu gewähren.

§ 4. Zur Unterstützung ist derjenige Lieferungsverband verpflichtet, innerhalb dessen der Unterstützungsbedürftige zur Zeit des Beginns des Unterstützungsanspruchs (§§1, 10 Abs. 3) seinen gewöhnlichen Aufenthalt hat.

§ 5. Die Unterstützungen sollen mindestens betragen:

a) für die Ehefrau im Mai, Juni, Juli, August, September, Oktober monatlich neun Mark, in den übrigen Monaten 12 Mark;
b) für jedes Kind unter 15 Jahren, sowie für jede der im § 2 unter b bezeichneten Personen monatlich sechs Mark.

Die Geldunterstützung kann teilweise durch Lieferung von Brotkorn, Kartoffeln, Brennmaterial usw. ersetzt werden. Unterstützungen von Privatvereinen und Privatpersonen dürfen auf die vorbezeichneten Mindestbeträge nicht angerechnet werden.

---

150 Gesetz über die Kriegsleistungen vom 13. Juni 1873, siehe http://de.wikisource.org/wiki/Gesetz_%C3%BCber_die_Kriegsleistungen, Zugriff am 14. November 2014. Dieses Gesetz regelte regelte sämtliche Fragen der Beschaffung und Lieferung von kriegswichtigen Gütern sowie die kriegsbedingten zivilen Unterstützungsleistungen.

§ 6. In jedem Lieferungsverbande entscheidet endgültig eine Kommission sowohl über die Unterstützungsbedürftigkeit der einzelnen Familien als auch unter Beachtung der Vorschriften des § 5 über den Umfang und die Art der Unterstützungen. Es können mehrere Kommissionen für einen Lieferungsverband eingesetzt werden.

Die Kommission ist berechtigt, Auskunft über die Verhältnisse der einzelnen Familien von den Gemeindebehörden zu erfordern, auch die letzteren zu ihren Verhandlungen zuzuziehen.

§ 7. Hat der Lieferungsverband gesetzlich anerkannte korporative Vertretung, so sind rücksichtlich der Bildung, Zusammensetzung, des Vorsitzes und der Wahrnehmung der Geschäfte auch dieser Kommission die bestehenden, gesetzlichen Bestimmungen maßgebend. Ist der hiernach eintretende Vorsitzende nicht von der Landesregierung berufen oder bestätigt, so ist derselbe befugt, den Vorsitzenden mit Stimmrecht zu ernennen. Wo eine solche Vertretung nicht vorhanden ist, besteht diese Kommission aus einem von der Landesregierung zu bestellenden Vorsitzenden und einer von ihr zu berufenden, den Verhältnissen angemessenen Anzahl von Mitgliedern.

Einer jeden Kommission wird, soweit die Verhältnisse es gestatten, ein von dem Landwehrbezirkskommando zu bestimmender Offizier zugeordnet.

§ 8. Die Kommission kann nur beschließen, wenn mehr als die Hälfte der Mitglieder zugegen ist. Die Beschlüsse werden nach Stimmenmehrheit gefasst. Bei Stimmengleichheit entscheidet die Stimme des Vorsitzenden. Der beigeordnete Offizier (§ 7), sowie die zugezogene Gemeindebehörde (§ 6) nehmen an der Abstimmung nicht teil.

§ 9. Ist die Verfassung des Lieferungsverbandes nicht ausreichend, um die Beschaffung der zur Gewährung der Unterstützungen erforderlichen Mittel sicher zu stellen, so ist die Landesregierung befugt, die nötigen Anordnungen für den Verband zu treffen und den Verbandsangehörigen zur Beschaffung jener Mittel Abgaben aufzuerlegen.

§ 10. Die bewilligten Unterstützungsbeträge sind in halbmonatlichen raten voraus zu zahlen. Rückzahlungen der voraus bezahlten Beiträge finden auch dann nicht statt, wenn der in den Dienst Eingetretene vor Ablauf der halbmonatlichen Periode zurück kehrt.

Für Beginn und Fortdauer der Unterstützungen kommt auch der für Hin- und Rückmarsch zum bzw. vom Truppenteil erforderliche Zeitraum in Berechnung.

Die Unterstützungen werden dadurch nicht unterbrochen, daß der in den Dienst Eingetretene als krank oder verwundet zeitweilig in die Heimat beurlaubt wird.

Wenn der in den Dienst Eingetretene vor seiner Rückkehr verstirbt oder vermisst wird, so werden die Unterstützungen so lange gewährt, bis die Formation, welcher er angehörte, auf den Friedensfuß zurück geführt oder aufgelöst wird. Insoweit jedoch den Hinterbliebenen auf Grund des Gesetzes vom 27. Juni 1871 (Reichs-Gesetzbl., S. 275)[151] Bewilligungen gewährt werden, fallen die durch gegenwärtiges Gesetz geregelten Unterstützungen fort.

§ 11. Falls Personen, deren Familien nach den Vorschriften dieses Gesetzes Unterstützungen erhalten, nach ihrem Eintritt in den Dienst

a) der Fahnenflucht sich schuldig machen, oder
b) durch gerichtliches Erkenntnis zu Gefängnisstrafe von längerer als sechsmonatiger Dauer oder zu einer härteren Strafe verurteilt werden,

so wird die bewilligte Unterstützung bis zum Wiedereintritt in den Dienst eingestellt. Die Truppenbefehlshaber haben in diesen Fällen den beteiligten Kommissionen schleunigst Nachricht zu geben.

§ 12. Für die nach vorstehenden Bestimmungen geleisteten Unterstützungen wird zu den in § 5 festgesetzten Mindestbeträgen Entschädigung aus Reichsfonds gewährt. Der Zeitpunkt der Zahlung dieser Entschädigung wird durch jedesmaliges Spezialgesetz des Reiches bestimmt.“

Wie entstand das Gesetz?

Als in den Jahren 1830, 1831 die Versetzung der preußischen Truppen in den Kriegszustand erfolgte[152], stellte es sich heraus – wie die Regierung in der Begründung zu dem preußischen Gesetz von 1850 erklärte –, daß ein großer Teil der zu den Fahnen Einberufenen sich nicht in der Lage befand, während einer längeren Abwesenheit von der Heimat die dort zurück gelassenen Familien aus eigenen Mitteln zu erhalten. Viele Seiten drängten auf Beseitigung dieses Missstandes. So beantragte der westfälische Provinziallandtag am 17. Januar 1831 bei der Re-

---

151 Militärpensionsgesetz vom 27. Juni 1871.

152 Als Folge der Juli-Revolution von 1830 in Paris auch Aufstände in Warschau 1830 ausbrachen, machte Preußen mobil, überließ aber der russischen Armee die Niederschlagung der Erhebung, siehe Gerd Heinrich, Geschichte Preußens, Frankfurt am Main u. a. 1984, S. 328 f.

gierung, die Kreisstände zu ermächtigen, Maßregeln zu treffen, wodurch von den Gemeinden Westfalens für die zurück gebliebenen bedürftigen Frauen und Kinder der abwesenden Vaterlandsverteidiger gesorgt werde, damit diese ohne Sorge für ihre Angehörigen ihrem ehrenvollen Rufe zu folgen im Stande seien.

Ministerialbeschlüsse anerkannten die Notwendigkeit, daß die Familien der zur Fahne Einberufenen vor Mangel geschützt bleiben und legten die Verpflichtung zu ausreichender Hilfe den Gemeinden auf. Die Hilfe blieb, wie sich bei der Zusammenziehung eines Teiles der Landwehr in den Jahren 1839, 1840 zeigte, unzulänglich. Das Staatsministerium anerkannte in einem Beschluss vom 19. August 1848, daß Abhilfe erforderlich sei. Unter dem 24. November 1849 brachten dann in der Zweiten Kammer die Abgeordneten Kögel und Genossen einen Gesetzentwurf ein, der Hilfe bringen sollte. Dieser Gesetzentwurf, der auch von dem späteren Reichskanzler v. Bismarck-Schönhausen als Antragsteller unterzeichnet war, legte die Verpflichtung zu Hilfe den Kreisen auf und stellte für die Art und den Umfang der Unterstützungen den Grundsatz auf, daß die Familien der Einberufenen nicht der Armenpflege anheim fallen dürften, sondern ein Recht auf Unterstützung haben. Als Grundsatz für die Art der Unterstützung wurde verlangt, daß rücksichtlich des Umfanges der Unterstützung als Regel gelten sollte, daß die Familie, soweit es möglich, nicht in schlechtere Lage versetzt wird, als wenn die Einberufung des Ernährers nicht erfolgt wäre.

Die preußische Regierung legte alsbald einen im Jahre 1850 zum Gesetz erhobenen Entwurf vor, der im Großen und Ganzen den Grundsätzen des Kögelschen Gesetzentwurfs folgte. Ein wesentlicher Differenzpunkt bestand darin, daß bei den Vorschlägen über Art und Umfang der Unterstützungen die Regierung sich von der Ansicht leiten ließ, die Familien müssen besser gestellt werden als die Ortsarmen, es könne aber der Grundsatz, die Familien finanziell so zu stellen, als ob der Ernährer daheim wäre, nicht durchgeführt werden. Es müssten die Familien vor Not geschützt werden. Mindestsätze seien aufzustellen, die als der geringste Betrag in jedem Falle gezahlt werden müssten, wo ein Bedürfnis besteht.

Der preußische Landtag hieß im Wesentlichen die Grundsätze des Regierungsentwurfs gut. Das preußische Gesetz von 1850 kam im Kriege 1870/71 für die preußischen Teile Deutschlands zur Anwendung. Klagen über Unzulänglichkeit der Mindestsätze und über die Notwendigkeit einer für ganz Deutschland einheitlichen Regelung führten dann zu dem Gesetz vom 28. Februar 1888. Dies Gesetz ruht auf der Grundlage des preußischen Gesetzes. Am 4. August 1914 wurde eine Erhöhung der Mindestsätze beschlossen.

Im Folgenden werden im engen Anschluss an die Gesetzgebungsmaterialien die wichtigsten Punkte des Gesetzes erläutert.

Welches Recht gibt das Gesetz?

Das Gesetz gibt den Familien der in den Krieg Gezogenen ein Recht auf Unterstützung im Falle der Bedürftigkeit. Die Erfüllung dieses Anspruches legt das Gesetz den Lieferungsverbänden(das sind in Preußen die Kreise und die eigene Kreisverbände bildenden Städte) als Verpflichtung auf. Können die Städte oder Kreise ihrer Verpflichtung nicht nachkommen, so haben der Staat und das Reich einzutreten. Das ist auch bei der Bewilligung der Kriegskredite (Stenographischer Bericht des Reichstags über die 2. Sitzung vom 4. August 1914, S. 8D.) zum Ausdruck gelangt.

Wer hat Anspruch auf Unterstützung?

Folgende Familienmitglieder der Mannschaften der Reserve, Landwehr, Ersatzreserve, Seewehr und des Landsturms sowie der zur Disposition der Truppen Beurlaubten, der nach Überschreitung des wehrpflichtigen Alters in den Dienst getretenen Freiwilligen und endlich des Unterpersonals der freiwilligen Krankenpflege:

a) stets die Ehefrau des Eingetretenen, sowie seine ehelichen oder adoptierten Kinder unter 15 Jahren,
b) die Kinder über 15 Jahre sowie Verwandte in aufsteigender Linie (Eltern, Großeltern) und Geschwister, jedoch nur unter der Voraussetzung, daß diese Familienangehörigen von dem in den Dienst Eingetretenen unterhalten wurden oder daß das Unterhaltungsbedürfnis (zum Beispiel in Folge von Arbeitslosigkeit oder Krankheit) erst nach erfolgtem Diensteintritt hervor getreten ist. Unter denselben Voraussetzungen kann den Verwandten der Ehefrau in aufsteigender Linie (Schwiegereltern und Großeltern des Einberufenen) und den Kindern der Ehefrau aus früherer Ehe eine Unterstützung gewährt werden,
c) die unehelichen Kinder des Eingetretenen, falls die Verpflichtung des Eingetretenen als Vater zur Gewährung des Unterhalts festgestellt ist.

Geschiedenen Ehefrauen und entfernten Verwandten des Eingezogenen steht ein Unterstützungsanspruch nicht zu. Im Einzelnen mag bemerkt werden:

1. Kinder, die die Ehefrau von einem anderen Mann als ihrem jetzigen Ehemann in die Ehe gebracht hat, haben keinen Anspruch auf Unterstützung. Aber der Kreis der Bedürfnisse der Mutter ist durch ihre Unterhaltspflicht ein größerer. Es rechtfertigt sich deshalb eine Erhöhung der Unterstützungssätze für sie.
2. Den ehelichen Kindern gleich stehen die durch nachfolgende Ehe legitimierten, die an Kindes statt angenommenen oder die durch die Behörde auf Antrag

für ehelich erklärten Kinder. Voreheliche, von einem anderen Mann als dem Ehemann der Mutter erzeugten Kinder gelten auch dann als unehelich, wenn der Ehemann ihnen zwar seinen Namen beigelegt, sie aber nicht adoptiert hat.
3. Uneheliche Kinder haben einen Anspruch auf die Unterstützung, wenn die Verpflichtung der Vaterschaft irgendwie, zum Beispiel auf Grund eines Urteils oder tatsächlicher Zahlung oder auf Grund von Briefen durch die Unterstützungskommission festgestellt ist.

Sind die Unterstützungen stets zu zahlen?

Nein. Nur „im Falle der Bedürftigkeit".

Wann liegt Bedürftigkeit vor?

Das ist im Gesetz nicht auseinander gesetzt, ergibt sich aber aus seiner Entstehungsgeschichte, seinem Zweck und aus anderen Reichsgesetzen sowie aus behördlichen Ausführungsvorschriften. Zur Erläuterung sei zunächst auf eine Ausführungsbestimmung des badischen Ministeriums des Innern vom 13. August 1914, auf das Gesetz über Kriegsteilnehmer von 1870/71 sowie auf die Bundesratsverordnung dazu, ferner auf das Gesetz betr. Unterstützung von Familien der zu Friedensübungen berufener Mannschaften vom 10. Mai 1892 und auf das Lohnbeschlagnahmegesetz Bezug genommen.

In dem vom badischen Ministerium am 13. August erlassenen Ausführungsvorschriften zu dem Unterstützungsgesetz vom 28. Februar 1888 und 4. August 1914 heißt es:

„Bedürftigkeit wird überall da anzunehmen sein, wo die Familie nach dem Eintritt des Ernährers zum Herr weder soviel Vermögen besitzt noch soviel Einkommen und Verdienst hat, um daraus ihren Lebensunterhalt ohne Not fristen zu können. Bei der Prüfung, ob dies der Fall ist, werden aber freiwillige Gaben und Leistungen der Hilfstätigkeit, überhaupt Zuwendungen, auf welche ein Rechtsanspruch nicht besteht, in der Regel nicht zu berücksichtigen sein; es sei denn, daß diese Zuwendungen nach Art und Umfang eine Bedürftigkeit überhaupt ausschließen.

Im Übrigen werden die beteiligten Behörden den richtigen Weg bei der Gewährung und Beimessung der Unterstützungen finden, wenn sie sich gegenwärtig halten, daß allen bedürftigen Familien ein Recht auf die Unterstützung für die Dienste zusteht, welche ihr Ernährer dem Vaterland leistet, und daß die im Felde stehenden Mannschaften mit dem Trost und der Gewissheit zu den Fahnen geeilt sind, daß für ihre Angehörigen daheim in ausreichender Weise gesorgt wird."

Würde diesem durchaus dem Gesetz entsprechenden Erlass gemäß gehandelt, so würde also das für die Ernährung, Wohnung, Bekleidung, Beschulung der Familie Erforderliche bereit zu stellen sein. Zu dem selben Schluss führt die Betrachtung einiger Reichsgesetze.

Das Gesetz über die Gewährung von Beihilfen an Teilnehmer des Krieges 1870/71 führte zu lebhaften, von allen Parteien darüber erhobenen Klagen, daß die Praxis entgegen dem Gesetz bei Vorhandensein eines Einkommens von 900 oder gar von 600 Mk. Die Unterstützungsbedürftigkeit in vielen Fällen verneinte. Schließlich wurde dies Gesetz durch das vom 19. Mai 1913 ergänzt und in § 4 der Ausführungsanweisung des Bundesrats festgelegt:

„Unterstützungsbedürftigkeit ist anzuerkennen, wenn seine (des Kriegsteilnehmers) Einkommensbezüge unter Hinzurechnung der auf rechtlicher Verpflichtung beruhenden Leistungen Dritter (andere Zuwendungen dürfen nach dem Gesetz nicht berücksichtigt werden), insbesondere unterhaltungspflichtiger Verwandter den notwendigen Lebensunterhalt nicht sicher stellen."

Einen weiteren Anhalt dafür, was das Gesetz als Bedürftigkeit ansieht, gibt das Lohnbeschlagnahmegesetz und die Zivilprozessordnung. Beide Gesetze nehmen als Existenzminimum und deshalb unpfändbar 1500 Mk. Jährlich, also Monatsraten von 125 Mk. an. Daneben ist unpfändbar ein Geldbetrag, der zur Beschaffung von Nahrungs-, Feuerungs- und Beleuchtungsmitteln auf vier Wochen ausreicht, sowie die unentbehrlichen Sachen.

Weiter zeigt das Gesetz zur Unterstützung von Familien der zu Friedensübungen berufenen Mannschaften vom 10. Mai 1892, daß selbst im Frieden der Gesetzgeber einen Zuschuss von 30 Proz. Des ortsüblichen Tagelohnes für die Ehefrau, für jedes Kind 10 Proz., insgesamt aber nicht mehr als 60 Proz., für so absolut notwendig erachtet, daß diese Sätze ohne jede Prüfung der Bedürftigkeit zu zahlen sind. Das Reich hat damit anerkannt, daß bei einem ortsüblichen Tagelohn von 4 Mk. Der Familie durch Leistung der militärischen Friedensübung mindestens 1,20 Mk. Bis 2,40 Mk. Täglich entzogen werden. Die Familien der in den Krieg Gezogenen sollen nicht schlechter, sondern müssen besser gestellt werden, da es sich um längere Abwesenheit handelt, auch Mietzahlungsverpflichtungen usw. in Betracht kommen.

Demnach tut man recht, bei allen Familien, deren Gesamteinkommen aus rechtlich verfolgbaren Ansprüchen monatlich 125 Mk. Nicht erreicht, ohne jede weitere Prüfung den Fall der Bedürftigkeit für vorliegend zu erachten. Gegen diese aus der Reichsgesetzgebung zu entnehmende Folgerung verstößt leider die Praxis in außerordentlich vielen Fällen. Hier gilt es den Hebel anzusetzen, wenn die Familien unserer zum Krieg Einberufenen zu ihrem Recht kommen sollen.

Freilich wird man in der Praxis sich etwas einschränken müssen. Es ist oben dargelegt, daß der im Kögelschen Gesetzentwurf auch von Bismarck vertretene Grundsatz, die Familien möglichst so zu stellen, als ob ihr Ernährer nicht im Felde stünde, nicht zur Annahme gelangt ist, weil die Mittel hierfür fehlen würden. Auf der anderen Seite ist bei allen Verhandlungen über das Gesetz in Preußen und im Reich scharf zum Ausdruck gebracht, der armenrechtliche Standpunkt genügt nicht. Es liegt also demnach nicht erst dann Bedürftigkeit vor, wenn die Mittel für den notwendigen Lebensunterhalt fehlen, sondern schon dann, wenn die Familie in Folge der Teilnahme ihres Ernährers am Krieg eine wirtschaftliche Einbuße erlitten hat, die die Familie auch unter Berücksichtigung der leider für alle bestehenden Notwendigkeit im Kriege, die Lebenshaltung einzuschränken, als bedürftig bezeichnen lässt. Mit der Frage der Bedürftigkeit hängt die Frage zusammen:

Wie hoch ist die Unterstützung?

Das Gesetz kann die Höhe der Unterstützungen nicht festlegen, weil kein Fall dem anderen gleicht. Es geht davon aus, daß der „vollständige Unterhalt der zu unterstützenden Personen sicherzustellen" ist und normiert nur Mindestsätze, unter die nicht herab gegangen werden darf, falls überhaupt ein Unterstützungsfall vorliegt.

Diese Mindestsätze betragen:

a) für die Ehefrau im Mai, Juni, Juli, August, September, Oktober monatlich 9 Mk., in den übrigen Monaten 12 Mk.,
b) für jedes Kind unter 15 jahren sowie für jede der oben unter b) und c) bezeichneten Personen monatlich 6 Mk.

Die Geldunterstützung kann teilweise durch Lieferung von Brotkorn, Kartoffeln, Brennmaterialien usw. ersetzt werden, nicht aber etwa durch Mietezahlungen.

Es ist mit Unrecht hier und da versucht, aus dem „usw." des Gesetzes die Möglichkeit heraus zu konstruieren, Mietszahlungen an den Hauswirt hierunter fallen zu lassen. Es ist Geldunterstützung an die Frau nach dem klaren Wortlaut des Gesetzes zu leisten. Diese Geldunterstützung kann teilweise durch Brotkorn ersetzt werden, es darf aber nicht eine Zahlung von Geld an einen Gläubiger des Eingezogenen oder der Familie statt der Unterstützung erfolgen. Die Geldzahlung an die Frau hat diese zu verlangen. Das erweist auch klar die Entstehungsgeschichte des preußischen und des deutschen Gesetzes. Die Mindestunterstützung darf nicht durch Mietszahlungen oder Anrechnung gezahlter Miete gekürzt werden.

Auch Unterstützungen von Privatvereinen und Privatpersonen dürfen nach ausdrücklicher Vorschrift des Gesetzes auf die im Gesetz bezeichneten Mindestbeträge nicht angerechnet werden.

Dieses gesetzliche Verbot einer Anrechnung befand sich schon in dem preußischen Gesetz von 1850. Dort erklärten die Motive, diese Vorschrift „hat zum

Zweck, jeden Zweifel darüber zu beseitigen, daß Privatunterstützungen auf die durch das Gesetz bestimmten Unterstützungen nicht angerechnet werden dürfen". Und dennoch wird in der Praxis gegen dieses Verbot in § 5 vielfach gefehlt. Wiederholt sind Privatunterstützungen in Anrechnung gebracht. Durch diese gesetzwidrige Praxis sind humane Arbeitgeber leider veranlasst worden, ihre Unterstützungen einzustellen. Das ist bedauerlich: so viele Scherereien auch die ungerechte Praxis verursacht, läge es im Sinne des Gesetzes und im Interesse des sozialen Friedens, weiter zu zahlen und eventuell gegen die Kommissionsmitglieder, die in dieser Weise das Gesetz verletzten, auf Nachzahlung aus eigenen Mitteln zu klagen.

Sind die „Mindestsätze" Normalsätze?

Irrig ist die Praxis, die sich vielfach dahin gebildet hat, entgegen dem Gesetz die Mindestsätze als Normalsätze zu geben. Wie völlig gesetzwidrig solche Praxis ist, zeigt der Wortlaut der §§ 1,3, und 5 des Gesetzes sowie die Begründung des Gesetzes. In § 5 der Regierungsvorlage von 1888 heißt es wörtlich:

„Bei Bemessung der durch das Gesetz zu normierenden Unterstützungsbeträge ist an erster Stelle zu beachten, daß es sich nicht darum handelt, Beträge auszuwerfen, welche den vollständigen Unterhalt der zu unterstützenden Personen sicher stellen sollen, sondern diejenigen Mindestbeiträge festzusetzen, unter welche nicht herab gegangen werden darf, sobald im Einzelfall das Bedürfnis zur Verabfolgung einer Unterstützung überhaupt anerkannt worden ist.

Die Verpflichtung, in den Fällen des Bedürfnisses das über diese Beträge hinaus Erforderliche zu verabreichen, besteht daneben."

Die Begründung des Gesetzes vom 4. August 1914, das die früheren Mindestsätze für die Ehefrau von 6 und 9 Mk. Auf 9 und 12 Mk., die für die Kinder von 4 auf 6 Mk. Erhöht, wiederholt diese Begründung. Sie lautet wörtlich:

„Das Gesetz, betreffend die Unterstützung von Familien in den Dienst eingetretener Mannschaften vom 28. Februar 1888 sieht für die Familien der Mannschaften der Reserve, Landwehr, Ersatzreserve, Seewehr und des Landsturms[153], sobald diese Mannschaften bei Mobilmachungen in den Dienst eintreten, im Falle der Bedürftigkeit Unterstützungen vor. Bei Festsetzung dieser Unterstützungen ist das Gesetz davon ausgegangen, daß es sich nicht darum handelt, Beträge auszuwerfen, welche

153 Im Militärwesen des 19. Jahrhunderts wurde so das „letzte Aufgebot" bezeichnet, das alle wehrfähigen Männer bis zum 39. Lebensjahr (Landsturm I) bzw. bis zum 45. Lebensjahr (Landsturm II) einbezog, die keiner anderen Einheit des Heeres bzw. der Marine als Reservisten zugeordnet waren, siehe http://de.wikipedia.org/wiki/Landsturm, Zugriff am 19. November 2014.

den vollständigen Unterhalt der zu unterstützenden Personen sicher stellen sollen, sondern diejenigen Mindestbeträge festzusetzen, unter welche nicht herunter gegangen werden darf. Sobald im einzelnen Falle des Bedürfnis zur Verabreichung einer Unterstützung überhaupt anerkannt worden ist. Die Verpflichtung, in den Fällen des Bedürfnisses das über die Beträge hinaus Erforderliche zu verabreichen, besteht daneben. Durch die seit Erlass des Gesetzes veränderten wirtschaftlichen Verhältnisse erscheint eine Erhöhung der Beträge geboten.“

Die Mindestsätze von 9, 12 und 6 Mk. Werden nach ausdrücklicher Vorschrift des Gesetzes (§ 12) vom Reich den Lieferungsverbänden (Städte und Kreise) ersetzt, Auch hierüber hinaus kann das Reich Ersatz beschließen und auch aus den ihm am 4. August 1914 zur Verfügung gestellten 5 Milliarden Unterstützungen bewilligen.

Vielfach, so in Groß-Berlin, haben die Gemeinden einen 100prozentigen Zuschlag zu den Mindestsätzen beschlossen. Durch Zahlung dieses Zuschlags sind die Gemeinden oder Kreise keineswegs von ihrer Verpflichtung befreit, das darüber hinaus zum vollen Lebensunterhalt Erforderliche zu zahlen.

Die Verpflichtung, über die um 100 Proz. Aufgefüllten Mindestsätze hinaus zu gehen, hat auch z. B. Berlin anerkannt. In der Magistratsvorlage, die einen 100prozentigen Zuschuss zu den im Reichsgesetz fixierten Mindestsätzen vorsieht, heißt es zutreffend ausdrücklich: „Insoweit noch Lücken verbleiben sollten, wird die Gemeinde weiter eintreten müssen.“

Einige Lieferungsverbände, wie z. B. Hamburg, haben um das Vierfache der reichsgesetzlichen Mindestsätze höhere Unterstützungen als Mindestbeihilfen für die Ehefrauen seitens der Gemeinden festgelegt. In Österreich beträgt die Kriegsbeihilfe für eine Ehefrau 30, für eine Frau mit einem Kind 45 Mk.

Können die Städte oder Kreise die hiernach zur Beseitigung der Familien Eingezogener erforderlichen Mittel nicht aufbringen, so hat der Staat und das Reich einzuspringen. Die bewilligten Unterstützungen sind in halbmonatlichen Raten voraus zu zahlen.

An welche Stelle wendet man sich zwecks Unterstützung?

Die Anträge sind in Preußen in den Städten bei dem Magistrat bei den von ihm bezeichneten Stellen, auf dem Lande bei den vom Kreise bezeichneten Stellen (in der Regel dem Gemeindevorsteher) anzubringen. Die Unterstützung wird dort geleistet, wo der Unterstützungsbedürftige zur Zeit des Beginns des Unterstützungsanspruchs seinen gewöhnlichen Aufenthalt hat. Es bleibt danach also z. B. Berlin zuständig, auch wenn die Frau zu ihren Eltern in Pommern verzieht.

Vormünder haben für außereheliche Kinder den Anspruch da zu stellen, wo das Kind seinen gewöhnlichen Aufenthalt hat.

Ist Beschwerde zulässig?

Auch § 6 des Gesetzes entscheidet die Kommission, der die Stadt oder der Kreis die Gewährung der Unterstützung übertragen hat, „endgültig" über die Unterstützungsbedürftigkeit und darüber, ob und inwieweit über die Mindestsätze hinaus zu gehen ist. Sie hat auch darauf zu achten, daß Unterstützungen von Privatpersonen und Privatvereinen, sofern diese nicht auf rechtlichen Verpflichtungen beruhen, auf die Mindestsätze nicht angerechnet werden. Sind die Privatunterstützungen so hoch, daß sie eine Bedürftigkeit ausschließen, so kommen Unterstützungen überhaupt nicht in Frage, weil keine Bedürftigkeit vorliegt (§ 1 des Gesetzes). Liegt aber Bedürftigkeit auch nur im geringsten Grade vor, so dürfen die Privatunterstützungen (nicht rechtlich erzwingbare Leistungen) nicht auf die Mindestsätze zur anrechnung gebracht werden.

Das „endgültig" schließt die Beschwerde formell über die in § 6 berührten Fragen und dagegen aus, daß die Unterstützungssätze nicht ausreichen. Das hindert aber nicht eine Beschwerde, die erneute Prüfung und Abhilfe für die Zukunft verlangt, in den Städten an den Magistrat, in den Landgemeinden an den Landrat zu richten. Die Kommissionen können jederzeit erneut ein Gesuch prüfen. Die endgültige Ablehnung eines Gesuchs schließt die Bewilligung für eine spätere Zeit keineswegs aus.

Es ist ein Unding, daß die Mindestsätze plus 100 Proz. Gemeinde- oder Kreiszuschlag in der Regel ausreichen können. Die Ehefrauen bekämen danach 18 Mk. Monatlich, also einen Betrag, der nicht einmal zur Ernährung ausreicht: der preußische Staat verlangt als Ersatz für Beköstigung im Gefängnis oder Zuchthaus 1 Mk. Pro Tag. Unter 1 Mk. Täglich ist schwerlich in der Stadt eine auch nur notdürftige Ernährung möglich. Daneben ist Bekleidung, Miete, Beleuchtung, Feuerung usw. erforderlich. Durchaus berechtigt sind die Unterstützungskommissionen, mit dem Hauswirt über Erlass eines Teils der Miete zu verhandeln und neben der sonstigen Unterstützung dann Miete zu zahlen.

Wird eine bei den Aufsichtsinstanzen erhobene Beschwerde endgültig abgewiesen, so bleibt den Familienangehörigen leider nur die schwer durchzuführende, langwierige Klage gegen die Kommissionsmitglieder und gegen die Gemeinde auf Schadenersatz infolge der Gesetzesverletzung.

Hat die Witwe eines Gefallenen Anspruch auf die Unterstützung?

Ja. Das schreibt § 10 des Gesetzes ausdrücklich vor. Jedoch fällt die Unterstützung fort, sobald der Witwe und den Kindern das nach den Gesetzen von 1871 und 1874 zustehende Kriegswitwengeld oder Kriegswaisengeld gezahlt wird. Das Kriegswitwengeld beträgt für die Witwe eines Gemeinen oder Gefreiten 400 Mk., eines Unteroffiziers 500 Mk., eines Feldwebels 600 Mk. Das Kriegswaisengeld beträgt 240 Mk. Das Geld wird in monatlichen Raten gezahlt. Die Ansprüche können bei den Bezirkskommandos der Truppenteile und dem Kriegsministerium geltend gemacht werden.

6. Reichstagsrede zu Zensur und Presse am 20. März 1915[154]

1. Allgemeines über den Belagerungszustand[155]

Meine Herren, über das Thema Belagerungszustand und Presse liegt eine Resolution vor, die schließlich einstimmig angenommen ist, und die es außer Frage stellt, ebenso wie das Referat des Herrn Referenten, daß alle Abgeordneten ohne Unterschied der Parteirichtung lebhafte Klagen über den heutigen gesetzlichen und vor allen dingen über seine Handhabung haben. Es wirft sich zunächst die Frage auf: Ist denn der Belagerungszustand überhaupt zulässig, ist er zweckmäßig, welche Wirkung hat er? Ich will die Frage, ob über das ganze Deutsche Reich der Belagerungszustand verhängt oder aufrecht erhalten werden muss oder darf, gar nicht erörtern. Mir liegt vielmehr daran, besonderen Akzent darauf zu legen, welche Wirkung der Belagerungszustand hat, wenn in der Tat die Voraussetzungen des Artikels 68 zutreffen. Nach dem Artikel 68 der Reichsverfassung ist die Verhängung des Belagerungszustandes zulässig; es treten dann die Wirkungen des preußischen Gesetzes vom Juni 1851[156] ein. Nur für Bayern besteht eine Abweichung. In Bayern ist genau akzentuiert, welche Folgen der Belagerungszustand hat.

---

154 Diese Rede wurde gemeinsam mit der Rede Georg Ledebours zum Tagesordnungspunkt Jesuitengesetz, Sprachenparagraph und Vereinsgesetz von der Wahlkreisorganisation Niederbarnim als Oppositionsmaterial unter dem Titel „Unter dem Belagerungszustand" 1915 herausgegeben. Sie findet sich im AdsD, A 98–5075. Die Rede Stadthagens im Original findet sich unter http://www.reichstagsprotokolle.de/Blatt_k13_bsb00003402_00106.html, 8. Sitzung vom 20. März 1915, S. 97–106.

155 Die Kapitelgliederung wurde offensichtlich nachträglich zugefügt von Stadthagen bzw. von der Niederbarnimer SPD bei Veröffentlichung der vorgenannten Schrift, im Reichstagsprotokoll ist sie nicht zu finden.

156 Gemeint ist das Gesetz über den Belagerungszustand vom 4. Juni 1851, siehe http://www.verfassungen.de/de/preussen/pbelagerung51.htm, Zugriff am 30. September 2014.

Meine Herren, bevor ich auf die Frage übergehe, was für den anderen Teil des Reiches gilt, gestatten Sie mir, mit zwei Worten darzulegen, wie es in Bayern liegt. Bayern hat das Glück, daß diese Frage gesetzlich geregelt ist, während bei uns nur eine spätere reichsgesetzliche Regelung verheißen ist. In Bayern gilt der Artikel 68, soweit er von der Wirkung des Belagerungszustandes spricht, und insbesondere die Pressefreiheit[157] bedroht, nicht. In Bayern gilt stattdessen das Gesetz vom 5. November 1912.[158]

Nun, meine Herren, die Bayern sind dadurch in der glücklichen Lage, daß danach nur wissentlich falsche, irreführende Nachrichten über militärische Vorgänge bestraft werden können. Ich kann weiter gehen und sagen: dieses bayerische Gesetz ist eigentlich außer kraft gesetzt durch das Reichsgesetz, mit dessen Tendenz nach dieser Richtung wir alle einverstanden waren. Darüber bestanden bei uns bei Beratung des Spionagegesetzes gar keine Zweifel, daß in militärischen Angelegenheiten für den Fall des Krieges oder bei einem drohenden Kriege selbstverständlich besondere Vorsorge getroffen werden darf. Wenn es im § 10 des Gesetzes gegen den Verrat militärischer Geheimnisse heißt: „*Wer vorsätzlich während eines Krieges gegen das Reich oder bei drohendem Kriege Nachrichten über Truppen oder Schiffsbewegungen oder über Verteidigungsmittel einem vom Reichskanzler erlassenen Verbote zuwider handelt, wird mit Gefängnis, Festung bestraft*“ usw. – so bestand darüber Übereinstimmung, daß besondere Maßregeln auf rein militärischem Gebiet erfolgen können und müssen und auch ohne Strafvorschrift zu beachten sind. Der Herr Reichskanzler hat auf Grund des § 10 des Gesetzes über den Verrat militärischer Geheimnisse Ausführungsbestimmungen erlassen; er hat im „Reichsanzeiger“ in 25 Nummern dargelegt, welche dinge nicht veröffentlicht werden dürfen. Dagegen will ich mich nicht im Geringsten wenden. Es liegt also in Bayern so, daß es nur an dieses Reichsgesetz gebunden ist; denn das bayerische Gesetz vom 5. November 1912 geht nicht so weit als das Reichsgesetz. Anders liegt es im übrigen Deutschland, insbesondere in Preußen. Es ist in der Reichsverfassung erklärt, daß für den Fall der Verhängung des Bela-

---

157 Im Originaltext der Rede heißt es „Preßfreiheit“, auch in den Gesetzestextes. Diese Schreibweise habe ich zugunsten der modernen „Pressefreiheit“ etc. geändert.

158 Einen kurzen Einblick bietet http://books.google.de/books?id=n3SgF5QRaFcC&pg=PA126&lpg=PA126&dq=Bayerisches+Gesetz+%C3%BCber+den+Belagerungszustand&source=bl&ots=hhnP8ZXMUi&sig=TwIiue1qE5y-DS0PX1DL0igiHio&hl=de&sa=X&ei=xk0qVMXPMtPgap3fgKAK&ved=0CCAQ6AEwADgU#v=onepage&q=Bayerisches%20Gesetz%20 %C3%BCber%20den%20Belagerungszustand&f=false, Zugriff ebendann.

gerungszustandes die Wirkungen eintreten sollen, die in dem preußischen Gesetz vom 4. Juni 1851 ausgedrückt sind.

Was speziell die Presse anlangt, so ist im Paragraph 30 des Pressegesetzes folgendes bestimmt – ich bitte die Herren, darauf zu achten, weil die vollkommen verkehrte, irrige, durch nichts gerechtfertigte Anschauung in weiten Kreisen verbreitet ist, als ob alle Gesetze von den Oberkommandierenden aufgehoben werden können; ich habe mich gefreut, daß selbst das preußische Abgeordnetenhaus diesen Irrtum einsieht –, also der § 30 des Pressegesetzes bestimmt:

„Die für die Zeiten der Kriegsgefahr, des Krieges, des Belagerungszustandes oder innerer Unruhen in Bezug auf die Presse bestehenden besonderen gesetzlichen Bestimmungen bleiben auch diesem Gesetz gegenüber bis auf Weiteres in Kraft."

Daraus folgt, daß für den Fall des Belagerungszustandes, gleichgültig, ob in Preußen rein schematisch ein Aufhören des Artikels 27 der preußischen Verfassung[159] erfolgt oder nicht, die für diesen Fall bestehenden besonderen gesetzlichen Bestimmungen in Kraft bleiben; aber weiter nichts. Es ist durchaus irrig, anzunehmen, daß irgendwo in deutschen Landen, dem Lande, das jetzt um seine Freiheit kämpft, ein gesetzlicher Zustand jetzt dahin besteht: die Pressefreiheit ist aufgehoben.

Meine Herren, die Garantie, daß nach keiner Richtung hin irgend eine Behörde über bestimmte im Gesetz angeführte Punkte hinaus in die Presse eingreifen darf, ist beseitigt. Aber im Übrigen besteht die Pressefreiheit. Wer diese angreift, gleichviel von welcher Seite es kommt, muss sich innerhalb der bestehenden Gesetze und Verordnungen halten, wie das auch das preußische Abgeordnetenhaus anerkannt hat. Es darf nicht an deren Stelle Willkür setzen. Ich bedauere, daß man überhaupt den Belagerungszustand bezüglich der Presse erklärt hat, als ob nicht das Vertrauen bestehen müsste, daß die Presse selbstverständlich ihre Pflicht täte. Das ist eine Bevormundung, die in militärischen Dingen vielleicht irgendwie angebracht erscheint – ich bin anderer Ansicht – aber unter keinen Umständen über den Kreis militärischer Angelegenheiten hinausgehen darf.

Was ist nun die Wirkung des Belagerungszustandes? Es geht die vollziehende Gewalt auf die Militärbefehlshaber über, die vollziehende Gewalt, nicht aber die gesetzgebende Gewalt. Der Militärbefehlshaber sich im Rahmen der Gesetze zu halten. Er hat kein Recht, gegen das Gesetz vorzugehen. Tut er es, so ist er schaden-

---

159 Artikel 27 der Verfassung von 1848/50 erklärte die Pressefreiheit und die Meinungsfreiheit und beschränkt die Möglichkeiten ihrer Einschränkung, siehe http://www.documentarchiv.de/nzjh/verfpr1850.html, Zugriff ebendann.

ersatzpflichtig. Ich nehme auch an, daß eine Reihe von Fällen nach dem Kriege vor das Reichsgericht kommen werden. Das Reichsgericht hat ja mit voller Klarheit erklärt, daß der ganz verkehrte, selbst für das Völkerrecht nicht zu billigende Grundsatz „inter arma silent leges" – „während die Waffen sprechen, haben die Gesetze zu schweigen" – sowohl der Gesittung im Allgemeinen wie speziell der deutschen Gesittung zuwider laufe. Ich habe mich gefreut, daß das Reichsgericht mit voller Schärfe betont hat: selbst völkerrechtliche Verträge bleiben nach deutscher Auffassung bestehen während des Krieges. Früher war dies auch allgemein die Ansicht.

Die älteren Herren werden sich entsinnen, was für ein Schrei der Entrüstung mit Recht durch Deutschland und die gesittete Welt ging, als im Jahr 1870 die Deutschen aus Frankreich ausgewiesen wurden. Damals hieß es, das sei ein Bruch der Gastfreundschaft, die auch im Kriege bei allen gesitteten Völkern heilig zu halten sei. Selbstverständlich ist, daß die Art und Weise, wie das Völkerrecht und die Gesittung von unseren Feinden gebrochen ist, bei uns keine Anerkennung finden darf. Wir haben eben das Recht und die Gesittung, für die wir kämpfen, bei uns nicht verletzen zu lassen. Ich habe mich gefreut, daß das Reichsgericht diesen Grundsatz ganz scharf betont. Aber es kann allerdings vorkommen, daß unter dem Belagerungszustand Fälle eintreten, die gegen die Gesittung, gegen das Recht verstoßen, sowohl was die persönliche Freiheit wie die Pressefreiheit betrifft.

Sie entsinnen sich, daß ein russischer Techniker, Heinrich Conzeff, im Oktober v. J. In Berlin unter Anklage der Majestätsbeleidigung stand und von dem Gericht freigesprochen wurde, weil das Moment, daß er die Tat mit Überlegung begangen habe, ausgeschieden werden müsse. Man kann sich freuen über diese Objektivität, die auch dem Angehörigen eines feindlichen Landes gegenüber bei uns in Deutschland vor einem deutschen Gericht besteht. Kurz darauf erklärten einige Zeitungen, die öfters unter der Spitzmarke „Aus geschätzten Kreisen wird uns geschrieben" aus Polizeikreisen Nachrichten erhalten, ihre patriotische Entrüstung darüber, daß ein deutsches Gericht deutschem Recht und deutscher Gesittung entsprechend verfahren sei. Was erfolgte? Der Staatsanwalt legte Revision ein und der Oberbefehlshaber ordnete die Verhaftung des Freigesprochenen an. Gestern stand die Sache vor dem Reichsgericht an, und ich freue mich, mitteilen zu können, daß dieses genau so gerecht wie das Landgericht entschieden und die Revision der Staatsanwaltschaft verworfen hat. So urteilen mit Recht deutsche Gerichte: wenn wir Gesittung und Recht von den Freunden verlangen, müssen wir Gesittung und Recht auch bei uns halten. In weiten Kreisen des Vaterlandes ist es als ein Schlag gegen das Gerechtigkeitsgefühl empfunden worden, als geschrieben wurde, man müsse einen Russen, der in Deutschland freigesprochen ist, im Interesse seiner eigenen Sicherheit einlochen. Der Betreffende ist, glaube ich, noch heute in Haft; ich weiß es nicht, ich kenne die näheren Umstände nicht. Meine Herren, das ist ein Eingriff, der nicht nur den Ausländern, sondern auch den Inländern droht. Ich habe das angeführt, damit Sie sehen, daß die Gerichte die verkehrte Anschauung „inter arma silent leges" nicht verteidigen, sondern auch während des Kriegszustandes der Gesittung und dem Recht Geltung verschaffen. In einem Volke, das um Gesittung und Recht und Freiheit kämpft, darf nichts Anderes als Recht und Gerechtigkeit herrschen, nicht Willkür, nicht Hass gegen Angehörige fremder Staaten.

2. Die Presse unter dem Belagerungszustand

Auch der Presse dürfen nur innerhalb des Rahmens des Gesetzes Beschränkungen auferlegt werden. Sie haben gestern gehört, daß alle Parteien über die Ungleichmäßigkeit in der Behandlung der Presse klagen. Ich darf für die sozialdemokratische Presse sagen, daß diese am meisten unter der Ungleichmäßigkeit der Behandlung zu leiden hat, einer Ungleichmäßigkeit, die durchaus nicht allein dadurch gerechtfertigt werden kann, daß wenig geeignete Personen das Zensoramt ausüben.

Der Herr Reichskanzler hat neulich erklärt, der Reichskanzler sei zwar für die Verhängung des Belagerungszustandes verantwortlich, aber er könne nichts machen, wenn dem Recht entgegen irgendwo die Presse oder die persönliche Freiheit kujoniert[160] wird. Diese Auffassung ist grundfalsch. Die Oberbefehlshaber in den einzelnen Korpsbezirken handeln doch nur als ein Teil der Regierung und müssen von den obersten Regierungsstellen abhängig sein. Ich bedauere, daß die Kommission nicht einstimmig gefordert hat, schon jetzt klar und deutlich ein Verbot, eine Beschränkung der Presse für unzulässig zu erklären, es sei denn, daß der Reichskanzler als Behörde fungiere.

Meine Herren, wie liegt es denn nach den bestehenden Gesetzen? Nach dem Belagerungsgesetz darf der Oberbefehlshaber Ausnahmebestimmungen nur im Interesse der öffentlichen Sicherheit treffen. Im Laufe meiner Darlegungen werde ich gestatten, Ihnen eine Reihe von Fällen anzuführen, wo man wirklich sagen muss: es liegt doch nicht eine Spur, eine Ahnung, ein Atom von einer Gefährdung der öffentlichen Sicherheit vor, und trotzdem schreitet irgend ein Oberbefehlshaber ein. Meistens – ich nehme an, in der Regel – weiß der Oberbefehlshaber überhaupt nicht, was alles für Bestimmungen in seinem Namen ergangen sind, insbesondere gegen die Presse ergangen sind. Wir haben da als Helfer des Oberbefehlshabers einen Haufen Herren, die alles andere kennen mögen, nur nicht die

160 „Kujonieren" ist ein schwaches Verb – [bei der Arbeit] unwürdig behandeln, schikanieren, unnötig und bösartig bedrängen, siehe http://www.duden.de/suchen/dudenonline/kujonieren, Zugriff am 1. Oktober 2014.

Presse, nur nicht die Technik und Aufgabe der Presse, nur nicht das Verantwortlichkeitsgefühl der Presse, sondern die da wähnen, man könne der Presse ebenso einen Befehl erteilen, wie ein Offizier dem Untergebenen, und damit basta. Meine Herren, diese Klagen sind nicht nur von unserer Partei zu erheben, sie sind von den Pressevertretern aller Parteirichtungen erhoben worden. Wir haben das in der Provinz und ebenso in Berlin beobachtet. In Berlin, das eigentlich die Hauptstadt der Intelligenz sein soll, scheint es so zu sein, als ob im Interesse der öffentlichen Sicherheit die Intelligenz hier festgehalten wird, damit etwas Intelligenz in Berlin bleibt. Da haben wir in der Presseabteilung einen Bankier, einen Rechtsanwalt, einen Ministerialdirektor, einen konservativen Abgeordneten; wir haben Mitglieder des ehemaligen Reichsverbandes zur Bekämpfung der Sozialdemokratie; wir haben vor allem Polizeiräte von der politischen Polizei, die den Brei kochen. Einer weiß nichts vom Anderen. Es kommt wohl mindestens wöchentlich ein Mal vor, daß einer Zeitung in Berlin etwas verboten wird, was der anderen erlaubt ist. Am folgenden Tag darf die Zeitung von der anderen Zeitung das nachdrucken, was ihr selbst verboten war, zu drucken. Es ist ja mehrfach erklärt worden, daß ein Versehen vorlag; es ist aber nur merkwürdig, daß das Versehen meist zuungunsten der Sozialdemokratie stattfindet oder zuungunsten irgend einer Zeitung, die nicht ganz im Sinne einer bestimmten Richtung ist.

3. Die sozialdemokratische Provinzpresse

In der Provinz ist es ebenso. Auch dort hat man die Empfindung, als ob schikanös vorgegangen wird. So sind aus Breslau, Magdeburg, Danzig, Königsberg, Braunschweig, Bochum, Kattowitz, Apenrade[161], Solingen, Elberfeld, Düsseldorf, Essen usw. lebhafte und gerechtfertigte Beschwerden gekommen. Sie sind ja zum Teil abgestellt worden. Als Beispiel habe ich ein Verbot der Presse anzuführen, das „im Interesse der öffentlichen Sicherheit" erlassen ist. Mein Parteifreund Giebel hält eine Rede über die Ernährungsfrage, in der er erklärt, daß wir durchaus im Stande sind, auszuhalten, daß wegen einer Aushungerung nicht die geringste Befürchtung vorhanden zu sein braucht, und hebt dabei hervor, daß die Preise viel zu hoch gebracht worden seien. Ein Bericht darüber kommt in die „Danziger Volkszeitung"; die Zeitung wird verboten. Liegt es im Interesse der öffentlichen Sicherheit, die Klarstellung zu verbieten, daß wir nicht ausgehungert werden können? In der „Königsberger Volkszeitung" feiert man die Siege, die wir über die Russen

161 Ehemaliger Kreis mit der gleichnamigen Stadt in Schleswig, der nach den Bestimmungen des Versailler Vertrages 1920 an Dänemark abgetreten wurde, siehe http://de.wikipedia.org/wiki/Kreis_Apenrade, Zugriff ebendann.

errungen haben, und freut sich darüber, daß das Volk, das das Wahlrecht und das Koalitionsrecht hat, über das Volk ohne Wahlrecht und ohne Koalitionsrecht gesiegt hat. Schon kommt ein Verbot: im Interesse der öffentlichen Sicherheit darf man sich nicht über Siege freuen, die über die Russen errungen worden sind?

In Braunschweig wird ein Redakteur verhaftet und ihm dann das Ehrenwort abgenommen, er solle nicht mehr schreiben. Es scheint so zu sein, als wenn der dortige Zensor, überhaupt die Zensoren annehmen: würdest Du, wenn Du überhaupt eine Zeitung abonnierst, diese Zeitung abonnieren? – und wenn er zu dem Resultat kommt: nein, der Artikel gefällt mir nicht, schwapp kommt ein Verbot oder gar die Verhaftung. Das ist rechtswidrig, und nach dem Kriege werden sich die weiteren Folgerungen in Schadensersatzprozessen daraus ergeben müssen.

Die Hauptsache ist aber, daß schon während des Krieges solche Fälle verhindert werden sollten, und daß die Regierung gegenüber den Oberbefehlshabern das Recht haben sollte, einzuschreiten. In Kattowitz erklärte der Zensor gegenüber der oberschlesischen „Freien Presse", er habe keine Zeit vor 3 Uhr – die Zeitung erscheint vor 3 Uhr –, erst nach 3 Uhr habe er Zeit für die sozialdemokratische Presse. Für die andere hatte er Zeit. Ist das im Interesse der öffentlichen Sicherheit, daß der Zensor keine Zeit hat, sein Amt zur rechten Zeit und unparteiisch auszuüben? Man kann wirklich bitter werden, wenn man an die einzelnen Fälle denkt. Ich sagte vorhin, die Herren Oberkommandierenden wissen ja selbst meist nicht, was vorgekommen ist. Ich kann Ihnen dafür praktische Beispiele anführen: Es ist über die sozialdemokratischen Blätter in Solingen, Elberfeld, Düsseldorf usw. die Präventivzensur[162] verhängt worden. Mein Parteifreund Dittmann[163] beschwert sich und hatte das Glück, den Oberbefehlshaber, Herrn General v. Bissing, selbst zu sprechen. Dieser Herr sagt ganz erstaunt, er habe noch über kein Blatt die Zensur verhängt. Verhängt war sie von einem untergeordneten Organ. Aber, meine Herren, die Zensur steht nur bei dem Oberbefehlshaber, nicht aber bei einem Regierungspräsidenten oder sonstwem. In diesem falle ist auch Remedur[164] geschaffen worden.

162 Zur Präventiv- oder Vorzensur siehe http://www.unet.univie.ac.at/~a0404311/Definitionen.htm, Zugriff ebendann.

163 Wilhelm Dittmann (1874–1954), siehe http://www.fes.de/archiv/adsd_neu/inhalt/nachlass/nachlass_d/dittmann-wi.htm, Zugriff ebendann.

164 Remedur meint Abhilfe, siehe http://www.duden.de/rechtschreibung/Remedur, Zugriff ebendann.

4. Der „Vorwärts“ und die Zensur

Viel schlimmer noch als in der Provinz steht es in Berlin. Der Generalstab hat angeordnet, daß das, was in Berlin zensiert ist, als zensiert auch für die Provinz gelten müsse. Die Herren aus der provinz- klagen aber, daß das immer noch nicht durchgeführt ist. Das ist unerhört. Ich frage: liegt es im Interesse der öffentlichen Sicherheit, gegen die Anordnung des Generalstabs vorzugehen? In Berlin aber gilt auch nicht als zensiert, was in der Provinz zensiert ist. Hier muss auch alles dasjenige vorgelegt werden, was in der Provinz zensiert worden ist. Wir haben hier die größte Zahl von Zensoren, Lektoren, Polizisten und was weiß ich noch. Viele Köche scheinen nicht nur den Brei nicht schmackhaft zu machen, sondern ihn sogar zu verderben. In Berlin ist erklärt worden: nur militärische Zensur, keine politische Zensur besteht. Die Tatsachen sprechen doch anders.

Es ist vom Burgfrieden gesprochen. Wenn unter diesem verstanden werden soll, daß das Maß von liebenswürdiger Form, welches jeder Kulturmensch in der Sprache anwendet, auch während des Krieges herrschen soll und daß die eigene Weltanschauung ausgesprochen werden darf, so kann man damit einverstanden sein. Ich freue mich, in dieser Richtung mit der „Deutschen Tageszeitung“ überein zu stimmen. Dieses Blatt schrieb einmal, der Burgfriede könne doch nicht so dekretiert werden, daß die Kennzeichnung des eigenen Standpunktes und der eigenen Weltanschauung verboten sei, sondern nur so, daß Angriffe gegen andere Parteien zu unterlassen seien. Die Praxis in Berlin geht aber nicht nur dahin, daß man alle möglichen Verbote kleinlichster Art erlässt, sondern sie wird auch in recht scharfer Weise angewendet, wenn der eigene, vom Zensor nicht geteilte Standpunkt zum Ausdruck gelangt, und das auch auf Gebieten, die mit militärischen Angelegenheiten nichts zu tun haben. Die Resolution wendet sich ja auch gegen die Parteilichkeit. Ohne jede Zensur würde die Presse selbstverständlich im Interesse der öffentlichen Sicherheit und im Interesse unseres Vaterlandes handeln und schreiben. Die Presse darf nicht bevormundet werden, und es darf nicht in nicht militärischen Angelegenheiten ein Militär oder die Polizei zusprechen haben oder gar eine andere Ansicht diktiert werden.

Es ist nicht möglich, alle meine Beschwerden vorzubringen. Wenn ich all die Striche und die Nichtzulassungen, die hier allein in Berlin dem „Vorwärts“ gegenüber vom Zensor dekretiert sind, mit dem Manuskript vorlegen wollte, würde es ungefähr 5 Meter hoch sein. Daß ich das nicht tun werde, ist selbstverständlich; aber für die Art der Handhabung der Zensur möchte ich doch einige charakteristische Züge anführen. Ich habe schon bemerkt, daß ein Zensureingriff in die Pressefreiheit nach dem Gesetze nur dann zulässig ist, wenn dies im Interesse er öffentlichen Sicherheit erforderlich ist. Wir wollen einmal an einigen Beispielen sehen, wie in Wirklichkeit verfahren wird.

Am 4. August nahm der „Vorwärts“ Stellung gegen Tatarennachrichten[165] – heute machen es alle! – Es waren ja ganz unverantwortliche Schwindelnachrichten, die die Bevölkerung erregen mussten, in die Welt gesetzt worden. Diesen trat nun der „Vorwärts“ entgegen und wies darauf hin, daß für die sensationelle Verbreitung derartiger Meldungen, die den Stempel der Erfindung an der Stirn tragen, nichts Anderes maßgebend sein kann als profitlüsterne Sensationslust oder „was vielleicht ebenso nahe liegt, der Versuch einer unlauteren Stimmungsmache. Man kann derartigen Nachrichten gegenüber gar nicht vorsichtig genug sein.“ Am 4. August wurde darauf der Vertreter des „Vorwärts“ von dem Vertreter des Oberbefahlshabers vorgeladen, und es wurde ihm gesagt, so dürfe man nicht schreiben. Auf die Frage des Vertreters des „Vorwärts“: Warum denn nicht?, wurde eurde erwidert: ja die Einheit der Begeisterung wird dadurch erheblich beeinträchtigt! Also die Einheit der Begeisterung soll beeinträchtigt werden, wenn man gegen Lügen auftritt? Das Gegenteil ist der Fall. Wir alle müssen gegen solche Nachrichten auftreten; es entspricht dem Ernst der Situation, daß man überall den Schwindelmachern entgegen tritt. Eine Stunde nach dieser Unterredung, von der ich eben sprach, hat der Generalstab mit Vertretern der Presse eine Besprechung gehabt und da dieselbe Stellung eingenommen wie der „Vorwärts“.

Dann kam in ähnlicher Weise die Spionenfurcht, die sogenannte Spionitis, die Jagd auf Automobile. Auch dagegen hat der „Vorwärts“ Front gemacht. Und wieder wurden ihm vom Oberkommando Vorhaltungen gemacht: wie kann man solchen Nachrichten entgegen treten? Der Redakteur des „Vorwärts“ erklärte, daß es unbedingt notwendig gewesen sei. Kaum aber war die Verwarnung des Oberkommandos ergangen, so erließ der Generalstab dieselbe Warnung wie vorher der „Vorwärts“. Dann wurden allerdings die Verwarnungen des Oberkommandos zurück genommen. Da muss man doch doch fragen: kann es denn im Interesse der öffentlichen Sicherheit liegen, daß gegen das, was der Generalstab im Interesse der Landesverteidigung anzuordnen für notwendig hält, seitens des Oberbefehlshabers in dieser Weise vorgegangen wird?

Nach unserer Meinung sind falsche Gerüchte, übertriebene Gerüchte zu bekämpfen, und wir befanden uns bei diesem Kampf gegen Übertreibungen und Schwindel in Übereinstimmung mit der amtlichen Warnung des Generalquartiermeisters. Es kann gar nichts Schlimmeres geben, als eine gewissenlose, sen-

165 Bezeichnung für eine bewusst gefälschte Nachricht, siehe http://de.wikipedia.org/wiki/Tatarenmeldung, Zugriff am 2. Oktober 2014.

sationslüsterne Übertreibung der amtlichen Nachrichten vom Kriegsschauplatz. Wir sollen froh sein über die großen Siege, die wir errungen haben; aber durch Lügen noch weitere hinzu zu fügen, das wollen wir dem Auslande überlassen! Nun, meine Herren, der „Vorwärts" publizierte eine Warnung vor solchen falschen Gerüchten, die auf angeblichen Mitteilungen des Generalquartiermeisters beruhten. Es geschah dies ganz im Sinne der eben von mir gegebenen Darlegungen. Der „Vorwärts" setzte hinzu, daß plötzlich ganz komische Gerüchte in Berlin entstanden seien. Es hieß auf einmal – am 11. August – Belfort sei genommen, als wir bei Mühlhausen einen Sieg errungen hatten. Die letztere zutreffende Tatsache war durch Schutzleute verkündet worden. Nun, bei mündlichen Verkündigungen ist es ja leicht, daß Einzelnes überhört und Einzelnes falsch verstanden wird. Auf einmal hieß es, sieben Armeekorps seien gefangen genommen worden und vernichtet. Belfort sei genommen usw. Wir wandten uns dagegen und wiesen auf die Wahrscheinlichkeit der Entstehung solcher Gerüchte hin. Was war die Folge? Eine Vorladung vor die Polizei unter verantwortlicher Vernehmung mit nachfolgender Verwarnung. Solche Artikel, hieß es, dürften nicht erscheinen. Auf Beschwerde hat dann allerdings die vorgesetzte Behörde erklärt, daß diese Verwarnung ungerechtfertigt war. Der Redakteur machte den Polizeipräsidenten bei seiner Vernehmung darauf aufmerksam, daß es im Interesse der Heeresleitung liege, solche Mahnungen zu erlassen. Es wurde ihm nach Beschwerde bei der oberen Stelle dann vom Polizeipräsidenten erwidert: „Von Ihrer Erklärung, daß Ihnen nur darum zu tun war, im Interesse der Heeresleitung selbst der Entstehung schädlicher Gerüchte vorzubeugen, habe ich Kenntnis genommen; ich betrachte damit die Sache als erledigt". Das war die ganze Entschuldigung des Polizeipräsidenten.

Dann wurde ein zweites Mal – immer noch im August – der „Vorwärts" vor das Oberkommando geladen. Er hatte damals in einem Artikel mitgeteilt, wie die Sachlage bezüglich der Mieter liegt, und ist der damals falschen Darlegung des Oberpräsidenten entgegen getreten, die in verschiedenen Amtsblättern unter Ausfällen gegen den „Vorwärts" enthalten war. „Irreführung der Mieter durch Amtsblätter" war die Überschrift des Artikels. Ich will hervor heben, daß die Ansicht, die hier in dem Artikel ausgedrückt ist, nachher von allen hiesigen Gerichten als zutreffend erachtet worden ist im Gegensatz zu der Ansicht des Oberpräsidenten. Es wird aber dem Redakteur auf dem Oberkommando ein Protokoll verlesen, der Oberbefehlshaber könne nicht zulassen, daß derartige Artikel losgelassen werden. Mündlich wird geltend gemacht: die Presse muss doch die Bevölkerung aufklären, wie die Rechtslage ist. Ja, darüber kann man verschiedener Meinung sein, heißt es, aber Sie dürfen die obersten Zivilbehörden nicht irgendwie angreifen, dürfen überhaupt keine Kritik üben an den Maßnahmen der Regierung oder irgend einer Behörde. Ja, meine Herren, ist das Pressefreiheit? Wird dadurch die öffentliche Sicherheit gefährdet, daß man in Rechtssachen die richtige Aufklärung schafft? Wunderbar!

Es geht weiter. Es wird ein Fall, der wahrheitsgemäß ist, mitgeteilt ohne jedes böse Wort, daß ein Hausbesitzer Ehrlich gegen die Frau eines Kriegsteilnehmers derart vorgegangen ist, daß er die Zwangsvollstreckung mit Arrest vorgenommen hat und außerdem erwirkt hat, sie soll Mitte September die Wohnung mit Laden räumen. Das wird im „Vorwärts“ angeführt. Es kommt darauf vom Oberbefehlshaber die Mitteilung, es befinde sich da in unserer Zeitung ein Artikel, in dem der Hausbesitzer Ehrlich öffentlich beschuldigt wird, gegen die Ehefrau eines seiner Mieter rigoros vorgegangen zu sein, die Räumung durchgesetzt zu haben. Aus einer Erklärung, die der Gerichtsvollzieher abgegeben habe, ergäbe sich, daß der Vorwurf gegen Ehrlich unbegründet sei. Die Aufnahme einer Berichtigung sei von uns, dem „Vorwärts“, abgelehnt worden. Eine solche aber werde noch geschuldet, sie sei notwendig. „Ich ersuche hiermit“, heißt es dann wörtlich, „den gegen Ehrlich öffentlich erhobenen Vorwurf zurück zu nehmen, und knüpfe daran die Mahnung, derartige Erörterungen, die geeignet sind, die einzelnen Gruppen der Bevölkerung gegen einander zu verstimmen, entweder ganz zu unterlassen oder doch nur dann aufzunehmen, wenn die tatsächliche Richtigkeit und Zuverlässigkeit festgestellt ist“. Meine Herren, Verstimmung bestimmter Gruppen der Bevölkerung dadurch, daß man hier zugunsten einer Kriegerfrau eingetreten ist, gegen die entgegen dem Gesetz vorgegangen ist! Es ist darauf dem Oberbefehlshaber erwidert worden, daß die „Berichtigung schon deshalb nicht aufgenommen werden konnte, weil der „Vorwärts“ grundsätzlich es ablehnen muss, strafbare Handlungen zu begehen. Die Aufnahme jener „Berichtigung“ wäre eine strafbare Handlung gewesen, denn sie wimmelte von bösen Beleidigungen und Verleumdungen gegen die arme Frau, deren Mann im Felde war. Die Antwort führt dann aus, daß zu einer Zurücknahme des angeblich gegen den Hausbesitzer erhobenen Vorwurfs nicht der geringste Grund vorliege. Es heißt in der Antwort schließlich:

„Die Darlegungen des „Vorwärts“ sind nach keiner Richtung hin geeignet, die einzelnen Gruppen der Bevölkerung gegen einander zu verstimmen. Der Hausbesitzer Ehrlich ist keine Gruppe der Bevölkerung, und die tatsächliche Richtigkeit des im „Vorwärts“ dargelegten ist auf das Zuverlässigste festgestellt.“

Meine Herren, bis heute ist die Mahnung noch nicht zurück genommen. Im Interesse der Gruppe der Bevölkerung, die dargestellt ist durch den Hausbesitzer Ehrlich, sollten wir die Wahrheit zurück nehmen! Ist es nicht zutreffend, solch Verfahren als parteiisch und schikanös zu erachten? Ist das im Interesse der öffentlichen Sicherheit? Ist wirklich eine Klasse der Bevölkerung der einzelne Hausbesitzer, der ein Unrecht begeht? Soll man denn die Ansicht aufkommen lassen, als ob seitens der Behörden gegen die Interessen der arbeitenden Klassen der Bevölkerung, gegen die Frauen der Kriegsteilnehmer vorgegangen wird?

Meine Herren, es wird dann Anfang September der „Vorwärts" geladen. Auch der Zensurbehörde haben acht Artikel nicht gefallen. Hier sind sie. Es ist in ihnen nicht das Geringste, das anders als im Interesse der Bevölkerung und des Vaterlandes geschrieben ist. Zwischendurch wurde der „Vorwärts" in den „Neuesten Nachrichten" mit der Einleitung angegriffen: „Von geschätzter Seite wird uns geschrieben". Ich sagte schon vorhin: Diese Seite ist gewöhnlich eine der Polizei recht nahe stehende Seite. Eine Antwort auf Angriffe wird aber dem „Vorwärts" unmöglich gemacht, ja direkt verboten. Und das recht häufig. Wiederholt griffen bürgerliche Blätter die Sozialdemokratie und speziell den „Vorwärts" an; es wurde ihm von der Zensurbehörde dann verboten, zu antworten. So auch gegenüber einem Artikel, in dem die Arbeiter als Personen bezeichnet wurden, denen man die Gleichberechtigung auch nach dem Kriege vorenthalten müsse. „Kritik ist nicht erlaubt; es ist verboten, zu antworten; der Oberbefehlshaber selbst oder der betreffende Polizeirat wird schon das Nötige tun", heißt es dann schleunigst telefonisch dem „Vorwärts" gegenüber. Und so geht es bis an den heutigen Tag. Es gehen Angriffe auf Angriffe gegen die Sozialdemokratie und die Interessen der Arbeiter; und es wird dem „Vorwärts" verboten, zu antworten. Ist das unparteiisch?

Da kommen die Bestrebungen, die Preise für Nahrungsmittel und für Rohstoffe hinauf zu setzen; diese Bestrebungen werden in einer Zeitung, entgegen dem Allgemeininteresse propagiert. Sofort erklingt das Zensurtelefon: der „Vorwärts" dürfe nicht darauf antworten, dürfe nicht sagen, daß das eine Auswucherung ist! Als mein Freund Wurm[166] sich in der Stadtverordnetenversammlung gegen diese Preistreiberei wandte, kam sofort das Telefon an den „Vorwärts". „Es darf über die Stadtverordnetenversammlung nicht eher berichtet werden, als bis der Bericht dem Oberkommando eingereicht ist."

Das Oberkommando strich dann Stellen, die sich im Interesse der arbeitenden Bevölkerung gegen diese Hinaufsetzung der Preise wandten. Meine Herren, gibt es ein Gesetz, das den Oberbefehlshaber dazu berechtigte? Nein, denn dann kann

---

166 Emanuel Wurm (1857–1920), Mitglied der SPD und ab 1917 der USPD, war ein enger Freund Stadthagens, ebenfalls ein jüdischer Berliner und wie Stadthagen Mitglied des Reichstages und der Berliner Stadtverordnetenversammlung. Er gab seit 1894 das „Volkslexikon" heraus, eine Enzyklopädie für die Arbeiterschaft. Siehe http://de.wikipedia.org/wiki/Emanuel_Wurm, Zugriff am 7. Oktober 2014; Czitrich-Stahl, Eine herausragende Enzyklopädie für die Arbeiterklasse. Das „Volks-Lexikon", in JahrBuch für Forschungen zur Geschichte der Arbeiterbewegung 2014/II, S. 227 ff.

man doch nicht behaupten, es liege im Interesse der öffentlichen Sicherheit, die Preise hinauf zu schrauben und ein Auftreten gegen den Wucher zu verhindern!

Feldpostbriefe müssen nach dem Reichskanzleredikt ja zur Zensur vorgelegt werden. Nun ist es oft vorgekommen, daß bürgerliche Zeitungen eine Fahne, auf der stand: „nicht gestattet“, als gestattet angesehen haben und abgedruckt haben. Es ist hier in Berlin diesen Blättern gegenüber nichts weiter darauf geschehen, höchstens gemahnt. Da passierte auch dem „Vorwärts“ einmal ein solches Versehen, ein erklärliches Versehen, weil auf der zweiten Fahne eine Menge gestrichen und korrigiert war; der Redakteur hielt deshalb den Feldpostbrief für genehmigt, weil sonst ja nichts korrigiert worden wäre. Nachher hat sich heraus gestellt durch Mitteilung auf dem Zensuramt: der Zensor hatte erst die zweite, dann erst die erste Fahne gelesen, also von hinten, die zweite Fahne durchkorrigiert, die erste nachkorrigiert; jedenfalls ein seltsames, auffälliges Verfahren. Der Brief selbst war ein ganz unverfänglicher. Aber wegen des mindestens dem Zensor so stark wie dem „Vorwärts“ zur Last fallenden technischen Versehens wurde der „Vorwärts“ auf drei Tage verboten.

Wir fragten, warum nicht auch die anderen Blätter, denen ähnliche und stärkere Versehen passiert waren, verboten wurden. „Ja, diese Bestimmung ist erst jetzt ergangen“. – „Warum auf drei Tage?“ – „Ja, das ist jetzt allgemein, ein Tag ist zu wenig“. – Aber wo steht denn, daß ein solches Verfahren, ein Arrest einer Zeitung zulässig ist?“ – Meine Herren, das steht nirgends, ein solches Verbot ist gesetzwidrig. – „Die drei Tage gelten jetzt für alle Zeitungen“, hieß es damals uns gegenüber. Seitdem sind hier in Berlin zehn verschiedene Zeitungen – ich will sie nicht aufführen, weil ich nicht etwa gegen sie rege machen will – die sich viel schärfer verfehlt hatten als wir damals, entweder gar nicht vorgeladen wurden, oder es ist ihnen nur eine Mahnung gegeben worden, sie möchten es das nächste Mal nicht wieder tun; so erst gestern einer sehr rechts stehenden Zeitung.

So wird gegenüber dem „Vorwärts“ vorgegangen, sobald ihm ein kleines technisches Versehen passiert. Ist das „im Interesse der öffentlichen Sicherheit“ erforderlich? Weiter: vorgegangen wird wegen eines technischen Versehens seitens einer Behörde, die selbst zugeben muss, daß bei ihr tagaus tagein Versehen passieren, daß z. B. ein Zensor verbietet, was der andere erlaubt – eine Behörde, die danach eigentlich allemal drei Tage außer Kraft gesetzt werden müsste, wenn sie ihren eigenen Grundsatz befolgte!

Ich hatte vorhin eine Mahnung, die gegenüber dem „Vorwärts“ vom 2. September erfolgte, des Näheren darzulegen vergessen. Es wurde dem „Vorwärts“, ohne ihn vorher gehört zu haben, schriftlich auf dem Oberkommando eröffnet, es dürfe nicht in dem Sinne geschrieben werden, wie das in acht Artikeln geschehen war. Diese Artikel waren wahrlich unbedenklich. Aber sie passen irgend einem Zensor nicht, weil der eine andere Weltanschauung hatte. Auf die Vorhaltung von unserer Seite: Sie werden uns doch unsere Weltanschauung nicht nehmen wollen!" hieß es: „Nein, nein, Ihre Weltanschauung, Ihre politische Überzeugung können Sie behalten" – es wurde nicht hinzugefügt: „aber Sie dürfen Sie nicht aussprechen!" – „aber die Artikel stören die Einigkeit der Begeisterung" – Von unserer Seite wurde dargelegt: Nein, das ist nicht wahr. Das was wir hier kritisieren, das ist der Talmipatriotismus[167], gegen den wir uns wenden müssen, der Radau- und Hurrapatriotismus, der dem Ernst der Situation durchaus nicht entspricht. Wir haben durchaus recht, wir sind die wahren Patrioten, wir sind die richtig patriotisch Begeisterten, wenn wir überhaupt dieses Wort gebrauchen wollen. – „Ja", hieß es dann, „das mag sein, der Oberbefehlshaber hat bereits, ohne uns vorher gehört zu haben, verfügt, solche Artikel dürfen nicht wieder vorkommen, es muss eine Erklärung abgegeben werden, sonst werden Maßregeln gegen den „Vorwärts" ergriffen werden." – Die Erklärung sollte etwa lauten: „Künftig soll die patriotische Einheit und Begeisterung nicht gestört werden." Da habe ich etwa erwidert: „Was wollen Sie? Die patriotische Einheit und Begeisterung ist nicht gestört, wir können im Gegenteil sagen: wir haben sie belebt und gefördert, weil wir gegenüber dem Hurra- und Talmipatriotismus auf den Ernst der Situation hinweisen."

Es kam dann eine Erklärung dieser Art zu Stande, in der ich ausdrücklich hinzufügte, daß wir unsere Weltanschauung nach wie vor aufrecht erhalten und sollten bestätigen können.

Vorab hatte der „Vorwärts" dann Ruhe, bis am 21. September das schon geschilderte Verbot auf drei Tage erschien, weil ein von der Zensurbehörde durchkorrigierter Feldpostbrief abgedruckt war. Dann, Ende September, erschien ein Artikel im „Vorwärts", der der falschen, vielfach verbreiteten Stimmung Rechnung trug, daß man auf das Ausland dadurch einwirken könne, daß man Fehler des Auslandes bei uns kritisiert. Sie wissen, daß im Ausland eine Fülle von blödsinnigen, irrsinnigen Nachrichten, von abwegigen Urteilen gegenüber Deutschland veröffentlicht sind. Wer glaubt, von uns aus darauf einwirken zu können, ist meines Erachtens im Irrtum, aber es war in jenem Artikel infolge nach dieser Richtung dem „Vorwärts" gegenüber ausgesprochenen Wunsche damals versucht worden. In Italien hatte leider auch ein Gewerkschaftsblatt die unsinnige Mär verbreitet, die deutschen Truppen trieben Greise und Kinder im Kampfe als lebende Schutzwehr vor sich her. Dagegen wollten wir vorgehen und darauf hinwirken, daß man solch blödsinniges Geschwätz lasse. Überschrieben ist der Artikel „Deutschland und das Ausland". Es

167 Unter Talmi verstand man ursprünglich Falschgold, das einen falschen Abglanz herstellen sollte, siehe http://de.wikipedia.org/wiki/Talmi, Zugriff ebendann.

wird in ihm nicht so gemacht ie in einigen anderen Blättern, daß einfach geschimpft wird, – dadurch kann man nicht überzeugen – sondern es wird dargelegt, woher es kommt, daß im Ausland Misstrauen gegen die Deutschen, ja selbst die unsinnigsten Erfindungen und Märchen sogar bei ausländischen Arbeitern bereiten Boden fänden. Die Gründe der Voreingenommenheit wurden angeführt. In dem Artikel wird dargelegt, daß wir einen wirtschaftlichen Aufschwung wie kein anderes Land hatten, der zum Aufleben imperialistischer Tendenzen führte, und dann kommt der Absatz, der nachher zum Verbot geführt hat. In ihm wird dargelegt, daß gegen Deutschland allerdings ein von den Chauvinisten jenseits der Grenzen benutztes Vorurteil besteht, weil es das Land gewesen ist, „das den Massen seiner Arbeiter das Sozialistengesetz schenkte" – Vergangenheit! – „das auch, nachdem dieses Gesetz beseitigt sei, ein schikanöses Polizeiregiment führte und die Gleichberechtigung der Bürger nur auf dem Papier der Verfassungsurkunde hatte. Wohl stand neben diesem Deutschland noch das unvergleichlich schlimmere Russland." Nun wird dargelegt, weshalb das alles unter keinen Umständen solche unsinnigen Mären gegen Deutschland rechtfertige, und daß man solche Mär nicht verbreiten soll. Schwapp! Vollständiges Verbot des „Vorwärts" wegen dieses Artikels!

Als man sich bemühte, die Gründe zu erfahren, hörte man: weil vom Sozialistengesetz geschrieben sei, weil Tatsachen der Geschichte mitgeteilt seien, weil von schikanösem Polizeiregiment in früheren Zeiten die Rede wäre. Meine Herren, wenn in dieser Art gegen die Presse vorgegangen wird, dann liegt das doch nicht im Interesse der öffentlichen Sicherheit. Dann muss uns das nicht nur im Inlande, sondern vor jedem gesitteten Auslande diskreditieren. Es ist uns dann gelungen, die Aufhebung des Verbots herbei zu führen.

Aber nun kommt der eigentliche Grund, weswegen man gegen den „Vorwärts" vorgegangen war. Ich habe ihnen bis jetzt alles angeführt – Sie entschuldigen, daß es jetzt etwas länger geworden ist – damit man uns nicht vorwerfen kann, daß ich etwas aus dem Wege bis zum Verbot gegen den „Vorwärts" unterdrücke. Der Oberbefehlshaber will nun den „Vorwärts" vom 1. Oktober an wieder zulassen, aber es dürfe das Thema „Klassenhass und Klassenkampf" nicht mehr berührt werden. Freilich ist dabei zuzugeben, daß die Weltanschauung der Sozialdemokratie nicht irgendwie tangiert werden solle. Schön, man hat dem nachgeben müssen. Wir wissen ja nicht, was unter Klassenhass und Klassenkampf im Sinne des Polizeigewaltigen, der bei dem Oberbefehlshaber die Hauptrolle spielt, gemeint ist. Aber Sie sehen hieraus, wie in einer Polizeiseele – denn das kann nicht der Oberkommandierende selbst sein – sich diese Dinge gruppieren.

Was war denn bis dahin geschehen, weshalb war man gegen den „Vorwärts" vorgegangen? Der „Vorwärts" hatte sich im Sinne des Generalstabs gegen etwas gewendet. Der Generalstab Klassenhass und Klassenkampf? Wir hatten uns im

Sinne des ganzen Reichstags zum Schutz der Kriegsteilnehmer, die gleichzeitig Mieter sind, gegen etwas gewendet. Der gesamte Reichstag Klassenhass und Klassenkampf? Alles, was wir im „Vorwärts" gesagt und dessenthalben wir den Zorn des Zensors auf uns gezogen haben, ist das gewesen, worüber der gesamte Generalstab und Reichstag einig gewesen sind. Ich habe wohl recht, wenn ich behaupte, daß von einer Gleichmäßigkeit der Zensur keine Rede sein kann, daß keine Rede davon sein kann, daß bei dem Vorgehen gegen die sozialdemokratische Presse, insbesondere gegen den „Vorwärts", maßgebend gewesen sin Landesverteidigungsinteressen, Interessen der öffentlichen Sicherheit.

Meine Herren, Sie können sich schwer eine Vorstellung davon machen, wie die Presse, insbesondere die sozialdemokratische, unter der Zensur in Berlin zu leiden hat. Tag für Tag erlebt der „Vorwärts" Streichungen und Nichtzulassungen. Das sehen Sie schon aus der Art der Zensur. Verzeihen Sie, wenn Ihnen jetzt rot, grün und blau vor Augen wird; daran ist der Zensor schuld. Hier in Berlin ist ein blauer Stempel, eingeführt für Zulassungen, ein roter Stempel für Nichtzulassungen.

Nun passierte es uns, daß ein ganz verständiger Artikel, ein Telegramm zugelassen wurde. Bevor ich auf die Entstehung des grünen Stempels komme, muss ich noch etwas Anderes erwähnen. Es wird Ihnen aufgefallen sein, daß wir im „Vorwärts" niemals weiße Stellen gemacht haben, wiewohl jeder weiß, daß der Zensor seines Amtes gewaltet und gestrichen hat. Seit einiger Zeit sind aber auch Punkte als Andeutung, daß ein Titel nicht vollständig wieder gegeben ist, verboten. Und das kam so. Es hatte der „Vorwärts" aus einer anderen Zeitung, aus einem Gewerkschaftsblatt, natürlich mit Angabe der Quelle, einen Artikel abgedruckt. In diesem Artikel hatte der Zensor in Berlin mehrere Stellen gestrichen. Nun ist es natürliche Anstandspflicht, daß, wenn etwas aus einem zitierten Artikel fehlt, man dies durch ein paar Punkte andeutet, und daß das namentlich geschieht, wenn nach einem Komma gestrichen wird. Das geschah auch im „Vorwärts". Sofort wurde darauf an uns telefoniert: weswegen sind die Punkte gemacht? Wir geben den Grund an: weil da etwas fehlt, und weil es Anstandspflicht jeder Presse ist, durch Punkte anzudeuten, wenn etwas gestrichen ist. Es wurde verlangt, das möchten wir schriftlich auseinandersetzen. Das geschieht. Darauf erfolgte am nächsten Tage der Befehl: künftighin darf weder durch weiße Stellen noch durch Punkte angedeutet werden, daß ein Zensor seines Amtes gewaltet hat. Und wenn dann durch die Lücken das Ende des Satzes fortfällt, was dann? Nun, dann muss das eben ergänzt werden, aber – im Sinne des Zensors.

Nun, meine Herren, das ist doch wirklich nicht etwas, was man als Gegenteil der Schikane betrachten kann. Geschieht das alles im Interesse der öffentlichen Sicherheit, im Interesse Deutschlands? Ich habe mir lange überlegt, ob ich das hier vorführen soll, weil ich mich darüber schämte, das so etwas in Deutschland passieren kann. Die Unterlassung solcher Anführung sähe aber so aus, als ob wir mit dieser Handhabung der Zensur einverstanden wären. Es muss hier einmal von der Leber herunter gesagt werden: in dieser Art lassen wir uns die Pressefreiheit, das gleiche Recht auf Ausdruck unserer Gesinnung nicht beschneiden.

Weiter: wir reichen einen Artikel ein, ein Telegramm des Parteivorstandes, in dem der vernünftigen Partei in England, die gegen den Krieg eintritt, gratuliert wird.[168] Das wird von uns abgedruckt. Vorsichtshalber hatten wir den Artikel dem Zensor eingereicht. Was geschieht? Es wird angeklingelt: Sie haben gestern ein Telegramm abgedruckt, das durch ein Versehen des Zensors mit dem Zulassungsstempel versehen war. – Ich will erwähnen: dieses Telegramm ist in allen anderen Zeitungen unbeanstandet zugelassen worden. – Wenn dieses Versehen dem Zensor, wurde uns weiter gesagt, nicht passiert wäre, würden ganz andere Maßregeln gegen den „Vorwärts" ergriffen worden sein. Wir verbieten Ihnen, Artikel einzureichen, die nicht zensurfähig sind. Da sagten wir: bitte, auf der Grenze zwischen Militär- und anderen Sachen liegt so viel – wir werden das nach wie vor einreichen. Also, meine Herren, weil wir den Glückwunsch an die Independant Labour Party in England abgedruckt haben, daß sie in England für den Frieden gegen den Krieg eingetreten ist, wird im Interesse der öffentlichen Sicherheit angedroht: der „Vorwärts" soll verboten werden! Von diesem Vorfall an haben die Zensurherren des hiesigen Oberkommandos dem roten und blauen Stempel noch einen grünen Stempel hinzugefügt. Es wird also jetzt jedem Redakteur jeden Abend rot, blau und grün vor Augen. Der grüne Stempel heißt: keine militärische Angelegenheit, also zensurfrei. Das wäre ja nun sehr schön. Nun schreibt aber der Zensor daneben z. B. auf dieser Fahne hinzu: die Veröffentlichung ist höchst unerwünscht, und Sie würden die Konsequenzen selbst zu tagen haben.

Und um was handelte es sich nun bei dieser Angelegenheit? Um die Londoner Sozialistenkonferenz, die für den Frieden und gegen Russland eintrat! Das hat in allen Parteiblättern gestanden, nur der „Vorwärts" darf es nicht bringen, wenn er nicht ein abermaliges Vorgehen gegen ihn riskieren will. Der Zensor sollte wenigstens ein klein bisschen Sachkenntnis haben. Wir ließen einmal aus einer Zeitung in England, wo die Zensur nur für militärische Angelegenheiten besteht, eine sehr amüsante Verspottung der Zensur aus der „Truth" abdrucken. Es wird darin auch der Versuch des Zensors in England verhöhnt, Lügennachrichten in die Zeitung hinein zu bringen. Der hiesige Zensor meinte wohl, der Spott treffe

168 Die englische Labour Party war während des Krieges in einen pazifistischen Flügel um Ramsay Mc Donald und einen patriotischen Flügel um Arthur Henderson gespalten, ohne dass aber die Partei selbst zerbrach wie die SPD in Deutschland. Siehe http://de.wikipedia.org/wiki/Labour_Party, Zugriff am 8. Oktober 2014.

auf ihn vielleicht zu und hat infolgedessen diese Stellen rot durchgestrichen. Also nicht einmal so viel Sachkenntnis und so viel Witz hat der Zensor hier, um eine Verspottung englischer Lügenfabriken zu vertragen.

Ein anderer Fall: Es wird in einer Korrespondenz, die im Felde bereits zensiert ist, die gewaltige Tat unseres Hindenburg gelobt. Es wird die Freude darüber ausgesprochen, und dann heißt es: „Deutschland vor aller Gefahr für immer zu sichern, der ganzen russischen Schreckensherrschaft, dem Kosakenterror ein Ende zu bereiten, wäre nicht nur ein Glück für die Kulturwelt und für das russische Volk selbst, sondern ist auch eine Notwendigkeit für die europäische Gesittung. Die tapferen Ostpreußen, die unter der russischen Barbarei so unsäglich zu leiden hatten und an ihren Folgen vielleicht noch lange werden leiden müssen – sie haben einen guten Anfang zur Niederwerfung zaristischer Despotie gemacht. Sie sind Wohltäter der Menschheit, wenn unter ihnen und den anderen deutschen Stämmen der Zarismus endlich zusammenbricht."

Ich glaube, hier im Hause ist niemand, der annehmen möchte, daß hierin etwas liegt, was sich gegen das Interesse der öffentlichen Sicherheit richtet. Und wissen Sie nun, was gestrichen ist? Erstens „und für das russische Volk selbst". Ferner ist alles gestrichen, was sich richtet gegen die zaristische Despotie. Die Worte „zaristische Despotie" und der Schlusssatz von „wenn" ab ist der Zensur zum Opfer gefallen. Ist da gestrichen im Interesse der öffentlichen Sicherheit Deutschlands? Ich wollte meinen Augen nicht trauen. Es wird uns also zugemutet, wir sollten uns nicht freuen, wenn die Russen vollständig besiegt werden. Auch sonst wird der Zarismus geradezu mit Samthandschuhen angefasst: so ziemlich alles, was sich gegen ihn richtet, wird uns von der hiesigen Behörde gestrichen.

Wir richteten uns gegen einen Artikel, der in der „Kaiser-Zeitung des Ostheeres"[169] stand. In dem Artikel wurde ein bisschen stark Kolonialannexionspolitik betrieben; ich habe vergessen, ob der Nord- und Südpol ebenfalls deutsch werden sollte, aber so ungefähr war die Tendenz. Diesen Artikel wollten wir abdrucken und zusetzen: „In der ganzen Zeitung, die doch für die im Kampf gegen Russland stehenden Truppen bestimmt ist, wird kein Wort gesagt über den „Kampf gegen den Zarismus" und über die „Zertrümmerung der moskowitischen Knuten- und Galgenherrschaft". Und doch war es gerade diese Parole, die zu Anfang des Krieges am lautesten klang. Diese Parole war es auch, die den meisten unserer Volksgenossen Mut und Begeisterung verlieh, hinaus zu ziehen in Not und Tod, die die daheim Bleibenden Entbehrungen ertragen und ihr

169 Soldatenzeitung, Ansichtsexemplar siehe http://digital.staatsbibliothek-berlin.de/werkansicht/?PPN=PPN741364271, Zugriff ebendann.

Liebstes dahin geben ließ. Heute ist es davon merklich still geworden. Immerhin ist die Ehrlichkeit erfreulich, wie von amtlicher und militärischer Seite aus das imperialistische Wesen und die imperialistischen Ziele dieses Weltkrieges klar gekennzeichnet werden."

Meine Herren, der ganze Zusatz, den ich Ihnen eben verlesen habe, ist uns gestrichen worden. Wir dürfen also nichts gegen das Moskowitertum und nichts gegen Annexionstendenzen schreiben! Das heißt doch die Lächerlichkeit auf die Spitze treiben.

Der Wehrverein[170] tritt bekanntlich auch für alle möglichen Annexionen ein. Na schön! Wir haben die Ausführungen abgedruckt und zugesetzt: „Daß hinter dem Wehrverein einflussreiche und mächtige Kreise stehen, ist richtig; aber es stimmt absolut nicht, daß er im Einverständnis mit dem ganzen deutschen Volke sprechen kann." Nun kommt das Gestrichene: „Das beweisen schon die Erklärungen der sozialdemokratischen Fraktion, und es könnte noch auf eine andere Weise bewiesen werden, wenn die anderen Kreise dieselben Möglichkeiten hätten, ihre Wünsche zu äußern, wie der Wehrverein." Schwapp, gestrichen, was gegen die Wünsche des Wehrvereins und für die Sozialdemokratie ist. Und das geschieht zu der Zeit, wo uns gesagt wird: Ihr dürft weder für noch gegen Annexionen schreiben. Der Wehrverein, der für Annexionen eintritt, darf sich das leisten. Sobald man aber sagt, seine Ansicht ist nicht die das deutschen Volkes, sondern einzelner Rappelköppe, dann wird das sofort gestrichen. Ist das Unparteilichkeit? Liegt es im Interesse der öffentlichen Sicherheit, die Stimme des Volkes nur einseitig hören zu lassen? Liegt es im Interesse der öffentlichen Sicherheit, den Arbeitern zu verwehren, ihrer Ansicht Ausdruck zu geben? Liegt es im Interesse der öffentlichen Sicherheit, den Hinweis auf dasjenige, was hier von der Tribüne des Reichstages aus von meiner Fraktion erklärt worden ist, als gleichsam gemeingefährlich zu streichen?

Wie steht es mit dem Kapitel des Kampfes gegen Verleumdungen und der Stellung der Zensur in Berlin? Wenn die krassesten Unwahrheiten über Deutsche verbreitet werden, denen jeder ernste Mensch die Fabrikation ansieht, wenn irgend eine Torheit, ein Märchen gegen uns und unsere Gesittung, in Frankreich, Russland oder England verbreitet und infolge des geringen Standes der Kultur leider vielfach geglaubt worden ist, so sollen wir uns doch hüten, eben solche Verleumdungen über einzelne Klassen, einzelne Teile der Bevölkerung oder auch über

170 Der Deutsche Wehrverein trat analog zum Deutschen Flottenverein als Lobbyorganisation für die Aufrüstung des Deutschen Reiches ein. Er wurde 1912 gegründet, siehe http://de.wikipedia.org/wiki/Deutscher_Wehrverein, Zugriff am 9. Oktober 2014.

den Feind zu verbreiten. Ich habe es als besonders schmutzig empfunden, daß man gegen die belgischen Priester mit falschen Nachrichten vorgegangen ist, mit Nachrichten, die bis in die Spalten der „Norddeutschen Allgemeinen Zeitung"[171] gekommen sind, wiewohl sie den Stempel der Unwahrheit für jeden vernünftigen Menschen deutlich an der Stirn tragen. In einem Kloster sollen Mönche oder Nonnen die schrecklichsten Missetaten getan haben. Man sah sofort, daß das von Anfang bis zu Ende blödsinnigster Schwindel war, den irgendein Kerl oder ein hysterisches Frauenzimmer ausgeheckt hatte, um dadurch Stimmung zu machen. Und doch: solche Märchen zu widerlegen, wurde verboten.

Ein anderer Fall: Man hatte ein Jesuitenkoster erreichtet in Lüttich errichtet, d. h. Nicht die Belgier, sondern die Lügenfabriken; es hat niemals ein Jesuitenkoster gegeben. Über dieses erfundene Kloster und seine ebenfalls erfundenen Insassen wurde allerlei gefabelt. Die „Kölnische Volkszeitung"[172] wendet sich gegen diese dreisten Erfindungen. Kaum war dieser Schwindel totgeschlagen, so lebt er wieder auf, und zwar gar in der Jugendschrift von Wilhelm Kotzde.[173] Der absoluteste Blödsinn über das sogenannte „Kloster Jesuite" in Lüttich wird dort verzapft. Das stellt die „Kölnische Volkszeitung" fest, und wir setzen dem, was die „Kölnische Volkszeitung" geschrieben hatte, hinzu: „Dem sehr begreiflichen Wunsche des klerikalen Blattes, die katholische Priesterschaft von all den ungeheuerlichen Vorwürfen reinzuwaschen, die im Laufe dieses Krieges gegen sie erhoben wurden, verdanken wir schon manche Rettung der Wahrheit. Hätten doch andere Blätter ein solches Interesse daran, die Lügengeschichten zu entlarven!" Den ganzen Artikel mitsamt diesem Zusatz hat der Zensor verboten. Darf Entlarvung der Lüge nicht zugelassen werden im Interesse der öffentlichen Sicherheit?

Dann das Märchen von den ausgestochenen Augen. Der „Vorwärts" hat sich ein Verdienst erworben, die Märchennatur der Legende von den ausgestochenen Augen nachzuweisen. Wir haben fünf bis sechs Mal amtliche Berichte darüber aus den Lazaretten gebracht. Aber dann wurden wir gebeten, es endlich genug sein zu lassen. Als wir noch einmal aus einer anderen Zeitung eine Mitteilung

---

171 Bedeutende bürgerliche Zeitung aus dem Hause Brockhaus, siehe http://de.wikipedia.org/wiki/Deutsche_Allgemeine_Zeitung, Zugriff ebendann.

172 Eine führende rheinische zeitung aus dem Umfeld der Zentrumspartei, siehe http://de.wikipedia.org/wiki/K%C3%B6lnische_Volkszeitung, Zugriff ebendann.

173 Wilhelm Kotzde-Kottenrodt (1878–1948) war ein antisemitischer Schriftsteller und Lehrer, der die völkisch orientierte Jugendbewegung nach 1918 stark beeinflusste. Stadthagen bezieht sich wohl auf dessen Schrift „Von Lüttich bis Flandern. Heldenkämpfe 1914/15", das 1915 erschien. Siehe http://de.wikipedia.org/wiki/Wilhelm_Kotzde-Kottenrodt, zugriff ebendann.

brachten, aus der sich gleichfalls für einen Spezialfall ergab, daß das Märchen von den ausgestochenen Augen eine Erfindung sei, hat es der Zensor nicht zugelassen. Also zu verhüten, daß ein solcher Schwindel beseitigt wird, der unsere Familien außerordentlich beunruhigen muss, das gefährdet die öffentliche Sicherheit!

Ein Schwindler hat sich das Eiserne Kreuz erworben und alle möglichen anderen Orden zugelegt. Er wird festgenommen und bestraft. Die „Frankfurter Zeitung“[174] hat darüber berichtet mit der Überschrift „Das Ende einer Heldensage“. Wir wollten den Artikel auch bringen, er wurde uns aber nicht zugelassen.

Ich verstehe nicht, wie dadurch die öffentliche Sicherheit gefährdet werden kann. Ich habe geglaubt, daß der Kampf gegen die Schwindler im Interesse der öffentlichen Sicherheit liegt. Daß man so zu Gunsten der Schwindler eintritt, hat der Gesetzgeber sicher nicht gewollt.

Ich habe noch eine ganze Reihe solcher Sachen. Wenn ein Parteigenosse eine falsche Mitteilung über ih n berichtigen will, wird es überall zugelassen, nur nicht im „Vorwärts“. Über meinen Parteifreund Südekum[175] hat das Lügendepescheninstitut „Agence Havas“ eine Meldung verbreitet, die unwahr war. Hierzu hat mein Parteifreund Südekum eine Erklärung losgelassen, in der er die Unwahrheit dieser Meldung feststellt. Das wurde im „Vorwärts“ nicht zugelassen. Also nicht nur die Lügen, die in Deutschland fabriziert werden, nein selbst die, die in Frankreich fabriziert werden, dürfen im „Vorwärts“ nicht widerlegt werden. Die Presse in der Provinz durfte die Richtigstellung bringen.

Ich habe hier einen Haufen von Feldpostbriefen, die durchweg erst in anderen Zeitungen abgedruckt waren, so in der „Chemnitzer Volksstimme“, im „Mannheimer Generalanzeiger“, im „Hamburger Echo“ und noch einigen bürgerlichen Zeitungen. Bei uns werden die Stellen gestrichen, die den Herren nicht gefallen, weil sie die Solidarität der Arbeiter darlegen, oder aus einem anderen Grunde, weil sich z. B. die Russen irgendwie verletzt fühlen könnten. Bis zu welcher Lächerlichkeit das geht, zeigt das Wirken des Zensors gegenüber einer Beschreibung russisch-polnischer Quartiere durch einen Offizier. Er spricht da von den Hilfstruppen, die leider die Russen in den kleinen stechenden Insekten gefunden haben. Das geschieht an mehreren Stellen in humoristischer Weise. Da heißt es z. B.: „Und da nun eine Lausebrut innerhalb von 24 Stunden Großmutter wird, kann sie sich im Stroh bald mit stattlichem Gefolge breit machen. Und da nun

174 Eine der Vorläuferblätter der heutigen Frankfurter Allgemeinen Zeitung, siehe http://de.wikipedia.org/wiki/Frankfurter_Zeitung, zugriff ebendann.

175 Albert Südekum (1871–1944), SPD-Reichstagsabgeordneter und Vertreter des Reformismus sowie der Burgfriedenspolitik nach 1914, siehe http://de.wikipedia.org/wiki/Albert_S%C3%BCdekum, zugriff ebendann.

der Feldwebel Duft und unser Roy Phon vor einigen Tagen sich ständig lausen mussten, so ist es auch nicht weiter verwunderlich, daß ich heute morgen bei einer gründlichen Jagd, die ich nach den Erfahrungen der letzten Nacht für ehr nötig hielt, zwei Läusemütter und vier bis fünf Läusekinder ertappte und sie durch Roy kriegsgerichtlich hinrichten ließ. Vorläufig habe ich nun noch Ruhe, bis sich die junge Brut, die zweifellos zurück geblieben ist, zu tatkräftigem Leben entwickelt hat. Sollte ich bald nach Hause kommen können, würde ich doch etwas haben, das ich mitbrächte."

Diese scherzhafte Schilderung eines Offiziers wurde uns gestrichen. Ich verstehe den Zensor nicht und glaube auch, daß Sie ihn nicht verstehen werden. Weshalb erfolgte die Streichung? Hat der Zensor vielleicht diesen Kampf gegen die Plagegeister für einen Klassenkampf gehalten?

Der Reichstag hat darauf gedrungen, für die Militärgerichte die Öffentlichkeit einzuführen. Das Gesetz schreibt hier vor, überlässt nur dem Gericht, sie auszuschließen, wenn die Staatssicherheit gefährdet erscheint oder andere Gründe vorliegen. Es ist selbstverständlich, daß in solchen Fällen auch die Presse über die Verhandlungen nicht berichten darf. Aber es ist uns verboten worden, aus den öffentlichen Verhandlungen vor Kriegsgerichten einen objektiven Bericht über einen betrügerischen Samariterchef zu bringen, über einen Offizierstellvertreter, der Liebesgaben gestohlen hatte, zu berichten, weiter, einen Bericht über einen Kriegsfreiwilligen, der zu zehn Jahren verurteilt wurde, zu bringen, über einen Schwindler, der sich selbst das Eiserne Kreuz angelegt und sich zum Feldwebel ernannt hatte und wegen Schwindeleien zu fünf Jahren Zuchthaus verurteilt worden ist, Mitteilungen zu machen. Bürgerliche Blätter in der Provinz dürfen solche Sahen bringen. Die Behinderung beschränkt sich nicht auf Militärgerichte. Im Gewerbegericht wurde auf Grund von Vereinbarungen von Gießern und Formern eine Firma verurteilt, für den entstandenen Bruch zu zahlen. Das dufte von uns nicht mitgeteilt werden!

Fortwährend geht an uns die Weisung, wir dürfen nicht antworten, wenn seitens anderer Zeitungen über Annexionsfragen, Frieden usw. gesprochen wird. Es wurde uns verboten, die Rede. Die der wohl hervorragendste Führer der englischen Sozialdemokraten, MacDonald, gegen den Krieg der Engländer gehalten hat, abzudrucken. Verboten wurde ein kleiner Artikel: „Kein Alkohol für die Soldaten!", in dem geschrieben, aber von der -zensur gestrichen wurde: „Sendet Euren Angehörigen im Felde alles, nur keinen Schnaps".[176]

176 Alkohol wurde im Krieg an der französischen Front von deutschen Offizieren auch als „Offensiv-Verpflegung" an die Frontsoldaten verabreicht, wie Benjamin Ziemann, Veteranen der Republik, Bonn 2014, S. 139 beschreibt.

Meine Herren, ich bescheide mich mit diesen wenigen Zitaten, die aus der Handhabung der Zensur dem „Vorwärts" gegenüber Ihnen anzuführen ich für notwendig gehalten habe. Ich glaube, wer nicht vollständig voreingenommen ist, muss zugegen: Hier herrscht eine Ungleichmäßigkeit und eine Ungerechtigkeit, die zweifellos gegen das Interesse des Vaterlandes und gegen das Gesetz verstößt. Hier muss Remedur geschaffen werden. Uns genügt die Resolution nicht, die hier vorgelegt ist. Wir haben es ja schon in der Kommission ausgesprochen, daß uns das nicht genügt. Wir können indes leider augenblicklich nicht mehr erreichen. Deshalb müssen wir öffentlich die Missstände vortragen, deren endliche Beseitigung wir dringend notwendig halten. Unser Volk ist mündig, es braucht keine Zensur, am wenigsten eine Militärdiktatur, am wenigsten eine Polizeizensur!

Es wird ja auch gegenüber Büchern in der gleichen Weise verfahren. Dr. Prange – kein Sozialdemokrat; er ist ja der Generalsekretär des deutschen Versicherungs-Schutzverbandes – hat das bekannte Buch geschrieben über „Deutschlands Volkswirtschaft im Krieg". Es ist mir aufgefallen, daß er Seite 163 auf das Kapitel über den inneren Frieden hinweist, und daß dieses Kapitel im Buch nicht enthalten ist. Ich habe mich erkundigt, wie das kommt, und erhielt darauf das Manuskript des Kapitels, das in dem Buche nicht steht. Es steht darin nicht, weil es vom Zensor verboten worden ist. Und was steht in dem Kapitel? Der Mann ist ja ein Gegner der Sozialdemokratie, aber er schreibt da, auch nach dem Krieg sollte man doch unparteiisch gegen die Sozialdemokraten sein. Das ist der Gedanke, der dieses Kapitel durchzieht, und schwupp, das Oberkommando oder vielmehr der Obergewaltige dort – daß der General das selbst tut, glaube ich nicht; nur ein Polizeimann kann etwas Derartiges verbieten – hat das Kapitel verboten.

Wir halten es für dringend erforderlich, auch die Wünsche auszusprechen, die weite Kreise des Volkes beseelen und die dahin gehen, daß wir natürlich auch für uns Freiheit und Gerechtigkeit im Frieden haben wollen. Der Krieg, sagt der General Clausewitz[177], der bekannte Militärstratege – eine Schilderung, die er gab, ist uns übrigens von der Zensur auch verboten! – sei ja die Fortsetzung der Politik mit anderen, mit gewaltsamen Mittel. Sehr richtig! Dann darf doch aber die Politik nicht vom Militär geführt werden, sondern die Politik ist dann zu führen vom Volk und von der eigentlichen Regierung, und daher muss die Regierung hier eingreifen können. Clausewitz sagt unter anderem: „Das Unterordnen des politischen Gesichtspunktes unter den militärischen wäre widersinnig, denn die Politik hat den Krieg erzeugt, sie ist die Intelligenz, der Krieg aber bloß das

177 Carl von Clausewitz (1780–1831), preußischer General, Heeresreformer und Militärstratege, siehe http://de.wikipedia.org/wiki/Carl_von_Clausewitz, Zugriff ebendann.

Instrument und nicht mehr. Es bleibt also nur das Unterordnen des militärischen Gesichtspunktes unter den politischen möglich."

Das ist selbstverständlich richtig. Bismarck hat sich ja ebenso ausgesprochen. Aber, wenn die Presse, die die politischen Gedanken von weiten Teilen der Bevölkerung auszudrücken hat, in dieser Art und Weise unterbunden wird, dann ist es nicht möglich, daß das Volk Politik treibt, sondern dann treibt Politik entweder der betreffende Militärbefehlshaber oder der betreffende Polizeimann, der gerade für diesen Dienst bestellt ist. Das ist aber nicht die Instanz, die im Deutschen Reiche als Vertretung des Volkes gewählt worden ist.

Ich muss auch hier aussprechen, daß der Hass gegen einzelne Völker, die uns befehden, wie er sich in einigen Organen findet, von der großen Masse der deutschen Bevölkerung durchaus nicht geteilt wird. Sie und jeder Gesittete achtet auch im Gegner den Menschen. Ich halte es für dringend erforderlich, daß die Presse von den Fesseln, die ihr, wie ich behaupten muss, ganz widerrechtlich aufgelegt sind, befreit wird. Ich halte es ferner für dringend erforderlich, daß der Krieg bald beendet wird. Gerade, da wir stark sind, da wir die Siegenden sind, darf es ausgesprochen werden, und muss es ausgesprochen werden können, im Lande und in der Presse, daß man durchaus für einen Frieden auf vernünftiger Grundlage ist. Meine Herren, ich halte es für um so notwendiger, als, wie ich Ihnen durch einige Striche gezeigt habe, diejenigen, die gegen den Frieden, die für maßlose Annexionen sind, gestattet wird zu schreiben – sie kriegen nur eine kleine Warnung – aber uns, die wir gegen diese Art sind, der Mund verboten wird. Ich hoffe, daß es der Regierung, die verantwortlich ist für die Politik, gelingen möge, dasjenige durchzusetzen, was in der Resolution, die Ihnen vorgeschlagen wird, verlangt wird: Gleichmäßigkeit der Behandlung der Presse. Ich verlange darüber hinaus, daß die Fesseln, die der Presse auferlegt sind, genommen werden, und daß das Volk, das jetzt für Freiheit kämpft, gegenüber dem äußeren Bedrücker, nicht im Innern geknebelt wird, daß ihm die Freiheit im Innern nicht genommen wird, daß insbesondere die Pressefreiheit ihm wieder gegeben wird.

7. Wählerschreiben: An meine Wähler im Kreise Nieder-Barnim (Nov. 1915)[178]

Über 15 Monate währt der größte Krieg von allen, die je in der Welt gewütet haben. Und noch kein Ende! Während dieser Zeit ist es dem Abgeordneten nicht

178 An meine Wähler im Kreise Nieder-Barnim. AdsD, NL Paul Levi, Sig 134. Ebenso zu finden im IISG, Robert Grimm Papers, E 4. Diese Flugschrift wurde im Selbstverlag herausgebracht.

möglich, in der Weise wie in Friedenszeiten zu seinen Wählern zu sprechen. Und doch ist dringend notwendig, daß die Wähler die Ansicht ihres Abgeordneten über das, was nottut, kennen lernen. Deshalb wähle ich diesen schriftlichen Weg, um zu betonen, was nach meiner Überzeugung im Interesse des Mittelstandes, der Kleinbauern, der Arbeiter, kurz der Gesamtheit dringend notwendig ist.

Einer für Alle, Alle für Einen: das ist der Grundsatz, der in unserem Vaterland daheim insbesondere, während unsere wehrfähige Mannschaft sich auf den Schlachtfeldern befindet, zur Abwehr und Linderung der Not gelten müsste. Wird dies Gebot aber in Wahrheit bestätigt? Gedenkt der Not so vieler Kriegerfamilien, so vieler Familien des Miteilstandes, von Kleinbauern, Handwerkern und Arbeitern. Denkt an die unerträgliche Verteuerung der Lebensmittel, denkt an die ungeheuren Gewinne, die Kriegslieferanten, die Großgrundbesitzer, die Aktiengesellschaften für Nahrungsmittel und ihr Krieg an Bedarf haben, und an die hohen Gewinne, die Großhändler einstreichen – dann werdet Ihr leider die Frage, ob der Grundsatz:

„Einer für Alle – Alle für Einen“ daheim in die Tat umgesetzt ist, mit einem unbedingten Nein beantworten müssen. An Stelle dieses Grundsatzes, der draußen auf dem Schlachtfeld gilt, ist in der Heimat vielfach der Grundsatz **gewissenlosester Ausnutzung der Notlage der großen Menge** getreten. Eine schier unerträgliche Entbehrung auf der einen, raffgierigste Profitsucht auf der anderen Seite. Und doch sollte jeder anständige Bürger, gleichviel welchem Stande er angehört und welcher politischen Ansicht er huldigt, ein Eintreten für das Wohl des Ganzen für seine ernste Pflicht halten. So weit der Krieg Opfer verlangt, müsste jeder diese Opfer bringen. Das Gegenteil sehen wir vielfach daheim. In vielen Familien der Kriegsteilnehmer herrschen Hunger und Entbehrung; Unterernährung der großen Menge, der Säuglinge, Kinder und Frauen schreitet von Tag zu Tag weiter. Und das nicht, weil wir keine Nahrungsmittel haben – die sind in ausreichendem Maße vorhanden –, sondern weil die Preise für die notwendigsten Lebensmittel enorm, auf das Doppelte, ja Dreifache gegen früher gestiegen sind. Die Preise für Butter, Schmalz, Margarine, Fleisch, Gemüse, Kartoffeln und andere Gegenstände haben eine für die Masse des Volkes schier unerschwingliche Höhe erreicht. Ist das notwendig, ist die Notlage unabwendbar? Keineswegs. Befolgte man den schon in Friedenszeiten von der Sozialdemokratie verfochtenen Grundsatz: Einer für Alle, Alle für Einen, so könnte von Not keine Rede sein. Von Beginn des Krieges an hat die Sozialdemokratie verlangt, daß Sicherstellung der notwendigen Ernährung durch Beschlagnahme der Nahrungsmittel in jeglicher Art durch Enteignung zu mäßigen Preisen und durch gleichmäßige gerechte Verteilung des Vorhandenen erfolge. Die Regierung hat auch die Notwendigkeit eines staatlichen Eingriffs anerkannt. Sie ist aber bei allem guten Willen über Erwägungen und abermals Erwägungen und über völlig unzureichende Maßregeln nicht hinaus gekommen. Statt niedriger Preise sind enorm hohe Höchstpreise festgesetzt, die zu Normalpreisen geworden sind. Was nützen die Höchstpreise dem, der sie nicht bezahlen kann? Verordnungen auf Verordnungen mit einem Wald von Paragraphen sind seitens des Bundesrates ergangen. Wenn Paragraphen sättigen könnten, so wäre die Entbehrung beseitigt. In Wahrheit aber sind jene Verordnungen völlig unzulängliches Flickwerk. Statt durch ganze Arbeit billige Preise herbeizuführen, werden enorm hohe Preise festgehalten. Freilich **wer den Krieg als eine gute Geschäftsgelegenheit ansieht, wird hohe Preise rechtfertigen.** Anderer Ansicht ist der, der die Ausnutzung der durch den Krieg geschaffenen Konjunktur einem gemeingefährlichen, landesverräterischen Verbrechen gleichstellt.

Mit dem Kriege sind gewisse Entbehrungen und Einschränkungen unabweislich verbunden, aber keineswegs die enorme Teuerung der notwendigsten Lebensmittel. Würden alle zum Lebensunterhalt erforderlichen Produktionsmittel – in erster Linie der Großgrundbesitz – in den Händen der Gesamtheit sein und von ihr und für sie verwaltet werden, so wäre ausreichende Ernährung einem jeden gewährleistet. Eine gleichmäßige Verteilung aller Vorräte über das ganze Reich nach den Grundsätzen absoluter einheitlicher Gerechtigkeit ist im Kriege aber auch vor Durchsetzung dieser sozialdemokratischen Forderung möglich und notwendig.

Es ist richtig, daß mit dem Grundsatze der kapitalistischen Gesellschaftsordnung solche Verteilung nicht übereinstimmt, die ohne einen Gewinn vorzunehmen ist, der über ein Entgelt für die verwendete Arbeitskraft und die gemachten Aufwendungen hinausgeht. Auf Gewinn, auf Profit, auf Ausbeutung des Menschen durch den Menschen beruht ja die heutige Gesellschaftsordnung. Wenn aber an den kapitalistischen Grundsätzen auch im Kriege und auch, soweit es sich um die notwendigsten Bedürfnisse handelt, festgehalten wird, so müssen mit Notwendigkeit die entsetzlichen Folgen eintreten, unter denen der Mittelstand und die Arbeiter leiden. Durchgreifend helfen kann – auch für Friedenszeiten – nur eine Organisation der Gesellschaft, durch die die Produktion nach den Bedürfnissen der Gesamtheit geregelt ist. Das ist allerdings das von der sozialdemokratischen Partei seit je erstrebte Ziel.

Die Teuerung folgt aus der kapitalistischen Gesellschaftsordnung in der wir leben und in der auch in diesem Kriege eine Handvoll Leute imstande ist, hintanzuhalten was im Interesse der Gesamtheit zwingend erforderlich ist. Da wird die Ware zurückgehalten und aufgespeichert, um sie hernach unter Ausnutzung der durch den Krieg geschaffenen Notlage möglichst teuer zu verkaufen, unbekümmert darum, ob die große Menge Not leidet.

Das darf nicht mehr so weiter gegen! Bis hierher und nicht weiter!

Der Hunger und die Unterernährung müssen Krankheit und Siechtum der Arbeiter und des Mittelstandes zur Folge haben. Soll das der Dank des Vaterlandes für die Pflichterfüllung auf dem Schlachtfeld sein? Die Angehörigen des Mittelstandes und die Arbeiter verlieren durch Erfüllung ihrer Wehrpflicht ihr gesamtes oder nahezu ihr gesamtes Eigentum und setzen ihr leben und ihre Gesundheit aufs Spiel. Jene aber, die den Tanz um das goldene Kalb schamlos aufführen, heimsen während des Krieges und durch den Krieg Gewinn auf Gewinn für sich ein. Mit recht herrscht eine ungeheure Erbitterung über die entsetzliche Teuerung. Bedauerlich ist es, daß, von der Empörung über die jetzigen Zustände fortgerissen, an vielen Orten Märkte und Läden geplündert sind. Bedauerlich zumal, weil die wirklichen Schuldigen dadurch nicht getroffen werden. Aber diese Tatsachen zeigen, welchen Grad die Verzweiflung erreicht hat. Es sind nach den Unruhen ja allerdings eine Reihe Verordnungen und Festsetzungen von Höchstpreisen ergangen. Aber diese Maßregeln reichen durchaus nicht aus, um der Teuerung wirksam entgegenzutreten. Schnelle Enteignung zu mäßigen Preisen und gerechte Verteilung tun bitter not.

Sollen Hunderttausende und aber Hunderttausende, sollen Millionen Kriegsteilnehmer auf den Schlachtfeldern ihr Leben lassen, ihre Gesundheit opfern, damit ein kleiner Teil der Bevölkerung auf Kosten der Gesundheit, des Lebens und des Glücks der großen Menge ungeheure Gewinne einstreicht? Gewiss sind die Schwierigkeiten zur Beseitigung der Not in unserer kapitalistischen Gesellschaftsordnung groß, aber sie sind keineswegs unüberwindlich. Man ersetze nur den Grundsatz der kapitalistischen Ausbeutung: „Sehe jeder wie er es treibe, sehe jeder wo er bleibe!" wenigstens für die Kriegszeit durch den sozialdemokratischen Grundsatz: „Einer für Alle, Alle für Einen!". Die gemeingefährliche Profitgier ist ein Kind der heutigen Gesellschaftsordnung, sie kennt keine Rücksicht auf Menschenleben, Menschenglück und Menschengesundheit. Dieser innere Feind ist der gefährlichste von allen möglichen Feinden.

Je länger der Krieg andauert, desto größer wird, wenn nicht endlich der angegebene Weg beschritten wird, die Teuerung. Aber suchen die eigensüchtigen Nutznießer des Krieges nicht gar durch Aufstellung unmöglich zu verwirklichender Kriegsziele den Krieg zu verlängern, und so desto länger die große Menge ausplündern zu können? Siegreich war bislang unser Heer. Es wäre längst möglich gewesen, zum Frieden zu kommen, wenn nur das Ziel einer Abwehr unserer Feinde erreicht werden soll. Viel weiter gehende Ziele werden aber von solcher Gruppe aufgestellt, deren frühere Politik mit zum Kriege getrieben hat. Es werden Programme aufgestellt, die dem gegenwärtigen Krieg deutlich den Stempel eines Eroberungskrieges aufdrücken. Schon am 15. März 1915 erklärte der Präsident des Herrenhauses, von Wedel-Biesdorf: „Wenn wir nichts weiter wollten, als den

Angriff der Feinde abschlagen, so glaube ich, würde es nicht allzu schwer sein, einen Frieden in kurzer Zeit zu erlangen."

Lebhafte, starke Friedenssehnsucht herrscht in dem größten Teil unseres Volkes und derjenigen Völker, mit denen das Deutsche Reich im Krieg lebt. Nichts wird sehnlicher herbeiwünscht als ein baldiger, dauernder Friede auf der Grundlage freier Vereinbarung. Er wäre möglich. Stattdessen verlangen der großkapitalistische Zentralverband deutscher Industrieller, der agrarische Bund der Landwirte, der Westfälische Bauernverein und der reichsdeutsche Mittelstandsverband einen **Eroberungskrieg!**[179]

Unverhohlen fordern die Vorstände dieser mächtigen Verbände in einer Eingabe vom 20. Mai **Annexionen in Europa und Eroberung eines großen Kolonialreiches.** Mehr als sieben Millionen Belgier und drei Millionen Franzosen sollen zwangsweise unter deutsche Herrschaft gestellt werden. Nicht minder wird von diesen Verbänden ein großer Machtzuwachs im Osten verlangt. Wer solche Forderungen aufstellt, versündigt sich am deutschen Volk. Denn die Aufstellung solcher Forderungen heißt den Krieg verlängern, ihre Verwirklichung hieße einem neuen Krieg die Wege bahnen. Und doch haben sich in ähnlicher Weise wie diese Verbände konservative und nationalliberale Zusammenkünfte und andere einflussreiche Kreise geäußert. Solchen Bestrebungen muss auf das entschiedenste entgegengewirkt werden. Mit Recht führte die sozialdemokratische Fraktion am 4. August 1914 im Reichstag über die Ursache des Krieges aus:

„Die Folgen der imperialistischen Politik, durch die eine neue Ära des Wettrüstens herbeigeführt wurde und die Gegensätze unter den Völkern sich verschärften, sind wie eine Sturmflut über Europa hereingebrochen. Die Verantwortung hierfür fällt den Trägern dieser Politik zu; wir lehnen sie ab".[180]

Wenn es gilt, gegen Eroberungsgelüste fremder Völker das eigene Vaterland zu verteidigen, wer tut da nicht seine Pflicht? Wer Eroberungspläne verfolgt, der peitscht die von diesen Plänen bedrohten Völker zum hartnäckigsten Widerstand auf, wirkt gegen den Frieden, für Verlängerung des Krieges und bahnt einem spä-

179 Zu den bereits im August 1914 einsetzenden, allerdings zunächst kaum öffentlich geführten Initiativen über deutsche Kriegsziele, auf die sich Stadthagen hier bezieht, explizit auf die Eingabe des „Kartells der schaffenden Stände" vom Mai 1915 siehe Heinrich August Winkler, Der lange Weg nach Westen, Band 1, S. 340 ff.

180 Interessanterweise stammt der Schlusshalbsatz aus einem Änderungsantrag, den Stadthagen am 4. August 1914 in der Fraktion durchsetzen konnte, um das kritische Potenzial der Fraktionserklärung gegenüber den Kriegskrediten zu stärken. Hier versucht er, diese Strategie für eine burgfriedenskritische Öffentlichkeitsarbeit wirksam zu machen.

teren Krieg die Wege. Wer in Wahrheit für die Selbständigkeit, Freiheit und Unabhängigkeit seines Vaterlandes kämpft, muss Eroberungspläne in jedem Land auf das entschiedenste zurückweisen und bekämpfen. Nur wer die Freiheit anderer achtet, ist selber der Freiheit wert. Wie der einzelne Mensch der Gesellschaft und der Verbindung mit seinesgleichen nicht entbehren kann, so bedarf jede Nation zur Entfaltung ihrer Kräfte zum Wohlergehen Aller des innigen, brüderlichen Zusammenwirkens der Völker. Das auf Freiheit begründete Wohlergehen ist nur durch das nach dem selben Ziele strebende Zusammengehen aller Nationen ohne Unterdrückung der einen durch die anderen möglich. Wie kann ein Staat, der den gewaltigen Krieg in Wahrheit für seine Freiheit führt, den Krieg als Mittel zur Unterdrückung der Freiheit anderer Völker benutzen wollen?

Der Krieg ist die Fortsetzung der Politik mit anderen Mitteln. Die stets von der Sozialdemokratie bekämpfte Politik hat zum Kriege geführt. Sie geht jetzt darauf aus, ohne Rücksicht auf das ungeheure Elend, das sie der gesamten Menge bringt, den Krieg zu verlängern. Die Verantwortung auch für die Verlängerung des Krieges fällt denen zu, deren Streben auf Eroberung ausgeht. Ist es nicht genug des Krieges, nicht genug des entsetzlichen Elends, der Verwüstung an Leben, Gesundheit und Menschenglück? Ein neuer Winterfeldzug mit all seinen Schrecknissen steht uns bevor. Den Treibern für die Verlängerung des Krieges gilt es entgegenzutreten. Welches Volk wäre nicht bereit zum Frieden, wenn auf Eroberungen, Annexionen allerseits verzichtet wird? Freilich, wem der Krieg ein Geschäft ist, wer die Kriegsgelegenheit zur Ausnutzung der Notlage anderer missbraucht, der wirkt einem baldigen Frieden, einem Frieden ohne Eroberung entgegen. Die Lebensmittelteuerung und die herrschende Not sind Folgen der kapitalistischen Gesellschaftsordnung, die zum Kriege getrieben hat und die den Krieg zu verlängern sucht.

Wer für Eroberungen eintritt, benutzt die Behauptung nur als Vorwand, es handele sich um eine Verteidigung Deutschlands in dem gewaltigen Kriege. Wer in Wahrheit für die Freiheit Deutschlands kämpfen will, der kann aber auch nicht für die Unterdrückung im Innern sein. Und was sehen wir da? Dieselben Kreise, die für Eroberungen eintreten, sind für die Unterdrückung des Volkes im Innern. Was ist gegen die Unfreiheit der Landarbeiter geschehen? Was gegen die Ausnahmegesetze zuungunsten des Gesindes? Was gegen die Bedrohungen des Koalitionsrechts, gegen die Einengung des Versammlungsrechts? Was gegen die Nücken[181] und Tücken des Polizeistaats? Was gegen die Vorenthaltung des allge-

181 Nücken meint hier unangenehme Eigenheiten einer Sache. Aus dem Norddeutschen stammend, siehe http://www.duden.de/rechtschreibung/Nuecke, Zugriff am 25. August 2014.

meinen, gleichen, geheimen Wahlrechts in Preußen? Unfreiheit des Mittelstandes und der Arbeiter, aber Freiheit der Dividendenjäger, des Profits, der Ausnutzung der Menschen durch den Menschen – das ist die Folge des Wirkens der Politik jener Kreise, die jetzt für Eroberungen eintreten.

Wer den Frieden will, wer Gerechtigkeit will, schare sich um die Fahne der Sozialdemokratie. Freilich wird der werktätigen Bevölkerung die Geltendmachung ihrer staatsbürgerlichen Rechte durch den Belagerungszustand und die durch ihn herbeigeführte Unterdrückung der Meinungsfreiheit sowie durch die Zensur außerordentlich erschwert. Bei Ausbruch des Krieges wurde amtlich erklärt, der Belagerungszustand und die mit ihm verbundene Zensur solle nur für die Zeit der Mobilmachung dauern.

Seit länger als 15 Monaten dauert der Krieg und noch besteht der Belagerungszustand mitsamt der Zensur.

Durch die Zensur wird derjenigen Presse, die den Lebensmittelwucher bekämpft und eine gerechte Verteilung der notwendigen Lebensmittel anstrebt, der Mund verboten. Es wird der Presse als Pflicht auferlegt, gegenüber der Teuerung „beruhigend zu wirken“. Eine gerechte und so notwendige Kritik der Preistreiberei wird dadurch verhindert, ja die Zeitungen werden mit Unterdrückung bedroht, die dem Treiben auf Verteuerung der Lebensmittel mit Schärfe entgegentreten. Den Nutznießern des Krieges kommt der Belagerungszustand zustatten.

Es ist selbstverständlich, daß die Presse sich Beschränkungen auferlegen muss, soweit es sich um rein militärische Dinge handelt. Aber die Zensur wird im Sinne des preußischen Ministers des Innern benutzt, um unter dem Deckmantel des sogenannten „Burgfriedens“ Zeitungen zu drangsalieren, die gegen die Unterdrückung der Rechte des Mittelstandes und der Arbeiter eintreten. Im Reichstage habe ich unwidersprochen festgestellt, daß man den „Vorwärts“ dauernd deshalb drangsalierte, weil er für den Mittelstand, die Arbeiter und die Gesamtheit eintrat. Man hat sogar wiederholt den „Vorwärts“ verboten, ja am 6. November hat man den „Vorwärts“ unter Vorzensur gestellt, weil er einen Aufruf des sozialdemokratischen Parteivorstandes gegen die Lebensmittelteuerung pflichtgemäß veröffentlichte. Es ist also die Bekämpfung der Lebensmittelteuerung unter Polizeiaufsicht gestellt. Und hat nicht der preußische Minister des Innern im April einen Erlass herausgegeben, in dem er eine „nachhaltige politische Beeinflussung“ auch für die Zeit nach dem Kriege für die Presse und für die Wahlen vorbereitet? Das ist kein Eintreten für die Freiheit Deutschlands, sondern für die Unterdrückung an seiner werktätigen Bevölkerung.

Sinnfällig zeigen die bestehenden Zustände und die Ausbeutung des Volkes inmitten des Krieges, wie notwendig eine Beseitigung der kapitalistischen Gesellschaftsordnung und ihre Ersetzung durch eine sozialistische ist. Jetzt gilt es zu wirken, die Köpfe aufzuklären und klarzumachen, daß die Beseitigung der Ausbeutung im Krieg und im Frieden nur durch Verwandlung der heutigen Gesellschaftsordnung möglich ist. Diesem Ziele die der Sozialdemokratie geneigt zu machen, sie für die Sozialdemokratie zu gewinnen, ist die rechte Zeit. Jetzt heißt es entgegenzutreten der ungeheuren Not und der Verteuerung der Lebensmittel durch den Krieg. Tretet ein für die Linderung der Teuerung durch Enteignung der Lebensmittel zu mäßigen Preisen und ihre gerechte Verteilung sowie für baldige Beendigung des Krieges.

Brot und Frieden sei die Losung.

Berlin, November 1915. Arthur Stadthagen.

8. Merkblatt zum Gesetzentwurf betr. den vaterländischen Hilfsdienst[182]

Dem zum 25. November 1916 zusammenberufenen Reichstag ist der Entwurf eines Gesetzes, betreffend den vaterländischen Hilfsdienst, vorgelegt. Dieser Entwurf schneidet in die persönliche Freiheit, in die wirtschaftlichen und politischen Rechte aller Bürger, insbesondere der Arbeiter, so tief ein, wie noch kein Gesetzentwurf je zuvor. Die Beratung des Gesetzes wird außerordentlich zu beschleunigen gesucht. Es ist dringend erforderlich, daß die Bürger, in erster Linie die Arbeiter, darüber aufgeklärt werden:

Was schreibt der Gesetzentwurf vor? Was bezweckt er? Welche Wirkungen würde seine Annahme haben?

Eine kurze Darstellung hierüber ist auch deshalb angebracht, weil im „Vorwärts" durch die rechtswidrig als Redakteure Fungierenden für völlige Entrechtung der Arbeiter, ja auch der Frauen, geradezu die Wege geebnet und die Arbeiter über die Wirkungen des Gesetzes getäuscht werden.

Was ist der Inhalt des Gesetzentwurfs?

Der Gesetzentwurf hat nur vier kurze Paragraphen, § 1 schreibt eine Dienstpflicht für alle nicht zum Dienst im Kriegsheer einberufenen männlichen Personen vom vollendeten 17. bis zum vollendeten 60. Lebensjahre vor. § 1 besagt: „Jeder männliche Deutsche vom vollendeten 17. bis zum vollendeten 60. Lebensjahre, soweit

182 Stadthagen, Merkblatt zum Gesetzentwurf betr. Den vaterländischen Hilfsdienst, AdsD Nr. A 27224, Berlin o. O.o.J., wohl Ende 1916 entstanden.

er nicht zum Dienste in der bewaffneten Macht einberufen ist, ist zum vaterländischen Hilfsdienst während des Krieges verpflichtet."

Was gilt als vaterländischer Hilfsdienst?

Darüber gibt §2 Auskunft. Derselbe lautet: „Als vaterländischer Hilfsdienst gilt außer dem Dienste bei Behörden und behördlichen Einrichtungen insbesondere die Arbeit in der Kriegsindustrie, in der Landwirtschaft, in der Krankenpflege und in kriegswirtschaftlichen Organisationen jeder Art sowie in sonstigen Betrieben, die für Zwecke der Kriegführung oder Volksversorgung unmittelbar oder mittelbar von Bedeutung sind.

Die Leitung des vaterländischen Hilfsdienstes liegt dem beim Königlich Preußischen Kriegsministerium errichteten Kriegsamt ob."

Wie soll der vaterländische Hilfsdienst ausgeübt werden?

Darüber sagt das Gesetz (§ 3) nur: „Der Bundesrat erläßt die zur Ausführung dieses Gesetzes erforderlichen Bestimmungen. Es kann Zuwiderhandlungen *mit Gefängnis bis zu einem Jahre und mit Geldstrafe bis zu 10000 Mk. Oder mit einer dieser Strafen oder mit Haft bedrohen."*

Für welche Zeit soll das Gesetz gelten?

Das Gesetz tritt mit dem Tage der Verkündigung in Kraft. Der Bundesrat bestimmt den Zeitpunkt des Außerkrafttretens.

Steht im Gesetz nichts zur Sicherung der Rechte der zum Zwangsdienst Verpflichteten?

Bei einer Nein: Lediglich die vier angeführten Paragraphen bilden das Gesetz, dem Gesetzentwurf sind *Richtlinien* beigefügt, die darlegen, wie sich die Regierungen zur Zeit *die Ausführung des Gesetzes vorstellen.* Diese Richtlinien könnten jederzeit vom Bundesrat aufgehoben oder geändert werden.

Wie steht's nach den Richtlinien mit der Ausführung dieses Gesetzes?

Nach diesen Richtlinien sollen über die Frage, *ob ein Beruf oder Betrieb als vaterländischer Hilfsdienst* zu gelten hat, *Ausschüsse* entscheiden. Solche sind für den Bezirk jedes Generalkommandos zu errichten. Die Ausschüsse bestehen aus einem *Offizier, zwei Staatsbeamten* und je *einem* Vertreter der *Arbeitgeber* und *Arbeitnehmer.* Vor der Entscheidung der Ausschüsse sollen die beteiligten Gemeindebehörden gehört werden. Gegen die Entscheidung des Ausschusses findet *Beschwerde* bei einer vom Kriegsamt zu errichtenden Zentralstelle statt. Diese

Beschwerdestelle besteht aus *zwei Offizieren* des Kriegsamts und *drei Beamten*, von denen zwei vom Reichskanzler, einer von dem Staat ernannt werden, dem der Betrieb, die Organisation oder der Berufsausübende angehört.

Wer kann zum vaterländischen Hilfsdienst herangezogen werden und in welcher Weise geschieht die Heranziehung?

Nicht im vaterländischen Hilfsdienst beschäftigte Arbeitskräfte können jederzeit zum Hilfsdienst herangezogen werden. Die Heranziehung soll in der Regel zunächst durch eine vom Kriegsamt zu erlassende *Aufforderung zur freiwilligen Meldung* erfolgen. Wird dieser Aufforderung nicht in ausreichendem Maße entsprochen, so erfolgt die Heranziehung durch die *schriftliche Aufforderung eines Ausschusses.* Dieser Ausschuss besteht aus einem Offizier, einem höheren Beamten und je einem Arbeitgeber und Arbeitnehmer; bei Stimmengleichheit entscheidet die Stimme des Offiziers. Jeder, dem die Aufforderung zugegangen ist, hat sich bei einer zum vaterländischen Hilfsdienst zuzurechnenden Stelle *Arbeit zu suchen.* Wird hierdurch eine Beschäftigung innerhalb zwei Wochen nicht herbeigeführt, so findet die *Überweisung zu einer Beschäftigung durch den Ausschuss statt.* Ein Zwang eines Betriebes, den sich freiwillig Meldenden zu nehmen, besteht nicht. *Eine Beschwerde gegen die zwangsweise Überweisung* ist zulässig, hat aber *keine aufschiebende Wirkung.* Über die Beschwerde entscheidet der bei dem stellvertretenden Generalkommando gebildete Ausschuss.

Welche Art Beschäftigung erhält der zwangsweise Überwiesene?

Bei der Überweisung, sagen die Richtlinien, ist auf das Lebensalter, die Familienverhältnisse, den Wohnort und die Gesundheit sowie auf die bisherige Tätigkeiten des Hilfsdienstpflichtigen *nach Möglichkeit* Rücksicht zu nehmen.

Welche Lohn- und Arbeitsbedingungen sollen gelten?

Darüber steht weder im Gesetz noch in den Richtlinien etwas.

Darf der Arbeiter sich andere Beschäftigung suchen?

Nach den Richtlinien darf niemand einen Arbeiter in Beschäftigung nehmen, der bei einer zum vaterländischen Hilfsdienst zu rechnenden Stelle beschäftigt ist oder in den letzten 14 Tagen beschäftigt gewesen ist, sofern der Arbeiter nicht *eine Bescheinigung seines letzten Arbeitgebers* darüber beibringt, daß er die Arbeit mit Zustimmung des Arbeitgebers aufgegeben hat. Auf Anrufen des Arbeiters kann ein aus einem Offizier, einem Arbeitgeber und einem Arbeitnehmer bestehender

Ausschuss die Bescheinigung ausstellen. An Stelle dieses Ausschusses können auch bereits bestehende Kriegsausschüsse (Schlichtungsstellen) entscheiden.

Was bezweckt das Gesetz?

Nach der dem Gesetzentwurf beigefügten Begründung soll, angesichts der ungeheuren Menge von Waffen und Munition, die die Feinde Deutschlands von den arbeitenden Männern und Frauen der Verbandsländer und neutralen Staaten herstellen lassen, die schon heute in Deutschland daheim geleistete Kriegsarbeit straff einheitlich zusammengefasst und geregelt werden. Das für den Kriegsbedarf, für die Volksversorgung und sonst im vaterländischen Hilfsdienst Erforderliche soll zum höchsten Maße gesteigert werden. Die gesamte nicht zum Heeresdienst herangezogene Bevölkerung in der Heimat soll für diese Arbeit erfasst werden. Jeder Mann soll deshalb die gesetzliche Verpflichtung zum vaterländischen Hilfsdienst haben. Er soll *nicht mehr frei* darüber verfügen dürfen, ob und in welchem Umfang er seine *Arbeitskraft* verwenden will. Für die Frage, *welche Arbeiten während der Dauer des Krieges überhaupt fortzuführen* und *welche Arbeiten* von den einzelnen Personen zu verrichten sind, soll *nur der Gesichtspunkt* ausschlaggebend sein, *ob und in welchem Maße* die Arbeit für die Zwecke der Kriegführung und der damit eng zusammenhängenden Volksversorgung von Nutzen ist. Durch die *Stilllegung* oder *Einschränkung von Betrieben,* die nicht unmittelbar oder mittelbar der Kriegführung und Kriegswirtschaft dienen, und durch Heranziehung von Personen aus diesen Betrieben soll eine größere Anzahl für den Heeresdienst geeigneter Personen zu militärischer Verwendung freigemacht und vor allem die nötige Personenanzahl gewonnen werden, um die Leistung der für die Kriegführung und Kriegswirtschaft besonders bedeutungsvollen Betriebszweige und Einrichtungen dem Bedarf entsprechend zu steigern. In erster Linie sollen die Arbeiten in der Kriegsindustrie und in der Landwirtschaft verrichtet werden. In der Heimat und in den besetzten Gebieten können außerdem an zahlreichen Stellen wehrpflichtige Deutsche durch Hilfsdienstpflichtige ersetzt werden.

Könnte der Zweck des Gesetzes auf andere Weise erreicht werden?

Diese naheliegende Frage ist in der Begründung nicht beantwortet. Es liegt auf der Hand, daß der von der Hand in den Mund lebende Arbeiter stets zur Arbeit gezwungen ist. Unendlich viele Textilarbeiter, Arbeiter der Schuhindustrie und anderer Berufe würden gern Arbeit in der Kriegsindustrie oder Landwirtschaft nehmen, wenn ihnen *ausreichende Löhnung* und *angemessene Arbeitsbedingungen* gewährt würden. Die Leistungsfähigkeit der Arbeiter würde ferner durch *ausreichende Ernährung* und *Einführung der Achtstundenschicht* ganz erheblich gesteigert werden können. Die Arbeit, die von Nichtlohnarbeitern geleistet würde, kommt ja kaum in Betracht; ihre Zahl ist gering und der Nutzeffekt ihrer Arbeit würde noch geringer sein. Die große Menge der Bevölkerung bilden die Arbeiter. Sie sind schon heute durch ihre wirtschaftliche Lage zur Arbeit gezwungen. Ein *gesetzlicher* Arbeitszwang würde für sie nur den Erfolg haben, daß sie unter schlechteren Arbeitsbedingungen arbeiten müssen als ohne einen solchen Zwang, sowie daß sie ihr Selbstbestimmungsrecht, ihre politischen Rechte, ihr Koalitionsrecht, ihr Vereins- und ihr Versammlungsrecht völlig verlören.

Welche Wirkung hat das Gesetz?

Das Gesetz hätte, wenn es in der vorgeschlagenen Form oder einer ähnlichen Annahme fände, die erheblichsten Nachteile für die persönliche Freiheit, die politischen Rechte und die wirtschaftliche Lage der gesamten Bevölkerung, insbesondere der Arbeiter, zur Folge, ohne einen anderen Nutzen als den zu haben, daß die Gewinne der Kriegsindustrie und des Großgrundbesitzes durch den Frondienst der Bevölkerung noch erheblich gesteigert würden. Auch wenn alle möglichen sogenannten Kautelen oder „Garantien" erlangt würden, so käme s doch auf die *Ausführung* des Gesetzes an. Und nach den bisher in der Ernährungsfrage, mit dem Belagerungszustand mitsamt der Schutzhaft und Zensur, nicht minder mit dem D.-U.-Gesetz gemachten Erfahrungen würde eine dem Bundesrat erteilte Blankovollmacht zu den allergröblichsten Missständen führen. Das Gesetz würde zur schlimmsten *Lohndrückerei*, zur *Vernichtung des Selbstbestimmungsrechts, der persönlichen Freiheit des Arbeiters, des Koalitionsrechts, des Vereins- und Versammlungsrechts der Arbeiter* führen, und das alles zur *Erhöhung der Profite der Rüstungsindustrie und des Großgrundbesitzes.* Außerdem würden die Arbeiter den Vorschriften der *Militärstrafgesetze unterworfen* sein, neben denen die Strafvorschriften des Bundesrats sie mit Strafe bedrohen. Vor allem aber würde, entgegen der Ansicht der Befürworter des Gesetzes, dies zu einer *Verlängerung des Krieges führen.* Der bisherige Verlauf des Krieges zeigt ja dem, der sehen will, daß ein vollständiger Sieg der einen oer anderen der kriegführenden Teile unmöglich ist. Friedensverhandlungen unter Verzicht aller Staaten auf offene und versteckte Annexionen allein können die Gräuel des Krieges abkürzen.

Welche „Garantien" sind bisher verlangt?

Nach der Geschäftsordnung des Reichstages dürfen erst nach Abschluss der ersten Lesung Anträge gestellt werden. Auch kann erst dann ein Gesetzentwurf einer Kommission überwiesen werden. Aber der Haushaltsausschuss ist auf Grund der ihm am 4. November erteilten allgemeinen Ermächtigung, auch während der Vertagung des Reichstages zusammenzutreten, am 23. d. Mts. In eine Besprechung des Entwurfs eingetreten. Beschlüsse fassen kann er vor Beratung des Entwurfs im Plenum nicht. Jedoch besteht die Absicht der bürgerlichen Parteien, auf Grund der Besprechungen in der Kommission Anträge zum Plenum einzubringen und eine Überweisung an eine Kommission abzulehnen. Die Abgeordneten Bauer, Becker, Behrens, Giesberts, Legien haben am 24. November in der Kommission vorher mit der Regierung besprochene Vorschläge eingebracht, die nach ihrer ihrer Ansicht „Garantien" darstellen.

Die erste dieser Garantieforderungen geht dahin, *die Beamten der gewerkschaftlichen Organisationen nicht zum Zwangsdienst heranzuziehen.* Als Form ist das Verlangen gewählt, im Gesetz auszusprechen: „Als kriegswirtschaftliche Organisationen gelten insbesondere auch die wirtschaftlichen Organisationen der Unternehmer und die gewerkschaftlichen Organisationen der Arbeiter und Angestellten." In den „Garantien" wird weiter verlangt ein aus Mitgliedern des Reichstag bestehender Beirat. Ferner enthalten sie die Forderung der Bildung von *Arbeiterausschüssen* in allen 20 Personen beschäftigenden Unternehmungen, die für den vaterländischen Hilfsdienst tätig sind. Die Ausschüsse sollen durch die im Betriebe beschäftigten männlichen und weiblichen Arbeiter gewählt werden, die das 18. Lebensjahr erreicht haben. Mit ihnen sollen die Unternehmer verpflichtet sein, über die Regelung der Lohn- und Arbeitsbedingungen und über Arbeiterbeschwerden zu verhandeln. Wird ein Einvernehmen nicht erzielt, so soll zur Entscheidung ein *Einigungsamt* fungieren, das im Bereich jedes Bezirkskommandos zu bilden ist und aus je drei Vertretern der Arbeitgeber und Arbeitnehmer besteht. Gegen die Entscheidung des Einigungsamts soll *Berufung* an ein im Bezirk jedes Generalkommandos zu bildendes *Schiedsgericht* zulässig sein. Das Schiedsgericht soll aus einem vom Kriegsamt zu ernennenden Vorsitzenden und je drei Vertretern der Arbeitgeber und Arbeitnehmer bestehen. Zur Entscheidung über betriebstechnische und allgemeinwirtschaftliche Fragen soll ein *Ausschuss* gebildet werden. Dieser soll aus einem Offizier, zwei Staatsbeamten und je zwei Vertretern der Arbeitgeber und Arbeitnehmer bestehen. Ferner soll nach den Vorschlägen der von den Abgeordneten Bauer, Becker, Behrens, Giesberts und Legien unterzeichneten *Vorschlägen* die Ausübung des *Vereins- und Versammlungsrechts* der im vaterländischen Hilfsdienst beschäftigen Personen nicht beschränkt werden dürfen. Nicht in ihrem Heimatsort Beschäftigten soll eine Familienzulage und Freifahrt zum Heimatsort bewilligt werden. Für durch das Gesetz arbeitslos werdende Arbeiter soll *Arbeitslosenunterstützung* aus Reichsmitteln gezahlt werden. Für *Arbeiterinnen und Jugendliche* sollen in Bezug auf Arbeitszeit, Aufsicht, Unterkunftsräume usw. besondere Vorschriften erlassen werden. Endlich soll eine Befreiung von der Versicherungspflicht unzulässig sein.

Abgesehen von den beiden ersten Forderungen, über die die Ansichten wohl verschieden lauten, dürfte diesen Garantien zuzustimmen sein. Indes sind sie keineswegs eine ausreichende Garantie gegen die durch das Gesetz drohende Rechtlosigkeit. Insbesondere fehlt z. B. ein Schutz gegen die Anwendung des Militärstrafgesetzbuchs, ferner ermangeln sie einer Vorschrift über Normalarbeitszeit, Mindestlohn und Sicherung des Koalitionsrechts. Auch mit solchen Garantien würde das Gesetz der Gesamtheit, insbesondere den Arbeitern schweren Schaden bringen und ist auch dann unannehmbar.

Ein eigentümliches Licht auf die „Garantien" wirft ein Vorgang, der sich am 24. November in dem Haushaltsausschuss abspielte. Der Abgeordnete Legien kritisierte mit Recht sehr abfällig den Erlass des Eisenbahnministers, der die Beschäftigung der Mitglieder der zwei Verbände der Eisenbahner verbot, die in ihrem Statut nicht auf das Streikrecht verzichtet haben. Der Arbeiter müsse das Koalitionsrecht haben, er könne auf sein Selbstbestimmungsrecht nicht verzichten, führte Legien aus. Ihm erwiderte der Staatssekretär Helfferich, der Erlass sei berechtigt, die Verbände hätten abgelehnt, in den Satzungen auf Streik zu verzichten. Das sei um so weniger begreiflich, *als der Abgeordnete Legien ihm gegenüber ausdrücklich erklärt habe, daß die Verbände nicht streiken würden.*

Welche Stellung nehmen die Parteien zu dem Gesetz ein?

Der Gesetzentwurf ist im Plenum des Reichstags noch nicht beraten. Es soll am Mittwoch, den 29. November, erst die erste Lesung stattfinden. Ja, es ist gegen den Widerspruch der Sozialdemokraten vom Reichstag beschlossen, auch bereits die zweite Beratung auf die Tagesordnung derselben Sitzung zu bringen, um dies wichtige Gesetz im *Eiltempo* zu verabschieden. Der Haushaltsausschuss ist schon am 23. November zusammengetreten, um den Gesetzentwurf zu besprechen. Die Besprechung findet unter Ausschluss der Öffentlichkeit statt. Die in den Zeitungen veröffentlichten Berichte sind ungenau. Aus dem Vergleich der Berichte der Organe der verschiedenen Zeitungen ergibt sich aber folgendes, mit der Wirklichkeit übereinstimmendes Bild: mit dem Gesetz völlig einverstanden hat keine Partei sich erklärt. Die Ausschaltung des Reichstags und der Mangel an Rechtsgarantien ist von ziemlich allen Seiten beklagt. Eine *Ausdehnung der Dienstpflicht auf die Frauen* ist von konservativer Seite angeregt. Auch ein freikonservativer und ein nationalliberaler Redner sprachen sich ähnlich aus. Alle anderen Parteien lehnten solche Ausdehnung ab. *Und doch droht auch diese.*

Der „Vorwärts" macht in seiner Ausgabe vom 26. November durch einen Artikel von Klara Bohm-Schuch in seiner Sonntagsbeilage, auf die er an den Anschlagsäulen besonders hinweist, Stimmung *für die Unterstellung auch der Frauen unter das Zwangsgesetz.*

Aus dem „Vorwärts" sind bekanntlich die Redakteure gewaltsam entfernt. Das Blatt wird unter Ausnutzung des Belagerungszustandes von Personen hergestellt, die nicht von den zur Anstellung von Redakteuren berechtigten Organen angestellt sind. Er spielt bei diesem die Rechte der Arbeiterklasse so eminent bedrohenden Gesetzentwurf den Schrittmacher für die Entrechtung der Arbeiter.

Wie wurde das Gesetz vorbereitet?

In der Haushaltskommission beklagte sich am 23. November der Abgeordnete *Ebert* darüber, daß die Fraktionsleitung von dem beabsichtigten Entwurf keine Kenntnis erhalten habe. Staatssekretär Helfferich erwiderte, der Abgeordnete *Scheidemann* sei ja in der Woche zuvor durch ihn informiert worden. Inzwischen ist bekannt geworden, daß in der Zeit lediglich die Sozialdemokratische Arbeitsgemeinschaft bis zum 22. November ohne jede Kenntnis des Entwurfs gelassen wurde. Mit Abgeordneten *aller* übrigen Parteien wurde über den Entwurf schon früher verhandelt. Wenn sie jetzt über den Entwurf zetern, so klingt das wie Theaterdonner, der verdecken soll, daß die Abgeordneten zur Annahme des Gesetzes mit kleinen Änderungen bereit sind.

Am 4. November wurde der Reichstag geschlossen. An demselben Tage erhielten Mitglieder der Generalkommission eine Einladung zu einer Vorbesprechung im Reichsamt des Innern auf den 8. November. Dort wurde ihnen der Plan des jetzigen Gesetzentwurfes mitgeteilt. Sie konferierten mit den Behörden dann noch am 13. und 18. November. Sie erklärten sich in Übereinstimmung mit den christlichen und den Hirsch-Dunckerschen Gewerkschaftsführern mit der Tendenz des Entwurfs einverstanden, wenn gewisse „Garantien" für die wirtschaftliche Sicherung der Arbeiter gegeben würden. Diese Garantien brachten sie später am 24. November in der Reichstagskommission vor. Sie sind oben wiedergegeben. Der Chef des Kriegsamtes hat in der Kommission erklärt, daß er gegen diese Vorschläge vom militärischen Standpunkt aus keine Bedenken habe.

Ernst ist die Lage, bitterernst. Es gilt, wenigstens über das, was droht, aufzuklären. Mögen die Bürger, vor allem die Arbeiter, von den Abgeordneten, die sie gewählt haben, noch in letzter Stunde Ablehnung des Gesetzentwurfes verlangen.

IV. „Wir müssen die Köpfe revolutionieren, die uns noch nicht angehören!“

1. Redebeiträge zur Strategie und Taktik der SPD im Revisionismusstreit auf dem SPD-Parteitag zu Stuttgart (3. bis 8. Oktober 1898)[183]

Gewiss hat Auer recht, daß keine Partei sich mit uns in der Zunahme der Stimmenzahl vergleichen kann. Aber bei uns als Kampfpartei kommt es auf das Verhältnis zu der Zahl der Wahlberechtigten an. Wenn wir eine Kampfpartei sein wollen, die die Welt erobern will, so haben wir die Frage zu stellen: wie weit sind die sozialdemokratischen Gedanken propagiert? Und da wirken die nackten Zahlen weit angenehmer als die schönen Wünsche und Äußerungen. Wir haben ständig zugenommen von 4 Prozent der Wahlberechtigten im jahre 1874, außer in den beiden Ausnahmejahren 1878 und 1881, aber diesmal bei weitem nicht in dem Maße, wie man es hätte erwarten müssen, wenn der sozialdemokratische Gedanke in einigermaßen ähnlicher Weise fortgeschritten wäre wie früher. Im Jahre 1887 betrug die Zahl der sozialdemokratischen Stimmen im Verhältnis zur Zahl der Wahlberechtigten 7,8 Prozent. 1890 kam der große Aufschwung auf 13,91 Prozent, dann 1893 auf 16,81 Prozent und jetzt ist nur eine Steigerung auf 18,40 erfolgt, d.h. Nur um 1,59 Prozent in 5 Jahren, während sie in der vorletzten Legislaturperiode noch 2,3 und von 1887 auf 1890 sogar 6,9 Prozent betrug. Diesen unbestreitbaren Tatsachen gegenüber ist es nicht richtig, lediglich die Siegesfreude hervor zu kehren, zu der wir berechtigt sind, wenn wir das Arbeiten der Gegner ansehen. Wir sollten fragen: liegt es nicht vielleicht doch an besonderen Verhältnissen, daß wir nicht in dem Maße zugenommen haben, wie wir es hätten erwarten können? Ich meine, solche Gründe sind vorhanden. Die Agitation während der Wahltätigkeit ist doch nur der letzte Schluss, die Hauptsache ist doch die fortwährende Agitation und Organisation, und diese wird außerordentlich erschwert durch die zunehmende Wanderung aus dem Osten. Dann aber meine ich, daß diejenigen, die fortwährend darauf hin zielen, das Endziel zurück zu stellen, wesentlich dazu beigetragen haben, die Tatkraft und Kampffreudigkeit

183 LArch Berlin, A Pr Br Rep 030, Nr. 9473, betreffend den Congreß der Sozialdemokratie Deutschlands im Jahre 1898 in Stuttgart, Blatt 37 ff. Das Parteitagsprotokoll findet sich komplett auf http://library.fes.de/parteitage/pdf/pt-jahr/pt-1898.pdf, zugriff am 27. Dezember 2014.

zu lähmen. Dresden hat durch die manchmal ja in der Form fehlsame, Agitation der „Sächsischen Arbeiter-Zeitung“[184] einen glänzenden Erfolg erzielt, weil sie festgehalten hat an dem Endziel.

Nicht nur in der Presse, auch in der mündlichen Agitation ist man vielfach hinter dem Ziele zurück geblieben, Sozialdemokraten zu erziehen. Der, ich will ja zugeben, unbewusste Versuch des Abdrängens von einer ständigen Betonung des Endzieles hat hauptsächlich den Misserfolg verschuldet, und dann auch diejenigen, die darauf los drängen, sich nicht mehr an die Indifferenten zu wenden. Wir sollten uns die ernste Mahnung zukommen lassen, daß wir, was Agitation und Organisation anlangt, insbesondere aber Agitation, zurück kehren zu der alten, der allein der Sozialdemokratie würdigen Methode, das Endziel in den Vordergrund zu stellen und die Indifferenten aufzurütteln und nicht einem scheinbaren Gelehrtentum nachzugeben, von Leuten, die meinen, erziehen zu können, während ich der Ansicht bin, die meisten von ihnen sollten noch erst lernen…

Nach der Rede Bebels brauchte ich kein Wort hinzu zu fügen, aber einige Bemerkungen, die in der Diskussion gefallen sind, muss ich zurückweisen. Ich habe mich außerordentlich gefreut, daß die krassen Zahlen, die ich vorzubringen die unangenehme Pflicht hatte, einige derer auf die Tribüne getrieben hat, die die Zahlen ignorieren, um wenig befriedigende Wahlerfolge in gute umzuwandeln. Peus[185] suchte die Zahlen zu kritisieren, die ich vorgetragen habe, aber die Kritik war hinfällig. An der Tatsache kann nicht gerüttelt werden, daß die Sozialdemokratie keinen Grund zur besonderen Befriedigung über das Wahlresultat haben kann, wenn sie eine Kampfpartei sein soll. Wenn Peus im „Anhalter Volksblatt“ vorschlug, den ersten Teil des Programms zu streichen, so habe ich diesem Vorschlage kein Wort hinzu zu setzen. Peus und Heine haben ihre Ansichten hier so klar zum Ausdruck gebracht, daß ich keine besonderen Tatsachen anzuführen brauche. Bebel erinnerte an den Gothaer Parteitag 1877. Damals war die reaktionäre Strömung in der Partei so stark, daß die Fortsetzung von Engels „Anti-Dühring“[186] untersagt wurde. Wir kommen jetzt beinahe eben so weit.

184 Die „Sächsische Arbeiter-Zeitung“ erschien seit 1890 als Tageszeitung mit einer Auflage von bis zu 50000 Exemplaren, 1908 wurde sie in „Dresdner Volkszeitung“ umbenannt. Siehe Dieter Fricke, Handbuch zur Geschichte der deutschen Arbeiterbewegung 1869–1917, Berlin (DDR) 1987, Band 1, S. 593.

185 Heinrich Peus (1862–1937) war ein sozialdemokratischer Reformpolitiker und Reichstagsabgeordneten vornehmlich in Preußen und Sachsen-Anhalt, siehe http://de.wikipedia.org/wiki/Heinrich_P%C3%ABus, Zugriff am 27. Dezember 2014.

186 Friedrich Engels, Herrn Eugen Dührings Umwälzung der Wissenschaft, MEW 20, S. 5 ff. Der „Anti-Dühring“ wurde zwischen September 1987 und Juni 1878 von

Phantastische Ausmalungen des Zukunftsstaates haben nichts mit der Betonung des Endzieles zu tun. Dies Endziel darf nicht verschleiert werden. Gerade dort, wo wir prinzipielle Agitation getrieben haben, haben wir die größten Erfolge gehabt, in Ostpreußen, in Oberschlesien, in der Provinz Brandenburg. Unser Endziel ist das, was naturnotwendig aus der Entwicklung der Gesellschaft heraus wächst, die Sozialisierung der Gesellschaft. Darauf muss beständig hingewiesen werden, und unsere Presse lässt es daran fehlen. Ja, man möchte sagen, wir haben da die größten Erfolge erzielt, wo wir keine Presse hatten. Wo ist der agitatorische Ton in unserer Presse, wo das Hinweisen auf das Endziel? Wir müssen die großen Gesichtspunkte wieder mehr in den Vordergrund rücken. Sonst kann uns mit Recht gesagt werden: Ihr seid National-Soziale, Ihr seid Christlich-Soziale, Ihr seid Sozial-Liberale, aber bei Leibe keine Sozialdemokraten…

Ich setzte voraus, daß die Genossen, deren Tätigkeit heute angegriffen ist, den besten Willen haben, und von den Redakteuren des „Vorwärts" weiß ich, daß sie bestrebt sind, das Beste zu leisten. Das kann mich aber nicht abhalten, die Tätigkeit des „Vorwärts" zu kritisieren als eine solche, wie sie für Berlin und die Partei nicht geeignet ist. Es ist ja ein böses Ding, am „Vorwärts" Kritik zu üben, weil da bald auf seine Eigenschaft als Zentralorgan, bald auf die eines Lokalblattes verwiesen wird. Mir liegt es ferne, irgendeine Person anzugreifen, aber wenn die Genossen denjenigen, die eine andere Ansicht vertreten, immer zurufen, sie sollen nicht mit Phrasen um sich werfen, so möchte ich fragen, womit werft Ihr denn um Euch? Gott sei Dank ist der Magen der Partei noch gut genug, um Eure Phrasen ertragen zu können. Der hier angeschlagene Ton ist nicht ein solcher, wie er unter Genossen üblich sein sollte, selbst wenn der Sprecher zufällig weiblichen Geschlechts ist[187]. Den Vorwurf des Genossen Fendrich, daß ich nur Gemeinplätze sage, nehme ich gern auf mich. Ich würde mich nur freuen, wenn die angeblichen Gemeinplätze der Genossin Luxemburg bei ihm allmählich so fest werden, daß es wirkliche Gemeinplätze für ihn und seine Leser sind. Der springende Punkt ist der, daß wir die Zeitungen nicht schreiben für uns, die wir mitten in der Partei stehen, sondern wir müssen besonderen Wert auf die agitatorische Kraft legen, und in dieser Hinsicht erfüllt das Zentralorgan seine Aufgabe nicht. Ich sagte gestern scherzhaft, daß un-

---

Engels fortgeschrieben und erschien als Fortsetzung im „Vorwärts". In diesem bedeutenden Werk Engels setzte sich dieser mit Dühring positivistischer Wissenschaftsauffassung auseinander und entwickelte so grundlegende marxistische Positionen zum Verhältnis von Mensch und Natur bzw. der Naturgesetze und menschlichen Handeln. Dühring selbst (1833–1921) stand zeitweise der SPD nahe, verfasste seit 1881 zunehmend antisemitische und rassistische Abhandlungen.

187 Gemeint war Klara Zetkin.

sere Fortschritte da am bedeutendsten sind, wo wir keine Presse haben. Das hat ein Genosse Ernst genommen. Tatsächlich haben wir ja auch in Ostpreußen, in einem Teile von Brandenburg und in Oberschlesien, wo wir große Erfolge errungen haben, nur eine wenig verbreitete Presse. In Mecklenburg, da hat unsere Presse lebendige agitatorische Kraft. Wir brauchen durchaus nicht etwa alle Tage unser Programm zu veröffentlichen. Wohl aber sollten wir jedes mal, anknüpfend an konkrete Vorgänge, auf unsere Ziele hinweisen. Mir aber wurde in einem Artikel über die Leutenot im „Vorwärts" gerade die Bemerkung gestrichen, daß die Leutenot endgültig nur abgestellt werden kann in einem sozialistischen Gemeinwesen. Gerade solche Hinweise auf unsere Ziele im Anschluss an aktuelle Fragen können uns neue Reihen von Proletariern erschließen. Warum hat der „Vorwärts" nicht schon früher über das Koalitionsrecht und den Arbeiterschutz ausführliche Artikel gebracht? Das wäre doch weit wichtiger als ein Artikel über irgend welche Weltpolitik. Gerade die Fragen, die den Arbeiter angehen, die mit seinen wirtschaftlichen Verhältnissen in engster Verbindung stehen, sollten mehr in ihm in den Vordergrund treten.

Bei der Frage der Landtagswahl hat der „Vorwärts" auch nicht befriedigt. Man kann Gegner oder Anhänger der Beteiligung sein, aber das muss man verlangen, daß ehrlich diskutiert wird. Wenn z. B. in einem Artikel vom 17. September gesagt ist, daß die Zuchthausvorlage auch vom preußischen Landtage angenommen werden kann, so ist das entweder Unwissenheit oder Demagogie. (Protest von Paul Singer als Präside gegen den Begriff „Demagogie)

Dann bleibt nur noch die erste Möglichkeit übrig. Der „Vorwärts" muss ein Organ werden, das agitatorisch wirkt. Wir müssen die Köpfe revolutionieren, die uns noch nicht angehören. Darin, daß es ein Fehler war, daß der „Vorwärts" nicht kurz vor der Wahl die Bernsteinschen Artikel debattiert hat, kann ich der Genossin Zetkin nicht beistimmen. Es war richtig, daß die Redaktion derartige Fragen vor der Wahl beiseite schiebt. Darauf aber müssen wir achten, daß das Zentralorgan ein werbendes Organ wird, das die Indifferenten zu Sozialisten macht.

2. Redebeitrag zum Revisionismusstreit auf dem SPD-Parteitag zu Dresden (13. bis 20. September 1903)[188]

Ich bin bis zu einem gewissen Grade mit dem Vorschlage des Parteivorstandes nicht einverstanden, weil mir dieser Vorschlag lange nicht weit genug geht. Aber

188 http://library.fes.de/parteitage/pdf/pt-jahr/pt-1903.pdf. Stadthagen hielt überdies den Bericht der Reichstagsfraktion und beteiligte sich sehr rege an den Debatten. Sein hier abgedruckter Redebeieitrag findet sich auf den Seiten 184 bis 188. In seinem Redebeitrag begründete Stadthagen einen Antrag seiner Wahlkreisorganisation

es kommt hier nicht auf die Gestaltung einer formalistisch unanfechtbaren Form an, sondern auf den Inhalt, der bei gutem Willen unter Parteigenossen schwerlich missverstanden werden kann. Wenn wir den Vorschlag des Vorstandes akzeptieren, so ist das das Allermindeste, was wir im Interesse unserer Partei verlangen müssen. Die Notwendigkeit, darüber ein klares Wort zu sprechen, ist bewiesen durch die Ausführungen Edmund Fischers und Heinrich Brauns. Nach dem von Pfannkuch[189] verlesenen Schriftwechsel muss man sagen: es gibt wohl innerhalb der bürgerlichen Parteien nirgends ein Schriftstück, das so sehr einen klaren Sachverhalt auf den Kopf zu stellen versucht wie jenes, in dem dem Vorstand vorgeworfen wird, er habe mitten in den Wahlkampf in unerhörter Weise eingegriffen, er habe die Art eines Bürgerlichen Ministeriums angenommen, auf die eigentliche Beschwerde nicht zu antworten, und in dem schließlich behauptet wird, die Meinungsfreiheit werde unterbunden. Das ist das Unerhörteste, was man sich denken kann. Dagegen schreibt man für ein Organ wie die „Zukunft", in ndem die Partei auf das Gehässigste beschimpft wird, ein Organ, das nicht nur für jeden Sozialdemokraten, sondern für jeden anständigen Mann verdächtig ist, ein Organ, das herum lungert auf den Vorhöfen irgendeiner Stelle, wo man glaubt, irgend etwas Sensationelles ergattern zu können und das vielleicht auch hin und wieder zu irgend einem Parteigenossen Beziehungen sucht und findet und Abfluss für seine Zusammenraffungen findet. Für ein solches verächtliches Organ aber schreibt man Artikel, die weder als sozialdemokratisch noch als moralisch, sondern als abgrundtief unrein bezeichnet werden müssen. Genosse Bernhard ist ja wohl ein organisierter Genosse, ob Braun es ist, weiß ich nicht.[190] Er sagte, er sei 25 Jahre in der Partei. Ich habe verschiedentlich in denselben Wahlkreisen gewohnt wie er. Dort war er nicht organisiert, ob er es jetzt ist, weiß ich nicht. Sie sagen, Sie seien 25 Jahre in der Partei.[191] Sie hätten einmal Untersuchungshaft gehabt, ein andermal an einem Souper teilgenommen, das Sie nicht bezahlt haben – nehmen

---

Niederbarnim, jenen Parteimitgliedern, die in bürgerlichen und antisozialdemokratischen Blättern publizieren, wichtige Parteifunktionen vorzuenthalten, siehe Antrag 109a, Parteitagsprotokoll 1903, ebd., S. 129 f.

189 Wilhelm Pfannkuch (1841–1923), Weggefährte von August Bebel und Wilhelm Liebknecht, Gewerkschafter und hauptamtlicher SPD-Politiker, siehe http://de.wikipedia.org/wiki/Wilhelm_Pfannkuch, Zugriff am 16. Oktober 2014.

190 Georg Bernhard (1875–1944), Berliner Publizist und Sozialdemokrat, siehe http://de.wikipedia.org/wiki/Georg_Bernhard, Zugriff ebendann, Heinrich Braun (1854–1927), sozialdemokratischer Publizist und Sozialreformer, siehe http://de.wikipedia.org/wiki/Heinrich_Braun_(Publizist), Zugriff ebendann.

191 Heinrich Braun trat 1879 der SAPD bei. Braun wirkte an mehreren Zeitschriften wie „Die neue Gesellschaft", „Neue Zeit" und dem „Archiv für soziale Gesetzgebung

Sie es mir nicht übel, wenn ich Sie daran erinnere, daß Sie bezüglich Ihrer Parteitätigkeit in den weitesten Kreisen unbekannt sind, freilich nicht bezüglich Ihrer Person, die man ja sieht, so oft Sie vorgestellt werden. Die „Neue Zeit" hat gegen den Zukunftsartikel das, was gesagt werden musste, in der liebenswürdigsten, gelindesten Weise gesagt. Wenn diesem Artikel der „Neuen Zeit" gegenüber die Beschwerde von Genossen eingereicht ist, so ist das ein Angriff auf die Meinungsfreiheit, wie er schwerer in der Partei noch nicht vorgekommen ist. Sie machen es wie die Reaktionäre, indem Sie sagen, Sie wollten die Freiheit schützen, die Freiheit unterdrücken. In demselben Augenblick, wo Sie uns verhindern wollen, Ihre Dummheiten, Ihre gegen das Programm, den Takt, gegen den Fortbestand der sozialdemokratischen Parteibewegung verstoßende Handlungsweise niedriger zu hängen, sagen Sie, das darf in der „Neuen Zeit" nicht gesagt werden, das ist Unterdrückung der Meinungsfreiheit, wir beschweren uns! Wenn der Vorstand dann sagt: „Zu diesem Ergebnis sind wir gekommen", dann kommen Sie mit dem höhnenden, hochfahrenden, überhebenden Ton, der in Ihrer Beschwerde angeschlagen ist. Es ist auch eine von Ihnen selbst gar nicht geglaubte Einrede, wenn Sie sagen, der Vorstandsbeschluss sei gerade mitten in den Wahlkampf hinein gekommen. Mitten in den Wahlkampf hinein ist ja Ihre Beschwerde gekommen! Sollte der Vorstand etwa mit der Veröffentlichung so lange warten, bis es Ihnen genehm war? Ich bedaure nur, daß der Vorstand nicht gleich im März auch Ihre Beschwerde veröffentlicht hat. Dann wären verschiedene Wahlkreise vielleicht doch noch anderer Ansicht über die Persönlichkeiten ihrer Kandidaten geworden. Auf Ihr böses Gewissen weist auch die Art und Weise Ihrer Verteidigung hin. Hier kommt erst Braun und nachher, ihm lebhaft sekundierend, wenn auch nicht ganz auf demselben Standpunkt, Edmund Fischer, und zeigt, daß Braun vielleicht eine gewisse Fähigkeit hat, nachträgliche Detektivarbeit zu verrichten, aber doch so, daß man seinen Mitteilungen gegenüber außerordentlich vorsichtig sein muss. Was seine Beschwerde gegen Mehring anlangt, soweit es Tatsachen sind, so wüsste ich keinen einzigen Genossen, der es verstehen könnte, wie man einem Genossen, der sich so schwer zu seiner sozialdemokratischen Überzeugung durchgearbeitet hat, aus seiner früheren Überzeugung einen Strick zu drehen versuchen kann. Es ist der Neid auf die geistigen Fähigkeiten des Anderen, der Sie immer und immer wieder zu ihrem Vorgehen gegen Mehring veranlasst! Es ist auch unwahr, daß Mehring ins Rollen gebracht habe. Dieselbe Frage ist bereits früher angeschnitten worden in dem Falle des Genossen Bernhard. Es handelte sich damals in Berlin

---

und Statistik" mit. Er setzte sich im Vorfeld des Parteitages für die Zusammenarbeit mit fortschrittlichen Liberalen ein.

darum, ob Bernhard, der an der „Morgenpost“ oder an der „Welt am Montag“ Handelsredakteur war und auch für die „Zukunft“ schrieb, als Referent von der Agitationskommission verzeichnet werden könne. Die Agitationskommission war einstimmig der Ansicht, daß unmöglich jemand in ihrer Referentenliste verzeichnet werden könne, der an einer feindlichen Zeitung tätig sei, sei es die „Morgenpost“, die „Zukunft“ oder der „Lokal-Anzeiger“ oder die „Woche“, die alle unter den Vorstandsbeschluss fallen. Es sind dies alles genau ebenso schmutzige Blätter, die auf die Verdummung der großen Menge hinarbeiten, in ihrer Gesamttendenz parteifeindlich sind und sich hier und da auch einmal einen Sozialdemokraten gegen Geld kapern, damit das Blatt für manche ein bisschen interessant aussieht. Ist das eine Arbeit, die ein Sozialdemokrat übernehmen darf? Nein, das ist eine Arbeit, die, mit klarem Bewusstsein unternommen, mindestens an Parteiverrat grenzt und die uns unter allen Umständen abhalten muss, einem solchen Genossen einen Vertrauensposten zu geben.

Nun wird gesagt: Was wollt Ihr denn? Seid doch froh, wenn wir in so blödsinnigen Blättern wie der „Zukunft“, in denen so hundsgemeine Artikel gegen die Sozialdemokratie stehen und deren einziger Charakter in der Konsequenz der Reaktion liegt, sozialdemokratische Artikel schreiben; dadurch bekommen nichtsozialdemokratische Leser auch einmal etwas von einem Sozialdemokraten zu lesen. Ich habe Bernhard bereits bei einer früheren Zusammenkunft mehrerer Genossen darauf hingewiesen, daß er sich darin täuscht. Es werden schon Zweifel hervor gerufen durch persönliche Zusammenkünfte etwa zwischen Harden, über dessen Charaktermängel kaum bei einem anständigen Menschen ein Zweifel bestehen kann, und irgend einem Genossen. Es kommt da ein Artikel der „Zukunft“ vom 6. Dezember vorigen Jahres in Betracht, der während der Zollkampagne geschrieben worden ist. Ein Mann, der oft sozialdemokratisch gestimmt hat, den ich aber nicht zu den Genossen rechne, weil er nicht organisiert ist, der aber wohl im großen Ganzen sozialdemokratische Empfindung hat, sagte zu mir: „Ich habe da neulich Harden in einer Weinkneipe zusammen gesehen mit Vollmar.“[192] Ich erwiderte: „Nun, sie werden ein Glas Wein zusammen getrunken haben.“ – „Nein, das nicht allein.“ – Mit Bezug auf den betreffenden Artikel der „Zukunft“ fragte mich dann der Mann: „Ist denn bei Ihnen so ein Streit zwischen Bebel und Vollmar?“ In dem betreffenden Artikel wurde in der bekannten reaktionären Art gegen unsere Bekämpfung des Zolltarifs vorgegangen. Da heißt es: „Die Haupt-

192 Georg von Vollmar (1850–1922), bayerischer Sozialdemokrat und Repräsentant des frühen Reformismus. Siehe http://www.fes.de/archiv/adsd_neu/inhalt/stichwort/vollmar.htm, Zugriff am 3. November 2014.

schuld trägt der alte Herr Bebel". So war früher immer von dem „alten" Liebknecht die Rede, der nicht mehr zurechnungsfähig sein sollte. Der Artikel fährt fort: „In Lübeck[193] hatte er auf dem Parteitage gesagt, wenn er König wäre, hätte er dem Verfasser des Tarifs mit Fußtritten die Tür gewiesen. Eine hübsche demokratische Auffassung von den zwischen Herrscher und Helfer wünschenswerten Verhältnissen. Später im Reichstag enthüllte er dem Orkus[194], in den er den Entwurf samt dessen Urhebern hinab stoßen würde. Er verhieß einen Volksaufstand und gebärdete sich, als müsse die deutsche Welt untergehen, weil der Kornzoll wieder so hoch werden sollte, wie er bis in die Maientage des Caprivismus gewesen war.[195] Auch ein überzeugter Freihändler müsse eine Taktik tadeln, die mit Prophezeiungen und Prahlereien so unvorsichtig vorgeht." Das wird von Bebel gesagt. Gleich darauf kommt die Entschuldigung für Vollmar: „Herr v. Vollmar hat gesagt, seine Partei wolle nur hindern, daß in einem sterbenden Reichstag die Entscheidung über den Zolltarif falle. Nach den Wahlen werde sie, auch wenn die „Volksstimme" für den Tarif gesprochen habe, auf jedes Mittel der Obstruktion verzichten. Selbst dieses verständigste aller vorgebrachten Argumente besticht nur auf den ersten Blick." Der betreffende Herr sagte mir: „Das ist doch ein offenbarer Widerspruch: der Eine wird gelobt, der Andere getadelt." Ich erwiderte: „Haben Sie denn nicht in den Zeitungen gelesen, daß Vollmar ebenfalls vorgeworfen ist, er habe geprahlt, daß dieser Vorwurf sich sonst überall gegen die gesamte Sozialdemokratie richtete?" Er meinte trotzdem, er verstände die Sache doch nicht, worauf ich hinzufügte: „Glauben Sie doch nicht, daß da irgendwie eingewirkt worden ist; vielleicht, daß Harden etwas hat hören wollen." Hier sehen Sie die Wirkung der Art und Weise, mit der Sie nichtsozialistische Kreise gewinnen zu können glauben. Nein, es werden in solchen Blättern nicht sozialistische Anregungen gegeben, sondern es werden immer nur zwei verschiedene Richtungen, die in der Partei herrschen sollen, gegen einander ausgespielt. Ich halte es übrigens für die größte Ehre, auf die hundsföttische, gemeinste Weise angegriffen zu werden von Männern wie Wittkowski-Harden, und ich bedauere, daß es Menschen gibt, die es sich beinahe zur Ehre anrechnen, von solchen Menschen gelobt zu werden.

193 Gemeint ist der Parteitag der SPD vom 22. bis 28. September 1901 in Lübeck, http://library.fes.de/parteitage/index-pt-1900.html, Zugriff ebendann.

194 Dieser Begriff meint sowohl den römischen Gott der Unterwelt als auch die moderne Toilette. http://www.duden.de/rechtschreibung/Orkus_Hades_Toilette_Klo, Zugriff ebendann.

195 Leo Graf von Caprivi (1831–1899), Nachfolger Otto von Bismarcks als Reichskanzler und preußischen Ministerpräsident von 1890–1894 siehe http://de.wikipedia.org/wiki/Leo_von_Caprivi, Zugriff ebendann.

Bezüglich der „Morgenpost" ist gesagt, Bernhard sei dort nur Handels- Redakteur. Glaubt denn Bernhard, wir wüssten nicht, daß die Beziehungen zwischen dem Handels- und dem politischen Teil die allerengsten sind? Sie (zu Bernhard) sind engagiert worden, um diesem Blatte, einer Art zweiten „Lokal-Anzeigers", eine Folie zu geben. Sie sind es nicht allein; eine ganze Reihe von Genossen veröffentlicht dort unter ihrem Namen Artikel. Ich verstehe nicht, wie Sie die Zumutung stellen können, man solle Männer, die an gegnerischen Blättern redaktionelle oder sonstige Stellungen einnehmen, in Vertrauensposten berufen können. (Bebel: Wie soll man Vertrauen zu Ihnen haben?!) Glauben Sie wirklich, daß eine Mehrzahl von Fraktionsgenossen sich finden würde, die solchen Genossen gegenüber vertrauliche Dinge offenbarte: Männern, die in ständiger Fühlung mit der feindlichen Presse stehen? Oder umgekehrt: Glauben Sie, in der konservativen Partei würde jemand als Abgeordneter geduldet werden, der Handelsredakteur oder sonst etwas des „Vorwärts" wäre? Soviel Hochachtung aber die anderen Parteien vor sich haben, soviel sollten wir Sozialdemokraten uns allermindestens zutrauen. Es ist geradezu eine Infamie, der Sozialdemokratie zuzutrauen, daß sie mit Redakteuren feindlicher oder der Verdummung dienender Blätter zusammen arbeiten soll.

Braun hat mich durch die Art und Weise seines Vortrags, durch die erregten Entgegnungen auf nicht gefallene Zwischenrufe an die Therese Humbert[196] erinnert. Ich habe bei ihm nur den Hosenknopf vermisst. Nicht einen Hosenknopf haben Sie zur Erhärtung Ihrer Beschwerden über die Einschränkung der Meinungsfreiheit vorbringen können. Hier soll offenbar unter dem Vorwand, der Meinungsfreiheit eine Gasse zu bahnen, die Meinungsfreiheit in der Partei unterdrückt werden zu Gunsten derer, die sich bürgerlichen Parteien annähern wollen. Das sind diejenigen, die glauben, die Revisionisten zu sein; sie sind aber nur die Genasführten der bürgerlichen Parteien. Genosse Braun sprach von Spaltung, man kann aber „spalten" in verschiedener Art. Seitens der Regierung und eines Teils der bürgerlichen Klassen wird einmal dadurch zu spalten gesucht, daß man nur einer bestimmten besser situierten Klasse von Arbeitern, einem neuen Mittelstand oder auch weiteren Klassen kleine Konzessionen macht. Die Gegner können ferner durch Geld oder Lobeserhebungen Spaltungen versuchen. Wenn die sogenannten „Revisionisten" immer wieder in der bürgerlichen Presse als die geistigen Größen gepriesen, die Anderen dagegen als ausgemachte Dummköpfe bezeichnet werden, so ist leider auch einigen Parteigenossen der Rest von Eitelkeit

196 Thesese Humbert (1856–1918) war eine Schwindlerin großen Stils aus Südfrankreich, die eine Abstammung von einem amerikanischen Millionär vorgab, http://en.wikipedia.org/wiki/Th%C3%A9r%C3%A8se_Humbert, Zugriff am 4. November 2014.

noch nicht so weit geschwunden, daß sie sich dadurch nicht einfangen ließen. In der „Zukunft" hat Bernhard übrigens nicht nur Artikel über den Handel, sondern auch politische Artikel geschrieben. Bei der „Welt am Montag"[197] war er früher hin und wieder einmal gezwungen, selbst verantwortlich zu zeichnen. So hat er verantwortlich gezeichnet die Nummer vom 14. Oktober 1901, worin es von Virchow[198] heißt: „Wir, die wir mit ihm nach wie vor unerschüttert auf dem Standpunkte stehen, daß nur der Liberalismus im alten, echten Sinne die Welt erlösen kann, die mit ihm die Überzeugung von der psychologischen Unmöglichkeit der heute noch herrschenden sozialistischen Erwartungen teilen, wir können seine Stellung wohl verstehen." (Bernhard ruft: Der Artikel ist von Dr. Franz Oppenheimer unterzeichnet!) Ja, Sie haben diesen Artikel des Dr. Oppenheimer verantwortlich vertreten, weil Sie zeichnen mussten aus Anlass einer Erklärung, die notwendig geworden war wegen eines früheren Artikels, den Sie ebenfalls in der „Welt am Montag" abgelagert hatten und den Ihnen kein sozialdemokratisches Blatt hätte abnehmen dürfen wegen seines rein persönlichen Charakters. Man sieht also, Sie kommen früher oder später in die Verlegenheit, entgegen den Parteiprinzipien handeln zu müssen. Sie mussten verantwortlich zeichnen, weil von Ihnen in der Nummer eine Erklärung stand, durch die Sie veranlassen wollten, daß Sie angeklagt würden wegen des „Gemeindesumpf"-Artikels. So stimmt es doch? In der „Welt am Montag" standen dann die Artikel von „Hello", d. i. Herr von Gerlach[199] – ich weiß nicht, wo er jetzt steckt. Erst war er Christlichsozial, dann wurde er Nationalsozial, dann beinahe Mitglied der Freisinnigen Vereinigung.[200] Nun, solche Wandlungen werfe ich niemand vor, aber in diesen Artikeln wurde fortwährend auf eine Reihe von Genossen herum geschimpft, so auf den Zehngebote-Hoffmann im Gegensatz zu Heine.[201] Heine

---

197 Die „Welt am Montag" war eine Berliner liberale Wochenzeitung, siehe http://de.wikipedia.org/wiki/Die_Welt_am_Montag_(Deutschland), Zugriff ebendann.

198 Rudolf Virchow (1821–1902), bedeutender deutscher Arzt, Archäologe und linksliberaler Politiker. Er war Mitbegründer der Deutschen Fortschrittspartei und bis 1902 Mitglied der Berliner Stadtverordnetenversammlung, siehe http://de.wikipedia.org/wiki/Rudolf_Virchow, Zugriff ebendann.

199 Hellmut von Gerlach (1866–1935), Publizist, Pazifist und linksliberaler Politiker, Mitarbeiter zahlreicher Zeitschriften, u. a. der „Weltbühne", http://de.wikipedia.org/wiki/Hellmut_von_Gerlach, Zugriff ebendann.

200 Den besten Überblick über die Parteienlandschaft der Konservativen und Liberalen gibt Walter Tormin, Geschichte der deutschen Parteien seit 1848, Stuttgart u. a. 1966.

201 Gemeint sind Adolf Hoffmann (1858–1930) und Wolfgang Heine (1861–1944). Hoffmann verfasste eine populäre Schrift mit dem Titel „Die zehn Gebote und die besitzende Klasse" und gehörte dem linken Parteiflügel, später der USPD und kurz-

ist natürlich immer der Kavalier, während Hoffmann seine ganze Bedeutung der „volksverblödenden Schundliteratur“ verdanken sollte, die in seinem Verlag erscheint. Heine und Bernstein werden in dem Artikel gelobt. Alle Anderen sind ganz dumme Kerle. Daß Herr v. Gerlach mich besonders ins Herz geschlossen hat und meint, ich wolle die Meinungsfreiheit wie ein Papst unterdrücken, hat mich sehr gefreut. Ich hätte ein Lob von jener Seite sehr unangenehm empfunden. Hier, in der „Welt am Montag“ wurde also immer auseinander gelobt; ich weiß nicht, ob der eine oder andere Artikel von Ihnen geschrieben ist (zu Bernhard), ich traue es Ihnen zu. Wenn aber die Genossen draußen hören, Heine sei mit Bernhard bekannt, so müssen sie sich doch sagen, daß diese Auseinanderlobung ein noch viel bedenklicheres Gesicht erhält und daß eine ganze Reihe intimer Dinge durch solche Beziehungen bekannt werden können. Ich habe objektiv dargelegt, weshalb solche Genossen keine Vertrauensstellungen bekleiden dürfen. Viele Wahlkreise würden Bernhard und so weiter den Stuhl vor die Tür gesetzt haben. Aber das verlangt nicht einmal der Parteivorstand. Seine Entscheidung bedeutet das Mindeste, das im Interesse einer Vermeidung einer inneren Spaltung erforderlich ist. Solchen Outsiders muss einmal deutlich erklärt werden, daß ihr Benehmen gegen die Parteiehre verstößt. Deshalb bitte ich dringend, diesen Vorstandsbeschluss anzunehmen. Der heute von Pfannkuch verlesene Brief muss selbst den Vertrauensduseligsten überzeugen, daß jene etwas ganz Anderes wollen, als was die Sozialdemokratie bisher wollte: Sie sind eins mit der „Zukunft“, der „Morgenpost“ und was sonst an volksverblödender Unparteilichkeit uns gegenüber steht. Sie haben selbst erklärt, daß sie die Moral mit dem doppelten Boden haben; dem dummen Volke gegenüber soll nur so getan werden, als ob wir alles für richtig erachteten – ich nehme an, daß der Artikel so bekannt ist, daß Sie (zu Bernhard) froh sein sollten, wenn ich ihn hier nicht verlese, für den Einzelnen aber gelte die Jesuitenmoral: Der Zweck heiligt das Mittel. Das wird dort in eifrigster Weise als das Wesen der sozialdemokratischen Taktik hingestellt. So etwas wollen und dürfen wir uns nicht gefallen lassen!

---

zeitig der KPD an, http://de.wikipedia.org/wiki/Adolph_Hoffmann. Wolfgang Heine gehörte seit 1898 dem Reichstag an, zählte zum revisionistischen Flügel und zeitweilig preußischer Innenminister, siehe http://de.wikipedia.org/wiki/Wolfgang_Heine, zugriff ebendann.

3. Der erste Parteitag der Sozialdemokratie Preußens. Beitrag für „Die Neue Zeit“ 1905, Heft 15[202]

Vom 28. bis 31. Dezember vorigen Jahres wurde der erste Parteitag der Sozialdemokratie Preußens abgehalten. Von den 3.010.771 bei den letzten Reichstagswahlen für die Sozialdemokratie abgegebenen Stimmen entfielen 1.649.998 auf Preußen, von dem im Juni 1903 gewählten 81 sozialdemokratischen Abgeordneten sind 32 in Preußen gewählt, das insgesamt 235 Abgeordnete in den deutschen Reichstag zu entsenden hat. Dennoch hat die preußische Sozialdemokratie bislang einen besonderen Parteitag nicht einberufen, im Gegensatz zu den meisten deutschen Partikularstaaten. Anlass zur Einberufung des ersten preußischen Parteitages gab die wachsende, für Deutschland bestimmende Reaktion in Preußen. Gegen sie als öffentlicher Ankläger aufzutreten, die breiteste Öffentlichkeit gegen die immer unverhüllter auftretenden Pläne der preußischen Junkerschaft und nacktesten Klassenherrschaft aufzurufen, die Forderungen der erwerbstätigen Bevölkerung durch ein Volksparlament gegen das Dreiklassenparlament auszusprechen, das war der Zweck des Parteitags. Dieser Zweck ist über Erwarten gelungen. Der Parteitag hat auf den von ihm behandelten Gebieten mit Einhelligkeit Stellung genommen. Es war eine Massendemonstration eindringlichster Art gegen das Geldsacksparlament und gegen die von diesem ausgehenden Attentate auf die Menschenrechte der Unterdrückten.

Den Gegenstand der Tagesordnung des Parteitags bildeten der preußische Wohnungsgesetzentwurf, der Schulgesetzentwurf beziehentlich der Schulgesetzkompromiss der maßgebenden Parteien im Landtag, der „Gesetzentwurf betreffend die Erschwerung des Vertragsbruchs landwirtschaftlicher Arbeiter und des Gesindes“ sowie das Landtagswahlrecht.

Die Rückständigkeit des preußischen Wohnungsgesetzentwurfes, der das Wohnungselend in den Städten in völlig unzulänglicher Weise, das auf dem platten Lande gar nicht eindämmen will, wurde in packender Weise von Hugo Heimann[203] gekennzeichnet. Das liebevolle Bestreben, die Wohnungsmissstände

---

202 Der erste Parteitag der Sozialdemokratie Preußens, in „Die Neue Zeit“, Band 23 1904–1905, 1. Band 1905, Heft 15, S. 481–491. Der Parteitag fand im Berliner Gewerkschaftshaus am Engelufer 15 statt.

203 Hugo Heimann (1859–1950), Politiker und Mäzen der SPD, förderte die Arbeiterbildung („Öffentliche Bibliothek und Lesehalle“ in der Berliner Alexandrinenstraße) und den Wohnungsbau („Heimannsche Häuser“ bzw. „rote Häuser“ in der Prinzenallee in Berlin-Wedding). Siehe http://de.wikipedia.org/wiki/Hugo_Heimann, Zugriff am 29. Mai 2014.

zu konservieren, klingt deutlich aus dem vom Berichterstatter erwähnten Satze der Motive heraus: „Mit Rücksicht auf all diese Verhältnisse, die für die ländlichen Gemeinden und die vorwiegend Landwirtschaft betreibenden Teile des Staatsgebiets vielfach schwerwiegende Nachteile im Gefolge gehabt haben, bedarf die Frage einer sorgfältigen Prüfung, ob von einem auf die Beseitigung der vorhandenen Wohnungsmissstände gerichteten Vorgehen ein unerwünschter Einfluss auf die Vermehrung des Zuzugs der ländlichen Bevölkerung nach den Städten und Industriezweigen zu erwarten ist."

Nach der scharfen Darlegung, daß der preußische Entwurf in dem, was er bringt, und in dem, was er nicht bringt, völlig ungenügend ist, betonte der Referent, daß eine Gesundung der Wohnverhältnisse für die Massen sich erst erreichen lässt, wenn der Grund und Boden von allen kapitalistischen Interessen losgelöst ist und sich im Gemeinbesitz der Gesellschaft befindet. Die von ihm aufgestellten Forderungen, die zwecks Linderung der heutigen Wohnungsnot heute möglich und nötig sind, fasste er in nachstehender Resolution zusammen:

„Die kapitalistische Entwicklung der bürgerlichen Gesellschaft schafft auf dem Gebiete des Wohnungswesens Zustände, die für die breiten Volksmassen in Stadt und Land die schwersten Schädigungen in gesundheitlicher, sittlicher und materieller Hinsicht herbeiführen.

Das Privateigentum an Grund und Boden mit seinen monopolistischen Wirkungen hat namentlich in den Städten die Rente aus Grund- und Hausbesitz maßlos in die Höhe getrieben und dadurch bewirkt, daß die Arbeiterklasse den vierten bis dritten Teil ihres Einkommens für die Wohnungsmiete ausgeben muss.

Die unerschwinglich hohen Mieten zwingen entweder zur Aufnahme von Aftermietern[204] und Schlafgängern in die Familienwohnungen, wodurch eine mit schweren gesundheitlichen und sittlichen Übelständen verbundenen Überfüllung der Wohnungen herbeigeführt wird, oder es werden Räume für Wohnzwecke benützt, die zur Behausung von Menschen ungeeignet sind.

Um eine durchgreifende Änderung dieser Verhältnisse zu bewirken, bedarf es der Loslösung des Grund und Bodens von allen kapitalistischen Interessen, da diese einzig und allein auf Auswucherung des Grund und Bodens und möglichste Steigerung der Grundrente[205] abzielen.

---

204 Bedeutet in diesem Zusammenhang eher „Untermieter", als „Nachmieter". Sprachlich vor allem im Süddeutschen gebräuchlicher.

205 Grundrente bedeutet in diesem Kontext ökonomisch den Profit, der bei der Nutzung des Bodens erzielt wird. Dies galt ursprünglich für die Landwirtschaft, später auch für die Nutzung des Bodens für Wohnhäuser. Theoretiker der Grundrente waren v.a. Adam Smith, David Ricardo und Karl Marx.

Erst auf dem in Allgemeinbesitz befindlichen, nicht dem Kapitalismus dienstbaren Grund und Boden können gesunde zweckentsprechende Wohnungsverhältnisse für die Arbeiterklasse geschaffen werden.

Die bürgerliche Gesellschaft ist weder gewillt noch – wie die bisher gemachten Wohnungsreformvorschläge beweisen – befähigt, der infolge der kapitalistischen Ausbeutung entstandenen Wohnungsnot der Arbeiterklasse durchgreifend entgegenzutreten.

Auch der von der preußischen Regierung veröffentlichte Wohnungsgesetzentwurf ist völlig ungenügend, den schweren auf dem Gebiete des Wohnungswesens vorhandenen Missständen ernstlich zu begegnen.

Durch die Beibehaltung des Geldsackswahlrechts für Staat und Gemeinde, durch die Fortdauer der besonderen Bevorrechtung der Hausbesitzer bei den Gemeindewahlen erstickt der Entwurf jede gesunde und wirksame Wohnungsreform im Keime.

Von der alle kulturellen und freiheitlichen Bedürfnisse des Volkes zurückdrängenden preußischen Regierung ist ebensowenig eine ausreichende Wohnungsreform zu erwarten, wie von dem preußischen Landtag, der, das Zerrbild einer Volksvertretung darstellend, nur kapitalistischen Interessen dient, und in dem eine klerikal-absolutistische Majorität ihr volks- und arbeiterfeindliches Wesen treibt.

Die wirksame Bekämpfung der Wohnungsnot im Rahmen der heutigen Gesellschaftsordnung hat zur Voraussetzung einen maßgebenden Einfluss des Proletariats auf Staat und Gemeinde, der nur durch die Eroberung der politischen Macht errungen werden kann.

Der Parteitag der preußischen Sozialdemokratie fordert daher unter Verwerfung des preußischen Gesetzentwurfes:

1. den Erlass eines umfassenden Reichswohnungsgesetzes, unter anderem mit Bestimmungen für die in den einzelnen Gemeinden zu erlassenden Wohnungsordnungen und weitgehendem Enteignungsrecht der Gemeinden;
2. Schaffung eines Reichswohnungsamtes als Zentralinstanz für die in allen Gemeinden zu errichtenden kommunalen Wohnungsämter;
3. Einführung des allgemeinen gleichen, geheimen und direkten Wahlrechts für alle Einwohner der Gemeinde. Aufhebung aller Vorrechte für die Hausbesitzer;
4. völlige Selbstverwaltung der Gemeinden.

Erst wenn diese politischen Vorbedingungen gegeben sind, werden die Gemeinden die Wohnungsnot ernstlich bekämpfen können. Als hierfür geeignete Mittel kommen in erster Linie in Betracht:

a. Erhaltung und Vermehrung des Gemeindeeigentums an Grund und Boden;

b. Errichtung von Häusern mit gesundem, dem Bedürfnis der breiten Massen entsprechenden Wohnungen durch die Gemeinden. Diese Wohnungen sind zu Mietspreisen abzugeben, bei denen nur die Verzinsung und Amortisation des aufgewendeten Kapitals, sowie die aus der Instandhaltung der Gebäude entstehenden Kosten in Ansatz gebracht werden,
c. Besteuerung des unverdienten Wertzuwachses an Grund und Boden;
d. Aufstellung von umfassenden Stadterweiterungsplänen und Erlass abgestufter Bauordnungen,
e. Übernahme der Verkehrsmittel in kommunale Regie und planmäßige Aufschließung des Gemeindegebietes."

In der Debatte wurde von einigen Rednern und Rednerinnen das Wohnungselend in Stadt und Land aus eigener Anschauung geschildert und dem Referenten in allen Punkten zugestimmt. Die Resolution gelangte zur einstimmigen Annahme.

Der Schulgesetzentwurf beziehungsweise der Schulgesetzkompromiss der maßgebenden Parteien im Landtag lautete der zweite Gegenstand der Tagesordnung. Er war durch den bekannten Kompromiß zwischen Liberalen und Konservativen über eine noch stärkere Verfrommung der Volksschulen hervorgerufen. Der Berichterstatter Dr. Leo Arons[206] schlug folgende Resolution zu diesem Thema vor:

„Die Volksschule ist unter der Herrschaft der kapitalistischen Gesellschaft zu einer Anstalt entwickelt worden, deren vornehmste Aufgabe ist, die bestehende Klassenherrschaft zu erhalten und die vorhandenen staatlichen und gesellschaftlichen Autoritäten zu stützen.

Um diesen Zweck in höherem Grade zu erreichen, ist die Schule dem Einfluss und der Herrschaft der Kirche unterworfen, ist der Geistliche zum Vormund des Lehrers eingesetzt worden, ist anstatt der Einheitsschule für sämtliche Kinder des Volkes ein nach den sozialen Schichten geschiedenes Schulsystem entwickelt worden, das darin gipfelt, daß der Lehrstoff für die in den eigentlichen Volksschulen vereinigten Schüler auf das bedürftigste bemessen ist.

Obgleich die preußische Volksschule längst von dem Volksschulwesen in vielen anderen Staaten überflügelt wurde, und obgleich es die Entwicklung des modernen Wirtschaftssystems in hohem Grade fördert, wenn auch der letzte Arbeiter ein höheres Maß von Wissen und Können besitzt, hat ein großer Teil

206 Leo Arons (1860–1919), Doktor der Physik, Privatdozent an der Berliner Universität bis 1899, dann suspendiert („Lex Arons"). SPD-Politiker und Parteimäzen, ließ das Gewerkschaftshaus am Engelufer auf eigene Kosten errichten. Seit 1904 Berliner Stadtverordneter und führender Kommunalpolitiker. Siehe Ursula Reuter, S. 601.

der sich liberal nennenden Bourgeoisie sich mit den ausgesprochensten Feinden der Volksbildung zu dem sogenannten Schulkompromiss vereinigt.

Das Schulkompromiss[207] ist ein Verrat an den bisherigen Kulturerrungenschaften, ein Akt namenloser Feigheit einer sich liberal nennenden Bourgeoisie, die damit die Volksschule endgültig zur Dienerin der Kirche herabwürdigen will.

Der Parteitag der Sozialdemokratie in Preußen sieht in der allgemeinen möglichst hohen Volksschulbildung Aller ein eminentes Kulturelement, das die geistigen und materiellen Interessen des Volkes aufs höchste fördert.

Von diesem Gesichtspunkt aus fordert der Parteitag als Mindestmaß zur Hebung des Volksschulwesens in Preußen:

1. Die Trennung der Schule von der Kirche, das heißt die gänzliche Beseitigung des Einflusses der Geistlichkeit in der Schule und die Ausscheidung jedes religiösen Unterrichts aus dem Lehrstoff der Schule;
2. die Einheitsschule für alle der Schulpflicht unterworfenen Schüler; neben der Unentgeltlichkeit des Unterrichts auch die Unentgeltlichkeit der Lehrmittel; Beschränkung der Schülerzahl auf ein Maß, daß dem Lehrer die volle Unterweisung seiner Schüler ermöglicht; bessere Ausbildung und Besoldung der Lehrerschaft;
3. Schaffung von Schulräumen und Lehrmitteln, die den Anforderungen der Hygiene und der vorgeschrittensten Pädagogik entsprechen;
4. Ernährung und Bekleidung aller hilfsbedürftigen Schüler;

Der Parteitag fordert die Parteigenossen auf, im Sinne der vorstehenden Forderungen die Agitation für die Umgestaltung des Volksschulwesens in Preußen mit größtem Nachdruck zu betreiben."

Die Resolution und ebenso die Verhandlung über dieses Thema beschränkte sich mit Recht nicht auf die Zurückweisung des Versuchs, die Volksschule zwecks geistiger Unterdrückung in noch stärkerem Maße als heute an die Geistlichkeit auszugliedern, sondern behandelte auch die allerdringendsten Mindestforderungen auf dem Schulgebiet. Sie wurden durch Zusatzanträge noch in etwas erweitert. Wally Zepler beantragte, einen „gemeinsamen Unterricht von Knaben und Mädchen bis in die höchsten Klassen" zu fordern. Lilly Braun[208] verlangte die besondere Betonung einer „Beseitigung der Bestrebungen, die darauf ausgehen, die Schule statt zu einer Pflegstätte vorurteilsloser Bildung zu einem Werkzeug

207 Das Kompromiss zu sagen ist heute nicht mehr üblich, dennoch korrekt.

208 Lilly Braun (1865–1916), Sozialdemokratin und Frauenrechtlerin, stand in politischer Konkurrenz zu Clara Zetkin und Ottilie Baader. In 2. Ehe mit dem Sozialdemokraten Heinrich Braun verheiratet. http://de.wikipedia.org/wiki/Lily_Braun, Zugriff am 2. Juni 2014.

politischer Verhetzung zu machen." Beide Antragstellerinnen begründeten ihre Zusatzanträge in recht wirkungsvoller Weise; die Vorführung einiger Beispiele für die zur Zeit herrschende Lehre des Mordspatriotismus und Byzantinismus aus preußischen Volksschulbüchern zeigte, wie tief das Schamgefühl der herrschenden Klasse gesunken ist, wenn es sich um die Anwendung von Mitteln zur Verblödung der ihr anvertrauten Jugend handelt. Beide Anträge und die Resolution selbst wurden einstimmig angenommen.

Aus der Debatte möge die Ausführung eines Landarbeiterkindes Anführung finden. Paech (Schwiebus) führte aus seinen Erlebnissen folgendes an:

„Wie es in den Junkerschulen aussieht, weiß ich aus eigener Erfahrung. Die Junker besitzen noch das Privileg, die Schulkinder nach Kräften ausbeuten zu können. Von 6 bis ½ 9 Uhr morgens gehen die Kinder zur Schule, und dann werden sie bis Sonnenuntergang ausgebeutet. Was sie da lernen, kann man sich denken, die Leute können, wenn sie zwei oder drei Jahre aus der Schule sind, knapp ihren Namen deutlich schreiben – lateinisch können sie es überhaupt nicht. Auch die Schulferien richten sich danach, wie die Kinder zur Landarbeit gebraucht werden. Die Kinder müssen für die Junker Kartoffeln graben, aus diesen Kartoffeln wird dann Schnaps hergestellt zur weiteren Verdummung der Massen. (Sehr gut!) Ich habe als Kind 40 Pfennig pro Tag für solche Arbeit erhalten und täglich zwei Glas Schnaps. Herr Gamp hat allerdings im Reichstag bestritten, daß so etwas vorkommt. Wenn er es wieder bestreiten sollte, so schicke man ihn nur an meine Adresse. Daß die Disziplin und die Sitten der Kinder darunter leiden, ist erklärlich. Wo es sich um andere Stellvertreter Gottes handelt, da achtet die Regierung auf Disziplin, bei den Lehrern tut sie das Gegenteil. Dagegen müssen wir Protest erheben. Ebenso haben wir dagegen zu protestieren, wenn Lehrer ihr Amt dazu missbrauchen, um Sozialdemokraten an den Pranger zu stellen."

Diese Ausführung erinnert an die Darlegungen des Abgeordneten Gamp[209] in der Sitzung des Abgeordnetenhauses vom 9. Februar 1899:

„Es wäre ein wesentlicher Vorteil, namentlich für den kleinen Grundbesitz und die ländlichen Arbeiter selbst, wenn den älteren Kindern in den Morgenstunden der Schulunterricht zuteil würde, vielleicht von 6 Uhr bis 9 oder 10 Uhr, wie es in vielen Gegenden der Fall ist. Dann, meine Herren, befänden sich die kleinen Bauern in der Lage, ihre Kinder und die Kinder der ländlichen Arbeiter fast den ganzen Tag auszunutzen, das, meine Herren, wäre für sie ein großer Vorteil."

---

209 Karl von Gamp (1846–1918), freikonservativer Abgeordneter des preußischen Landtags, http://de.wikipedia.org/wiki/Karl_von_Gamp-Massaunen, Zugriff am 2. Juni 2014.

Der damalige Landwirtschaftsminister Frhr. v. Hammerstein[210] führte in derselben Sitzung aus:

„Die Anschauungen, die der Lehrer in der Schule vertritt, sind daran schuld, daß viele Kinder den Begriff dafür verlieren, wofür der liebe Gott sie auf das Land gesetzt hat, daß sie dort ihr Unterkommen finden sollen."

Dann heißt es in der Rede des Ministers weiter, es sei erforderlich,

„daß die Kinder in dem Glauben groß werden, daß es nötig ist, auf dem Lande zu arbeiten, daß es eine hochwichtige Tätigkeit ist, das Vieh vernünftig zu warten, die Kühe zu melken, daß es viel ehrenwerter ist, dem Beruf treu zu bleiben, in dem die Eltern gestanden (Bravo! Rechts), als in der Stadt in die Fabrik zu gehen. Das wird aber den Kindern von den heutigen Lehrern, die selbst eine ganz andere Anschauung haben, nicht mehr beigebracht."

Wenn trotz solcher Anschauung in den maßgebenden Kreisen und trotz der Misshandlung des geistigen Wohles der Kinder Männer wie der Genosse Paech den Weg zu einer besseren Bildung finden, so zeugt dies in erfreulichster Weise von dem unaustreibbaren, elementaren Bildungsdrang der erwerbstätigen Bevölkerung.

Neben mir saß ein alter Berliner Arbeiter, der auf dem Lande großgezogen ist. Er meinte: Ich bin noch unter den Raumerschen Regulativen groß geworden, mit mir so viele Genossen, man sieht, alle Versuche, dem Volke die Dummheit zu erhalten, nutzen nichts, der Drang nach Bildung lässt sich uns nicht austreiben, wir müssen aber darauf sehen, daß unsere Kinder es leichter haben als wir. Und daß dieser Ansicht der gesamte Parteitag war, zeigte die einstimmige Annahme der vorgeschlagenen Resolution.

Ein großer Teil der Debatte drehte sich um folgenden, von Wolfgang Heine[211] gestellten, schließlich mit erdrückender Mehrheit gegen etwa 10 Stimmen abgelehnten Antrag:

„In der Resolution zur Schulfrage die Worte: „und der Ausscheidung jedes religiösen Unterrichts aus dem Lehrstoff der Schule" zu ersetzen durch: „und den Ersatz des konfessionellen Religionsunterrichts durch Unterweisung in Religionsgeschichte, Moral und Kunstpflege, Gestaltung des gesamten Unterrichts nach den Grundsätzen fortgeschrittener Pädagogik".

---

210 Ernst von Hammerstein-Loxten (1827–1914), Jurist und konservativ orientierter Politiker aus dem Hannoverschen. http://de.wikipedia.org/wiki/Ernst_von_Hammerstein-Loxten, Zugriff am 2. Juni 2014.

211 Wolfgang Heine (1861–1944), sozialdemokratischer Politiker und Reichstagsabgeordneter, Jurist und zeitweiliger preußischer Innenminister, gehörte zum revisionistischen Flügel der SPD. Siehe Reuter, S. 609.

Gegen diesen Antrag wurden formelle und materielle Gründe geltend gemacht. In formeller Richtung wurde betont, daß man nicht gut einige Punkte eines Lehrplanes hervorheben könne, ohne einen Lehrplan vorzuschlagen. In materieller Hinsicht wurde bekämpft, daß durch eine Hintertür wieder hineingelassen werden solle, was zur Vordertür hinausgeworfen sei, und betont, daß der Begriff „Moral" ein schwankender Begriff ist. Beide Gründe dürften durchaus zutreffende sein. Der heutige Religionsunterricht dient nicht der geistigen Erhebung, sondern den Interessen der herrschenden Klasse. Diese sieht in der Religion ein Mittel, um der „Begehrlichkeit" der Massen einen Zügel anzulegen. „Manchen Fürsten ist der Herrgott der Knecht Ruprecht, mit dem sie die Kinder zu Bette jagen, wenn nichts anderes mehr helfen will, und daher sie auch viel auf ihn halten", meinte Schopenhauer. Die herrschende Klasse hält sich für hinreichend gebildet, um der Religion entraten zu können, für das Volk ist ihr die Religion unentbehrlich. Schrieb doch selbst Goethe:

Wer Wissenschaft und Kunst besitzt, hat auch Religion, wer diese beiden nicht besitzt, der habe Religion.

Wenn darauf hingewiesen wird, daß in Staaten, in denen wie in Amerika, Frankreich, Belgien der Religionsunterricht aus der Schule entfernt ist, die Muckerei in größtem Schwange ist, so übersieht man, daß in diesen Staaten nicht die Pfafferei bekämpft, nicht die Religion aus dem Erziehungsunterricht des Volkes entfernt, sondern lediglich eine andere, die geistliche Instanz als Erziehungsinstanz für das religiöse Gebiet eingesetzt ist. Diese Art Gesetzgebung ist bürgerliches Werk. Der klassenbewusste Arbeiter bekundet durch seine Forderung „Religion ist Privatsache" Achtung vor jeder religiösen Überzeugung, aber ist sich bewusst, daß er jede Organisation zu bekämpfen hat, die die Religion zum Deckmantel anderer Bestrebungen macht. Lebt in der untergehenden bürgerlichen Welt der Mystizismus wieder auf, so mag er dort bleiben; mit der Empfindungswelt des kämpfenden, ringenden, strebenden Arbeiters hat er nichts gemein. Es ist erfreulich, daß mit solcher Entschiedenheit der Antrag Heines abgelehnt ist, über dessen Tragweite der Antragsteller sich selbst offenbar nicht klar war. Es liegt eine Welt geistigen Ringens zwischen Robespierre, der durch Parlamentsbeschluss das höchste Wesen einsetzte und den Atheismus für aristokratisch erklärte, und dem heutigen Sozialdemokraten, der vorurteilsloses Erkennen aller Dinge anstrebt und sich des Zusammenhanges der ideologischen Anschauungen mit der ökonomischen Struktur der Gesellschaft klar bewusst ist. In der Debatte äußerte Erdmann, der Begriff „Moral" sei ein schwankender. Damit hat er unzweifelhaft recht und hätte unter Hinweis auf Frankreich hinzufügen können, daß auch der Moralunterricht zur geistigen Unterdrückung missbraucht wird. Wenn dann Wolfgang Heine äußerte: „Mit Leuten, die die Moral für eine bürgerliche, die Unterdrückung des Volkes bezweckende Hinterlist zu halten scheinen, diskutiere ich nicht“, so bezeugten die Parteitagsmitglieder in ihrer überwiegenden Mehrheit durch ihr Verhalten, daß Form und Inhalt solcher Äußerung Zurückweisung verdienen.

Neben der Resolution über den Kompromiss wurden 3 Anträge zur Schulfrage angenommen: der eine strebt die reichsgesetzliche Regelung der Schulfrage an, der zweite legt entschiedenen Protest gegen die Art und Weise ein, „in der die preußische Regierung die Volksschule in den fremd- beziehungsweise gemischtsprachigen Gegenden als Mittel zur sogenannten Germanisation missbraucht“, der dritte verlangt Heranziehung der Staatsmittel zu Schulzwecken zugunsten steuerschwacher Gemeinden.

Der Einbruch, den der preußische Landtag mit dem Kontraktbruchsentwurf in das Reichsrecht zu Ungunsten der Kleinbauern, ländlichen Arbeitern und des Gesindes versucht, zeitigte eine lebhafte, außerordentlich interessante Debatte. Die vom Referenten[212] vorgeschlagene Resolution hatte folgenden Wortlaut:

„Der preußische Parteitag erklärt:

Der dem preußischen Abgeordnetenhaus vorgelegte „Entwurf eines Gesetzes betreffend die Erschwerung des Vertragsbruchs landwirtschaftlicher Arbeiter und des Gesindes“ ist ein mit der Reichsgesetzgebung unvereinbares neues Ausnahmegesetz gegen die Kleinbauern, die ländlichen Arbeiter und das Gesinde. Dieser Gesetzentwurf sucht diese Arbeiterklasse zugunsten der Großgrundbesitzer vollends zu entrechten und auf die Stellung mittelalterlicher Höriger und Zwangsarbeiter herabzudrücken. Eine bis zur Unerträglichkeit gesteigerte Vermehrung des Elends der Kleinbauern, der ländlichen Arbeiter und des Gesindes, sowie eine Vermehrung der Leutenot wäre die notwendige Folge eines solchen Ausnahmegesetzes.

Gegen diesen Gesetzentwurf erhebt der preußische Parteitag den nachdrücklichsten Protest.

Der preußische Parteitag fordert entgegen diesem Ausnahmegesetz:

- die rechtliche Gleichstellung der ländlichen Arbeiter und des Gesindes mit den gewerblichen Arbeitern;
- Beseitigung der gegen die ländlichen Arbeiter und gegen das Gesinde bestehenden Ausnahmegesetze, insbesondere des Gesetzes vom 24. April 1854 und der Gesindeordnungen;
- Arbeiterschutz durch Reichsgesetz für die ländlichen Arbeiter und für das Gesinde und ein volles gesichertes Koalitionsrecht.

---

212 Diese Resolution wurde von Arthur Stadthagen selbst vorgestellt.

Die traurige wirtschaftliche und rechtliche Lage der ländlichen Arbeiterbevölkerung und das Bestreben der herrschenden Klasse, die ländliche erwerbstätige Bevölkerung vollends rechtlich zu machen, legt den Parteigenossen die dringende Pflicht auf, die ländliche Bevölkerung über die Missachtung ihrer Rechte aufzuklären und ihnen die Notwendigkeit eines festen Zusammenschlusses zum gemeinsamen Kampfe gegen Ausbeutung und Reaktion einzuprägen.

Der Parteitag fordert daher die Parteigenossen auf, mit allen Kräften die Organisation der Landarbeiter und des Gesindes zu betreiben, um die wirtschaftliche Notlage und die politische Unterdrückung des ländlichen Proletariats wirksam zu bekämpfen."

Die Resolution fand nach Einschaltung eines Zusatzantrags einstimmige Annahme; der Zusatzantrag forderte Errichtung von Schiedsgerichten für die Streitigkeiten der Landarbeiter und des Gesindes unter Mitwirkung von Richtern, welche von den Landarbeitern und Landarbeiterinnen und dem Gesinde aus ihren Kreisen auf Grund des allgemeinen gleichen, geheimen und direkten Wahlrechts zu wählen sind.

Die Debatte über diesen Punkt der Tagesordnung bildete wohl den Höhepunkt der Parteitagsverhandlungen. In eindringlicher Weise gelangten auf Grund eigener Erlebnisse, zum Teil durch den Mund von Landarbeitern selbst, die traurigen wirtschaftlichen Verhältnisse und die Rechtlosigkeit der ländlichen Arbeiter und des Gesindes zur lebendigsten Darstellung. Die Debatte bildete eine der wuchtigsten Anklagen gegen die herrschende Klasse, gegen die bestehenden Zustände und gegen die Versuche, die ländliche erwerbstätige Bevölkerung vollends auf die Stufe rechtloser Höriger und Zwangsarbeiter zu stellen. Ein besonderer Protest wurde gegen die in Nordschleswig geübte Politik erhoben, aus dem Königreich Dänemark kommende Knechte und Mägde von Amts wegen unter Androhung der Ausweisung zum Kontraktbruch aufzufordern und zu verleiten.

Die eindringlichen, packenden Darlegungen, die der Wanderarbeiter (Schnitter) Schmidt aus Sonnenburg im märkischen Kreise Sternburg über das Landarbeiterlos auf Grund eigener Erlebnisse machte, machten in ihrer schlichten Natürlichkeit auf den Parteitag einen so hinreißenden Eindruck, das einstimmig seine Redezeit um das Doppelte der üblichen verlängert wurde. Seine Darlegungen zeigen, wie auch auf diesem Gebiet der Kapitalismus seine Totengräber sich selbst schafft. Die veränderte Produktionsweise auf den großen Gütern hat an Stelle der früher in ziemlich gleichmäßiger Weise über das ganze Jahr verteilten Arbeit Saisonarbeit gesetzt. Nicht mehr in dem Maße wie früher bedarf das große Gut dauernder Arbeitskräfte, aber zu bestimmten Zeiten, insbesondere zur Erntezeit, mehr Arbeitskräfte wie früher. Dadurch sind große Massen ländlicher Arbeiter unseßhaft gemacht, sie verdingen ihre Arbeitskraft, arbeiten nicht mehr vereinzelt, lernen das Solidaritätsgefühl praktisch kennen, gelangen in die Stadt und tragen die freiheitlichen Gedanken, die sie durch gemeinsame Arbeit und durch den Kampf ums tägliche Brot sich erworben haben, als Revolutionäre, die der Grundbesitz selbst gebildet hat, weit hinaus aufs Land.

Möge die Erwartung in Erfüllung gehen, daß an die Debatte über das Kontraktbruchsgesetz sich eine lebhafte Agitation und Organisation unter der ländlichen Bevölkerung entwickle.

Das Referat über das Landtagswahlrecht erstattete Georg Ledebour. Die von ihm vorgelegte Resolution hat folgenden Wortlaut:

„Der preußische Landtag hat keinen Anspruch darauf, als eine Vertretung des preußischen Volkes anerkannt zu werden, da das erkünstelte Gebilde des Herrenhauses durch seine Mehrheit von erblichen und ernannten Gesetzgeber nur der Herrschaft der Junker und Bureaukraten als Rückhalt dient, während das Dreiklassenwahlrecht durch Bevorrechtung des wohlhabenden Siebentels der Wähler mit einem Zweidritteleinfluss auf den Ausgang der Abgeordnetenwahlen die große Masse des Volkes tatsächlich entrechtet und das Abgeordnetenhaus selbst zu einer Geldsacksvertretung herabgewürdigt.

Eine fortgesetzt reaktionärer sich gestaltende, den wahren Interessen des Volkes zuwiderlaufende Gesetzgebung ist die Frucht dieser Zusammensetzung des Landtags.[213] Herrenhaus und Abgeordnetenhaus sind nach ihrem Ursprung – der ein durchaus ungesetzlicher ist, weil auf Oktroyierung beruhend – und nach ihrer Zusammensetzung die Verkörperung nackter Klassenherrschaft und vollendeter Volks- und Arbeiterfeindlichkeit.

Der Parteitag der Sozialdemokratie in Preußen protestiert deshalb auf das nachdrücklichste gegen die Vergewaltigung und Rechtlosmachung, die der ungeheuren Mehrheit des preußischen Volkes durch das Vorhandensein einer solchen Klassenvertretung zugefügt wird.

Der erste und notwendigste Schritt zur Niederzwingung der Reaktion in Preußen ist deshalb die Umgestaltung des preußischen Parlaments zu einer wahrhaften Volksvertretung. Wir fordern somit die völlige Beseitigung des Herrenhauses und für das Abgeordnetenhaus die Erteilung des allgemeinen, gleichen und direkten Wahlrechts mit geheimer Stimmabgabe an alle staatsangehörigen Männer und Frauen, die das zwanzigste Lebensjahr überschritten haben, nach Maßgabe des Proportionalwahlsystems.

---

213 Im Originaltext steht auf S. 489 statt Frucht „Furcht", was aber einem Tippfehler geschuldet sein dürfte.

Wir fordern alle Parteigenossen auf, durch unablässige Agitation in Wort und Schrift dafür zu wirken, daß dieses Ziel erreicht wird.“

Hierzu war von Eduard Bernstein folgender Zusatzantrag gestellt:

„Insbesondere fordert der Parteitag die sozialdemokratische Parteipresse in Preußen auf, jedesmal, wenn im preußischen Landtag Anträge zur Abstimmung gestellt werden, die irgendwelche Abänderung des bestehenden Landtagswahlsystems fordern oder in sich schließen, an hervorragender Stelle wiederholt Protestartikel zu veröffentlichen, die in schärfster Weise den reaktionären Widersinn und die empörenden Ungerechtigkeiten des Dreiklassenwahlsystems bloßlegen und die arbeitenden Volksklassen zu erneutem energischen Protest gegen dieses Machwerk einer brutalen Reaktion und zum unablässigen Kampfe für das allgemeine gleiche, direkte und geheime Wahlrecht aufzurufen.

Desgleichen fordert der Parteitag die Genossen in Preußen auf, bei solchen Anlässen in allen Großstädten und Industriezentren Massendemonstrationen größten Stils gegen die Klassenwahl und für das demokratische Wahlrecht zu veranstalten.“

Der erste Teil dieses Antrags verlangt nichts Anderes als die Resolution selbst. Er detailliert in einer überflüssigen und doch nicht erschöpfenden Weise, wurde aber von einer knappen Mehrheit gebilligt und die so gestaltete Resolution einstimmig angenommen.

Der zweite Teil des Bernsteinschen Antrags gab zu einer lebhaften Diskussion Anlass, die mit Ablehnung dieses Teiles des Zusatzantrages endete. In der Debatte wurde von einigen Rednern auf die „Notwendigkeit schärfere Formen der Agitation“, auf „Straßendemonstrationen“ hingewiesen und von einem „Verrosten der alten Taktik“ gesprochen.

Diese Ausführungen wurden mit Recht als unklare und irrige bezeichnet. Sie werden trotzdem immer wiederkehren. Sie beruhen im letzten Grunde darauf, daß im Eifer für eine Beschleunigung des Sieges der Sozialdemokratie den Vertretern derartiger Ansichten der richtige Maßstab für die reale Wirklichkeit verloren geht. Es liegt in der Dialektik der geschichtlichen Entwicklung, daß die Vertreter der heutigen Ordnung, je größer die Schar der Anhänger der sozialdemokratischen Weltanschauung wird, desto zäher versuchen festzuhalten, was sie noch haben. Demnach muß der äußere Erfolg der sozialdemokratischen Bewegung scheinbar immer geringer werden. Und doch dringt unaufhaltsam den Gegnern gegenüber der sozialdemokratische Gedanke vorwärts.

Utopisch ist der bei einigen Genossen leider immer wiederkehrende Gedanke, daß unsere Aufgabe sein könne, die herrschende Klasse zu überzeugen. Der gute Wille der herrschenden Klasse hängt mehr von ihr als von uns ab. Wir haben keine Veranlassung, mit besonderen und gar noch besonders kraftvoll scheinenden Mitteln auf sie zu wirken. Die Aufgabe der Sozialdemokratie ist die Aufklärung des Proletariats, der arbeitenden Klasse. Diese von der Notwendigkeit des Kampfes und der Gewissheit des Sieges zu überzeugen, sie geistig zu revolutionieren, das ist unsere Aufgabe. Wem die sozialistische Gedankenwelt durch Nerv und Adern strömt, der weiß: noch gar viel ist zu tun; nicht auf Aussinnen utopischer Mittel, die dekorativ hübsch aussehen, aber innerlich hohl sind, kommt es an, sondern unsere Aufgabe ist, die mühselige entschlossene Aufklärungsarbeit und Organisationsarbeit zu vollbringen und die Taktik, die uns von Fortschritt zu Fortschritt geführt hat, beizubehalten.

„In Bereitschaft sein, ist alles." Allerlei revolutionsmäßig schillernde Projekte aushecken, Wau-Wau-Taktik ausposaunen, mit allerlei lärmendem Tamtam Eindruck machen wollen, das überlasse man dem Kleinbürger, der in Unklarheit über den Zusammenhang der Dinge lärmt und tobt, und weil er nicht weiß, wie die Dinge zusammenhängen, die ganze Welt zusammen schmeißen will. Die Stärke der Sozialdemokratie beruht in der Schärfe ihrer Erkenntnis der sozialen Zusammenhänge, in der Klarheit über die Ursachen der Übel, unter denen die Masse leidet. Nervöse Abweichungen von der „verrosteten Taktik" mögen ergötzlicher als die unendlich schwere Kleinarbeit der Agitation und Organisation sein, bringen aber die Bewegung nicht vorwärts. Und in der Debatte über das Landtagswahlrecht hatte die gesunde, kräftige, zielbewusste Richtung das entschiedene Übergewicht, die da meinte: ob Beteiligung oder Nichtbeteiligung an den preußischen Landtagswahlen zwecks Erringung von Sitzen in dem vermoderten Parlament, mag dahingestellt bleiben, wir werden uns beteiligen, wenn und weil die Wahlagitation unsere Organisation gestärkt hat, und wir werden jedes Mittel ergreifen, das unsere Agitation oder Organisation stärken könnte. Darüber hinaus uns festzulegen, welche Mittel unter den von uns nicht gekannten Verhältnissen anzuwenden sind, lehnen wir ab. Wir bleiben jeden Tag in Bereitschaft, jedes unserer Sache dienliche Mittel anzuwenden. Wem diese Taktik verrostet scheint, wem „die Bewegung alles, das Ziel nichts", der mag einen Spaziergang für erfrischender und neu halten. Für die Partei hat auch diese Diskussion die dringliche Notwendigkeit gezeigt, die Kenntnis der sozialdemokratischen Wähler zu vertiefen und zur Agitation und Organisation auch der 72 Prozent Preußen, die bei der letzten Reichstagswahl gegen die Sozialdemokratie stimmten, auf dem Wege der altbewährten „verrosteten" Taktik vorwärts zu schreiten.

Neben den erwähnten vier Punkten der Tagesordnung nahm der Parteitag zu den Ausführungsbestimmungen zum Fleischbeschaugesetz, gegen die Misshandlung der Rechte der in Staatsbetrieben beschäftigten Arbeiter und gegen die besondere Entrechtung der weiblichen Bevölkerung in Preußen Stellung. Den

Bergarbeitern im Ruhrrevier sprach der Parteitag seine Sympathie aus. Ein nächster Parteitag für die Sozialdemokratie Preußens soll im Jahre 1906 stattfinden.

Mögen die Beschlüsse, die der Parteitag mit Einhelligkeit gefasst hat, nicht auf dem Papier stehen bleiben, vielmehr durch Aufklärungsarbeit in Wort und Schrift ihre befruchtende Wirkung auf die Revolutionierung der Köpfe zeitigen.

4. Der Parteitag zu Jena. Beitrag für „Die Neue Zeit" 1905, Heft 43[214]

Auf der provisorischen Tagesordnung des nach Jena zum 17. September einberufenen Parteitags der sozialdemokratischen Partei stehen außer den Berichten des Vorstandes, der Kontrollkommission und der Fraktion sowie der Beschlussfassung über die an den Parteitag eingegangenen Anträge als besondere Punkte der Tagesordnung: die Parteiorganisation, die Maifeier, der politische Massenstreik und die Sozialdemokratie. An dieser Tagesordnung wurde im „Vorwärts" vom 6. Juli in längeren Ausführungen bemängelt, daß sie nicht auch Punkte von aktueller Wichtigkeit enthält. Als solche hebt er „die Wandlungen der Weltpolitik und die Stellung der Sozialdemokratie" und auf dem inneren Gebiet den Stillstand der Sozialreform und die Pläne gegen die sogenannte Selbstverwaltung der Krankenkassen hervor. Weniger diese Anregungen zur Bereicherung der Tagesordnung als die Begründung dieser Anregungen fordert zu einem ausführlichen Eingehen auf die im „Vorwärts" niedergelegte Ansicht heraus.

Er beklagt bitter die Tagesordnung und den verlauf der letzten Parteitage, die Tagesordnung des diesjährigen Parteitags und die Art der Feststellung der Tagesordnungen für die Parteitage. Der Verlauf der letzten Parteitage würde ein besserer gewesen sein, wenn die früheren Vorschläge der „Vorwärts" nicht abgelehnt worden wären, die Tagesordnung in Dresden durch das Thema „Die wahlberechtigte in Deutschland", die in Bremen durch das Thema „Die Schulfrage" zu bereichern. Der Artikel bringt dann die oben wiedergegebenen Anschauungen für den Jenaer Parteitag und fordert zur Diskussion über die von ihm aufgerollten Fragen auf.

All diese Klagen und Anregungen des „Vorwärts" beruhen auf einem „grundsätzlichen Irrtum". Der „Vorwärts" dagegen behauptet, es habe sich „ein grundsätzlicher Irrtum in die Parteitage eingeschlichen. Unsere Parteitage werden vollständig ausgefüllt durch die Erledigung der Verwaltungsangelegenheiten und die Beratung über innere Parteifragen. Dagegen ist die politische Stellungnahme

---

214 Der Parteitag zu Jena, Die Neue Zeit, Band 23, 1904–1905, 2. Band 1905, Heft 43, S. 521–528.

der Kartei zu den Ereignissen der Zeit zurückgedrängt worden und geradezu Gänschen entschwunden."

Unsere Parteitage sind keine Paradevorstellungen, sondern sind nach dem Organisationsstatut (§ 19) und dem Wesen der Sozialdemokratie als demokratischer und als Kampfpartei in allererster Linie den inneren Angelegenheiten der Partei gewidmet. Die innere Festigung der Partei, die unbeschränkte Kritik an allen Fragen des Parteilebens, die Prüfung und Schärfung der Waffen des Proletariats, der Verbreitung und Vertiefung der sozialdemokratischen Anschauung und der Mittel zur Eroberung der politischen Macht bildeten bislang die Hauptanklagen auf den Parteitagen. Ausschließlich inneren Parteifragen muss die oberste Instanz einer demokratischen Kampfpartei gewidmet sein. Diese das Parteileben berührenden Fragen wurzeln zum großen Teile in den jeweiligen aktuellen politischen Verhältnissen: die Sozialdemokratie lebt und kämpft auf dem Boden der Wirklichkeit, nicht in Utopien. Es gibt daher auch kaum ein „Ereignis der Zeit", das nicht in der Debatte über den Rechenschaftsbericht des Vorstandes und der Fraktion besprochen werden könnte. Die Konstruktion eines Gegensatzes zwischen „inneren Parteifragen" und den „Ereignissen der Zeit" ist verfehlt. Die „Ereignisse der Zeit" bilden die Grundlage aller „inneren Parteifragen".

In allererster Linie sind die das innere Leben der Partei aufs tiefste angehenden Fragen auf dem Parteitag zu verhandeln: solche sind die auf die provisorische Tagesordnung gesetzten Punkte. Bei ihrer Behandlung können und werden wohl auch die vom „Vorwärts" bezeichneten Themata zur Erörterung gelangen, aber freilich unter anderen Gesichtspunkten, als der „Vorwärts" sie behandelt wissen will. Die Behandlung von Ereignissen der aktuellen Politik auf dem Parteitag kann außer ihrer das Parteileben beeinflussenden Wirkung eine propagandistische Wirkung nach außen üben, wenn die tägliche Agitationsarbeit die Behandlung der Frage auf eine gewisse Höhe gehoben hat. Diese Werbearbeit durch grundsätzliche Behandlung der Tagesfragen ist nicht Aufgabe des Parteitags, sondern der Agitation von Tag zu Tag in Versammlungen, in Vereinen, im Parlament und vor allen Dingen in der Presse. Der Zusammenhang der Weltpolitik mit der kapitalistischen Produktionsordnung, die voraussichtliche Entwicklung und Folgen dieser Weltpolitik sind in dieser Zeitschrift häufig von den verschiedensten Gesichtspunkten aus behandelt und werden noch oft zu behandeln sein. Es mag dem „Vorwärts" zugegeben werden, daß eine ausgiebigere Behandlung der Weltpolitik in der Tagespresse vom grundsätzlichen sozialdemokratischen Standpunkt aus außerordentlich agitatorisch wirken würde. Wer hindert den „Vorwärts" an solcher Behandlung? Weshalb hat der „Vorwärts" von den vielen anregenden Darlegungen, die auf diesem Gebiet in der „Neuen Zeit" und in der Tagespresse, zum Beispiel dem „Hamburger Echo" und der „Leipziger Volkszeitung" gegeben sind, nicht einmal Notiz genommen? Die tägliche Propagierung der sozialdemokratischen Grundanschauungen bei Behandlung der Tagesfragen ist Sache der Presse. Der Parteitag kann auf diesem Gebiet nur die Presse zur Erfüllung ihrer Pflicht anfeuern, aber nicht diese Pflicht ihr abnehmen. Für ihn müssen bei Behandlung der Weltpolitik wesentlich andere Gesichtspunkte maßgebend sein, nämlich die Prüfung, ob und welche Wirkung die weltpolitischen Ereignisse auf die Stellung der Sozialdemokratie in taktischer Beziehung auszuüben vermögen.

Der „Vorwärts" will die „Wandlungen in der Weltpolitik" als besonderen Punkt besprochen haben, damit der „Standpunkt der internationalen Sozialdemokratie unter Zustimmung des deutschen Parteitags aufs neue bekräftigt" und so eine „Aktion" ausgeführt werde, die „auf Freund und Feind des größten Eindrucks nicht verfehlen" würde. Dadurch könne der Parteitag vor dem grundsätzlichen Irrtum bewahrt werden, der sich in die früheren Parteitage eingeschlichen habe. Der Parteitag müsste in der Tat außerordentlich viel Zeit übrig haben, wenn er den weltpolitischen Ereignissen gegenüber weiter nichts zu tun hätte, als den Standpunkt der internationalen Sozialdemokratie aus neue zu bekräftigen. Ein selbstgenügsamer Illusionär sondergleichen müsste er aber sein, wenn er diese Betätigung seiner sozialdemokratischen Überzeugung für eine „Aktion" hielte, die „auf Freund und Feind des größten Eindrucks nicht verfehlen würde". Nicht das Brillantfeuerwerk eines noch so glänzenden Vortrags über die Vorgänge der letzten, insbesondere des letzten Jahres auf dem Gebiet der Weltpolitik, sondern die ernste Frage drängt sich dem Parteitag auf: Sind aus den Machtverschiebungen am Stillen Ozean, in Russland, in den Kolonialländern Folgerungen für die sozialdemokratische Taktik, für ihr Agitation und Organisation zu ziehen? Diese Frage dürfte bei der Erörterung der Stellung der Partei zum Massenstreik zu prüfen sein. Der Parteivorstand hat bei Festsetzung der Tagesordnung, entsprechend einem Beschluss des Bremer Parteitags, vorgeschlagen, das Thema des Massenstreiks als besonderen Punkt der Tagesordnung zu behandeln. Es wäre auf das lebhafteste zu wünschen, daß der Parteitag der Einstellung dieses Tagesordnungspunktes zustimmt, der eine Beleuchtung der gesamten politischen Situation erheischt.

Die Bekräftigung des Standpunktes der internationalen Sozialdemokratie durch die deutsche Sozialdemokratie soll nach Ansicht des „Vorwärts" des „größten Eindrucks" auch auf den Feind sicher sein. Ein solcher Eindruck könnte doch wohl nur hervorgerufen werden, wenn gerechtfertigte Ursache zu der Annahme bestände, die Sozialdemokratie würde ihren durch nationale und internationale Beschlüsse und ihr Programm bestätigten Standpunkt verlassen, und gar just zu der Zeit, wo die politischen und ökonomischen Tastverhältnisse ihre Anschaue so scharf recht rechtfertigen. Gerade auf dem Gebiet der Weltpolitik hat noch bei der letzten Etatsdebatte der Reichskanzler[215] der Sozialdemokratie das Zeugnis ausstellen müssen, daß sie die Trägerin und Förderin des Friedens sei. Er führte am 5. Dezember 1904 im Reichstag aus: „Der Herr Abgeordnete Bebel hat weiter gemeint, die Früchte eines großen europäischen Krieges würde in erster Linie die Sozialdemokratie davontragen. Diese Auffassung halte ich für richtig, und das ist ein Grund mehr, warum die Regierungen aller großen Länder, wie ich hoffe, festhalten werden an ihrer jetzigen ruhigen und besonnenen Friedenspolitik."

Der Eindruck einer Kundgebung der Sozialdemokratie auf die Gegner des Befreiungskampfes der Arbeiterklasse aus ihrer wirtschaftlichen Botmäßigkeit und ihren politischen Fesseln wird vom „Vorwärts" irrig bewertet. Je größer die Macht der Sozialdemokratie ist, desto geringer erscheinen ihre äußeren Erfolge, desto mehr wehrt sich der „Feind" vor einer Anerkennung ihrer Macht. Dieselbe Dialektik, die der immer größeren Vertiefung des Gegensatzes zwischen den Produktivkräften und der Produktionsform innerhalb der heutigen Gesellschaftsordnung zugrunde liegt, kommt bei dem Gegensatz zwischen der inneren Macht der Sozialdemokratie und ihrer äußeren Erfolge zur Geltung. Dieser Gegensatz, der nicht die Folge unserer Wirksamkeit, sondern der unserer Gegner ist, wirkt aufklärend und revolutionierend. Seit dem größten äußeren Erfolg der Sozialdemokratie, bei den Reichstagswahlen – den Februarwahlen 1890 – ist in der Presse, in Versammlungen und auf dem Parteitag mit vollem Rechte betont: je schärfer die Gegensätze in der kapitalistischen Gesellschaftsordnung sich zuspitzen, je größer das Wachstum der Sozialdemokratie ist, desto lebhafter ist der Zusammenschluss der bürgerlichen Parteien, ihr Ruf nach Ausnahmegesetzen gegen die Arbeiterklasse auf wirtschaftlichem und politischem Gebiet und die Zuspitzung der Gesetzgebung, Verwaltung, Rechtsprechung, kurz aller Machtmittel der herrschenden Klasse zu Instrumenten des Klassenkampfes. Daß dies zutrifft, beweist der Gang der Ereignisse: wir erinnern an die Versuche einer Verschlechterung des Koalitionsrechtes durch den Berlepschen Entwurf von 1890, an die Umsturzvorlage von 1894, an die Zuchthausvorlage von 1899, an die Vorlagen zur Verteuerung der notwendigen Lebensmittel, an die Versuche einer Verschlechterung der Strafprozessordnung in den Jahren 1894, 1896 und an die Vorschläge der zu diesem Zwecke im Reichsjustizamt zusammengetretenen Kommission. Diesen reichsgesetzlichen Ausnahmegesetzen reiht sich eine Reihe von landesgesetzlichen, teilweise in die Tat umgesetzten Versuchen von ausnahmegesetzlichen Vorschriften an, so die Kontraktbruchs-Gesetze und -Gesetzentwürfe gegen die Landarbeiter, gegen die Bergleute, gegen das Gesinde, die Versuche, das Koalitionsrecht auch

215 Reichskanzler war von 1900 bis 1909 Bernhard von Bülow.

der gewerblichen Arbeiter landesgesetzlich lahmzulegen, und die auf dem vereinsrechtlichen Gebiet liegenden Rechtsbedrückungen. Mit der Gesetzgebung geht die Verwaltung Hand in Hand. Eine bis an die Grenze völliger Rechtlosigkeit der arbeitenden Klasse gehende Rechtsprechung auf strafrechtlichem Gebiet: Anwendung der §§ 110, 240, 241, 253, 254 (Aufforderung zum Ungehorsam gegen die Gesetze), §§ 123, 124 (Hausfriedensbruch), 125 (Landfriedensbruch), 240, 241 (Nötigung), 253, 254 (Erpressung), 360 (grober Unfug), Str.G.B. Neben den §§ 185 bis 187 Str.G.B. (Beleidigung), 153 G.O. Und neben einer Fülle sogenannter Straßenpolizeiverordnungen zur Bestrafung wegen Gebrauchs des reichsrechtlich verbrieften Koalitionsrechtes, Verzerrung der §§ 18'5 bis 196 (Beleidigung), § 130 (Aufreizung zu Gewalttätigkeiten) und damit Unterdrückung freier Kritik und der Wahrheit. Solche „Rechtsprechung" wirkt in wachsendem Maße durch die Art und Höhe der Strafen gegen Angehörige der Arbeiterklasse und durch völliges Versagen gegenüber offen liegenden Vereinbarungen des Unternehmertums zur Begehung strafbarer Handlungen revolutionierend auf die Anschauung von Tausenden und aber Tausenden. Auf militärischem Gebiet sehen wir die Fortdauer scheusäligster Misshandlungen, die Gesinnungsschnüffeleien und die bekannten, seit Anfang der neunziger Jahre wiederholen Korpsbefehle gegen sozialdemokratische Betätigung, auf Grund deren Bestrafungen deshalb ausgesprochen wurden, weil ein Soldat auf Befragen dem Vorgesetzten gegenüber und nach Beleidigung vor Gericht der Wahrheit gemäß sagte, daß er Sozialdemokrat sei. Die Beispiele ließen sich außerordentlich vermehren. Hingewiesen sei noch auf die Wahlrechtsattentate und Attentatsgelüste, Experimente, die an den Versuch jenes Irrsinnigen erinnern, durch Verkleisterung der Fensterscheiben die Sonne zu vernichten. An die schleichende Trockenlegung des Koalitionsrechtes und parlamentarischen Rechtes, überhaupt aller Mittel zur Geltendmachung des ökonomischen und politischen Einflusses der Arbeiterklasse reihen sich die öffentlichen Aufforderungen zur Gewalt gegen die Arbeiterklasse, zum Niederschlagend er sozialdemokratischen „Ideen mit dem Knüppel", wie die „Post" im Jahre 1889 und später anriet, zu, „Aderlassen" der Arbeiter, wie die „Hamburger Nachrichten" und in ähnlicher Weise die Hardensche „Zukunft"[216] seit 1894 sich ausdrückten, die Behandlung Arbeitsloser mit Gummischläuchen durch in Lumpen gewickelte Polizisten (Berlin, Januar 1894, just um die Zeit, in der konservative, von Leuten wie Tausch und Normann-Schumann bediente Granden einen Hochverrat

216 Gemeint ist die von Maximilian Harden (1861–1927) herausgegebene Zeitschrift, die zunächst konservativ geprägt war. http://de.wikipedia.org/wiki/Maximilian_Harden, Zugriff am 26. August 2014.

gegen die Reichsverfassung berieten), zur Speisung der Arbeitslosen mit „blauen Bohnen“[217], zur Behandlung der Arbeiter als „Objekt der Gesetzgebung“, wie konservative Abgeordnete verlangten usw., bis in die neuesten Kundgebungen des preußischen Herrenhauses hinein.

In diesen brutalen Vergewaltigungsversuchen gegenüber der arbeitenden Klasse spiegelt sich die Furcht der herrschenden Ausbeuterklasse vor der Sozialdemokratie und ihr Gefühl der Ohnmacht gegenüber den aus dem Boden der Ausbeuterordnung immer mächtiger anwachsenden Gegnern dieser Ausbeuterordnung wider. Kleine Reformchen werden der arbeitenden Klasse hin und wieder bewilligt, um die Arbeiterklasse als solche leistungsfähig zu erhalten und um zu großes Anwachsen der Sozialdemokratie zu hindern, und um nach Hardenschem Rezept, an das noch jüngst der gelehrige Schüler des Gewaltapologeten, Fürst Bülow, im Abgeordnetenhaus erinnerte, die Anwendung von Gewalt mit dem „guten Gewissen“ zu rechtfertigen, alles zugunsten der wirtschaftlich Gedrückten getan zu haben, was sie hätte zufriedenstellen sollen. Daneben das lebhafte Bestreben der Geschäftsführer der herrschenden Klasse in der Regierung, in der Presse und im Parlament, vor dem roten Gespenst graulich zu machen und die ausgebeuteten Klassen untereinander durch Histörchen über Unregelmäßigkeiten, bewegliche Klagen über Gewalttätigkeiten und schlechten Ton, wie durch Konzessiönchen an die etwas minder schlecht situierte Arbeiterschicht in Uneinigkeit und Verwirrung zu bringen.

Der Wunsch der bürgerlichen Heerführer nach völliger Entrechtung der arbeitenden Bevölkerung und nach gewalttätigen Putschen gegen sie hat die Arbeiterklasse bislang weder nervös gemacht noch verleitet, an Stelle der revolutionären auf Eroberung der politischen Macht abzielenden Taktik eine Taktik des Entgegenkommens an die bestehende Ordnung der Dinge treten zu lassen. Die Taktik des Agitierens, Organisierens und Bereitseins gegenüber allerlei Strömungen auch nach der Reichstagswahl von 1903 festgehalten und besonders betont zu haben, ist das große, gewaltige Verdienst insbesondere des Dresdener Parteitags. Wenn der Vorwärtsartikel vom 6. Juli fortgesetzt über den Verlauf gerade dieses Parteitags schilt, so beruht seine Missstimmung auf dem „grundsätzlichen Irrtum“, den Wahlen von 1903 hätte eine „Weltenwende“ folgen müssen. Der Kampf der Sozialdemokratie wird von Tag zu Tag schwieriger, den größten Kämpfen gehen wir erst entgegen. Nicht ein interessantes Raketenfeuerwerk zur Belustigung von „Freund und Feind“, nicht Schaustellungen können insbesondere unter diesen

217 Gemeint sind Gewehrkugeln aus Blei, http://www.duden.de/suchen/dudenonline/blaue%20Bohnen, Zugriff ebendann.

Umständen die Parteitage darbieten, sondern die ernste, schwierige, verantwortungsreiche Alltagsarbeit zur Förderung des Proletariats auf ökonomischem und politischem Gebiet. Wenn der Parteitag in Dresden bei der Regelung seiner inneren Parteiangelegenheiten drei Tage gebrauchte, um einer Resolution über die Mitarbeit an bürgerlichen Zeitungen zur Annahme zu verhelfen, so ist es gewiss bedauerlich, daß eine solche Resolution überhaupt erst notwendig wurde. Glaubt in der Tat der „Vorwärts", die dreitägige Debatte wäre dem Parteitag erspart geblieben, wenn er den Tagesordnungspunkt, wie ihn der „Vorwärts" vorschlug: „Die Bedeutung und die Lehren der Reichstagswahl", angenommen hätte? Glaubt er in der Tat, durch mechanische Mittel ließen sich innerhalb einer demokratisch denkenden und fühlenden Partei die Folgen von sachlichen Meinungsverschiedenheiten verkleistern oder solche Verkleisterung wäre von Nutzen für die Partei?

Auch der Bremer Parteitag hat's dem „Vorwärts" angetan. In Bremen ist aus in der Sache liegenden Gründen eine Behandlung der hoch bedeutsamen Schulfrage mit überwältigender Mehrheit abgelehnt und bei der Begründung der Ablehnung darauf verwiesen, daß die Schulfrage in dem von den Antragstellern skizzierten rahmen auf einen preußischen Parteitag gehöre. Dort ist sie, nach Ansicht des „Vorwärts" mit propagandistischem Erfolg, behandelt. Damit soll nun „ein vollgültiger beweise erbracht sein, daß die Ablehnung ein Fehler gewesen ist". Gerade umgekehrt. Der Bremer Parteitag hat für die Agitation und Organisation, wie ja auch der „Vorwärts" anerkennt, Vortreffliches geleistet und hat die Aufgaben, zu deren Erfüllung andere Instanzen vorhanden sind, diesen nahegelegt. Dieser Anregung des Parteitags ist, nach Ansicht des „Vorwärts" mit außerordentlichem propagandistischem Erfolg, die preußische Sozialdemokratie gefolgt. Wenn solche Erfolge auf einem „grundsätzlichen Irrtum" des Bremer Parteitags beruhten, so kann man nur wünschen, daß die kommenden Parteitage sich ebenso „grundsätzlich irren" mögen. In der Schulfrage, insbesondere auf dem in Preußen abgesteckten kleinen Gebiet, ist es Sache der fortdauernden tägliche Agitation, propagandistisch zu wirken. Auf dem Gebiet der Schulfrage sind täglich Hunderte von Parteigenossen in Kommunen propagandistisch wirksam, und jede Gelegenheit wird propagandistisch verwertet. So dürfen sich aus dem letzten Jahre die Aktionen der Leipziger und Bremer Genossen anlässlich der Hochschul- und Kunstkurse an propagandistischer Wirkung getrost der preußischen feierlicheren Aktion auf dem preußischen Parteitage an die Seite stellen. Der Bremer Parteitag zeigt aufs schlagendste, wie gründlich verfehlt der Vorschlag des „Vorwärts" zu einer Revision der Grundsätze der Parteitage ist. Auch wenn man etwa aus propagandistischen Gründen die Tagesordnung des Parteitages um die vom „Vorwärts" vorgeschlagenen Punktebereichern könnte und wollte, müsste die Art der Begründung der Vorschläge des „Vorwärts" stutzig machen.

Gründlich verfehlt wäre es, die Hände auf parlamentarischem Gebiet in den Schoß zu legen, weil die herrschende Klasse den Reichstag zur Untätigkeit auf sozialem Gebiet zu verurteilen sucht. Gerade umgekehrt. Der Verzettelung und Zersplitterung gilt es entgegenzutreten und auf sozialem Gebiet volle, gedeihliche Arbeit zu verlangen. Bei dem Bericht der Fraktion wird voraussichtlich zur Sprache kommen: der Stillstand der Sozialpolitik, die Bedrängung des Koalitionsrechts, die wachsende Macht der Trusts, die Vorenthaltung des Reichsrechts an breite Schichten der Arbeiterklasse, die Mängel und drohende Verschlechterung der Versicherungsgesetzgebung und die Bedrohung mit neuen Ausnahmegesetzen – geht man doch mit dem Plane um, unter dem Namen Arbeiterkammern nach Art der Bergarbeiterausschüsse konstituierte Vertretungskörper der Unternehmer zu schaffen. Es wäre zu wünschen, daß die in der Reichstagsfraktion gebilligte Anregung Förderung erhält, einen Arbeiterschutzgesetzentwurf großen Stils (unter Einbeziehung der Landarbeiter- und Bergarbeiterverhältnisse) auszuarbeiten, der die wesentlichsten auf dem Gebiet des Arbeitsvertragsrechts zu stellenden, schon heute erfüllbaren Forderungen unter Mitwirkung der gesamten Partei in Anlehnung an den seit dem Jahre 1877 vorgelegten Gesetzentwurf der sozialdemokratischen Fraktion enthält. An Stelle intellektueller Abhängigkeit von der Scheinreformarbeit bürgerlicher Ideologen sollte kraftvolles Vorantragen der vom Standpunkt der Arbeiterklasse zu erhebenden Forderungen treten. Die Fraktion ist um so mächtiger, je mehr sie in diesem Bestreben tatkräftig von der Gesamtpartei unterstützt wird. Wenn an Stelle bürgerlicher Mache abgelauschter Sensationshäscherei sich in unserem Zentralorgan wieder schneidige Geltendmachung der auf dem Gebiet der Sozialreform zu erhebenden Forderungen einstellte, so würde das Zentralorgan keinen „grundsätzlichen Irrtum" auf diesem Gebiet begehen. Brennend wird eine andere Frage auf parlamentarischem Gebiet. Die von den bürgerlichen Parteien seit einem Dezennium angestrebte, bislang vereitelte Verschlechterung der strafprozessualen Vorschriften ist auf dem Marsch. Die Arbeit der eigens zu diesem Zwecke eingesetzten Kommission hat die Dunkelkammer des Reichsjustizamts verlassen. Der Reichstagsfraktion fällt damit eine schwere Aufgabe zu. Die außerordentliche Tragweite der strafprozessualen Zuspitzung der Klassenjustiz scheint bislang auch in Parteikreisen vielfach unterschätzt zu sein.

Die wichtigste, schon seit einigen Jahren ihrer Lösung harrende Aufgabe des Jenenser Parteitags dürfte die Änderung des Organisationsstatuts sei. Die Schlagworte „zentralistisch" oder „dezentralistisch" verfangen für die Frage der Organisation nicht. Die Organisation einer Partei ist kein künstliches Produkt, sondern ein historisches Produkt, das von den jeweiligen politischen Gesamtverhältnissen und der Stärke der Partei abhängt. Die Aufklärungsarbeit und Kampfbereitschaft der Partei soll durch die Organisation gefördert werden. Eine Kampfpartei, die in freiwilliger Unterordnung unter den Gesamtwillen die Klassenvertretung des Proletariats und aller unterdrückten Opfer der bürgerlichen Gesellschaft sich zur Aufgabe gestellt hat, richtet ihr Hauptaugenmerk auf die stete Kampfbereitschaft durch Aufklärung gegenüber den Fernstehenden und durch Vertiefung der Einsicht der Genossen in den ökonomischen und politischen Zusammenhang der Dinge. Ellbogenfreiheit den einzelnen Organisationskörpern – Dezentralisation – und gemeinsames Marschieren – Zentralisation – sind einer demokratischen Kampfpartei unentbehrlich: Zentralisation nicht in dem Sinne einer bureaukratischen oder militärische Leithammelei, Dezentralisation nicht in dem Sinne einer Anarchie gegenüber dem Gesamtkörper. Freieste Entfaltung der einzelnen agitatorischen Kräfte bei strengster Unterordnung unter den Gesamtwillen. Die Rücksichtnahme auf die bunte Vereinsgesetzgebungskarte Deutschlands ist für die äußere Gestaltung der Organisation maßgebend. Entscheidend bleibt aber nicht der Wortlaut, sondern der Geist, mit dem das Organisationsstatut belebt wird. Vertiefung der grundsätzlichen Einsicht und aus ihr entspringende Opferwilligkeit für die Ziele der Sozialdemokratie sind dringender als je notwendig.

Die Organisation unserer Partei baut aus praktischen Rücksichten auf den einzelnen Reichstagswahlkreisen auf.

Die wesentlichsten der von dem vorjährigen Parteitag eingesetzten Kommission gemachten Vorschläge sind:

„§ 7. Die Grundlage der Organisation bildet für jeden Reichstagswahlkreis der Sozialdemokratische Verein, dem jeder im Wahlkreis wohnende Parteigenosse, sofern ihn nicht zwingende Gründe daran hindern, als Mitglied anzugehören hat. Erstreckt sich der Wahlkreis über eine Mehrzahl von Ortschaften, so können in allen Orten, in denen Parteigenossen vorhanden sind und die sonstigen Verhältnisse es zulassen, Ortsvereine des Sozialdemokratischen Vereins gebildet werden.

§ 8. Die Sozialdemokratischen Vereine schließen sich zu Bezirksverbänden sowie zu Landesorganisationen zusammen, denen die selbständige Führung der Parteigeschäfte nach eigenen Statuten obliegt; diese dem Parteivorstand mitzuteilenden Statuten dürfen mit dem Organisationsstatut der Gesamtpartei nicht im Widerspruch stehen. Die Vorstände haben ihre erfolgte Wahl dem Parteivorstand mitzuteilen.

§ 10. Die Festsetzung der Mitgliederbeiträge ist den Bezirksverbänden überlassen. Die Wahlkreise haben mindestens 25 Prozent ihrer aus den Beiträgen und Eintrittsgeldern sich ergebenden Einnahmen an die Zentralkasse abzuführen. Der Parteivorstand ist berechtigt, einzelnen Wahlkreisen im Bedarfsfalle einen über 75 Prozent dieser Einnahmen hinausgehenden Betrag zur Eigenverwendung zu überlassen.

Die Vertrauenspersonen sind berechtigt, freiwillige Beiträge entgegenzunehmen und durch besondere Marken zu quittieren."

Ferner ist vorgeschlagen, daß bei Differenzen, die sich bei der Aufstellung von Reichstagskandidaturen zwischen den Genossen eines Wahlkreises und den Bezirks- oder den Vorständen einer Landesorganisation ergeben, der Parteivorstand entscheide, und endlich eine Reihe Besserungen des schiedsgerichtlichen Verfahrens vorgesehen. Die Vorschläge halten sich durchweg an das Mindestmaß dessen, was in der Praxis als notwendig sich herausgestellt hat.

Die Reichstagswahlkreise sind weder gleich groß, noch enthalten sie auch nur annähernd dieselbe Anzahl organisierter Parteigenossen. Dem demokratischen Prinzip dürfte es entsprechen und die Organisationsausdehnung fördern, wenn die Vertretung der Wahlkreise auf dem Parteitag nach Maßgabe der Anzahl der organisierten Genossen erfolgt. Die praktische Schwierigkeit, daß einige Vaterländer ein Vereinsrecht nicht kennen, dürfte nicht unüberwindbar sein. Die Genossen eines jeden Kreises sollten das Recht haben, auf dem Parteitag vertreten zu sein; aber es ist nicht abzusehen, weshalb 5000 organisierte Parteigenossen eines Kreise so lange, bis die Reichsregierung nicht einer gerechten Wahlkreiseinteilung zugestimmt hat, nur so viel Rechte haben sollen als 100 Parteigenossen eines andere Kreises. Entweder müsste der größere oder besser organisierte Kreis das Recht haben, durch mehr Delegierte auf dem Parteitag vertreten zu sein, oder wenigstens müsste bei Urabstimmungen nach Maßgabe der Zahl der organisierten Genossen abzustimmen sein, die den oder die delegierten et sendet haben.

Der Jenenser Parteitag ist wesentlich der Prüfung und Schärfung der Waffen der Sozialdemokratie gewidmet. Hoffen wir, daß er ebenso treffliche Agitations- und Organisationsarbeit leistet wie seine Vorgänger in Bremen und Dresden und zeigt, daß die höchste sozialdemokratische Instanz in der gewaltigen welthistorischen Zeit trotz aller Schwierigkeiten der Situation ihre hohe Aufgabe erfüllen wird, ohne sich von irgend einer Sensationslüsternheit „von Freund und Feind" beirren zu lassen.

5. Was nun? Rückblick im „Vorwärts" zur „Roten Woche" der SPD (8. bis 15. März 1914) vom 3. April 1914[218]

Über 132000 Parteimitglieder und über 78000 Abonnenten der Parteipresse sind durch die opferfreudige, rastlose, unermüdliche Arbeit der Genossen in

218 LArch Berlin, A Pr Br Rep 030, Nr. 15960, betreffend die von der sozialdem. Partei veranstaltete „Rote Woche" 1913–1914, Blatt 73.

der Roten Woche gewonnen worden. Trotz Krise, trotz Gegendrucks der bürgerlichen Parteien.

Die wirtschaftlichen und politischen Ereignisse wirkend revolutionierend auf die Arbeiter. Die Lebenshaltung ist bis aufs Äußerste erschwert und nach neuer Belastung der großen Menge der werktätigen Bevölkerung drängen die Nutznießer der Zölle und indirekten Steuern. Unersättlich ist ihre Profitgier. Fronden[219] und nur fronden soll die große Menge des Volkes einiger Weniger willen.

Völlig wehrlos sucht die raffende Klasse die schaffende Masse durch Ausnahmegesetze und durch ausnahmerechtliche Behandlung, durch Rechtsprechung und Verwaltung zu machen. Das Koalitionsrecht, das Menschenrecht der Arbeiterklasse, soll nicht mehr ausgeübt werden. Unter dem Vorgeben, für die Interessen der Ordnung, der Sicherheit und des Verkehrs zu sorgen, wird die Ausübung des Streikpostenstehens durch Polizeiverordnungen und des Schutzmannes Majestät verhindert. Durch nichtige Verträge sucht die Unternehmerklasse das Koalitions- und Vereinsrecht der Arbeiter lahm zu legen. In den Formen des Rechts werden Schreckensurteile gegen diejenigen erlassen, die von ihrem Recht Gebrauch machen durch gemeinsamen Zusammenschluss dem einseitigen Diktat der Unternehmer auf dem Gebiete des Arbeitsvertrages entgegenzutreten; irgend ein Ausdruck, irgendeine Handlung findet sich schon, um den Ausüber des Koalitionsrechts in Strafrechtsparagraphen zu zwängen. Daneben triumphiert die Justiz durch Freisprechung von Söldlingen der Ausbeuterklasse, die als Arbeitswillige ehrliche Arbeiter über den Haufen schossen.

Auf allen Gebieten wird der Arbeiterklasse die Gleichberechtigung vorenthalten. Rückwärts geht's in der sozialen Gesetzgebung. Fortdauernde Frevel gegen die im Interesse der Erhaltung von Leben und Gesundheit erlassenen winzigen Arbeiterschutzgesetze werden gar nicht oder mit so geringen Strafen belegt, daß diese als Aufmunterung zur Wiederholung der Frevel wirken können. Die sogenannte soziale Versicherung hat der Arbeiterklasse 5 Proz. Direkte Reichseinkommensteuer auferlegt; dafür ist Witwen-, Waisen-, Invaliden-, Alters-, Unfallversicherung – versprochen. Wenn es aber zur Geltungmachung der Rechte kommt, dann sieht der Arbeiter, der im Dienst des Kapitals seine Gesundheit verloren, seine Arbeitsfähigkeit eingebüßt hat, wie wenig auf die Verheißungen des Gesetzes zu geben ist. Nichts oder so wenig wird dem Invaliden der Arbeit sowie ihren Witwen und Waisen unter dem Namen Renten zuteil, daß das Wort Rente geradezu als Verhöhnung der Arbeiterklasse wirkt. Die Selbstverwaltung

219 Aus dem mittelalterlichen Sprachgebrauch stammend, als Verb abgeleitet aus der „Fron" bzw. dem „Frondienst".

der sozialen Versicherung, die auf den von den Arbeitern aufgebrachten Steuern beruht, ist beinahe ganz aufgehoben, aus der Arbeiterversicherung ist eine Versorgung für Militäranwärter, ehemalige Offiziere u. Dgl. geworden.

Gleichberechtigung auf allem Gebiet verspricht der moderne Staat. Aber gegen das Gesetz hat man die Arbeiterklasse in einen Ausnahmezustand versetzt. Am 13. Juni 1891 erklärte das preußische Oberverwaltungsgericht in der Klagesache des Genossen Stüven gegen den Oberpräsidenten von Schleswig-Holstein, die Ansicht des Oberpräsidenten lasse sich nicht rechtfertigen, „daß sozialdemokratische Bestrebungen ganz allgemein als die öffentliche Sicherheit gefährdend angesehen werden müssten." „Die zurzeit geltende Gesetzgebung hat, indem sie das Gesetz vom 21. Oktober 1878 (Sozialistengesetz) außer Kraft treten ließ, sich gerade auf den entgegengesetzten Standpunkt gestellt; seitdem hat die Polizei sozialdemokratische Veranstaltungen oder Kundgebungen gleich denen anderer sozialer oder politischer Parteien zu behandeln."

Im striktesten Gegensatz zu dieser von der Reichsgesetzgebung anerkannten, in der preußischen Verfassung noch ausdrücklich betonten Gleichheit der Arbeiter mit anderen Staatsbürgern wird heute der Arbeiter durch Verwaltung und Rechtsprechung als ein Bürger minderen Rechts auf vielen Gebieten behandelt. Sozialdemokratischen Turnwarten wird der Qualifikationsschein als Turnlehrer verweigert, weil sie Sozialdemokraten sind. Sozialdemokratischen Militärpflichtigen gegenüber verfährt man ähnlich. Die Betätigung sozialdemokratischer Gesinnung wid durch Korpsbefehle entgegen dem gesetzlich festgelegten Grundsatz der Gleichberechtigung Aller verboten. Beamte werden lediglich wegen ihrer sozialdemokratischen Gesinnung aus dem Amte entfernt, selbst nichtsozialdemokratische Beamte werden diszipliniert, weil sie die Sozialdemokratie bei Wahlen nicht direkt bekämpfen. Gegen die Arbeiter der staatlichen Werkstätten sind Erlasse ergangen, die die politische Gleichberechtigung der Arbeiter verbieten. Die Arbeiterjugend, die Kinder sozialdemokratischer Eltern werden drangsaliert, wenn sie sich der Hetze zum Kampf gegen die Sozialdemokratie nicht anschließen. Im Heere wird den Arbeitern ausschließlich die Stellung von „Untergebenen" angewiesen. Zu willenlosen Werkzeugen sollen die Arbeiter im Militär erzogen werden, weil sonst der „Lebensnerv des Staates" durchschnitten werden könnte.

Das ist der Untergrund, auf dem unsere Agitation in der roten Woche besonders schönen Erfolg aufweisen konnte und aufweisen musste, der Untergrund, der bei Tausenden das Gefühl wachrief: In diesem Kampf der herrschenden Klasse gegen die Arbeiterklasse darfst du nicht abseits stehen, wenn es nicht noch immer schlechter werden soll. Tritt der Sozialdemokratie bei, um die Quelle der Herrschaft Weniger über die vielen Schaffenden abzugraben.

Was nun?

Jetzt gilt es, die neugewonnenen Mitglieder der Partei, denen das Gefühl der Unterdrückung und der Notwendigkeit der Empörung hiergegen durch die herrschenden Missstände eingeimpft ist, zu zielbewussten Mitkämpfern zu machen. Es gilt ihre Erkenntnis zu stärken, sie dazu zu bringen, daß sie statt des Gefühls ein klares Urteil über den Zusammenhang der Dinge gewinnen. Es gilt mit gemeinsamen Kräften den Sieg der Arbeiterklasse über die Ungerechtigkeit auf allen Gebieten zu beschleunigen, den Arbeiter, auf dessen zäher, mühevoller Arbeit die gesamte Kultur beruht, zu einem gleichberechtigten Bürger zu machen. Es gilt der Ausbeutung des Menschen durch den Menschen ein Ende bereiten. Notwendig ist es da, den Willen zur Durchführung der hierfür erforderlichen Mittel zu stärken, ohne Organisation ist dies unmöglich. Der Einzelne ist hilflos, eine unüberwindliche Macht aber die nach demselben Ziel bewusst strebende Menge.

Von unten herauf muss die Umbildung kommen. Wie der Samen aus dem dunklen Schoße der Erde im Frühling nach oben dringt und dann Blätter, Blüten und Früchte zeitigt, so dringen auch im gesellschaftlichen Leben von unten herauf die Kräfte, die neues Leben schaffen.

In jeder Organisation wächst die Macht des Einzelnen. Der Zweck jeder Organisation ist, durch organisierte, durch gemeinsame Tätigkeit die gemeinsamen Zweck zu erreichen. Nach dem Zweck hat sich auch die Organisationsform zu richten. Ein klaffender Unterschied besteht zwischen einer Zwangsorganisation oder zwischen einer bürgerlichen Erwerbsgemeinschaft und der Organisation der Sozialdemokratie, deren Mitglieder aus freiem Entschluss dem gemeinsamen Ziele zustreben, die wirtschaftliche Knechtung und politische Unterjochung des Menschen durch den Menschen unmöglich zu machen. Nicht blinder Gehorsam auf Kommando von oben wie beim Militär oder bei den Kartellen, Trusts und anderen Erwerbsorganisationen der Ausbeuter fremder Arbeitskraft beherrscht die in der politischen Organisation der Sozialdemokratie zusammengeschlossene Arbeiterklasse. Sie ist nicht der blind Gehorchende, sondern der eigentlich Tätige. Ihre Interessen, ihr Wille ist das Entscheidende, nicht der Wille einzelner Personen, die auch als Führer immer nur das Werkzeug des Willens der Masse sein können.

Die Form der Kampforganisationen der Arbeiter ist keine aristokratische, sondern eine demokratische. Die Generalversammlungen, in denen alle Vereinsmitglieder sich zusammenfinden und ihren gemeinsamen Willen kundtun, bilden das Hirn der Organisation. Die Größe der Organisation hat es an vielen Orten unmöglich gemacht, daß an der Generalversammlung alle Mitglieder teilnehmen können, Vertretungen, Delegationen sind notwendig geworden. Als in Groß-Berlin sich am 19. Dezember 1905 die acht Kreise zu einem Verbande zusammenschlossen, betonte mit Recht unser unvergesslicher Genosse Paul Singer die Notwendigkeit, auf möglichst breiter Grundlage die Vertretung des Berliner Proletariats zu stellen. Bei dem großen Wachstum der einzelnen Kreise geht es ohne Delegationen auch in den einzelnen Kreisen nicht mehr. Aber auf den Generalversammlungen der Kreise wie des Verbandes kommt der Wille der Gesamtheit zur freien Geltung und Herrschaft, wenn die Delegierten den Willen ihrer Auftraggeber verkörpern. Die Körperschaften lassen ihren Willen durch ihre Delegationen zum Ausdruck kommen. Bindung von unten nach oben, aber keine Bindung von oben nach unten. Zu bestimmen, wie das unter Aufrechterhaltung der notwendigen Bewegungsfreiheit zu bewerkstelligen ist, ist Sache der einzelnen Organisationen, von denen ja manche diese Frage seit längerer Zeit erörtern.

Gegenseitige Aufklärung, Stärkung des Willens der Einzelnen und Ausbau der Organisation zu einem Organismus, in dem der gemeinsame Wille bestimmend zum Ausdruck und zur Durchführung gelangen kann, ist eine immer dringendere Aufgabe, um den Weg des Sieges der Arbeiterklasse über ihre Feinde zu beschleunigen.

Frisch ans Werk!

6. Diskussionsbeiträge auf dem Gründungsparteitag der Unabhängigen Sozialdemokratischen Partei Deutschlands (USPD) vom 6. bis 8. April 1917 im Volkshaus zu Gotha[220]

(7.4.1917, Stadthagen (Berlin): „Die Organisation soll nur eine provisorische sein, aber eine Kampforganisation. Aus Teilen der Diskussion und aus dem Entwurf das aber nicht hervor. Die Organisation muss schnell bereit sein. Der Beirat ist aber ein Ballast und bedeutet die Unmöglichkeit, schnell vorzugehen. Wir sind auch früher ohne Beirat ausgekommen. Die Leitung muss an einem Ort zusammen sein. Die Mitarbeit von Bezirken kann nicht durch Wahl von Personen erreicht werden. Wir dürfen uns nicht täuschen, wir sind keine Millionenpartei mehr, und deshalb dürfen wir uns auch keinen so kolossalen Apparat schaffen, der nur Zeitvergeudung bedeutet. Dringend erforderlich ist es, daß alle besoldete Personen nur beratende Stimme haben. Von Herabsetzung kann dabei keine Rede sein. Das Prinzip der Nichtwiederwahl ist sehr wichtig. Es ist schon deshalb erforderlich, damit eine größere Zahl von Parteigenossen in den betrieb hineinsehen kann. Wenn Sie die absolute Nichtwiederwahl nicht wünschen, so ist es doch unbedingt

220 Protokolle der Parteitage der Unabhängigen Sozialdemokratischen Parteitag Deutschlands, Band 1 1917–1919, Glashütten im Taunus 1975, S. 35 und S. 73.

notwendig, daß die unmittelbare Wiederwahl nicht möglich ist. Lenken Sie Ihre Aufmerksamkeit darauf, den ganzen Apparat aktionsfähig zu machen. Die einzelnen Arbeiter haben allein zu entscheiden, ob sie ihr Alles bei den Aktionen aufs Spiel setzen sollen. Das kann nicht erreicht werden von einem Führer in der Zentralleitung. Jedes einzelne Mitglied muss es machen.(S. 35)…

(8.4.1917.) Ich bin mit Ledebours Ausführungen über die Berechtigung der Selbstverteidigung nicht einverstanden, besonders muss ich seiner Argumentation entgegentreten, daß die Selbstverteidigungspflicht schon aus unserer Forderung der Volkswehr und der Demokratisierung des Heeres hervorgehe. Diese Forderung muss im Zusammenhang mit unseren gesamten Grundsätzen betrachtet werden. Was haben wir denn zu verteidigen? Die Rechte und Pflichten eines Volkes. Der bürgerliche Verteidigungsgedanke ist ein ganz anderer. Kriegskredite dürfen wir niemals bewilligen. Wir sind am 4. August 1914 überrascht worden und haben uns vielfach vom Gefühl leiten lassen. Kriegskredite bringen Steuern zugunsten der Besitzenden, denn sie müssen verzinst werden. Wir haben das Selbstbestimmungsrecht zu sichern und auch im Kriege dafür zu wirken. Wir sollten es jetzt mit Worten genug sein lassen und endlich zu tatkräftigem Handeln übergehen. (S. 73)

V. Briefe

1. Brief an Wilhelm Liebknecht vom 7. Oktober 1890[221]

Sehr geehrter Herr College!

Auch mir gegenüber versucht das hiesige Gericht Artikel 31 der Reichsverfassung zu verletzen. Zum 10. October 1890 habe ich heute Vorladung zur Vernehmung als Beschuldigter wegen Beleidigung – wessen, sagt die Vorladung nicht und weiß ich nicht – erhalten. Daraufhin habe ich die beiden abschriftlich anliegenden Schriftstücke an das Gericht resp. Den Ersten Staatsanwalt abgesendet. Von denselben im Volksblatt Gebrauch zu machen, stelle ich ergebenst anheim.

Gesundheitlich geht es mir erheblich besser, nur wird mir das Sprechen noch sehr sauer, weil ich am 1. October cr. eine Kehlkopfoperation habe vornehmen und den Kehlkopf noch jetzt behandeln lassen muss.

Zum Parteitag in Halle denke ich erscheinen zu können.

Hochachtungsvoll
mit ergebenem Gruß
Arthur Stadthagen

2. Brief an Wilhelm Liebknecht vom 24. Oktober 1892[222]

Lieber College!

In Sachen v. Schreib wider Sie teile ich Ihnen ergebenst mit, daß Bebel im Termin am 7. Januar 1893 10 ½ Uhr als Zeuge über Ihr Verhältnis zu Kläger vernommen werden soll.

Besten Gruß!
Arthur Stadthagen
Rechtsanwalt.

---

221 Internationales Institut für Sozialgeschichte (IISG), Nachlass Wilhelm Liebknecht, Sig L308a, ebenso BArch SAPMO, NL Wilhelm Liebknecht, NY 4034, Nr. 6.

222 BArch SAPMO, NY 4034, Nr. 7.

3. Brief an Agnes Wabnitz vom 14. November 1892[223]

„An Fräulein Agnes Wabnitz z. Z. Dalldorf

Sehr geehrtes Fräulein!

In Ihrer Angelegenheit habe ich die mit Ihnen am 1. des Monats besprochenen Wege eingeschlagen, um Ihre Entlassung zu erwirken. Seitens des Polizeipräsidiums ist mir auf mein Befragen am 10. erwidert worden, daß die Polizeibehörde im Interesse der öffentlichen Sicherheit Sie der Irrenanstalt zugeführt habe. Es ist also dadurch außer jeden Zweifel gestellt, daß Sie sich zur Zeit nicht in einem Gefängnis, auch nicht in einem gefängnisähnlichen Raum befinden, sowie ferner, daß das Verwaltungsverfahren, d. h. Die Beschwerde beim Ober-Präsidium und die nachherige Klage beim Ober- Verwaltungsgericht der Weg ist, der eingeschlagen werden muss und dann auch von mir bereits eingeschlagen worden ist. Daneben habe ich, da auch andere Behörden in Betracht kommen, auch bei diesen geeignete Anträge gestellt. Die Requisition der Staatsanwaltschaft erachte ich für zweifellos ungesetzlich, zumal mir das Reichsgericht auf mein Befragen mitgeteilt hat, daß es selbst nicht mit meinem Antrage auf Untersuchung Ihres Geisteszustandes befasst ist. Sie werden sich erinnern, daß ich Ihnen mitteilte, daß meiner Ansicht nach allein das Reichsgericht darüber zu bestimmen hat, ob Ihr Geisteszustand untersucht werden dürfe. Meine fernere Ansicht geht auch heute noch dahin, daß das Polizeipräsidium keineswegs befugt ist, wie geschehen, vorzugehen, also Ihren Geisteszustand angeblich untersuchen zu lassen und die Unterbringung in eine Irrenanstalt zu bewirken. Daß die Angelegenheit selbst lange Zeit in Anspruch nehmen wird, ist außerordentlich bedauerlich, aber leider von mir nicht zu ändern. Die Behörden werden selbstverständlich versuchen, die Verfügung des Polizeipräsidiums als dem Gesetz entsprechend zu erachten.

Von Ihnen, werte Genossin, erwarte ich noch eine Mitteilung darüber, ob und welche Maßnahmen Sie wünschen; insbesondere, ob Sie Wünschen, daß Sie in eine andere Irrenanstalt überführt werden oder daß zu Ihren Gunsten bei der Anstalt zu Dalldorf Einzahlungen gemacht werden. Gegen den Wunsch einer Überführung in eine andere Anstalt spricht meines Erachtens, wie ich Ihnen schon neulich auseinander zu setzen mich bemühte, das Bedenken, daß durch einen dahingehenden Antrag anerkannt werden könnte, daß Sie geisteskrank sind, während Ihre und meine Ansicht, sowie meines Erachtens die jedes ver-

223 Dieser Brief ist vollständig abgedruckt bei Klaus Kühnel, Freiheit du siegst. Leben und Sterben der Agnes Wabnitz, Berlin 2008, S. 179 ff und stammt aus ihrer Krankenakte. Ebenso ist er abgedruckt in Czitrich-Stahl, Arthur Stadthagen, a. a. O., S. 97 f

nünftigen Menschen dahin geht, saß Sie durchaus nicht geisteskrank und noch weniger gemeingefährlich geisteskrank sind. Die Einzahlungen zu Ihren Gunsten würden ja nur dann Zweck haben, wenn Sie nunmehr von Ihrem Vorhaben, in der Irrenanstalt nichts zu sich zu nehmen, Abstand nehmen und wenn Sie eine bessere Verpflegung wünschen als die Ihnen in der Anstalt geboten wird. Sie haben wohl die Freundlichkeit, sich hierüber bald zu äußern, damit ich das Erforderliche sofort veranlassen kann. Ich schreibe Ihnen, weil ich leider meinen Vorsatz, Sie wieder zu besuchen, noch nicht ausführen konnte, da meine Tätigkeit auch durch andere Sachen sehr in Anspruch genommen ist. Darunter befinden sich einige gegen mich gerichtete Klagen und ins besondere die Ihnen ja bekannten, vor dem Ehrengerichtshof schwebende Angelegenheit mit dem Ziele, mich wegen meiner politischen Gesinnung aus der Anwaltschaft auszuschließen. Es ist aber Fürsorge dahin getroffen, daß sofort nach dem Eingang eines Briefes Ihrerseits mir derselbe persönlich vorgelegt wird. Selbstverständlich wird er dann sofort von mir erledigt werden. Die Briefe, die Sie an mich schreiben, werden seitens der Anstalt jedenfalls sofort mir übersendet werden. Damit aber eine Kontrolle darüber stattfindet, ob nicht etwa, wie während Ihrer Untersuchungshaft Briefe zur Absendung nicht gelangen, bitte ich Sie, so zeitig zu schreiben, daß spätestens am 20. des Monats der Brief bei mir eingeht. Geht bis dahin kein Brief bei mir ein, so werde ich die Angelegenheit so einrichten müssen, daß ich Sie in den darauf folgenden Tagen besuche.

Schließlich, geehrtes Fräulein, möchte ich Ihnen noch mitteilen, daß ich Frau Stägemann Ihren Brief übermittelt habe. Nun bitte ich sie nochmals nicht als Verteidiger, sondern als Ihnen seit Jahren bekannten Parteigenossen, zu erwägen, ob es nicht geraten erscheint, von Ihrem Entschluss, nichts zu essen, Abstand zu nehmen. Sie befinden sich, wie ich Ihnen schon mündlich auseinandersetzte, nicht mehr in einem Gefängnis. Das Ihrerseits Ihrer verstorbenen Mutter abgegebene Versprechen bezieht sich also auf das jetzige Verhältnis nicht. Und was das ja an sich zweifellos richtige Prinzip verlangt, daß Sie den Grundsatz verwirklichen wollen, jeder solle nur essen, wenn er es verdient hat, so dürften Sie hierbei übersehen, daß Sie durch Ihre Arbeit zweifellos ein menschenwürdiges Essen verdient haben und daß Ihnen am wenigsten diejenigen, von denen dies erwünscht sein könnte, Ihr Beispiel sich zur Nachahmung wählen würden, nämlich diejenigen, die an sich nichts verdienen, aber doch essen, wenn sie nichts verdient haben. Endlich aber wird Ihnen ja auf Ihren Wunsch jedenfalls seitens der Verwaltung gestattet werden, sich zu beschäftigen und dasjenige, was Sie essen, also selbst verdienen. Meines Erachtens liegt aber in der Annahme des Essens Ihrerseits durchaus keine Verletzung des Grundsatzes, nur zu essen, wenn man verdient hat. Denn Sie haben ein Recht auf Beköstigung auch in der heutigen Gesellschaftsordnung mindestens von dem Augenblick an, wo die Freiheit Ihnen vorenthalten wird. Demnach scheint mir ein Entschluss Ihrerseits der richtige, daß Sie die Beköstigung nicht mehr zurückweisen. Also bitte möglichst umgehend zu schreiben.

Besten Gruß
Arthur Stadthagen
Rechtsanwalt"

4. Brief an Agnes Wabnitz vom 26. November 1892[224]

An Fräulein Wabnitz

Sehr geehrtes Fräulein!

Ihren Brief habe ich mit vielem Interesse gelesen. Das Polizeipräsidium hatte meine Beschwerde mit der Bemerkung zurückgewiesen, daß das Polizeipräsidium von der Ansicht ausgehe, es sei lediglich Beschwerde im Aufsichtswege, nicht aber die Beschwerde zulässig, die ich wünsche und die den Erfolg hat, daß die Angelegenheit durch eine Klage beim Ober-Verwaltungsgericht klargestellt werden wird. Natürlich habe ich dem Polizeipräsidium die Beschwerde mit dem Eröffnen zurückgegeben, daß darüber, welche Art Verfügung vorliege, in letzter Instanz das Ober-Verwaltungsgericht, nicht aber das Polizeipräsidium zu bestimmen habe. Nicht für unmöglich halte ich es, daß infolge der bei den verschiedenen Behörden gemachten Eingaben und infolge des ferneren Umstandes, daß selbst die Kreuzzeitung das Verfahren gegen Sie für mehr als den Gesetzen widersprechend ansah, sowie endlich auch infolge des Umstandes, daß die in der Irrenanstalt zu Dalldorf behandelnden Ärzte bei weitem effektiver den Zustand ihrer Kranken zu beobachten pflegen als dies in anderen Anstalten der Fall ist, infolge dessen glaube ich, daß Ihre Entlassung aus der Irrenanstalt verfügt werden wird. Ganz ausgeschlossen scheint mir aber nicht, daß dann das Landgericht nochmals Untersuchungshaft verhängen wird. Sollte dies eintreten, so habe ich nur nochmals an Sie die Bitte zu richten, sich nicht aufzuregen, sondern mit der philosophischen Ruhe, die aus Ihrem letzten an mich gerichteten Briefe spricht, die Sache zu betrachten.

Voraussichtlich wird bereits in nächster Zeit Ihre Angelegenheit den Reichstag beschäftigen.

Beste Grüße
Arthur Stadthagen.

224 Siehe ebenso Kühnel, S. 188 f.

5. Brief an Wilhelm Liebknecht vom 31. Dezember 1897[225]

Verehrtester College!

Morgen ist Neujahr.

Was bedarf es da langer Worte? Prosit Neujahr aus vollem Herzen und in dem Wunsch, daß das kommende Jahr uns unseren verehrten Vorkämpfer munter und frisch erhält und uns mit ihm weiter führe auf dem Kriegspfad, wünscht

Ihr ergebenster

Arthur Stadthagen

6. Brief an den preußischen Justizminister Schönstedt vom 14. Oktober 1903[226]

An se. Excellenz,

den Herrn Justizminister

Gegen den Bescheid der Oberstaatsanwaltschaft beim Kammergericht vom 26. September 1903, Z. 1366.03, lege ich mit dem Antrag Beschwerde ein:

im Aufsichtswege die Erhebung der Anklage ev. die Ermittlung des Sachverhalts anordnen zu wollen.

1. Der Bescheid lässt unbeachtet, dass das Kaiserhoch zwecks Unterbrechung des Redners und Störung der Ordnung, also als Mittel für einen unanständigen, strafbaren Zweck vorgenommen ist, und dass es nicht darauf ankomme, ob die Beschuldigten beabsichtigten, hierdurch eine Beleidigung zu begehen, sondern dass das Bewusstsein, das Hoch zur Störung der Ruhe und Ordnung zu benützen, zur Erfüllung des Vergehens gegen § 95 Str. G. B. ausreicht.

---

225 BArch SAPMO, NL Wilhelm Liebknecht, NY 4034, Nr. 14.

226 Dieser Brief bezog sich auf eine Wahlversammlung anlässlich der Reichstagswahlen (16. Juni 1903), die Anfang Juni 1903 in Lanke stattfand und zu einer Konfrontation zwischen Sozialdemokratie und konservativen führte. Diese Veranstaltung habe ich in einem kurzen Artikel für die „Märkische Oderzeitung" beschrieben, abgedruckt in Czitrich-Stahl, Von Abendroth bis Zoologie, Band 6, Berlin 2011, S. 199 f. Der Brief Stadthagens stammt aus dem GStA PK, Nr. 49621, Beschwerden des wegen Beamtenbeleidigung in mehreren Fällen zu Haftstrafen verurteilten sozialdemokratischen Reichstagsabgeordneten und Schriftstellers Arthur Stadthagen über die Strafvollstreckung, 1900–1903, Blatt 21.

2. Das öffentliche sich Rühmen des Angeschuldigten Seeger[227] über die Störung der Versammlung und die vorhergegangene Vereinbarung, die Versammlung zu besuchen, um sie zu stören, ist unter Beweis gestellt. Der Oberstaatsanwalt hat ohne auf die Beweismittel einzugehen, angenommen, es sei nicht abzusehen, inwiefern die angegebenen Zeugen dies zu bekunden im Stande sein sollten. Den Sachverhalt zu ermitteln ist aber auch Sache der Anklagebehörde. Überdies ergibt der gesamte Sachverhalt die Störungsabsicht der Angeschuldigten, und wird von ihnen selbst schwerlich bestritten werden, da sie sich der Durchführung dieser Absicht öffentlich gerühmt haben.

3. Meine Aufforderung, den Saal zu verlassen, ist, wie die Umstände ergeben, im Einverständnis mit dem Versammlungsleiter erfolgt, überdies stand hier als dem Einberufer und Leiter zum Wort Verstatteten das Recht zu, die erfolgte Aufforderung auch aus eigenem Recht rechtswirksam zu erlassen.

4. Für die Annahme der Möglichkeit, dass die Beamten nicht daran gedacht haben, dass sie bewaffnet seien, liegt keinerlei Grund vor. Denn nichts spricht dafür, dass die Beamten zurechnungsunfähig seien, und der vor Jahren von einem Forstbeamten unternommene Versuch, mit dem Hirschfänger auf den Versammlungsleiter einzudringen, spricht sogar für die Absicht, ev. von den Waffen Gebrauch zu machen. Zur Erfüllung des Tatbestandes aus § 7 des Vereinsgesetzes genügt es aber auch, dass die Täter das Bewusstsein hatten, dass Hirschfänger Waffen sind, haben sie sich durch grobe Fahrlässigkeit in den Irrtum versetzt, sie seien unbewaffnet, oder haben sie an ihre Bewaffnung nicht besonders gedacht, so wird dadurch der Etatbestand des § 7 nicht beseitigt; § 7 fordert nicht, und kann nach seinem Zweck nicht fordern, dass der Bewaffnete besonders daran gedacht hat, dass er bewaffnet ist. Es genügt, dass der Täter in einer Versammlung bewaffnet erscheint, und diese Tat lag vor.

Berlin, den 14. Oktober 1903,

Arthur Stadthagen, Corneliusstraße 3.

227 Seeger hieß der Amtsvorsteher. Man wollte offensichtlich einen Strafantrag gegen Stadthagen wegen Majestätsbeleidigung nach § 95 Str. G. B. provozieren.

7. Brief an Karl Wollermann vom 23. Dezember 1909[228]

Werter Genosse!

Beiliegend übersende ich Ihnen die Beschwerde und bitte Sie, diese durch Herrn Florian Böhm zu Storkow unterzeichnen und einsenden zu lassen. Wenn der Regierungspräsident die Beschwerde wieder abweist, so ist innerhalb 14 Tagen Klage beim Oberverwaltungsgericht zulässig. Zu dieser würde ich eine Vollmacht des Herrn Böhm brauchen.

Mit Parteigruss ergebenst St.

Anhang:

Text der vorbereiteten Vollmacht

An den Herrn Landrat des Kreises Beeskow-Storkow zu Beeskow.

Storkow, den

Gegen den Bescheid vom 10. Dezember 1909 Tagebuch-Nr. L 10398 erhebe ich gemäß § 727 Absatz1 § 129 Absatz 1 Beschwerde an den Herrn Regierungspräsidenten und beantrage:

der Beschwerde vom 1. Dezember gegen eine Untersagung der Abhaltung einer öffentlichen Versammlung am 21. November Folge zu leisten.

Der sogenannte Totensonntag ist nicht im Sinne des Vereinsgesetzes als Festtag anzusehen.

Ergebenst.

8. Brief an Rosa Luxemburg vom 25. Juni 1914[229]

Verehrte Genossin!

Genosse Ziechert (?) teilte mir gestern mit, Sie möchten wissen, wo die Brief-Ordre steht. Diese nebst der dazugehörigen habe ich am 4. August 1904 veröffentlicht. Die Ordre datiert vom 1.12.03, der Geheimerlass, auf den sie Bezug nimmt, datiert vom

---

228 IISG, Wolfgang Heine Papers, Sig 134/8.

229 AdsD, NL Paul Levi, Sig. 57. Mit diesem Brief unterstützte Stadthagen die Agitation Rosa Luxemburgs gegen den Krieg und für den Aufruf zur Befehlsverweigerung. Für die Hilfe bei den letzten Hürden und bei der Schlussredaktion der Transkription dieses Briefes aus der Handschrift Stadthagens bedanke ich mich bei Frau Anne Rothschenk vom Landesarchiv Berlin, bei Frau Doritt Goldmann sowie bei meinen Kolleginnen Jana Kahms, Charlene Krüger und Erika Schmidt.

28.12.1899. Von Wichtigkeit für die Art der Misshandlungen und für deren Unausrottbarkeit ist vielleicht für Sie der Erlass Georgs von Sachsen vom 8. Juni 1891. Er ist abgedruckt im Vorwärts vom 31. Januar 1892. Inzwischen wird Ihnen wohl schon mitgeteilt sein, daß Ihre Annahme irrtümlich ist, der „V" bringe das allermeiste Material. Über 350 Meldungen sind an uns von R-. gesendet, darunter rund 50 Chemnitzer Fälle. Die Benutzung der Fälle müsse aus nahe liegenden Gründen sehr sorgfältig erfolgen, damit nicht völlig unberechtigte, aber mögliche Anklagen gegen die Zeugen ergehen. Meiner Überzeugung nach wird das Gericht die Vernehmung der Zeugen ablehnen und entweder freisprechen oder unter Hineininterpretieren allerlei Deutungen in Ihre Ausführungen verurteilen.

Na, gleichviel – vorwärts, durch!

Mit herzlichen Grüßen,
Ihr Arthur Stadthagen

9. Brief an Karl Liebknecht vom 10. November 1915[230]

Lieber Genosse Liebknecht!

Soeben erhalte ich Ihren Brief. Ich bitte Sie dringend und nachdrücklichst, von der Stellung einer Anfrage Abstand zu nehmen und eine etwa bereits gestellte Anfrage wieder zurückzuziehen. Sie beurteilen die Sachlage, wie ja bei den Verhältnissen, unter denen Sie leider zubringen müssen, durchaus erklärlich ist, vollkommen irrig. Durch die Einreichung einer solchen oder ähnlichen Anfrage schädigen Sie unser gemeinsames Bestreben auf das aller Empfindlichste und machen sich zum Mitschuldigen an einer Verlängerung des Krieges. So, wie die Verhältnisse liegen, erhofft eine Anzahl der der Minderheit angehörenden Mitglieder, dass die Minderheit in der Fraktion zur Mehrheit wird/ und natürlich eine Interpellation gestellt wird. Ein anderer weniger hoffnungsvoller aber nicht unerheblicher Teil ist entschlossen, falls diese Hoffnung vereitelt wird, eine Interpellation in dem Sinne der Anfrage einzubringen. Die mühsame Arbeit, die notwendige Anzahl Unterschriften wenigsten für diesen Fall zu erhalten, durchkreuzen und vereiteln Sie durch ein selbständiges Vorgehen mittels einer Anfrage, die tatsächlich nicht die geringste Bedeutung für die Beschleunigung des Friedens haben kann. Die Fraktion soll acht Tage vor der Eröffnung des Reichstages zusammentreten. Es ist dann hinreichend Möglichkeit zur Aussprache unter der Minderheit, falls sie nicht zur Mehrheit geworden sein sollte. Durch Warten bis zu dieser Zeit würde nicht das Geringste versäumt. Nebenbei möchte ich erwähnen, dass ich den Antrag auf

230 AdsD, NL Karl Liebknecht, Fonds 210, Opis 1, Nr. 1016.

frühere Einberufung der Fraktion gestellt habe, aber Antwort noch nicht erhalten habe. Es wird wohl also die Fraktion erst am 21. oder 22. Nvb. zusammentreten.

Dass Ihre Verhaftung und Lahmlegung erfolgt, ist völlig ausgeschlossen, nachdem alle Parteien und die Regierung ein solches Vorgehen für verfassungswidrig erklärt haben. Erfolgt sie aber, dann käme ihre Anfrage ja nicht mal zur Verlesung. Was soll denn also das Sondervorgehen erreichen. Es würde die schwerste Schädigung unserer Sache herbeiführen. Es ist leider nicht möglich, schriftlich alles auseinanderzusetzen. Vertrauen Sie mir, wenn ich Ihnen versichere: Sie schädigen die Friedenssache und die Sache des Internationalen Proletariats aufs aller Empfindlichste, wenn Sie in dem von Ihnen dargelegten Sinne vorgehen. Ich bitte Sie deshalb nochmals dringend, davon Abstand zu nehmen und etwa schon nach dieser Richtung hin unternommene Schritte sofort rückgängig zu machen.

In der Hoffnung auf ein baldiges gesundes Wiedersehen mit herzlichsten Grüßen

Ihr Arthur Stadthagen

Abkürzungen

AdsD	Archiv der sozialen Demokratie der Friedrich-Ebert-Stiftung
BArch SAPMO	Bundesarchiv (Berlin), Stiftung der Archive der Parteien und Massenorganisationen der DDR
BGB	Bürgerliches Gesetzbuch
DVP	Deutsche Volkspartei
IISG	Internationales Institut für Sozialgeschichte, Amsterdam
KAG	Kommunistische Arbeitsgemeinschaft
KPD	Kommunistische Partei Deutschlands
LArch Berlin	Landesarchiv Berlin
Reichs-Gesetzbl.	Reichs-Gesetzblatt
SPD	Sozialdemokratische Partei Deutschlands
Str.G.B.	Strafgesetzbuch
USPD	Unabhängige Sozialdemokratische Partei Deutschlands

www.ingramcontent.com/pod-product-compliance
Ingram Content Group UK Ltd.
Pitfield, Milton Keynes, MK11 3LW, UK
UKHW021123041026
8980IPUK00026B/208